O Hitler da História

John Lukacs

O Hitler da História

Tradução:
Ruy Jungmann

Jorge Zahar Editor
Rio de Janeiro

Este livro é dedicado a Jim McBride

Título original:
The Hitler of History

Tradução autorizada da primeira edição norte-americana publicada em 1997 por Alfred A. Knopf, de Nova York, Estados Unidos

Jorge Zahar Editor Ltda.
rua México 31 sobreloja
20031-144 Rio de Janeiro, RJ
tel: (21) 2240-0226/fax: (21) 2262-5123
e-mail: jze@zahar.com.br
site: www.zahar.com.br

Capa: Carol Sá,
adaptada do original de Klee Design

CIP-Brasil. Catalogação-na-fonte
Sindicato Nacional dos Editores de Livros, RJ.

L98h Lukacs, John, 1924-
O Hitler da história/John Lukacs; tradução Ruy Jungmann. — Rio de Janeiro: Jorge Zahar Ed., 1998
Tradução de: The Hitler of history
Inclui bibliografia
ISBN 85-7110-472-7
1. Hitler, Adolf, 1889-1945 — Biografia. 2. Chefes de Estado — Alemanha — Biografia. 3. Historiografia. I. Título.
CDD 923.143
98-1414 CDU 92 (HITLER)

Sumário

Prefácio e Agradecimentos

POR MAIS DE UMA RAZÃO, Adolf Hitler foi a figura mais extraordinária na história do século XX; a II Guerra Mundial, por exemplo, sem ele seria inconcebível e permaneceria incompreensível. O retrato de Hitler proposto por este livro conterá elementos — ou, para sermos exatos, perguntas — sobre seu caráter e sua trajetória que são mais complexos do que geralmente se supõe. Este fato não é simplesmente resultado de uma perspectiva em mutação mais de meio século após o seu desaparecimento; origina-se, sobretudo, de meio século de pesquisas constantes, entre as quais muitas das contribuições mais valiosas couberam a historiadores alemães. Este livro é uma história de uma história: a história da evolução de nossos conhecimentos sobre Hitler, da forma que transparecem nos trabalhos de uma grande variedade de seus numerosos biógrafos. Ficará claro nestas páginas que há variações importantes em suas interpretações e, em conseqüência, foi para responder às principais perguntas — algumas delas ainda sem resposta — que escrevi este livro.

Prova recente de uma interpretação — relativamente nova — do "problema de Hitler" está implícita na nova introdução escrita por Joachim Fest para o relançamento de sua grande biografia de Hitler (1973). No Capítulo 1 deste livro, manifesto a opinião de que o trabalho de Fest é o melhor no que diz respeito a biografias em grande escala de Hitler. Ainda assim, na nova introdução que escreveu (reproduzida no *Frankfurter Allgemeine*, de 7 de outubro de 1995), algumas de suas afirmações são discutíveis. (O estilo de sua prosa, igualmente, não se compara à clareza do livro de 1973.) Para sermos exatos, essa nova introdução não implica uma reabilitação de Hitler. Além do mais, é natural e aceitável que um autor repense e revise o que escreveu quase vinte anos antes. Na introdução de 1995, no entanto, Fest diz que o retrato de Hitler tornou-se cada vez mais "obscuro"; que ele ainda é "nosso contemporâneo"; que "as sombras de sua contemporaneidade estão se tornando cada vez mais profundas"; que grande parte da ascensão de Hitler precisa ser compreendida como uma reação contra os perigos do comunismo (tese discutível, que Fest aceitara já em 1986 e sobre a qual o leitor encontrará uma discussão em vários pontos do presente texto); que há perguntas e tópicos sobre Hitler que continuam a ser "tabus"; e que ele "de maneira nenhuma tornou-se uma figura histórica". Diz ainda Fest que Hitler foi indevidamente "demonizado" e que lhe faz falta uma "historicização". Que a demonização dá como respondidas numerosas perguntas, que varre para baixo do tapete todo o problema de Hitler, é mais do que verdade. A "historicização" de Hitler, no entanto, foi levada bem adiante, continua, e foi o que me levou a escrever este livro, cujo próprio título deve ser revelador: *O Hitler da História.*

Não me proponho a escrever uma biografia de Hitler, mas uma história de sua história, e uma história de suas biografias. Trata-se de uma história sem um fim, porque é sempre provável que mude nossa perspectiva histórica. Não há razão para duvidar de que, nos próximos cinqüenta anos, surgirão mais biografias de Hitler, e que algumas de suas perspectivas poderão ser relativamente novas e mesmo valiosas e não forçosamente apenas por ter sido descoberto algum novo tesouro de documentos. De modo geral, esse fato será inevitável, mas não significará que obras anteriores serão necessariamente menos "históricas" do que as mais novas. Significará tão-somente que, ao contrário da ilusão "científica", não há resultados finais na pesquisa e na elaboração de obras históricas. E, muitas vezes, a finalidade da história não é tanto fazer um relato definitivo dos fatos de um período, como a descrição e compreensão histórica de problemas: mais descrição do que definição; mais compreensão do que exaustão — porque, embora a compreensão completa e perfeita de nosso conhecimento do passado seja impossível, somos capazes de uma compreensão razoável e apropriada.

As condições desta história são as seguintes: uma declaração geral particularmente aplicável ao problema de Hitler. A massa de biografias de Hitler, para nada dizer de outros estudos históricos que o tomaram como personagem, é tão vasta que exaustão seria simultaneamente um equívoco e uma impropriedade. Este livro constitui uma tentativa de estudar as biografias e trabalhos importantes e expressivos sobre Hitler, além de levarem em conta numerosos outros livros, estudos e artigos que contêm detalhes valiosos ou outras contribuições para a compreensão de certos problemas. Recorro a algumas novas fontes documentais, embora, correndo o risco de parecer presunçoso, eu me sinta obrigado a declarar que este livro é também resultado de muitas décadas de leitura e reflexão sobre esses problemas. Que este livro trata de problemas deve parecer claro à vista do Sumário, antes mesmo da leitura do texto. Portanto, tenho de reconhecer que, juntamente com o estudo que faço das variações e evoluções das biografias de Hitler, este livro inclui, necessária e inevitavelmente, minha própria visão e tratamento desses problemas. Neste particular, muitas de suas páginas representam o que considero aplicações apropriadas dos princípios da compreensão histórica, expostos em meus livros anteriores: *Historical Consciousness* (1968, 1984, 1994), *The Last European War, 1939-1941* (1976), e *O duelo* (1991, ed. bras. 2002). Esses princípios envolvem questões tais como a diferença entre motivos e objetivos, entre racismo e nacionalismo, entre nacionalismo e patriotismo, entre opinião pública e sentimento popular, entre nacional-socialismo e fascismo (inclusive — divergindo de escritores tão diferentes como, digamos, Ernst Nolte e Hannah Arendt e, mais recentemente, Joachim Fest — os paralelos inaceitáveis traçados entre nacional-socialismo e comunismo, até mesmo entre Stalin e Hitler, sob a categoria de "totalitarismo").

É com prazer que manifesto aqui minha gratidão a todos os que me ajudaram na elaboração deste trabalho: a Earhart Foundation, que me facilitou o trabalho na Alemanha. Na Alemanha, minha dívida é principalmente com o Institut für Zeitgeschichte, em Munique, e com seu excelente e cordial arquivista, Herr Hermann Weiss (e também a minha assistente temporária, Frau Katja Klee). Ao meu grande e bom amigo, o historiador inglês Philip Bell; ao velho mestre da história diplomática americana, Robert Ferrell, que me estimulou a escrever *este* tipo especial de livro; a um historiador americano da Alemanha moderna, Donald Detwiler, que juntamente com sua esposa, Ilse Detwiler, leu todo o manuscrito e fez precisas e detalhadas sugestões, com a grande maioria das quais concordei imediatamente. O mesmo aconteceu com a leitura feita por minha esposa, Stephanie — que disse também, quando lhe falei pela primeira vez sobre o plano deste livro: "Você vai andar por um campo minado." (De fato, sei disso: há ainda por explodir um bocado de minas de efeito retardado.) Mas prefiro pensar no livro como a limpeza do terreno e o plantio de um bosque numa selva, sempre consciente da presença de uma bela e séria horticultora, meu trabalho e suor aliviados pela perspectiva de deliciosos jantares por ela preparados. Ainda assim, um piquenique este livro não foi.

1994-1996
Pickering Close
(perto de Phoenixville, Pensilvânia)

O Hitler da História

1
Problemas Historiográficos

O objetivo do conhecimento histórico —
O extraordinário interesse popular por Hitler —
O tratamento dado a Hitler pelos historiadores — Evolução
do tratamento — A relação entre história e biografia —
Os problemas de documentação — Os limites
de nosso conhecimento

"NÃO TERMINAMOS AINDA COM HITLER" ([*wir sind*] *mit Hitler noch lange nicht fertig*), escreveram paralelamente dois membros de uma geração mais jovem de historiadores alemães[1] — e isso de fato acontece tanto no sentido mais amplo quanto mais restrito da palavra "terminamos". O primeiro deles deve ser evidente. História significa repensar interminavelmente — bem como revisar e revisitar — o passado. A história, no sentido amplo da palavra, é revisionista. Implica julgar duas ou mais vezes pelo mesmo delito, o que é inaceitável em direito: pessoas e fatos são submetidos a um julgamento após outro. Nada há de profundo nessa observação, uma vez que é isso o que significa pensar. O passado é a única coisa que conhecemos. Todo conhecimento humano deriva de conhecimento passado. Todo pensamento humano implica repensar o passado.

Esse fato é verdadeiro, também, no sentido mais restrito, envolvendo o trabalho do historiador. A idéia de que logo que o método científico é aplicado com precisão, com estudo exaustivo de todos os documentos existentes, o trabalho termina e o resultado será definitivo ("a história final e definitiva do Terceiro Reich, certificada por historiadores alemães, americanos, britânicos, russos, liberais e conservadores, nacionalistas e judeus") é uma ilusão do século XIX. Embora haja, com toda probabilidade, mais de cem biografias de Hitler, nenhuma certeza existe de que a centésima primeira não traga alguma coisa inédita e válida. O que talvez seja ainda mais importante do que a *quantidade* acumulada da pesquisa é a *qualidade* da revisão. E com que propósito? No sentido mais amplo, o objetivo do conhecimento histórico é mais que exatidão: é compreensão. No sentido mais restrito, a finalidade do historiador revisionista pode ser o desmascaramento, o escândalo, o sensacionalismo — ou o desejo mais ou menos imparcial de demolir inverdades. Talvez o inspire mais o desejo de sucesso acadêmico ou financeiro, de se promover aos olhos dos colegas ou, em âmbito maior, obter notoriedade, quando não favorecer a causa de uma ideologia política ou nacional — da qual às vezes depende o tratamento que dá ao assunto. O leitor encontrará prova neste livro de que essa observação também se aplica — ocasionalmente — ao tratamento histórico dado a Hitler.

• • •

Mas antes de passar aos historiadores profissionais e biógrafos de Hitler, devemos dedicar alguma atenção ao interesse extraordinário e contínuo despertado por ele nos últimos cinqüenta anos. O volume de livros, artigos, filmes e programas de televisão tendo Hitler como figura central ultrapassa tudo o mais dedicado a outras das principais personalidades deste século que ora termina: Stalin, Roosevelt, Churchill, de Gaulle, Mussolini, Mao. Cinqüenta anos após sua morte, subsiste o interesse popular por sua pessoa. E devo fazer aqui pelo menos uma descrição sumária desse interesse.

Enquanto ele viveu, seu livro, *Mein Kampf*[2], foi, claro, um sucesso de livraria — na Inglaterra e nos Estados Unidos, especialmente antes da guerra — embora só poucas pessoas (incluindo alemães) tenham se dado ao trabalho de lê-lo até a última página. Ao contrário de Mussolini e de outros ditadores, Hitler não desejou que, em vida, fosse publicada na Alemanha uma biografia adulatória. Na verdade, exceto por umas poucas biografias mais antigas, álbuns de fotografias e algumas coletâneas de discursos, nada houve nesse particular. (O próprio Hitler após 1936, em conversas particulares pelo menos, minimizou, se é que não rejeitou inteiramente o *Mein Kampf* — mesmo que o livro tenha sido escrito na primeira pessoa e ainda que a primeira parte equivalesse a uma autobiografia intelectual.) Considerando várias de suas observações, parece também que — ao contrário de Churchill ou De Gaulle, ou mesmo Napoleão, em Santa Helena —, ele, no caso de uma aposentadoria, teria pouca inclinação para escrever ou ditar suas memórias[3].

A notícia de sua morte deixou o mundo atordoado. Não o atordoamento de um choque violento, mas sim a notícia de algo que fora de certa maneira esperado e, quem sabe mesmo, aceito antecipadamente. É certo que houve, compreensivelmente, uma diferença entre as reações do povo alemão e as dos outros povos do mundo — mas também, talvez, uma condição predominante (ou teria sido de desinteresse?): ninguém queria pensar muito nele, quando havia tantos outros assuntos imediatos e urgentes exigindo atenção. Essa condição prevaleceu durante alguns anos. Entre seus contemporâneos alemães, observava-se — o que ainda acontece — a tendência de culpá-lo pelos horrores que se abateram sobre o mundo e também pelo que lhes acontecera pessoalmente[4]: um impulso compreensível que, de alguma maneira, os *separava* dele, isolando sua vida e seus atos da vida dos atos de seus contemporâneos durante a guerra. Exemplos disso foram as memórias de numerosos generais alemães (a maioria publicada em princípios da década de 1950), que o culparam, e não a si mesmos, por erros grosseiros cometidos durante a guerra, por grandes batalhas perdidas — não raro com exageros e, às vezes, incorretamente. Por volta de 1960, ocorreu uma mudança — fora da Alemanha, no início, e, em seguida, na própria Alemanha. O interesse por Hitler, pelo Terceiro Reich, pela II Guerra Mundial, incluindo o "Holocausto" (palavra sem uso corrente na época), ressurgiu, especialmente nos Estados Unidos. Livros como o superficial *Ascensão e queda do Terceiro Reich* (1960), de William Shirer, tornaram-se best-sellers ou quase. A prisão e julgamento de Adolf Eichmann, bem como outros fatos, reativaram o interesse dos americanos, em seguida dos alemães e, finalmente, do mundo inteiro, pela história do extermínio em massa de judeus durante a II Guerra Mundial — ao qual os judeus americanos e suas organizações não haviam dedicado muito interesse antes da década de 1960.

Houve, penso eu, três razões principais para o recrudescimento do fascínio pela II Guerra Mundial e por Hitler. A primeira, o surgimento de uma nova geração de pessoas jovens demais para terem vivido durante a guerra, e daí seu interesse pelas figuras e eventos dramáticos desse período. A segunda, e mais evidente, a publicação e disponibilidade de um número cada vez maior de fontes e documentos. A terceira, o declínio gradual da chamada Guerra Fria com a Rússia: tornou-se óbvio nessa ocasião que a II Guerra Mundial fora não só mais dramática do que a Guerra Fria, mas que Hitler era mais interessante do que Stalin (e os nazistas do que os comunistas). Todas essas condições prevalecem ainda, quase quarenta anos depois, pelo menos na ocasião em que escrevemos estas páginas. Nas décadas de 1960 e 1970, começaram a multiplicar-se as biografias de Hitler; o mesmo aconteceu com livros, artigos, peças de teatro, programas de televisão, filmes, incluindo os denominados documentários, e assim por diante. Em princípios da década de 1970, comentadores alemães haviam começado a falar na "Hitler-Welle", a "onda Hitler" — fenômeno que aconteceu até certo ponto nos Estados Unidos e, talvez, também na Grã-Bretanha. Uma onda, contudo, tem uma crista e uma cava, e esta ainda não apareceu. Nos últimos vinte e cinco anos, o preço de objetos que pertenceram a Hitler subiu ininterruptamente, superando não só a inflação, mas o preço de quase todos os demais objetos, obras de arte, manuscritos e cartas autografadas obtido em leilões mundiais. Em 1981, um falsário alemão deu-se ao trabalho imenso de escrever páginas e mais páginas de um diário supostamente escrito a mão pelo próprio Hitler. O resultado foi uma sensação mundial (lamentavelmente, pelo menos dois historiadores famosos — não alemães — declararam que os "documentos" eram plausivelmente autênticos). Dezesseis anos depois, é justo dizer que o interesse popular por Hitler (que, para sermos exatos, não é e nem nunca será mensurável com exatidão) é tão amplo como antes, em numerosos lugares no mundo e em muitos níveis.

Esses níveis variam, claro, desde a curiosidade honesta de amadores da história ao tipo de curiosidade lasciva, quase lúbrica, demonstrada por indivíduos que se sentem atraídos por manifestações e encarnações do mal. A estes, infelizmente, um novo tipo de curiosidade pode ser acrescentado, em especial agora, após o colapso e desaparecimento quase completo do comunismo: o interesse daqueles que ora começam a se perguntar se Hitler e o nacional-socialismo não representaram, *mutatis mutandis*, uma alternativa mais sadia não só ao comunismo, mas à decadente democracia liberal do Ocidente.

De qualquer modo, a evolução e duração do interesse popular por Hitler não destoam inteiramente da evolução de estudos sobre ele entre historiadores profissionais de reputação. Em 1985, o historiador alemão Martin Broszat declarou que seus colegas deveriam passar da "demonização" para a "historicização" do nacional-socialismo e, em conseqüência, de Hitler — um *desideratum* e também afirmação de algo que já há algum tempo era óbvio[5]. Isto é, a opinião de que Hitler não foi um fenômeno "demoníaco" — e, pelo menos por inferência, não-humano e a-histórico — mas uma figura histórica que encarnava várias características e talentos humanos reconhecíveis, é compartilhada não só por alguns historiadores, mas também por um número cada vez maior de pessoas. Tudo isso acaba por levar à questão — se não um problema — do lugar que lhe cabe na história do século XX ou, na verdade, na história do mundo. Voltarei a este assunto no último capítulo do livro, muito embora seu tópico principal não seja a vida, mas o tratamento que Hitler recebeu dos historiadores. Reconheço que os dois tópicos não são de todo separáveis, uma vez que a história da história é também história. Os dois temas, no entanto, nada têm em comum. Este trabalho não é uma biografia de Hitler, mas um tratamento dado a determinado problema histórico — ou para ser mais exato, a certo número de problemas.

• • •

O primeiro problema, ou melhor, condição — não necessariamente em ordem de importância — é o imenso acúmulo de dados sobre Hitler. O cânone da historiografia profissional, estabelecido no século XIX (e, em grande parte, na Alemanha), exige que o historiador profissional esgote todas as fontes (sobretudo, as primárias) relativas ao tópico em questão. Durante mais de um século, apenas o volume de material impresso tornou-se tal que, no caso da maioria dos tópicos — em especial, mas não exclusivamente, no que se refere a este século — não é mais possível atender a essa exigência. Obviamente, essa condição aplica-se ao tópico Hitler. Como exemplo, um estudo bibliográfico anotado e judiciosamente comentado por Gerhard Schreiber veio a lume em 1984, seguido por uma edição ampliada em 1988. Ainda assim, devido à própria natureza do assunto, esse excelente guia de pesquisa tampouco pôde ser completo[6].

Esse fato, no entanto, não significa que o historiador sério deva, em desespero, levantar as mãos para os céus. Todo historiador trabalha necessariamente baseado em prova incompleta. Ao mesmo tempo, a extensão da prova admissível que pode usar é potencialmente ilimitada — outra diferença entre a história e o direito. Ou, conforme disse certa vez o grande Jacob Burckhardt: Não há, rigorosamente falando, nenhum método histórico definido. O que o historiador precisa é ser competente em *bisogna saper leggere* (Burckhardt usou essas palavras italianas): ele tem de saber como ler (outra sugestão tanto de quantidade quanto de qualidade), fato que nos leva à segunda condição. Entre os historiadores sérios que "sabem ler" quando tratam de Hitler, será que "sério" significa "profissional"? Sim, e não. Ou, para ser mais preciso: não, em vez de sim. A idéia de que história séria — ou seja, não apenas legível mas confiável — só pode ser escrita por historiadores profissionais, detentores de um grau de Ph.D., foi mais uma das idéias do século XIX: uma idéia que não deixa de possuir mérito e substância consideráveis, com numerosos e duradores resultados, mas que é, ainda assim, uma ilusão. Este fato torna-se mais do que evidente neste século. Entre os melhores e mais fidedignos historiadores de Hitler encontramos, por igual, autores profissionais e amadores. Veremos que, talvez em especial no caso de Hitler, a posse de um diploma, ou mesmo a regência de uma cátedra em universidade de prestígio, não constituiu garantia contra alguns erros sumamente graves, ao passo que, no caso de outros autores, a ausência de tais qualificações profissionais não comprometeu, circunscreveu ou limitou de alguma outra forma seu valioso trabalho.

Tais são as duas condições elementares de um levantamento dos historiadores de Hitler e, repetindo, devido à massa enorme de livros sobre ele, este trabalho só pode ser um mero apanhado. Será limitado a algumas das principais obras e à evolução geral dos estudos sobre Hitler: porque evolução é o que tem sido, com alguns marcos miliários reconhecíveis (e, ainda em 1996, uma evolução sem um fim à vista).

Há mais de sessenta anos, Konrad Heiden (1901-1966) escreveu o primeiro estudo substancial sobre Hitler, publicado em Zurique em 1936[7]. Heiden era um *émigré* alemão, jornalista — condição esta que, em seu caso, foi mais vantagem do que obstáculo em virtude de sua escrita agradável e enxuta, grande parte da qual expressa na forma do presente histórico. Ao mesmo tempo, era um trabalho sério. Evidentemente, Heiden seguira com agudo interesse durante muitos anos a trajetória de Hitler. O relato que nos deu de sua vida e trajetória (cobrindo o período até junho-julho de 1934) era denso em detalhes e, não raro, notavelmente exato. Quase quarenta anos depois, Joachim Fest prestou homenagem ao livro de Heiden, que obviamente suportou bem o teste do tempo[8]. E isso aconteceu a despeito da condição óbvia de que Heiden não poderia ter lido materiais publicados mais tarde. Alguns de seus erros foram descobertos por outros historiadores, notadamente por Maser[9], décadas mais tarde. O valor da biografia escrita por Heiden, no entanto, foi realçado por seus comentários pessoais, de grande intuição, sobre algumas figuras políticas e a atmosfera política do período — ao mesmo tempo em que se mostrava suficientemente honesto para ignorar, depois de analisá-los criteriosamente, lendas e casos sobre Hitler. A tese principal de Heiden continua tão válida hoje quanto há mais de sessenta anos: Hitler foi perigosamente subestimado, não só por adversários mas também por aliados temporários. O mais importante é que se trata de uma realização notável, muito superior tanto ao volume subseqüente que escreveu sobre a política externa de Hitler (1937), quanto a uma biografia de Hitler escrita por outro jornalista *émigré* alemão, Rudolf Olden[10].

Em seguida, a despeito de uma enxurrada indescritível de livros sobre a Alemanha e o nazismo antes, durante, e após a II Guerra Mundial[11], nenhum estudo ou biografia de valor surgiu até mais de quinze anos depois do trabalho de Heiden, e mais de cinco anos após o suicídio de Hitler. Houve uma única exceção digna de nota — exceção porque, rigorosamente falando, o *Os últimos dias de Hitler* (1947), de Hugh Trevor-Roper, não foi uma biografia nem um estudo, visto tratar apenas dos dez últimos dias da vida de Hitler no *bunker* sob a Chancelaria do Novo Reich (tópico tão dramático que atraiu desde então pelo menos uma dezena de outros escritores, memorialistas, historiadores amadores e romancistas). O livro de Trevor-Roper inspirou-se em sua participação em um grupo de informação e contra-informação britânico encarregado de descobrir as circunstâncias concretas da morte de Hitler. Como resultado, surgiu um livro bastante abrangente e fiel aos fatos, bem escrito também, com, talvez, um único defeito. A descrição do então fisicamente alquebrado, claudicante, fanático, acuado ditador, irracional em algumas de suas expectativas e diretrizes, não levou em conta ou reconheceu as decisões racionais finais de Hitler em sua capacidade de estadista (assunto ao qual voltaremos no Capítulo 5) — "racionais", isto é, como eram de seu ponto de vista. Esse livro relativamente modesto tornou-se um elemento importante na carreira de Trevor-Roper (mais tarde, Lord Dacre). Esse historiador do período final dos Tudor e dos Stuart tornou-se um comentador judicioso da historiografia de Hitler e do Terceiro Reich.

Em 1952, Allan Bullock (1924-, mais tarde, Lord Bullock) aprontou a primeira biografia substancial de Hitler escrita por historiador inglês[12]. Elaborada de acordo com a tradição britânica, destituída de jargão acadêmico, foi, do ponto de vista comercial, a mais bem-sucedida de todas as biografias. E realização importante também, porque seu autor pôde aproveitar a grande disponibilidade de documentos alemães apreendidos, exibidos nos julgamentos de Nuremberg e publicados logo após a guerra. O estilo narrativo direto e simples foi, e continua a ser, um elemento importante na reputação e sucesso do livro. Mas, ao mesmo tempo, a interpretação — ou melhor, a descrição — do caráter de Hitler por Bullock foi unidimensional: a de "um oportunista inteiramente sem escrúpulos"[13]. Embora não devamos atribuir a Hitler altos princípios ou grandes virtudes morais, o retrato pintado por Bullock foi simplista demais. (As descrições curtas que fez de outros personagens — como, por exemplo, Hess e Göring — foram excelentes.) Claro que, como uma das primeiras biografias, Bullock não podia ainda se beneficiar com a enxurrada subseqüente de documentos, *papers*, memórias e, pelo menos, revelações parciais que surgiram nos quarenta anos seguintes. Ainda assim, mesmo em edições posteriores, permaneceram muitos dos erros iniciais de Bullock — erros não só de fato mas também de julgamento.[14]

Entrementes, no mesmo ano da publicação do livro de Bullock, ocorreu um fato importante na Alemanha (para ser mais exato, na Alemanha Ocidental). Refiro-me ao início de estudos históricos sérios, que seriam dedicados à história alemã recente, incluindo a do Terceiro Reich e, portanto, pelo menos indiretamente, a Hitler. Em alemão, *Zeitgeschichte* significa algo ligeiramente diferente da expressão "história contemporânea", na qual, de acordo com as tradições e a prática do idioma, o significado de "contemporânea" permanece na maior parte indefinido (e ainda mais estranho ao costume vigente na França, onde, há muito tempo, "histoire contemporaine" significa história após 1815, definição esta cada vez mais sem sentido). No fim (fato tornado claro somente depois de 1951), *Zeitgeschichte* veio a denotar, na Alemanha, a história após 1914, categorização bastante sensata (a qual, contudo, perderá gradualmente sua pertinência à medida que se aproxima o fim deste século). Dessa maneira, em 1951 e mais tarde, o *Zeitgeschichte* (e, claro, principalmente a história contemporânea da Alemanha) foi aceito como disciplina acadêmica respeitável, a ser pesquisada, estudada e ensinada nas universidades do país. Havia também um objetivo moral subjacente ao projeto: o desejo de proporcionar aos alemães fundamento sólido e confiável para uma perspectiva correta do passado recente do país. O resultado de tudo isso tomou a forma da fundação do Institut für Zeitgeschichte e de sua erudita publicação trimestral, o *Vierteljabrshefte für Zeitgeschichte* (*VFZ*), que continua a ser até hoje a melhor revista a tratar da história contemporânea do mundo. Teve ela como principais fundadores Hans Rothfels, um historiador alemão conservador, chegado do exílio nos Estados Unidos, e Theodor Eschenburg, pensador político alemão de credenciais impecáveis. Podemos, portanto, dizer que a "historicização" do Terceiro Reich começou mais de trinta anos antes de o professor Broszat declarar-lhe a desejabilidade. Ainda assim, houve — e ainda há — uma diferença considerável entre a "historicização" — isto é, a "des-demonização" — do Terceiro Reich e de Hitler.

Mais ou menos por essa época, chegou às livrarias a primeira biografia séria de Hitler no pós-guerra, de autoria de Walter Görlitz (1913-1991) e Herbert A. Quint (1922-)[15]. Os dois eram historiadores amadores, conservadores pomeranos (Görlitz fez mais tarde uma carreira respeitável no jornalismo), interessados principalmente em história militar. E concentraram as atenções no Hitler político. Escrito de um ponto de vista alemão conservador, em um estilo agradável e corrente (embora, talvez, com um excesso de pontos de exclamação), o livro contém algumas imprecisões, mas também observações perspicazes, que seriam desenvolvidas independentemente mais tarde por outros historiadores[16]. A melhor parte da obra trata da ascensão política de Hitler e dos defeitos fatais — tanto morais quanto políticos — de seus adversários potenciais e aliados reais no período de 1930-34. A fraqueza do livro reside no estudo curto demais dos seis últimos anos da vida de Hitler e da guerra (apenas 92 em 633 páginas). O retrato de Hitler pintado por Görlitz-Quint teve caráter inteiramente condenatório: um fanático radical, que destruiu grande parte do que era valioso na Alemanha, incluindo a unidade do Estado. Ao descrever Hitler nesses termos, eles não diferiram inteiramente da classificação de "oportunista sem escrúpulos" com que o brindou Bullock, embora suas perspectivas fossem, claro, diferentes.

Na década de 1950, reinou uma certa dualidade no tocante a Hitler. Devido à existência da agressividade russa e comunista — e, mais importante, a percepção desse fato — surgiu uma tendência popular (e, em muitos casos, pública) de considerar o comunismo e a Rússia como mais perigosos e, talvez, ainda mais malévolos do que Hitler e o Terceiro Reich — tendência evidente na época nos Estados Unidos, embora não na Grã-Bretanha. Na Alemanha Ocidental, essa situação correspondia à inclinação popular de considerar que a II Guerra Mundial consistia em duas guerras diferentes: a guerra do Terceiro Reich contra as democracias ocidentais, que fora lamentável e deveria ter sido evitada; e a guerra contra a Rússia Soviética, na qual a Alemanha fora a defensora da civilização ocidental, algo que as democracias ocidentais deveriam ter compreendido. Basicamente, essa tendência equivalia (e ainda equivale) pelo menos ao perdão parcial do povo alemão e de seus exércitos durante a II Guerra Mundial, embora não de Hitler. Por outro lado, começava entre historiadores mais jovens o estudo sério de certos aspectos do Terceiro Reich, como se tornou evidente com os numerosos estudos e artigos publicados não só na VFZ, mas em muitos outros importantes periódicos políticos e culturais. Na década de 1950, surgiram os primeiros trabalhos de peso de especialistas modernos em Hitler, como Andreas Hillgruber — ainda que só na década de 1960 a *Zeitgeschichte* começasse a ser incluída no currículo das escolas alemães de nível superior (e os julgamentos de alemães acusados de crimes de guerra entrassem na pauta de casos apreciados por cortes de justiça alemãs).

Vimos que o interesse por Hitler recrudesceu por volta da década de 1960, o que produziu também efeitos visíveis sobre a historiografia. A publicação, em 1960, do *The Origins of the Second World War*, de autoria de um dissidente autoconfiante entre os historiadores, A.J.P. Taylor (1906-1990), deve ser mencionada aqui, embora Taylor não tenha sido um biógrafo de Hitler. (Nem o seu livro foi — como se afirma erroneamente algumas vezes — uma tentativa chocante de reabilitá-lo.) O que Taylor tentou provar foi que Hitler não diferiu muito (se é que diferiu absolutamente) de outros ambiciosos estadistas alemães do passado; que, na década de 1930, ele soube como aproveitar a fraqueza de seus adversários e as oportunidades que eles lhe deram; que, em suma, Hitler fora mais um oportunista a curto prazo e menos o ideólogo a longo prazo que se supunha. Em algumas ocasiões, Taylor apresentou, convincentemente, prova sobre a tomada súbita de algumas decisões por Hitler; em outras, com grande escamoteação[17]. O livro produziu um efeito sobre a história diplomática do período, mas praticamente nenhum sobre o retrato histórico de Hitler que então era pintado.

Em princípios da década de 1960, surgiram três estudos biográficos sobre Hitler, de autoria de Heiber, Gisevius, e Schramm — em ordem ascendente de importância[18]. Entre eles, o retrato pintado por Helmut Heiber (1924-) foi o mais convencional, embora não destituído de trechos percucientes. Hans Bernd Gisevius (1904-1974), esteve ligado ao grupo que conspirou contra Hitler em 1944. Durante algum tempo, trabalhou com Allen Dulles e a OSS na Suíça. Como pontos altos da biografia destacam-se análises das relações Hitler-Papen e Hitler-Hindenburg e o tratamento geral dado ao Hitler de princípios da década de 1930. Merece registro, também, o reconhecimento perspicaz da dualidade de Hitler, sugerindo que ele representava freqüentemente personalidades diferentes, até mesmo em fotografias[19]. Mas, ao mesmo tempo, foi algo superficial a apresentação do mundo das idéias de Hitler: embora (como tantos outros) tendesse a confiar demais no *Mein Kampf*, escreveu também que as idéias contidas nesse livro não eram absolutamente originais.

Percy Ernst Schramm (1894-1970) foi um historiador alemão realmente excepcional — e de primeira classe — cujo estudo relativamente curto sobre Hitler lhe refletia as qualidades pessoais como autor. Filho de uma tradicional família aristocrática de Hamburgo (tendo seu pai ocupado o cargo de prefeito da cidade), foi um historiador de interesses inusitadamente variados — medievalista de reputação mundial, especialista em iconografia e documentos, e historiador da aristocracia de Hamburgo, do comércio ultramarino alemão, e de sua própria família. Em 1943, tornou-se o editor do Diário de Guerra do Alto Comando da Wehrmacht, situação esta que lhe permitiu, em duas ocasiões, observar pessoalmente Hitler. Os seus dois estudos sobre Hitler, escritos como introdução ao volume 4 do *Diário de guerra* e da edição Picker das *Conversas à mesa*, de Hitler (comentado à p.44 deste livro), foram reunidos por Donald Detwiler, historiador americano. É duplo o valor desses trabalhos. O primeiro e mais óbvio foi a ênfase de Schramm em Hitler como líder militar e estadista (palavra *não* usada por ele). Neste particular, temos de lembrar que, com algumas poucas exceções (Hillgruber, Irving), a maioria dos especialistas sobre Hitler e de seus biógrafos discorreu muito mais sobre a ascensão dele ao poder do que sobre os seis últimos anos de sua vida. A segunda, e mais importante, contribuição de Schramm é encontrada no refinamento e qualidade moral de seu juizo de valor, com origem na perspectiva de um aristocrata tradicionalista e personificado na prosa de um mestre historiador[20]. Suas introvisões sobre a personalidade e caráter de Hitler foram não só notáveis, mas também de caráter duradouro, percepções e reconhecimento de uma maturidade bem vivida e sábia. (Afinal de contas, Schramm tinha quase setenta anos quando as pôs no papel.)

Já Werner Maser (1922-) foi um historiador muito diferente, com origem, vida e carreira inteiramente distintas das de Schramm: quase trinta anos mais moço, Maser nasceu na Prússia Oriental em um meio mais humilde. Serviu como soldado raso, naturalizou-se americano, foi em seguida prisioneiro de guerra dos russos, estudou em Berlim Oriental e passou para o Ocidente apenas à idade de trinta anos. Após formar-se, trabalhou como jornalista e, embora mais tarde ocupasse cargos respeitáveis no magistério, não obteve nem um cargo de professor titular nem uma cátedra universitária e não conseguiu ser aceito no círculo mais alto dos historiadores acadêmicos alemães. Mais uma vez ao contrário de Schramm, sua produção de estudos eruditos e obras literárias, consubstanciada em uma longa lista de livros e outras publicações, foi, quase sem exceção, dedicada a Hitler e ao nacional-socialismo. E deu a esses assuntos uma grande contribuição. Quatro alentados volumes em oito anos — entre 1965 e 1973 — trataram dos primórdios do Partido Nacional Socialista e dos começos da carreira de Hitler. Seguiram-se um estudo do *Mein Kampf*, uma biografia de Hitler e um estudo sobre os papéis pessoais e documentos do líder alemão[21]. A grande realização de Maser consistiu na descoberta, graças à pesquisa incansável, de grandes volumes de dados, em especial nas seguintes e importantes esferas: origem de Hitler, envolvendo, particularmente, a hereditariedade de seu pai e de outros membros da família, começo de vida, situação financeira e material e, mais tarde — talvez com ênfase excessiva — capítulos inteiros dedicados às mulheres, aos medicamentos tomados, estudos e tabulações grafológicas de Hitler, incluindo uma comparação com Napoleão. O trabalho de Maser como pesquisador impressiona mais do que seu talento como biógrafo. Em sua principal biografia de Hitler (M/A) observa-se um entrelaçamento freqüente (e, por conseguinte, interrupção temática) dos eventos da guerra com parágrafos relativos à saúde e estado emocional de Hitler. E Maser tinha a tendência, se não de exagerar, pelo menos de dar ênfase demais à importância de suas "descobertas"[22]. Polemista e incansável, Maser criticava, e era por sua vez criticado por alguns dos principais historiadores e biógrafos de Hitler, talvez injustamente em algumas ocasiões, embora compreensivelmente em outras, ainda que a sua afirmação categórica, na introdução (p.8) do M/A, de que "claros na descrição da vida de Adolf Hitler podem ser considerados agora [presumivelmente, devido a seus trabalhos] como inteiramente preenchidos [*lückenlos nachzeichenbar*], tenha sido um exagero.

Em 1965, veio à luz um grosso volume sobre Hitler, o estrategista e líder militar[23], de autoria do acima mencionado Andreas Hillgruber (1925-1989). Tal como Maser, Hillgruber nasceu na Prússia Oriental. O destino terrível de sua terra natal ao fim da guerra deixou uma impressão permanente em sua jovem mente, inspirando-o a tornar-se um notável especialista alemão — talvez o mais notável — na história da II Guerra Mundial *e* de Hitler. Especialista porque, dentre as suas publicações surpreendentemente numerosas, somente umas poucas (apenas cinco em uma lista de 57 livros e artigos) estudaram outros temas que não a II Guerra Mundial. Hillgruber e Schramm figuram talvez entre os primeiros historiadores profissionais cujo trabalho concentrou-se em Hitler como estadista e líder militar. Mas, se o trabalho de Schramm — ao mesmo tempo que cumpria todos os *desiderata* da metodologia erudita — poderia ser considerado como um soberbo ensaio histórico, o alentado volume de Hillgruber continha todo o equipamento da erudição acadêmica tradicional (o que o levou finalmente a ser nomeado para reger uma cátedra universitária). Este fato nos faz questionar aqui se os costumes e métodos da historiografia acadêmica do século XIX, incluindo o ideal — embora, infelizmente, não raro, o fingimento — eram, e são, garantias suficientes quando a questão é estudar tópicos como o de Hitler. Trata-se, na verdade, de um problema filosófico muito difícil (mais precisamente, epistemológico), assunto que não cabe discutir nestas páginas[24]. Quero apenas dizer aqui que o uso ainda aceito dos adjetivos "objetivo" e "subjetivo" como partes integrais da divisão cartesiana do universo como objetos e sujeitos, revelou-se menos do que absoluto e à prova de erros, até mesmo nas ciências físicas — mesmo que alguns historiadores continuem a usá-los para seus próprios fins[25].

Hillgruber não era um bom escritor (encontrei frases suas que se prolongavam por mais de duzentas palavras), em especial quando comparado com alguém como Schramm. Mais importante que isso, porém, era a condição, que inevitavelmente se introduzia no problema da "objetividade", das suas inclinações políticas e ideológicas nacionalistas-conservadoras (mais uma vez, em contraste com as tendências aristocráticas-conservadoras de Schramm). Essas inclinações surgiram cada vez mais durante sua participação nas controvérsias entre os historiadores na década de 1980 (que serão discutidas nas páginas 35-8). Elas — de modo geral desconsideradas pela maioria dos demais historiadores[26] — eram, ou deviam ter sido, visíveis em sua por outro lado valiosa HST. A teoria da "guerra dual", que ele divulgou assiduamente na década de 1980, já estava implícita em HST, texto onde ele se referiu, mais de uma vez, à II Guerra Mundial antes de junho de 1941 como uma *europäisches Normalkrieg* — isto é, uma guerra tradicional, travada de acordo com os métodos tradicionais, tese no mínimo duvidosa.

Um trabalho muito diferente foi o curto e denso estudo de Eberhard Jäckel (1929-) sobre a ideologia de Hitler[27]. Nesse livro, Jäckel reuniu evidências de que as decisões de Hitler — sua solução para o "problema judaico" e a tentativa de conquista da Rússia européia — foram conseqüências diretas de sua anterior e cristalizada ideologia, com a qual permaneceu coerente durante toda a vida, carreira e ao longo da guerra. Outros comentadores haviam argumentado antes no mesmo sentido. O trabalho de Jäckel, no entanto, constituiu muito mais do que a reiteração do óbvio, justificando-lhe a cátedra na Universidade de Stuttgart e a reputação como um dos melhores especialistas em Hitler. Implicitamente, portanto, Jäckel discordava dos argumentos do "oportunismo" e da "guerra dual" — embora talvez (conforme veremos no Capítulo 5) ele não tenha posto ênfase suficiente na dualidade da mente de Hitler. Parece ser apropriado dizer aqui, também, que Jäckel pode ter sido o primeiro dos especialistas alemães em Hitler no pós-guerra de coloração política não conservadora (ele ingressou no Partido Social-Democrata Alemão em 1967). Na década de 1980, ele e Hillgruber foram adversários durante a controvérsia dos historiadores alemães sobre a II Guerra Mundial, mas, bem antes disso, as suas numerosas publicações e comentários sobre Hitler[28], bem como sua judiciosa colocação de problemas ainda pendentes[29], contribuíram para o seu merecido reconhecimento.

Em 1969, surgiu uma excelente biografia de Hitler, de autoria de Ernst Deuerlein (1918-1971) — na minha opinião, a melhor biografia curta de Hitler[30]. (A melhor biografia *longa* talvez seja a de Fest, que logo voltarei a comentar.) Se eu tivesse de escolher um único livro sobre Hitler para estudantes ou leitores inteligentes, seria esse. Muito bem escrito, com frases curtas bem construídas e convincentes, denotando uma notável economia de estilo — a despeito das longas citações que ocasionalmente lhe reforçam a argumentação — D é uma biografia que não só oferece muitos detalhes importantes, mas que continua a ser um prazer reler. Essa elegância de estilo, porém, foi apenas uma das virtudes do autor. O texto de Deuerlein sugere suas leituras surpreendemente amplas e compendiosas, bem como o uso cuidadoso do material factual. Em muitos casos, Deuerlein chamou atenção para problemas ainda não resolvidos sobre Hitler, dando crédito a vários historiadores e às suas variadas interpretações. Esse historiador católico já havia publicado estudos importantes, incluindo um trabalho de 1962 sobre o *putsch* montado por Hitler em 1923. A ênfase em D foi posta na maneira como se tornou possível a existência de um Hitler — isto é, suas relações com o povo alemão — especialmente no último e longo capítulo ("Hitler's Ermöglichung"). Em suma, trata-se de uma biografia curta quase perfeita, repleta de introvisões psicológicas de grande importância. Sua única deficiência relativa (como, aliás, acontece na maioria das biografias), está no tratamento muito curto dado à conduta de Hitler durante a guerra.

No início da nova década, apareceu a "Hitler-Welle": na década de 1970, começou a aumentar a massa de publicações (e de filmes, incluindo documentários) sobre Hitler. A publicação de biografias maciças estava bem próxima. Antes de passarmos a elas, porém, impõe-se mencionar duas obras extraordinárias, e correlatas, de autoria de Friedrich Heer (1916-1983), historiador católico austríaco[31]. Esse historiador cultural dotado de conhecimentos extraordinariamente amplos e estilo vibrante e direto — muito diferente da prosa acadêmica padrão ou quase padrão, o que pode ter sido uma das razões por que os especialistas em Hitler raramente demonstraram por ele um interesse pouco mais do que superficial e por que, a despeito de sua grande reputação, jamais foi contemplado com uma cátedra universitária. Heer manifestou no livro ardentes convicções, segundo as quais a ideologia de Hitler — na verdade, a visão de mundo hitlerista (incluindo o antijudaísmo) — não poderia ser entendida à parte do ambiente de fobia aos judeus, às vezes conservador, em outras ocasiões com raízes populares, e da atmosfera intelectual vigentes na Áustria onde Hitler cresceu (e que, até certo ponto, persiste até hoje). A força propulsora do trabalho de Heer, por conseguinte, foi a intensa preocupação desse estudioso profundamente religioso com o que considerava como as deficiências morais do catolicismo austríaco (e não só austríaco). Veremos no Capítulo 2 que a atribuição de um efeito direto a essas influências pode ter sido exagerada. Ainda assim, ele merece grande crédito pela amplidão realmente extraordinária de sua documentação ilustrativa — e, ainda mais, por suas introvisões inesperadas e, às vezes, surpreendentes sobre o caráter e a personalidade de Hitler[32], que concordavam (talvez mesmo sem seu conhecimento) com as introvisões independentes e incisivas de pensadores e escritores como o francês Georges Bernanos ("um filho profundamente humilhado") e George Orwell.

Em 1973 (precedida por um volume que já demonstrara seus talentos de biógrafo), foi publicada a grande biografia de Joachim Fest sobre Hitler. Tal como Maser, Hillgruber, Jäckel e Heer, Fest (1926-) nasceu em meados da década de 1920 — jovem demais, portanto, para ter participado da guerra, exceto por um curto período ao fim da luta. Após completar os estudos universitários (ele sentia um interesse especial pela história da arte), Fest fez carreira como jornalista, trabalhando também na televisão. Foi membro do Partido Democrata Cristão (durante alguns anos serviu como deputado eleito em Berlin-Neukölln). O sucesso e o reconhecimento do valor da biografia de Hitler resultou em um convite para ocupar uma importante e influente editoria na *Frankfurter Allgemeine Zeitung* (doravante designada como FAZ), nomeação esta que refletia um conhecimento elogiável da vida cultural alemã (oportunidades semelhantes foram oferecidas também a Görlitz e Zitelmann). Em sua nova e influente posição, Fest desempenhou um papel importante, contribuindo com trabalhos originais e comentando estudos que nesse momento se faziam sobre o Terceiro Reich e Hitler (incluindo as controvérsias da década de 1980) até sua aposentadoria recente. A excelência de seu grande volume (1.184 páginas na edição alemã) deveu-se principalmente a suas introvisões como biógrafo. Os antecedentes de Fest como jornalista em nada comprometeram e, pelo contrário, realçaram a qualidade de seu trabalho — resultado, também, de suas amplas leituras (denotadas pelo fato de citar e transcrever freqüentemente pensadores como Burckhardt, Proudhon, Nietzsche, Constant etc.). Fizera pouca pesquisa arquival, motivo pelo qual foi injustamente criticado por Maser. Alguns dos melhores historiadores alemães, porém, elogiaram-no sem reservas[33].

Especialmente voltado para os anos de Viena e o período da vida de Hitler de 1919-33 (embora, mais uma vez, um tanto resumido na descrição dos anos de guerra), o retrato psíquico de Hitler por Fest enriqueceu-se ainda mais com as denominadas "Zwischenbetrachtungen" ("Considerações transitórias") sobre o sentido de uma questão particular (duas delas no início e fim do volume, sobre o lugar de Hitler na história)[34]. Outro aspecto, nessa época incomum em biografias, foi a afirmação de que, se Hitler tivesse sido assassinado em fins de 1938, "poucos (alemães) hesitariam em considerá-lo um dos maiores estadistas da Alemanha, talvez mesmo o implementador (*der Vollender*) de seu destino[35]. Tal argumento não era exculpatório, mas sim um raciocínio que outros historiadores vieram a compartilhar (este autor, Haffner e Zitelmann, por exemplo). Fest não demonstrou nenhuma inclinação de querer reabilitar Hitler. Aqui e ali, foi criticado por sua grande dependência das memórias de Albert Speer[36], publicadas ao tempo em que escrevia o livro, sujeição suplementada pelas muitas conversas que teve com o próprio memorialista. Essa crítica carecia na maior parte de fundamento, em minha opinião, porquanto considero Speer, a despeito de alguns lapsos, uma fonte muito importante sobre Hitler, com quem manteve ligações muito estreitas, sobretudo durante a guerra[37].

Na década de 1970, a "onda Hitler" rolava impetuosa, levantando não só uma grande massa de matéria impressa[38], mas também documentários e longas-metragens. Estes últimos incluíram um filme com roteiro escrito por Fest (1977) e pelo qual — sobretudo por causa da freqüência de cenas mostrando a popularidade de Hitler na década de 1930 — ele foi criticado por alguns historiadores. Em 1977, apareceu a primeira biografia de Hitler escrita por um americano, John Toland (1912-)[39]. Jornalista, Toland nutria grande interesse pela II Guerra Mundial, sobre a qual escreveu um bom número de histórias populares de grande sucesso. Hitler, evidentemente, exercia fascínio sobre ele. O aspecto novo de seu livro consistiu na coleta e utilização de materiais até então evitados pela maioria dos historiadores. Nesse trabalho, Toland realizou extensas viagens, fez contatos, entrevistas e, em certa ocasião, comprou documentos de secretárias, cozinheiros, motoristas, empregados domésticos e guarda-costas de Hitler[40]. Essas atividades encartam-se, de fato, no trabalho do biógrafo, uma vez que, pelo menos potencialmente, tudo que é útil deve ser usado, até mesmo bisbilhotices, quando servem de exemplo para um argumento e são empregadas de forma correta, e, portanto, incluídas ocasionalmente no mesmo. Ao mesmo tempo, Toland nenhum esforço fez (nem fingiu fazer) para adotar os métodos dos historiadores profissionais; a pesquisa em arquivos, no seu caso, parece quase inexistente; pouca atenção deu aos trabalhos de outros biógrafos de Hitler; e usou com grande seletividade fontes primárias e secundárias. Em muitos casos, achou útil incluir informação tomada das obras de outros historiadores, sem se preocupar muito com o crédito devido; e tampouco apresentou documentação de apoio a algumas de suas, não raro, surpreendentes afirmações[41]. Em suma, o retrato de Hitler a emergir do trabalho de Toland foi curiosamente (e, talvez, irritantemente) incoerente. Por outro lado, Toland, com seu estilo vivaz e rápido (com um toque de Broadway), fez afirmações curtas condenando Hitler, prestando obediência verbal aos clichês costumeiros. Por outro lado, indicações de sua admiração por Hitler são identificáveis em todo o livro — as quais passaram despercebidas da maioria dos resenhistas, mas que na maior parte concordavam com a visão geral de Toland sobre a II Guerra Mundial[42]. (Voltarei a algumas delas no Capítulo 8: "Admiradores e defensores, declarados e ocultos").

Durante a década de 1970, três professores universitários americanos (dois deles, historiadores) publicaram trabalhos biográficos psicanalíticos sobre Hitler. Os livros eram muito diferentes, haviam sido escritos independentemente uns dos outros e o que tinham em comum era a aceitação — na verdade, a exemplificação que usaram — de uma moda intelectual e universitária em voga nessa ocasião. Era a mania (odiaria ter de lhe dar outro nome) da psico-história, significando isso não só a aplicação da psicologia a figuras históricas (algo que todos os historiadores ou biógrafos sérios fizeram desde Políbio e Plutarco), mas da "técnica" psicanalítica, predominantemente freudiana, ao objeto de seus estudos. Este não é o lugar de apresentar argumentos contra essa prática, ou mesmo de sumariar as falhas básicas e, sim, míopes do freudianismo, salvo para dizer que se a aplicação das mesmas ao diagnóstico e terapia de seres humanos vivos é freqüentemente discutível, isso deve acontecer ainda mais quando da aplicação da psicanálise aos mortos. Não posso evitar pelo menos uma observação de passagem sobre o clima intelectual da década de 1960, quando surgiu um grande número de interpretações neomarxistas e neofreudianas em todo o cenário universitário. No meio profissional histórico americano, essa abundância surgiu após dezembro de 1958, quando o respeitado historiador de assuntos diplomáticos, William L. Langer, de Harvard, intitulou seu discurso de posse como presidente da Associação Histórica Americana de "O novo dever de casa", exortando seus colegas historiadores a seguir a "audácia especulativa dos cientistas naturais" e a lançar-se "ao aprofundamento urgentemente necessário de nossa compreensão histórica através de exposições dos conceitos" da moderna psicanálise freudiana. Embora não seja legítimo a historiadores, inclusive no meu caso, atribuir motivos a seus colegas, é válida a indicação correta de seus objetivos. Tenham sido eles inspirados ou não por William Langer, tenham sido ou não influenciados pelo clima intelectual da década de 1960, os objetivos de Walter Langer (irmão de William), R.L. Waite e Rudolph Binion[43] foram claros — na verdade, declarados por eles mesmos: a aplicação da psicanálise a Hitler. Entre estes três livros, o de Langer foi o menos, e o de Binion, o mais digno de menção. O primeiro não passou de um requentamento da projeção psicológica de Hitler que Langer construíra em 1943 por encomenda da OSS (grande parte de seu material foi obtido em entrevista com Stephanie Hohenlohe, na ocasião presa como suspeita no Texas). O segundo implicava a afirmação de que Hitler era um psicopata ("uma personalidade duvidosa"). No terceiro, Binion, um estudioso muito culto da história intelectual da Europa moderna, realizou um estudo substancial de Hitler, embora sua tese, segundo a qual o ódio de Hitler aos judeus era, entre outras coisas, resultado de sua recordação reprimida, mas causticante, do dr. Eduard Bloch, o médico judeu de Linz que aplicara um tratamento doloroso à sua mãe em seus últimos meses de vida, nada tinha de convincente — e menos ainda sua hipótese subseqüente[44].

Em seguida, em 1977, surgiu a primeira reabilitação parcial comercialmente bem-sucedida de Hitler, de autoria do jornalista inglês David Irving (1938-). O fato de a vida de um historiador não poder ser separada da história que escreve tornou-se especialmente evidente no caso de Irving. No início da mocidade, ele demonstrou agudo interesse pela Alemanha, onde passou um ano como operário industrial para aperfeiçoar seu conhecimento do idioma. Desde então, seus interesses e ambições foram dedicados na maior parte à II Guerra Mundial e, em especial, ao Terceiro Reich e a Hitler. Aos vinte e um anos de idade, começou a escrever em revistas alemãs e, em 1963, publicou seu primeiro e, de modo geral, irrepreensível trabalho, *The Destruction of Dresden*. Seguiram-se numerosos outros livros, entre os quais destacou-se *Hitler's War*, publicado em 1977[45], que revelava pela primeira vez (isto é, para leitores atentos) sua admiração por Hitler: uma progressão gradual a partir da justificação parcial, passando para a reabilitação e, em seguida, à elevação virtual a um nível de grandeza histórica e moral. Essa evolução das histórias escritas por Irving refletia uma evolução correspondente em sua história pessoal: através de numerosas discussões públicas e casos na justiça envolvendo calúnia (e suas aparições sucessivas como orador em comícios neonazistas na Alemanha), esse antigo revisionista amador revelou-se um admirador incondicional de Hitler.

Outros livros, revoltados, apologéticos e — pelo menos implicitamente — deslumbrados com Hitler já existiam, claro, embora a faixa de assuntos abordados, circulação e efeitos tenham sido suficientemente pequenos para justificar omiti-los neste levantamento reconhecidamente incompleto da historiografia de Hitler (embora eu tenha de me referir ocasionalmente a alguns deles em capítulos posteriores, especialmente no Capítulo 8). Mas, talvez por infelicidade, as contribuições de Irving ao estudo de Hitler não possam ser ignoradas, e não apenas por causa — mais uma vez, lamentavelmente — do grande número de seus leitores[46]. Irving, muito mais do que Toland, conseguiu reunir uma espantosa quantidade de documentos e conhecer pessoalmente numerosos sobreviventes da hierarquia do Terceiro Reich, especialmente homens e mulheres do círculo mais íntimo de Hitler[47], sobretudo aqueles que eram simpáticos às suas opiniões. Talvez as mais importantes de suas coletâneas de documentos tenham sido os diários de Walter Hewel, confidente de Ribbentrop no quartel-general de Hitler durante a guerra (Hewel, um antigo correligionário de Hitler, seguiu-lhe o exemplo, suicidando-se também ao fim da guerra), juntamente com páginas dispersas de uma organização alemã de espionagem criada por Göring e que coletava informações em fontes estrangeiras, denominada Forschungsamt. "Estes documentos são usados aqui pela primeira vez", escreveu Irving. Mas onde os teria conseguido? Tragicamente, todos os arquivos do Forschungsamt foram destruídos em 1945[48]. Na década de 1970, Irving depositou esses documentos nos arquivos do Institut für Zeitgeschichte (cujos arquivistas, logo depois, julgaram prudente se afastarem dele). Mais uma vez, como Toland, Irving quase nenhuma atenção deu às obras de historiadores profissionais — ignorando-os como sem valor ou escarnecendo freqüentemente deles — no seu caso não apenas por satisfação com a própria pesquisa, mas também por causa do orgulho que sentia de seu êxito como amador[49]. Atacou-os não só por serem excessivamente míopes em seus métodos, mas também por estarem comprometidos com cálculos políticos — isto é, pela má vontade em dar qualquer crédito a Hitler quando lhe era devido. Mas também — à parte questões de juízo de valor moral — perguntas deveriam ter sido feitas (o que, infelizmente, quase nunca ocorria)[50] sobre os próprios métodos usados por um historiador amador incansavelmente ambicioso. Tal como numerosos amadores (bem como alguns profissionais, ocasionalmente), Irving trabalhava a partir do que o grande Altamira, historiador espanhol, denominou certa vez de "a idolatria do documento" — significando que um único documento ou um fragmento de documento eram suficientes para que Irving elaborasse uma tese mais que duvidosa baseada em seu conteúdo ou na falta deste. Pior ainda foram suas muitas referências arquivais nas notas de rodapé (ao contrário de Toland, o infatigável Irving examinara rolos após rolos de microfilmes em uma grande variedade de arquivos), muitos dos quais eram inexatos e *não* provavam ou mesmo se referiam às declarações pertinentes no texto do livro. Dessa maneira, Irving, que freqüentemente acusava outras pessoas de "falsificações" de documentos (incluindo Churchill), praticou manipulações próprias, atribuindo pelo menos falsos significados a alguns documentos ou, em outros casos, citando referências a documentos que nada tinham a ver com o caso[51]. Finalmente, mesmo neste sumário necessariamente resumido de seu trabalho, importa mencionar a condição de que o comprometimento ideológico de Irving não deixava de ser uma grande hipocrisia, uma vez que sua admiração por Hitler era freqüentemente disfarçada por esforços persistentes para denegrir todos os adversários de seu ídolo, tanto estrangeiros quanto alemães[52].

Mas também a história, incluindo a história da história, jamais é da mesma qualidade. Alguns meses após o lançamento da bomba arrasa-quarteirão de Irving, apareceu um dos melhores estudos sobre Hitler, de autoria de Sebastian Haffner (1907-)[53]. Haffner, um liberal-conservador (esses adjetivos são usados no melhor sentido de seus significados originais), jornalista, publicista e historiador amador, era um homem profundamente honesto. Tendo emigrado da Alemanha em 1938, trabalhou como abalisado jornalista em Londres, escrevendo principalmente sobre a Alemanha e a Europa. Voltou para Berlim com a esposa em 1960 e conseguiu, já em idade madura, graças à probidade e critério em juízos de valor, uma reputação de respeito quase geral entre os leitores alemães. A modéstia com que apresentou o estudo sobre Hitler estava bem de acordo com o caráter do autor. Haffner — não por estudo insuficiente e certamente não por falta de energia — não aspirava a escrever uma biografia exaustiva de Hitler. Em vez disso, nesse livro extraordinariamente bem escrito — basicamente um longo ensaio histórico — ele quís chamar atenção para alguns aspectos pouco estudados, ou que passavam até despercebidos, do que poderia ser denominado o lugar de Hitler na história. O grande mérito do trabalho está na excelente descrição — e na análise curta, porém convincente — dos inegáveis talentos políticos de Hitler[54], mas também na descrição sumária (e análise implícita) das condições políticas e culturais da Alemanha na década de 1930 — uma descrição do clima nacional vigente, com grande introvisão mas sem indevidas especulações filosóficas — o que era talvez excepcional. De modo geral, a visão de Haffner concordava com a de Deuerlein e Fest, afirmando a união inegável entre Hitler e o povo alemão na década de 1930 (se "união" — palavra minha — é forte demais, a palavra "popularidade" talvez seja demasiado fraca). Minhas únicas restrições dizem respeito à perplexidade de Haffner com a declaração de guerra de Hitler aos Estados Unidos em dezembro de 1941, o que, em minha opinião, ele interpretou erroneamente como irracional e evitável, e, talvez, às suas afirmações sobre a rejeição de Hitler pelo povo alemão ao fim da guerra[55].

Nos cinco anos que se seguiram à publicação da obra da Haffner (1978-1983), não houve diminuição do interesse erudito (ou popular) por Hitler. Alguns dos estudos monográficos sobre o Terceiro Reich, artigos sobre o Terceiro Reich e Hitler, e trabalhos acadêmicos apresentados em conferências dedicadas a estudos sobre o ditador, foram publicados nesses anos. Neste curto levantamento da historiografia de Hitler, porém, tenho de me abster de mencioná-los, quanto mais de descrevê-los. Ainda assim, cumpre notar que foi por volta de 1980 que a primeira geração de estudiosos — significando homens e mulheres nascidos após 1945, e para os quais o período de Hitler não encerrava recordações pessoais — começou a aparecer na cena acadêmica e nas páginas de revistas respeitáveis. Simultaneamente, iniciou-se o debate (mais debate do que controvérsia) entre os denominados funcionalistas e intencionalistas. Os funcionalistas, entre os quais se destacava Hans Mommsen, neto do grande historiador clássico, tentavam provar que as decisões de Hitler (em especial, durante a guerra) foram muitas vezes hesitantes e que, principalmente por causa das condições cada vez mais complicadas e mesmo bizantinas que reinavam na hierarquia nazista, Hitler pode ter sido, pelo menos com freqüência, um ditador "fraco"[56]. Os intencionalistas argumentavam, ao contrário, que as intenções e decisões de Hitler constituíam aplicações evidentes de suas convicções ideológicas[57]. É importante neste particular levar também em conta o argumento de Jäckel: que o Terceiro Reich era simultaneamente uma monocracia e uma policracia. Penso, no entanto, que a importância desse debate (mesmo que deles ainda se ouçam ecos) não deve ser exagerada. Em alguns sentidos (embora não em todos), o debate funcionalista-intencionalista[58] foi apenas a continuação das interpretações divergentes acima mencionadas de Hilter, o Oportunista, e Hitler, o Ideólogo. Esse fato não significa que o debate tenha sido frívolo, como não o foi, na verdade, a exortação de Broszat (1985), mencionada antes, de se passar da "demonização" para a historicização de Hitler e do Terceiro Reich.

Nesses anos, jovens historiadores ingleses deram duas contribuições importantes aos estudos sobre Hitler. O *Hitler: A Study of Personality and Politics*[59], de William Carr (1921-1991), foi de várias maneiras exemplar. Carr conseguiu realizar uma síntese notável ao estudar a personalidade de Hitler juntamente com sua carreira e ao descrever e coletar observações importantes sobre a relação entre o Hitler público e o privado, suas práticas políticas e inclinações pessoais. Ian Kershaw (1943-), que iniciou a carreira de erudito como historiador medievalista, concentrou-se principalmente no estudo da influência de Hitler sobre o povo alemão — tema complexo e inesgotável. O primeiro livro de Kershaw foi publicado na Alemanha antes mesmo de vir à luz na Inglaterra. Ele trabalhou principalmente com os materiais, que ainda hoje se acumulam, os quais registravam indicações da opinião pública e sentimento popular na Alemanha durante o Terceiro Reich. Seguiu-se a biografia que escreveu de Hitler[60], um volume curto e sucinto que deverá ser substituída por outra, mais volumosa, com publicação programada para 1998.

Dez anos antes, em 1986, irrompeu uma controvérsia entre historiadores e intelectuais alemães — cujas repercussões, sugerindo divergências acirradas entre a avaliação do Terceiro Reich (e, pelo menos indiretamente, de Hitler), não desapareceram ainda. Digo "controvérsia", e não "debate" (esta última palavra é usada em descrições britânicas e americanas sobre o caso)[61]. A expressão alemã usada foi *Historikerstreit*, que significa "A Briga dos Historiadores", um nome apropriado, exceto por sugerir uma briga entre especialistas. Ainda assim, uma tempestade em um bule de chá, salvo o devido respeito a Jane Austen ("Se você vive em um bule de chá, uma tempestade pode ser uma coisa muito desagradável"), a Historikerstreit não foi. Mas desenvolveu-se com tal acrimônia que em nada contribuiu para o aumento da compreensão histórica — tendo sido, de muitas maneiras, um diálogo, ou mesmo uma diatribe, entre surdos. Mais uma vez, não posso me furtar de pelo menos uma referência mínima à cena mais ampla do período. Como em tantos outros países do mundo ocidental (na América de Reagan e na Grã-Bretanha de Thatcher), a Alemanha Ocidental do chanceler Kohl caracterizava-se por uma forte tendência neoconservadora — de muitas maneiras, uma reação previsível às muitas tendências esquerdistas e radicais de fins da década de 1960. Escrevo "neoconservador" devido às diferenças importantes entre as versões mais tradicional e mais nova do conservantismo, na Alemanha como em outros países, mas este não é o lugar para irmos além nesses assuntos, exceto, talvez, para notar que muitos dos historiadores neoconservadores que tomaram parte na Briga dos Historiadores pertenciam à geração alemã mais jovem, do pós-guerra. Eles se sentiam impacientes e irritados com o que parecia ser um consenso esquerdista que dominava, na maior parte, a vida intelectual e a troca de idéias na Alemanha, e o rápido agravamento da Controvérsia dos Historiadores refletiu esse fato[62].

A polêmica começou com a publicação de dois trabalhos diferentes sobre o Terceiro Reich, de autoria de Ernst Nolte e Andreas Hillgruber. Nolte (1922-), o mais velho dos dois, firmara sua reputação em 1964 com um estudo mais longo, *Three Faces of Fascism*, livro baseado em volumosa pesquisa de material, mas que, por duas razões, continha uma tese discutível[63]. A primeira, a aplicação do termo "fascismo" ao nacional-socialismo alemão (a impropriedade e a inexatidão do qual são discutidas no Capítulo 4); a segunda, a conseqüente mistura das histórias da Action Française, do fascismo italiano de Mussolini e do nacional-socialismo alemão sob o mesmo título, quando, na realidade, a Action Française foi um fenômeno pré-fascista, ao passo que o Terceiro Reich (e, especialmente, o Estado SS), foi um fenômeno pós-fascista. Na ocasião, Nolte nenhuma indicação deu de suas inclinações ideológicas posteriores. Embora participasse da política, publicou relativamente pouca coisa na década de 1970. Em princípios da década de 1980, porém, havia iniciado o trabalho em um volume mais alentado, *Der europäische Bürgerkrieg, 1917-1945* (A guerra civil européia, 1917-1945), cuja tese sumariou em uma palestra pública em princípios de 1986, publicada posteriormente por Fest na FAZ em junho do mesmo ano. A principal tese de Nolte — obstinadamente sustentada e desde então ainda mais desenvolvida — era que o nazismo alemão deveria ser entendido como uma reação ao bolchevismo russo; que os horrores do sistema de campos de concentração soviéticos (o Gulag) precederam e levaram aos de Auschwitz; e — um ponto menor mas extremamente delicado — que a declaração de guerra de Hitler aos judeus foi, se não independente, pelo menos paralela a uma declaração de Chaim Wiezmann que, em carta aberta em setembro de 1939, ofereceu o apoio do Congresso Judaico Mundial ao governo inglês, no caso de guerra contra a Alemanha. De qualquer modo, o artigo de Nolte e o livro subseqüente sugeriram pelo menos uma desculpa parcial — embora certamente não uma reabilitação — de Hitler. Simultaneamente com a publicação do artigo de Nolte, foi lançado um livro de Andreas Hillgruber (um volume magro de autoria de um historiador pouco conhecido pela brevidade de sua prosa) que equivalia a uma reabilitação de alguns esforços das Forças Armadas alemãs, incluindo alguns de oficiais nacional-socialistas do Terceiro Reich, embora não de Hitler. No *Zweierlei Untergang. Die Zerschlagung des Dritten Reiches und das Ende des europäischen Judentums* (A destruição[64] do Terceiro Reich e o fim dos judeus europeus), pela primeira vez um historiador alemão respeitado (na verdade, o líder mais ou menos aceito dos especialistas alemães na história da II Guerra Mundial) declarava que chegara a hora de dar o devido valor à luta desesperada de numerosos alemães (incluindo mesmo funcionários da SS e nacional-socialistas) contra o pavoroso massacre perpetrado pelos exércitos soviéticos em 1944-45. A segunda parte, muito mais curta, do volume consistiu no honesto sumário do Holocausto[65].

Imediatamente após essas publicações, Jürgen Habermas, filósofo social alemão, atacou Nolte e Hillgruber nas páginas do *Die Zeit*. Embora fosse considerável a qualidade estilística dos argumentos de Habermas, o tom áspero usado levou à erupção da polêmica, da qual participaram numerosos historiadores germânicos. Importante também foi o inesperado aparecimento público de defensores de Nolte e Hillgruber — incluindo Fest — e de historiadores alemães mais jovens e respeitados, como Michael Stürmer (assessor do Chanceler Kohl) e o um pouco menos eficaz Klaus Hildebrand. Contra eles, formaram fileiras alguns historiadores mais velhos (Christian Müller), mas também Eberhard Jäckel e Hans-Ulrich Wehler (cuja argumentação julgo convincente, embora visivelmente partidária)[66].

Na defesa parcial que adotaram, cumpre notar que, em princípios da década de 1970, tanto Nolte quanto Hillgruber eram vítimas de injustificáveis ataques da esquerda. Pelo menos uma das palestras de Hillgruber foi interrompida violentamente por alguns estudantes, enquanto os cursos de Nolte eram grosseiramente boicotados durante algum tempo. (O filme documentário produzido por Fest em 1977 despertou críticas acrimoniosas e, às vezes, inaceitáveis.) Não obstante, o que toda a *Historikerstreit* acabou por revelar foi a presença crescente de uma divergência ideológica e política profunda entre os historiadores na maneira como viam o Terceiro Reich, ou, no mínimo, alguns de seus aspectos — divergência essa que ameaçou a aceitação de um consenso geral pelo qual vinham aspirando havia pelo menos quarenta anos muitos e respeitáveis historiadores e intelectuais[67]. A divergência persistiu após a reunificação das Alemanhas em 1989. (Incidentalmente, nenhum dos historiadores da *Historikerstreit* previu esse fato. Na verdade, julgaram-no impossível em qualquer futuro previsível.)

Permaneceu, no entanto, a tendência de separar de Hitler a história do Terceiro Reich (e, indiretamente, do povo alemão). Em seguida, em 1987, surgiu um importante estudo sobre Hitler, de autoria de Rainer Zitelmann (1957-)[68], uma contribuição importante e pelo menos uma revisão parcial, após muitos anos, do retrato do líder alemão. Já em 1982, à idade de vinte e quatro anos, esse jovem e brilhante historiador já publicaria o mais competente ensaio bibliográfico a respeito de estudos sobre Hitler,

Hitlers Erfolg: Erklärungsversuche in der Hitler-Forschung (O sucesso de Hitler: Tentativas de explicação na pesquisa sobre Hitler)[69], título este que já sugeria a direção de seus trabalhos futuros: Por que — e como — Hitler teve sucesso? No ZIT/A, Zitelmann deu pelo menos duas, se é que não três, contribuições inegáveis[70]. Em primeiro lugar, que Hitler fora realmente um revolucionário e que, em conseqüência, suas aspirações e visões haviam sido *modernas* (pouco importando que raízes fundas mergulhavam em algumas atitudes alemãs tradicionais), como também suas idéias e planos para a reconstrução da sociedade alemã (argumento este raramente proposto de forma convincente antes de Zitelmann, exceto pelo historiador americano David Schoenbaum). Isso implicava também que, ao contrário da opinião geralmente aceita, Hitler não fora ignorante de economia nem indiferente a ela. Toda essa tese foi ilustrada e reforçada pela extensa leitura feita por Zitelmann de trabalhos e outros documentos, muitos dos quais do período de 1928-32, durante o qual — mais uma vez, contrário às opiniões geralmente aceitas — Hitler não só falou mas escreveu e ditou grande volume de material. Talvez a única deficiência do ZIT/A tenha sido o curto espaço dedicado por Zitelmann às qualidades de estadista de Hitler. Nessa parte, ele mais uma vez frisou seu caráter revolucionário, mas, talvez, sem reconhecer-lhe a dualidade consciente (suas opiniões e pronunciamentos diferentes e, às vezes, inteiramente contraditórios no tocante a estadistas estrangeiros e a forças políticas).

Dois anos após a publicação do ZIT/A, o jovem historiador lançou um livro mais curto, embora não menos notável, sobre Hitler[71]. Não menos notável para nossos objetivos aqui, porque enquanto o ZIT/A era principalmente um estudo analítico das idéias de Hitler, o ZIT/B era uma biografia. No prefácio do livro, Zitelmann faz a seguinte pergunta: Por que mais uma biografia, quando já existem as de Bullock, Fest e Toland? "Algumas dessas biografias", escreveu, "foram excelente em suas épocas, mas hoje têm de ser consideradas ultrapassadas de várias maneiras[72]. Na pesquisa, Zitelmann dependeu da edição finalmente completa dos diários de Goebbels, bem como de algumas fontes até então na maior parte inexploradas, incluindo uma nova série de notas sobre conversas de Hitler à mesa de refeições durante o tempo de guerra. A importância da biografia de Hitler por Zitelmann reside não tanto na pesquisa do autor, como em suas firmes convicções. Vejamos, em suas próprias palavras, um sumário do que realizou: "O retrato aqui desenhado de Hitler difere muito de outros. Ele surge aqui como um político cujos pensamentos e atos foram essencialmente muito mais racionais do que até então se aceitava." E também: "... em alguns campos, a pesquisa sobre o nacional-socialismo está ainda no início... No fim, o retrato de Hitler mostra-se mais completo, diferenciado e indefinido". Uma declaração categórica, talvez exagerada, feita por um jovem historiador, mas não sem fundamento. "A sobriedade é também necessária na linguagem. E essa condição está longe da verdade em todas as biografias de Hitler [incluindo a de Fest]."[73]

Um trabalho sóbrio, bem escrito e conciso desse tipo foi realizado por Wolfgang Wippermann, o *Der konsequente Wahn: Ideologie und Politik Adolf Hitlers*, D, p.9: "Este livro", escreveu Wippermann, "trata da vida e da ideologia de Hitler, bem como da história do nacional-socialismo, mas nem é uma biografia de Hitler nem uma apresentação sumária da história do nacional-socialismo. Sua finalidade é estimular uma confrontação com Hitler e com um tempo que apenas parece passado e desaparecido" [*die nur scheinbar Vergangenheit ist*].[74]

Estamos nos aproximando agora do fim deste levantamento. Em 1991, surgiu uma recomendável e, na maior parte, impecável biografia de Hitler (o primeiro trabalho substancial em francês), de autoria de Marlis Steinert (1922-), uma senhora de origem alemã e professora (ora emérita) do Instituto de Estudos Internacionais de Genebra[75]. Além de sua inatacável erudição, a importante contribuição de Mme. Steinert foi o argumento implícito contra a teoria de duas guerras, contrário ao de Hillgruber e outros autores (com os quais não debateu abertamente): a guerra de Hitler antes de 1941 não fora "uma guerra européia tradicional", tendo em vista as ordens já expedidas para o tratamento a ser dado a poloneses e, claro, a judeus, em setembro de 1939[76]. O único defeito (e discutível) do livro pode ter sido o emprego generoso do termo "megalomania",[77] não inteiramente errado quando aplicado a Hitler, mas talvez não suficientemente verdadeiro.

E agora, antes de concluir, sinto-me compelido a chamar a atenção do leitor para a persistência de uma lamentável causa da acrimônia entre os historiadores alemães — incluindo Zitelmann, que julgou necessário alinhar-se cada vez mais com os direitistas (ou neoconservadores ou, talvez mais exatamente, neonacionalistas)[78], atribuindo todos os tipos de desonestidade aos seus adversários. Entre estes últimos, ele incluiu não só a geração de "1968" (o ano das arruaças nas universidades), mas homens e mulheres que insistiam em um consenso alemão, na aceitação da responsabilidade dos alemães pela guerra e pelas atrocidades cometidas. (Zitelmann atacou Richard von Weizsäcker, o altamente respeitado ex-presidente da Alemanha Ocidental, e Golo Mann, bem como Max Domarus, o elogiável colecionador e compilador das declarações públicas de Hitler.) Nos argumentos freqüentemente repetidos de Zitelmann pela historicização de Hitler — o que continua a ser uma atividade correta — existem elementos latentes de, pelo menos, uma reabilitação parcial[79].

• • •

Permitam-me os leitores que lhes lembre que meu tratamento (e listagem) das biografias de Hitler não é — e não poderia ser — completo. Exclui, por exemplo, trabalhos valiosos que tratam de algum período particular ou capítulo da vida de Hitler — como, por exemplo, o fato crucial que foi a sua tentativa de um *putsch* em Munique em 1923[80]. Entre outras limitações, este capítulo inclui poucos artigos (o que acontecerá tambem em capítulos posteriores, nos casos necessários), mesmo que muitos e importantes acréscimos, interpretações e revisões de nossos conhecimentos sobre a vida e carreira de Hitler possam ser encontrados em alguns deles. Mas, neste momento, impõe-se fazer algumas generalizações. Uma delas aplica-se no nível nacional. Nos últimos cinqüenta anos, não foram muitos os alemães que queriam pensar em Hitler. Mas muitos de seus historiadores quiseram fazer justamente isso. Foi na Alemanha que historiadores e outros escritores fizeram esforços árduos, sérios e honestos para chegar a um acordo sobre este capítulo da história nacional do país — o que redunda em crédito para todos eles. Tentativas desse tipo entre os aliados da Alemanha na guerra foram poucas — não muitas na Itália e ainda menos no Japão.

Quase todas as principais, e sérias, biografias de Hitler saíram da pena de historiadores alemães, britânicos e americanos. Em nenhuma outra língua tentou-se algo comparável — curiosamente, nem mesmo na França, embora sinais de forte interesse pela Alemanha e II Guerra Mundial tenham sido observados durante muitos anos nesse país. (Uma exceção neste particular é o trabalho de Vappu Tallgren, historiador finlandês.) As contribuições de escritores russos e da Europa Oriental foram praticamente inexistentes ou insignificantes. (Estas incluem — talvez especialmente — escritores da Eslováquia, Croácia e Romênia, aliadas de Hitler durante a guerra.) As contribuições de historiadores da Alemanha Oriental durante os quarenta anos da existência da República Democrática Alemã foram, com pouquíssimas exceções, inúteis. Mas o mesmo se aplica na maior parte a interpretações marxistas de Hitler, escritas por intelectuais e professores universitários do mundo ocidental. São muitas as razões para esse fato, destacando-se entre elas as categorias míopes e limitadas da visão marxista do mundo e da natureza humana. Mas, também, a vida e carreira de Hitler, bem como grande parte da história do Terceiro Reich, são refutações vivas da interpretação econômica da história — na verdade, de toda idéia do Homem Econômico.

Esse fato me leva a uma breve discussão do problema da relação entre história e biografia. A história é, claro, mais do que biografia, porquanto seus tópicos envolvem não uma única, mas muitas pessoas. Mas o caso não é tão simples assim. Ela é "a essência de inumeráveis biografias", como disse certa vez Carlyle, embora essa frase notável, como acontecia com tanta freqüência com o escritor inglês, seja imprecisa: não inumeráveis biografias, mas inumeráveis vidas. E foi no século XIX, também, que o historiador inglês John Seeley escreveu: "A história é política passada e a política, a história presente" — uma frase que, certamente sem conhecimento de Seeley, Hitler repetiu quando, certa vez (em 1936, acho), disse: "Politik ist werdende Geschichte" (a política é a história em andamento). Durante o século XX, porém, numerosos historiadores reconheceram que a história, afinal de contas, tem de transcender a política, não pode restringir-se à história política e precisa tratar de um sem-número de indivíduos. A história social, por conseguinte, tornou-se tema e tópico aceitos e, mais tarde, até mesmo dominante em suas obras. Em um extremo (infelizmente, muito freqüente), esse fato resultou na degeneração da pesquisa histórica da elaboração de obras históricas, transformando-as em uma espécie de sociologia retrospectiva — enquanto no outro produzia alguns excelentes trabalhos de socio*grafia* histórica[81]. Em virtude da aceitação da idéia social-científica, alguns autores (como, por exemplo, o soberbo biógrafo Harold Nicolson) temeram certa vez que murchassem as tradições da biografia. Esse fato, porém, não aconteceu. Na verdade — talvez como reação institiva da parte dos leitores, sequiosos de representações da realidade, por uma descrição narrativa de pessoas reais e de suas vidas reais — biografia e História tornaram-se mais íntimas, ultrapassando os inevitáveis pontos comuns entre ambas. E a idéia amplamente aceita (propagada não só por historiadores marxistas), segundo a qual a história era — e continua a ser — feita não por pessoas individuais, mas por condições sociais específicas e forças econômicas subjacentes, foi obviamente refutada e é especialmente inaplicável a Hitler — e, na verdade, a toda a história da II Guerra Mundial. O fato de que essa guerra não teria explodido em 1939 se Hitler não houvesse existido, e que o curso de toda ela teria sido diferente se não tivessem existido Churchill, Stalin e Roosevelt, dispensa mais explicações.

Claro que nem todo historiador é um biógrafo e nem todo biógrafo é um historiador. Mas é claro também que todo historiador sério precisa possuir interesses e talentos de biógrafo, ao passo que todo biógrafo sério tem de conhecer muita história (e não apenas a história de seu biografado ou mesmo dos tempos em que ele viveu)[82]. A esses *desiderata* óbvios devemos acrescentar a única vantagem que *alguns* (com toda certeza, não todos) biógrafos históricos não-profissionais *podem* ter sobre profissionais cuja obra e vida restringem-se aos círculos acadêmicos: os primeiros podem conhecer melhor o mundo, inclusive uma grande variedade de pessoas. Esse fato *poderá* habilitá-los a ter introvisões de seus biografados, das quais, mais uma vez, carecem *alguns* (mas não todos, claro) historiadores profissionais[83]. Esse é o motivo por que o retrato psíquico de Hitler foi mais bem pintado por Schramm ou Deuerlein, Fest ou Haffner, do que, digamos, por Bullock, Maser ou Hillgruber (para não mencionar Toland ou Irving). Mas basta dessas elucubrações. Seja suficiente dizer que o problema biográfico de Hitler *é* histórico — e vice-versa.

• • •

Problemas. Ao contrário da crença popular, o trabalho do historiador implica um volume tão grande de análise descritiva de problemas quanto de períodos. Essa condição certamente inclui Hitler. Vimos já que há variações importantes na maneira como ele é interpretado por diferentes historiadores. E quando os problemas são errônea ou inadequadamente formulados, os resultados da análise sofrem, da mesma maneira que um diagnóstico inadequado afeta os resultados da conseqüente terapia. Mas, antes de voltarmos aos historiadores e aos seus — nossos — problemas, vou dedicar algumas linhas a um grave mal-entendido que afetou menos os historiadores do que as pessoas em geral. Trata-se da opinião popular de que Hitler era louco. Ao afirmar — e pensar — que ele era louco, falhamos duas vezes. Empurramos o problema de Hitler para debaixo do tapete. Se ele era louco, então todo o período hitlerista nada mais foi do que um caso de loucura, torna-se irrelevante para nós e não precisamos pensar mais no assunto. Simultaneamente, a definição de Hitler como "louco" exonera-o de toda responsabilidade — em especial neste século, onde um diagnóstico de doença mental invalida uma condenação pela Justiça. Hitler, porém, não era um louco. Era responsável pelo que fazia, dizia e pensava. E, à parte o argumento moral, há prova suficiente (acumulada por pesquisadores, historiadores e biógrafos, incluindo fichas médicas) de que, com o devido desconto das fronteiras imprecisas e mutáveis entre doença e sanidade mental, ele era um ser humano normal.

Esse fato me leva ao adjetivo (e ao argumento) relativo ao "mal". (Mais uma vez, há pessoas interessadas em Hitler porque estão interessadas no mal: na síndrome de Jack, o Estripador, se não em coisa pior.) Ainda assim, havia o mal em abundância nos manifestados desejos, pensamentos, pronunciamentos e decisões de Hitler. (Enfatizo *manifestados*, uma vez que é o que a prova nos permite corretamente considerar.) Mas não devemos esquecer que o mal, assim como o bem, fazem parte da natureza humana. Nossas inclinações para o mal (amadureçam elas em atos ou não) são repreensíveis, mas também normais. Negar essa condição humana implica a afirmação de que Hitler era anormal, e a rotulação simplista de "anormal" aplicada a ele exonera-o, mais uma vez, de toda responsabilidade — e, na verdade, definitivamente[84].

Não se trata apenas do fato de que ele era possuidor de consideráveis talentos intelectuais. Ele era também corajoso, autoconfiante, firme em numerosas ocasiões, leal aos amigos e aos que trabalhavam para ele, autodisciplinado e modesto em suas necessidades físicas. O que tudo isso sugere não deve ser mal interpretado, confundido ou deturpado. Não significa: Vejam só! Hitler só era 50 por cento mau. A natureza humana não é assim. Uma meia-verdade é pior do que uma mentira, porque não é cinqüenta por cento verdade: é cem por cento verdade e cem por cento inverdade. Na matemática, com seus números rigidamente estáveis, 100 mais 100 é igual a 200. Na vida humana, 100 mais 100 resulta em *outro tipo* de 100. A vida não é constante, mas cheia de 100s brancos e 100s pretos, 100s quentes e 100s frios, 100s que estão crescendo e 100s que estão murchando. Isso é verdade não só no tocante às células de nossos corpos, mas no que interessa a todos os atributos humanos, inclusive os mentais[85]. Em suma, Deus deu a Hitler numerosos talentos e pontos fortes e exatamente por esse motivo ele foi responsável por usá-los mal.

E esse é também o principal problema moral no estudo de Hitler. Sei que este pode ser o mais discutível de meus argumentos neste livro, o argumento moral, mas todos eles não são realmente morais, até certo ponto? Permitam-me agora, portanto, descer a um nível mais mundano — da maneira *como* o vemos ou devemos vê-lo para o que sabemos ou não sabemos sobre ele. Mas, antes, uma última observação que pode ser pertinente para a questão da doença mental. Um dos pontos fracos de Hitler era algo parecido (embora não inteiramente idêntico) com a hipocondria. Já em 1938, ele se convencera de que não viveria por muito mais tempo[86]. Esse fato resultou não só em certas mudanças em seus hábitos pessoais, mas na sua própria decisão de acelerar os preparativos para uma possível guerra. (Sobre a fatalidade dessa decisão, ver o Capítulo 5.) Temos registros extensos de seus exames médicos e do consumo extraordinário de medicamentos[87]. Não há dúvida de que, pelo menos nos últimos nove meses de sua vida, Hitler esteve doente, sofrendo — entre outras coisas — do mal de Parkinson, que lhe afetou a condição física e mental[88]. As duas condições não podem ser separadas, mas não há nenhuma prova convincente de que os padecimentos físicos lhe tenham afetado, ou mesmo obscurecido, o pensamento e a capacidade de julgamento até o ponto da irracionalidade. Podemos ignorar também essa questão (e, por conseguinte, não exonerá-lo de qualquer tipo de responsabilidade).

Quanto a esse fato, nenhum desacordo é encontrado entre a maioria dos historiadores. O que podemos notar entre eles — especialmente os alemães

— é uma ligeira diferença de ênfase. O que eles fazem aos documentos — e a si mesmos — são duas perguntas: Como pôde Hitler ter obtido tal poder? E: Que tipo de homem foi ele? É compreensível que o interesse e preocupação dos alemães possam ser dirigidos mais para a primeira do que para a segunda pergunta, embora, claro, não exclusivamente. Afinal de contas, a primeira envolve a própria história de seu país, de seu povo. Entre todos os estudos e obras alemães sobre a era de Hitler, os mais irrepreensíveis, os mais detalhados e, de muitas maneiras, os menos contestados são as obras maciças que tratam do fim da República de Weimar, da questão de como Hitler obteve poder (embora, nessas obras, haja talvez mais sobre as fraquezas de seus adversários e os erros de seus aliados conservadores do que sobre o próprio Hitler)[89]. Sem a menor dúvida, a segunda pergunta é a mais difícil, uma vez que é inseparável do futuro. A própria visão que ele tinha de si mesmo — de seu destino no mundo e de seu estado físico — passou por várias mudanças: em 1919, 1924, e 1937-38, por exemplo. O que não é estranho, porquanto isso acontece na vida de numerosas pessoas. No caso de Hitler, porém, afetou a história do mundo. Havia também uma dualidade em seu caráter — outra condição humana comum — que se manifestava, entre outros assuntos, na intenção deliberada de obscurecer, e não suprimir, certos elementos de seu passado e — igualmente importante — de seu pensamento presente[90].

Persistem, em conseqüência, indagações importantes sobre a vida de Hitler, problemas a cujo estudo é dedicada a maior parte deste livro: se a ideologia de Hitler cristalizou-se realmente em Viena (como ele mesmo disse) ou no trigésimo ano de sua vida, em Munique; se ele foi ou não um revolucionário (esta não é meramente de natureza semântica); se seu nacionalismo era parte de seu racismo, ou o inverso; sobre sua qualidade de estadista — se ela era inteiramente dominada por sua ideologia; se sua obsessão com os judeus tinha absolutamente algum limite; questiona sobre as finalidades de seus defensores parciais e sobre seu lugar na história da Alemanha, do século XX, do mundo.

Tais serão os temas dos capítulos seguintes deste livro. A despeito do oceano de material e da inundação contínua de interpretações históricas, muitas dessas perguntas continuam sem resposta — significando isso que merecem ser aceitas e discutidas, mesmo que, como tudo na vida, não levem a uma solução final. Além disso, Hitler era um homem muito reservado — muito mais do que Napoleão ou Churchill, embora talvez não menos que Stalin (que era reservado de maneira muito diferente). A reserva de Hitler[91] foi, claro, obscurecida por seus destemperos públicos, pela volubilidade tanto de seus discursos quanto de seus monólogos, conforme registrados por diferentes interlocutores, companheiros de mesa e estenógrafos[92]. É muito extensa a massa de seus pronunciamentos, que foram analisados com cuidado e nos fornecem pistas importantes para compreender-lhe a maneira de pensar[93]. Ao mesmo tempo, sua própria reserva é fato comprovado. Freqüentemente, ele dizia a seus secretários: "Não anote isso"[94]. Notei esse hábito no *The Duel* (p.46-7), comparando-o com Churchill, que era muito menos reservado (p.112). Outro contraste com este último: Churchill foi um homem da palavra escrita, e Hitler, um homem da palavra falada (disse certa vez que o *Mein Kampf* era um livro que devia ser falado, não lido)[95]. Ele tinha uma extraordinária consciência dos objetivos — tanto exortatórios quanto educacionais — de seus pronunciamentos, em outras palavras, de sua capacidade — e necessidade — de impressionar e influenciar pessoas[96]. (Necessidade, porque ele freqüentemente *sentia* necessidade de falar.) Esse o motivo, por exemplo, por que suas conversas à mesa de refeições mostram mais o Hitler "público" do que o "privado". Em conversas privadas, Churchill, Napoleão, e mesmo Stalin, parecem muitas vezes mais humanos e multifacetados do que em seus pronunciamentos públicos e anotáveis. Mas isso não acontecia com Hitler, que, relativamente tarde — aos 30 anos — descobriu subitamente sua capacidade de influenciar pessoas com a fala. O ano de 1919 constituiu um marco miliário, na verdade, um momento decisivo em sua vida. Mas nenhum ser humano muda por completo. A despeito de todo o seu talento[97] de orador, Hitler continuou a ser, de muitas maneiras, um homem reservado, conservando para si mesmo muitos de seus mais importantes pensamentos[98].

Um dos problemas da historiografia de Hitler é a escassez de documentos por ele deixados — entre eles, a ausência de instruções escritas que o liguem à pavorosa decisão de levar a cabo a liquidação em massa dos judeus — embora a decisão tivesse sido tomada. (Ver Capítulo 6.) Ao mesmo tempo, há prova cada vez mais abundante de que ele lia muito (sua capacidade de retenção era fenomenal): livros e todos os tipos de trabalhos (incluindo discursos de Goebbels). Mesmo durante a guerra, escrevia nas margens e introduzia correções nesses livros[99]. Escreveu ou ditou também numerosos artigos semanais (especialmente entre 1928 e 1931) para o jornal do partido (o *Illustrierte Beobachter*). A importância desses artigos foi notada pela primeira vez e avaliada por Deuerlein e, em seguida, por Zitelmann.

A reserva de Hitler, porém, é apenas um elemento dentro da questão mais ampla. Jamais saberemos tudo (e, quem sabe, talvez nunca o suficiente) sobre ele. Mas isso não é razão para desespero. Não foi dado a seres humanos saber tudo — ou, como disse Kierkegaard, a pura verdade é só para Deus. O que se nos concedeu foi a busca da verdade[100]. A questão

— ou, melhor, condição — é que a compreensão dos limites de nosso conhecimento, em vez de empobrecer-nos poderá realmente enriquecer-nos. Ou, como disse Pascal, compreendemos mais do que sabemos, o que não é um paradoxo, sugerindo essas palavras que não é necessariamente o acúmulo de conhecimento que eventualmente nos leva a compreender, mas aquela compreensão que pode realmente preceder a acumulação. Na primeira página deste livro, escrevi que o objetivo do conhecimento histórico pode ser a compreensão, ainda mais do que a exatidão — embora não deliberadamente às expensas dessa última — e um reconhecimento dessa condição talvez seja ainda mais aplicável à análise e descrição de "problemas" históricos do que de "períodos".

E Hitler foi, é, e continua a ser um problema. Tudo tem sua história, inclusive a memória: a memoria humana instável e falível, que pode ser obscurecida ou iluminada pela distância, fortalecida ou enfraquecida pela perspectiva. E não é apenas a imensa acumulação de materiais, pesquisas e obras sobre Hitler, mas uma certa perspectiva que me permite fazer uma declaração chocante: ele pode ter sido o líder revolucionário mais popular na história do mundo moderno. A ênfase aqui é na palavra *popular*, porque Hitler pertence à era democrática, e não aristocrática, da história. Ele não pode ser corretamente comparado a um César, a um Cromwell, a um Napoleão. Inteiramente diferente, foi, mais do que qualquer um deles, capaz de eletrizar a maioria de um grande povo, durante sua vida o povo mais educado do mundo, convencendo-o a seguir-lhe a liderança para realizar façanhas espantosas, esforços extraordinários e levando-o a acreditar que ele, o povo, (e ele, o líder) representavam o que era a antítese do mal. Ele os conduziu à prosperidade e ao orgulho, inspirando-lhe uma confiança com a qual conquistou quase toda a Europa, estabelecendo uma hegemonia alemã logo perdida, porque ele foi além de suas forças. O seu Reich, que deveria ter durado mil anos, terminou após doze anos. Ainda assim, produziu um impacto enorme e deixou uma marca mais indelével sobre este século do que qualquer outro ditador, um Lenin, um Stalin, ou um Mao. Esse o motivo por que seu lugar na história do mundo — o que não é o principal tema deste livro — será estudado durante ainda muito tempo. Nós não terminamos ainda com Hitler...

2

A Consolidação: Munique e/ou Viena?

A versão do próprio Hitler — Sua aceitação pelos historiadores — Prova contraditória — A importância de Munique — Algumas características físicas e mentais de Hitler — Os momentos decisivos em sua vida

A BIOGRAFIA É UM PRODUTO da era moderna e a autobiografia, ainda mais. Desde os primórdios da história documentada, certas pessoas vêm escrevendo sobre outras. Essas obras, porém, não eram biografias, certamente não no sentido moderno da palavra. Plutarco, Suetônio e Eusébio tampouco foram biógrafos, uma vez que nos deixaram retratos apenas *estáticos* de seus sujeitos. Não trataram do desenvolvimento — isto é, da história — da vida e mente de seus sujeitos de estudo. Parece que a palavra grega *biografia* (βιογραφια) só surgiu depois de um bizantino obscuro tê-la usado no século VI d.C. Mas esse é um ponto secundário: mais importante é que o sentido corrente de biografia — isto é, a história da vida de alguém — só surgiu na Inglaterra e Europa Ocidental por ocasião — ou depois — da Renascença. A primeira autobiografia digna de registro é o relato picaresco de Benvenuto Cellini sobre sua própria vida, mais ou menos na mesma época. O trabalho constituiu um grande sucesso, mas não só por causa de seu conteúdo de entretenimento. Este não é o lugar para discorrer sobre as razões e o aparecimento relativamente tardio desse gênero literário, salvo para dizer que são inseparáveis do desenvolvimento da consciência na época, que, por seu lado, era inseparável do desenvolvimento, na mesma época, do autoconhecimento humano. Algumas páginas atrás, vimos o que consideramos um dos poucos fenômenos literários promissores dos dias presentes, em fins da era moderna, ou seja, a crescente historicização da biografia, juntamente com o apetite insaciável dos leitores, significando isso, por exemplo, que biografia e autobiografia deixaram aos poucos de ser formas "puramente" literárias para se tornarem inseparáveis da história.

No *Mein Kampf*, Hitler sentiu-se compelido a iniciar esse livro, que lhe continha o credo político, com uma parte autobiográfica: uma autobiografia *sui generis*, mas autobiografia ainda assim. Sua finalidade era nos dizer — ou, para ser mais exato, não a "nós", uma vez que declarou que o *Mein Kampf* fora escrito para seus correligionários, e não para uma platéia geral — como, onde e por que suas idéias políticas e visão de mundo se cristalizaram, sendo esta a melhor maneira de lhes explicar a plausibilidade e impressionar os leitores com sua autenticidade. O *Mein Kampf* ("Minha Luta") — o próprio título é revelador — é um volume grande e amorfo, composto, de 1) autobiografia, 2) exposições de um credo político e ideológico, e 3) elementos de um programa político. Escrito na primeira pessoa do singular, não podemos determinar exatamente onde termina a parte autobiográfica e começa a programação e a propaganda política, uma vez que elas, sobretudo em virtude do uso constante da primeira pessoa, se superpõem. Mas podemos dizer com segurança que a primeira parte, a autobiográfica, termina com a chegada de Hitler a Munique em princípios de 1919, ponto que ele mesmo frisou na frase: "Eu resolvi tornar-me um político." Podemos aceitar-lhe a palavra neste particular, mas voltaremos ao caso, uma vez que é pertinente à principal questão levantada neste capítulo.

A descrição feita por Hitler dos primeiros trinta anos de sua vida é suficientemente conhecida para que baste aqui apenas um curto sumário. Ele nasceu em uma pequena cidade na fronteira entre os impérios austríaco e alemão, fato este, no seu caso, da maior importância. Bem cedo na vida, identificou-se como pertencendo a uma comunidade de germânicos e rejeitou sentimentos de lealdade ao império multinacional dos Habsburgos. Descreveu os pais, ambos os quais perdeu antes dos dezenove anos de idade e, em seguida, a vida em Viena, onde, conta, viveu na maior pobreza, lutando para ganhar o pão de cada dia, e onde seus olhos se abriram e toda sua visão de mundo consolidou-se. Após seis anos em Viena, mudou-se para Munique, onde imediatamente se sentiu em casa. Um ano depois, estourou a guerra de 1914, na qual serviu com bravura desde o primeiro até o último dia. Ferido pela segunda vez no campo de batalha, passou algum tempo em um hospital militar, amargou o choque da derrota da Alemanha, depois do que voltou a Munique e "resolveu tornar-se um político".

É da natureza da maioria das autobiografias, claro, que elas — a despeito da sincera boa vontade do autor honesto — só em raros casos sejam meticulosamente exatas e que — conscientemente ou não — tanto escondam alguns assuntos quanto revelem outros. No caso do *Mein Kampf*, houve pelo menos quatro deles sobre os quais Hitler deliberadamente procurou iludir seus leitores. (Escrevo "deliberadamente" e "seus leitores" porque — ao contrário do que acontece em muitas autobiografias e, na verdade, nas próprias memórias de uma *persona* — há prova de que, nesses retoques de seu passado, ele não enganava a si mesmo.) Esses assuntos diziam respeito a seu pai, às circunstâncias materiais de sua vida em Viena, à educação de sua mente nessa cidade e nessa época, e à ocasião de sua mudança para Munique. Entre esses quatro tópicos, os três últimos constituem os assuntos deste capítulo. Voltarei, no entanto, ainda que brevemente no Capítulo 6, à questão não solucionada e, quase com certeza, insolúvel, de seu relacionamento profundo com o pai. Mas tenho, em primeiro lugar, de dizer alguma coisa sobre a notável distorção desse relacionamento encontrada no *Mein Kampf*.

Nesse livro, ele traçou um quadro agradável, ainda que não totalmente idílico, dos primeiros anos da mocidade. Logo na primeira página do livro, enfatizou fortemente a importância de seu local de nascimento — detalhe importante, claro, uma vez que Braunau am Inn situava-se na fronteira entre Áustria e Alemanha (mesmo que a família tenha se mudado de Braunau logo depois de seu nascimento)[1]. Mais importante é a extensão do relato que inclui a figura do pai. Escreveu mais sobre ele do que sobre a mãe. Ainda assim, sabemos que ele era muito mais chegado a ela do que ao pai — na verdade, extraordinariamente. Como o dr. Bloch, o médico judeu que cuidou de sua mãe, escreveu antes e depois de ter emigrado da Áustria, em quase quarenta anos de carreira como médico nunca viu um jovem tão arrasado pela dor quanto Adolf Hitler com a morte da mãe. Foi um filho exemplar durante a doença final da mãe. Nessa ocasião, era o chefe da família, tendo o pai falecido três anos antes, mas havia nessa devoção algo mais do que isso. Ele amava a mãe e temia (e possivelmente odiava) o pai. Isso não é uma mera especulação psicanalítica. Há prova suficiente desse fato. Mencionou-o, não raro tarde da noite, a algumas pessoas de seu círculo mais íntimo — como, por exemplo, ao general Edmund von Glaise-Horstenau (que, por coincidência, nasceu também em Brunau), que achou essa confidência suficientemente importante para incluí-la em suas memórias, publicadas após sua morte, e a Speer[2]. O pai era dominador e rude, bebia, maltratava a mulher e surrava o jovem filho. Ainda assim, no *Mein Kampf*, Hitler escreveu sobre ele em frases cheias de reverência e respeito, enfatizando apenas uma única divergência, bastante natural, entre pai e filho: o pai queria que ele escolhesse a carreira de funcionário público austríaco (que fora a grande vitória de sua vida, a despeito de numerosas dificuldades), enquanto o jovem filho queria ser pintor. Sobre esse desacordo, Hitler escreveu também em tom melancólico e agradável. Ainda assim, para alguns observadores perspicazes, ele deu, em toda a vida adulta, a impressão de que fora uma criança profundamente humilhada[3].

Após a morte da mãe, residiu durante seis anos em Viena, dos 18 aos 24 anos de idade. Esses são os anos formativos na vida de todo homem e isso sem dúvida aconteceu também com ele — exceto que, segundo o *Mein Kampf*, foram formativos não só parcial ou predominantemente, mas categórica e definitivamente. Sabemos muita coisa sobre esses anos, através de numerosas fontes, embora a principal entre elas seja o *Mein Kampf*, onde os descreveu em detalhe. Ainda assim, sabemos agora que a descrição dos anos em Viena foi, pelo menos em um aspecto importante, incorreta e, em outro, duvidosa. Segundo o *Mein Kampf*, esses anos foram de pobreza constante e abjeta. Pesquisas de historiadores, no entanto, demonstraram que ele tinha algum dinheiro[4] e que raramente passou fome. Podemos apenas especular sobre o motivo por que insistia em frisar a vida de penúria em Viena (seria para provar sua compreensão dos problemas da classe trabalhadora e sua empatia por ela?). De qualquer modo, pouco há ainda a pesquisar sobre as condições materiais do período vienense. O que permanece aberto a estudo é a extensão e profundidade da formação de suas convicções nesse local e época[5]. A esse respeito, escreveu ele categoricamente no *Mein Kampf*: "Viena" foi "a mais fundamental educação" de sua vida, "a escola mais difícil", onde "construí os fundamentos de minha visão de mundo". Freqüentemente, repetia essa frase: "O fundamento duro como granito de meus atos posteriores". Em 1913, trocou Viena por Munique, cidade onde se sentiu muito à vontade[6].

A maioria, ainda que não todos os historiadores, aceitou-lhe de modo geral as palavras sobre o impacto decisivo (e categórico e final) de Viena sobre sua mente. Há, afinal de contas, uma assustadora conexão entre a parte autobiográfica e a programática do *Mein Kampf*. A cortante e polêmica descrição da consolidação de sua ideologia em Viena convence por causa do que sabemos sobre suas conseqüências concretas e evidentes. Há também prova considerável da influência, sobre sua mente, de lemas anti-semitas e radicalmente nacionalistas e da literatura da época; de recordações de brigas indecorosas no parlamento e de grandes protestos populares; e de um de seus ídolos, o carismático prefeito Karl Lueger. Muita coisa foi escrita sobre Viena e o jovem Hitler (inclusive sobre as estranhas publicações extremistas e a "atmosfera" da Viena "decadente" de antes de 1914). É indubitável que, para a formação da mente de Hitler, o capítulo Viena de sua vida foi importante, talvez mesmo decisivo. Mas teria sido definitivo? Em outras palavras, suas idéias consolidaram-se finalmente em Viena? Sabemos que o período crucial de sua vida ocorreu em Munique, em 1919. Claro, cristalização e momento decisivo não são idênticos (salvo, talvez, quimicamente falando), mas tampouco são separáveis. De modo que, com todas as reservas devidas a essa metáfora, foi em Viena ou Munique que ocorreu a cristalização — se não de seu destino pessoal, pelo menos de sua visão de mundo. Há provas contraditórias a respeito, que passaremos a estudar agora[7].

• • •

É pelo menos possível — e sinto-me inclinado a assim pensar — que essa consolidação de idéias tenha ocorrido não em Viena, mas em Munique, e surpreeendentemente tarde, durante o trigésimo primeiro ano de sua vida — talvez, exatamente, por volta de seu trigésimo aniversário, no dia 20 de abril de 1919.

Dez dias depois, desmoronou a República Soviética de Munique. Regimentos do exército alemão, juntamente com corpos de voluntários, entraram na cidade, onde começou o que veio a ser chamado de Terror Branco. O presidente da república soviética foi espancado até a morte pelos soldados. Nos dias e semanas seguintes, mais pessoas foram executadas do que durante os meses do governo soviético de Munique. Ainda assim, o Terror Branco era popular, o que não acontecera com o Terror Vermelho. Escrevi "República Soviética de Munique" porque a autoridade desse "governo" mal se estendia além da cidade. Entre os poucos e transitórios regimes comunistas na Europa após a I Guerra Mundial, esse foi o mais incompetente. Em Munique, em novembro de 1918, uma revolução precedeu a proclamação da República Alemã, em Berlim. Nos meses seguintes, o regime descambou cada vez mais para a esquerda. Em fins de fevereiro, seu líder, Kurt Eisner, foi assassinado por um contra-revolucionário. Em seguida, surgiu o regime soviético em Munique, composto de comunistas, intelectuais, boêmios, muitos deles judeus, e um ou outro indivíduo dado como louco pelos médicos. (A composição e idéias desse grupo não diferiam muito dos de alguns loucos americanos da década de 1960, exceto, claro, que estes últimos nunca tiveram sequer chance de exercer o poder.) Daí em diante, a cidade de Munique, tradicionalmente católica e mais tolerante do que muitas outras cidades do norte, tornou-se a principal sede dos direitistas radicais (entre eles, membros do Partido Nacional-Socialista).

Não sabemos onde Hitler comemorou seu trigésimo aniversário, se é que chegou a festejá-lo. De toda a sua vida, os meses da primavera de 1919 em Munique são os mais obscuros. Em outubro de 1918, o soldado Hitler sofreu envenenamento por bombas de gás na frente de batalha. Ao tempo do colapso alemão, ele se encontrava em um hospital na pequena cidade de Pasewalk, na Pomerânia. Em dezembro, voltou à Baviera e apresentou-se a uma unidade do Exército na região. É muito pouco o que sabemos sobre suas atividades de fevereiro até 1º de maio de 1919, quando o Terror

Vermelho, embora não onipresente, tornou-se mortífero e começou a assombrar as ruas de Munique. No *Mein Kampf*, escreveu que voltou a Munique em março. Joachimsthaler, no entanto, provou que ele já se encontrava na cidade em fins de janeiro[8]. Há alguma prova de que Hitler usava a braçadeira vermelha exigida dos soldados nessa época. De qualquer maneira, ele permaneceu discreto. O indubitável é que suas atividades políticas começaram imediatamente depois do colapso dos Vermelhos: apresentou-se como orador voluntário para propaganda do Exército; compareceu a palestras na universidade, ministradas por um conhecido professor nacionalista; e passou a falar em público, talvez já em junho de 1919 (a primeira prova documentária de sua carreira de orador público data de agosto daquele ano). Mesmo antes de ingressar no partido do qual nasceria seu próprio Partido Nacional-Socialista dos Trabalhadores Alemães, seus discursos continham todas as características reconhecíveis de nacionalismo extremo, fobia aos judeus, e fanatismo. As mesmas idéias que o tornariam famoso já estavam nessas peças, para serem repetidas um número infinito de vezes.

A questão de *quando* ocorreu a consolidação das idéias de Hitler não constitui meramente curiosidade cronológica. De acordo com o que ele mesmo disse, não só compreendeu pela primeira vez a "ameaça" judaica em Viena, mas foi aí que pensou exaustivamente nesse "problema": "Deixei Viena como um anti-semita completo, como inimigo mortal de toda visão marxista de mundo." Ainda assim, ele teve conhecidos judeus, talvez mesmo amigos, no albergue de estudantes onde morou, alguns dos quais ajudaram-no a vender suas aquarelas, enquanto outros as emolduravam. Em pelo menos um caso, ele desfrutou a hospitalidade de uma família judaica culta em uma noite de música de câmara em casa. E admirava também o talento musical do judeu Gustav Mahler[9]. Não temos prova de pronunciamentos anti-semitas (públicos ou privados) de Hitler antes de seus trinta anos. Que já estivesse lutando com o problema judaico é provável. Mas parece que não sentia necessidade de manifestar esses sentimentos enquanto ainda incipientes, antes que houvessem se cristalizado em uma idéia categórica ou numa forte obsessão. É pelo menos possível (em minha opinião, provável) que o que lhe consolidou as idéias — consolidou-as, em vez de tirá-las do nada — foram as experiências que teve no inverno e primavera de 1918-19: o colapso alemão, embora ainda mais o testemunho do episódio ridículo e sórdido da República Soviética de Munique, com seus intelectuais judeus e renegados, et al.

Sustentando essa tese, temos um volume maciço, *Hitler: Sämtliche Aufzeichnungen 1905-1924*, uma coletânea documentária de todos os trabalhos escritos e discursos remanescentes de Hitler no período de 1905 a

1924, publicada em 1980 por Eberhard Jäckel e Axel Kuhn. A coletânea contém todas as cartas, cartões-postais, notas e poemas que puderam ser encontrados, esboços de discursos na letra de Hitler, de seu 16º aniversário em diante. Trata-se de uma coletânea substancial (mais de 1.300 páginas). Os itens anteriores a 1919 respondem por mais de setenta por cento do total (itens, não páginas, uma vez que não incluem os desenhos e aquarelas). Observa-se em 1919 uma drástica mudança no conteúdo e tom desses documentos pessoais, mas não antes. A impressão que formamos do jovem Hitler é de um solitário, um sonhador, um idealista alemão — impressão que concorda com as reminiscências de pessoas que o conheceram durante a guerra. Nas notas, cartas e cartões enviados a amigos, fossem da frente de batalha ou quando de licença, as expressões eram não raro infantis, demonstrando uma lealdade e deferência canina por seus oficiais comandantes e o país. Com uma única exceção — uma carta a um conhecido mais velho de Munique, datada de fevereiro de 1915, à qual voltarei adiante — eram também apolíticas. Típica delas foi um cartão-postal enviado de Berlim a um amigo, em outubro de 1917, onde se encontrava no gozo de uma curta licença: "Cheguei aqui ontem. A família de A. é muito bondosa. Eu não poderia ter desejado nada melhor. A cidade é magnifica. Uma capital realmente cosmopolita (*Weltstadt*). O tráfego, mesmo neste momento, é enorme. Passeio pela cidade o dia inteiro. Pelo menos, tenho oportunidade de estudar mais os museus. Em suma, está tudo ótimo" [*Es fehlt mir nichts*]. E há poemas. (Exceto por um poema em um livro de visitas, datado de 1906, nenhum foi encontrado antes de 1915 ou após 1919). Assim era o jovem Hitler: rabiscando esboços, pintando aquarelas, escrevendo poesia nas trincheiras. Os poemas eram inspiradores, tendo como tema principal a lealdade patriótica. Claro, Hitler não foi um Rupert Brooke, mas tampouco foram ridículos seus poemas. Eram nacionalistas, obra de um moço solitário e triste, não exatamente versalhada por causa de seu tom patético, mas manifestações de amor à terra paterna. A despeito do gênero masculino dessa expressão em alemão, a impressão que dava era a de que a terra paterna fosse uma entidade feminina, expressões de devoção a uma grande mãe, adorada e, nesse momento, em perigo.

Após a publicação do volume acima mencionado, os editores foram alertados por duas cartas, que chamavam atenção para a autenticidade questionável de alguns dos documentos. Após cuidadoso exame, os editores chegaram à conclusão de que tais dúvidas se justificavam. Em conseqüência, publicaram uma curta nota no VFZ (abril de 1981, p. 304). Jäckel e Kuhn não tinham culpa — um bom número dos documentos lhes havia sido fornecido por um colecionador privado que não queria ser identificado. Os itens questionáveis, porém, constituem uma parte muito pequena de toda a coletânea: dezesseis ou dezessete de um total de quase setecentos documentos. O que têm em comum é que a maioria vem acompanhada de uma nota da Reichsleitung, o supremo diretório do Partido Nacional-Socialista, notas essas datilografadas no papel timbrado do diretório. É interessante que os documentos duvidosos incluem alguns dos poemas escritos por Hitler durante a guerra, além de poemas e anotações dos primeiros meses do ano de 1919 em Munique. Na introdução do volume, Jäckel-Kuhn sugerem que alguns dos poemas talvez não tenham sido de autoria de Hitler, mas sim copiados por ele. Até 1980, não sabíamos que Hitler escrevia ou copiava poemas. (Há, pelo menos, uma falsificação adicional: um poema curto incluído e que foi escrito e publicado muito depois da guerra. Hitler, portanto, não poderia tê-lo copiado.) Seis desses itens duvidosos são datados de janeiro e fevereiro de 1919.

É improvável que tais inserções nos arquivos do Partido tenham sido feitas sem seu conhecimento. Como no *Mein Kampf*, sua intenção pode muito bem ter sido a de demonstrar que a consolidação de sua ideologia ocorreu mais cedo do que o demoronamento da República Soviética de Munique. E ele concluiu a parte autobiográfica do *Mein Kampf* declarando que foi em novembro de 1918, naquele hospital na Pomerânia, que amargou a derrota e o colapso do Império Germânico, e onde se abriram seus olhos feridos pelo gás: "Resolvi agora tornar-me um político"[10]. É pelo menos possível, no entanto, que não tenha resolvido suas dúvidas, que não tenha decidido tornar-se um político até seis meses depois, após o colapso sangrento da ridícula República Soviética de Munique.

Minha principal dúvida, no entanto, não é se foi em Pasewalk ou Munique, mas se em Viena ou Munique. E não se trata de uma dúvida do tipo ou/ou, mas sim e/ou. Há provas a favor de ambos os lados — a serem seriamente consideradas — enquanto uma não excluir a outra e enquanto aceitarmos o que "consolidação" pode significar.

De qualquer modo, a dúvida Viena/Munique não chegou ao ponto de tornar-se matéria de discussão entre historiadores. A maioria ignorou — corretamente — as afirmações que o ligavam a algum dos bizarros e extremados grupos racistas, anti-semitas e panfletistas durante seu período em Viena — como, por exemplo, a Jörg Lanz-Liebenfels, conforme divulgado em um livro de 1958 (H. Daim, *Der Mann der Hitler die Ideen gab* ("O homem que deu a Hitler suas idéias"). Paralelamente, consideração séria é devida a Heer, que no HR reuniu a mais rica massa existente de material sobre a "austrianidade" de Hitler. Heer chegou a ponto de afirmar que o caráter de Hitler foi inteiramente formado entre 1905 e 1908 em Linz, isto é, antes de sua mudança para Viena. Essa afirmação é discutível, mas não a massa de prova caleidoscópica e enciclopédica dos elementos austríacos — e austríaco-católicos — reunida por ele no pensamento de Hitler. Além dos maneirismos, gestos e hábitos "austríacos", observados por numerosas pessoas (inclusive, principalmente, seus secretários), prova nesse sentido acumulou-se, mais uma vez, durante a guerra, quando, no último capítulo de sua vida, ele conversava cada vez mais sobre suas recordações de Viena, freqüentemente em tom nostálgico, elogiando (o que discordava inteiramente do estado de espírito que transparece no *Mein Kampf*) numerosas coisas sobre a atmosfera, a cultura, os teatros, os atores etc., de Viena. Não obstante, impõe-se lembrar que o principal interesse de Heer não era o Hitler "vienense", mas o Hitler austríaco. Na opinião de Heer, foi a austrianidade, e não os anos vienenses, que teve, no caso de Hitler, um caráter formativo. Suas afirmações e citações mais convincentes incluem prova surpreendente e, às vezes, chocante, de como certos católicos conservadores austríacos e suas instituições, não apenas o receberam de braços abertos em 1938, mas manifestaram-se, antes e após 1938, em termos realmente hitleristas[11]. O imenso conhecimento de Heer da história, cultura e literatura da Áustria, juntamente com suas próprias convicções religiosas e psicológicas, fornecem-nos introvisões profundas da carreira e caráter de Hitler[12], em vez de relacioná-las diretamente com a dúvida Viena/Munique. *Há* pelo menos um documento que parece sugerir que a cristalização das idéias de Hitler tenha ocorrido antes de Munique: a carta acima mencionada a um conhecido de Munique, escrita da frente de guerra em fevereiro de 1915. Na carta, ele fala da luta "inevitável" contra o inimigo dentro da Alemanha[13]. Há também alguma prova de que ele conversou sobre política com camaradas de armas nas trincheiras.

Juntamente com essa prova contraditória, permanecem afirmações contraditórias entre os principais biógrafos. "Uma das questões mais decisivas sobre a vida de Hitler continuam a ser os efeitos dos anos em Viena sobre seu desenvolvimento", escreveram seus primeiros biógrafos alemães no pós-guerra, há mais de quarenta anos. Ainda assim, esses mesmos autores escreveram no mesmo livro: "Sua visão de mundo e ideologia [*Weltbild* e *Weltanschauung*] foram formadas, sem a menor dúvida, muito cedo em Viena"[14]. Ou vejamos o que diz Fest sobre Viena e o *Mein Kampf*: "Cansativa e difícil como seja a leitura, o livro nos dá, apesar disso, uma descrição notavelmente exata de seu autor... Na verdade, a visão de mundo de Hitler, como ele insistira, não mudara." Ainda assim, na mesma biografia, encontramos: "Em Viena, ele não se sentia inclinado a ser um revolucionário; era apenas um homem solitário"[15]. Jäckel fez uma afirmação convincente no JHW: "A pesquisa histórica de sua juventude... provou em muitos casos que os trechos autobiográficos do *Mein Kampf* contêm uma descrição muito livre e também excessivamente simplificada e falsa das circunstâncias do período de sua juventude." E também: "A única prova sobre seus anos em Viena são, quase exclusivamente, suas próprias declarações, que repousam, portanto, sobre uma fonte insegura de material." E: "A finalização clara (isto é, a cristalização?) de sua ideologia ocorreu apenas após ele ter escrito a parte autobiográfica do *Mein Kampf*"[16]. Segundo Jäckel, foi gradual o desenvolvimento da ideologia de Hitler (p.158): "É um fato importante que a conclusão final [Ausbildung], ao contrário das proprias afirmações de Hitler, apenas começara em 1919." Talvez importante, mas de duvidosa validade: "Hitler havia, aparentemente, discutido com seus camaradas na frente de batalha se, após a guerra, ele se tornaria arquiteto ou político"[17]. Zitelmann, no ZIT/A, p.15, reconheceu que a descrição feita por Hitler de seus anos em Viena "inclui certamente detalhes que não foram nem podem ser provados", muito embora eles permaneçam importantes. Zitelmann, porém, não tratou da questão Viena/Munique ou do problema das origens e desenvolvimento da fobia de Hitler aos judeus. Görlitz e Quint escreveram que a sonora frase de Hitler sobre sua decisão de tornar-se político foi mais um expediente retórico do que uma recordação de uma conversão-relâmpago, quando Hitler, o artista implume, resolveu tornar-se político. Durante esse frio, desolado e pavoroso inverno, ele ainda dependia de circunstâncias externas "muito mais significativas do que sua vida privada diária nesses meses"[18] — a descrição plausível de uma fase na vida de um homem que, daí em diante, demonstrou ser capaz de influenciar as circunstâncias com a manifestação de suas próprias idéias. Speer deixou registrado que Hitler, muitas vezes, dizia em conversa que, conquanto "seu mundo de idéias políticas, artísticas e militares tenha uma unidade", ele havia sido formado "em seus detalhes, entre as idades de vinte e trinta anos"[19], o que incluía tanto os anos de Viena quanto os de Munique.

• • •

É significativo que o próprio Hitler, no *Mein Kampf*, tenha errado na data da mudança de Viena para Munique. Escreveu que ocorrera em 1912, quando foi em 1913. É improvável que o erro tenha sido involuntário, porque ele possuía uma memória extraordinária. Nessa frase, escreveu também sobre a mudança "final" (*endgültig*) para Munique, quando, na realidade, essa era a primeira visita à cidade. Nela, sentiu-se praticamente em casa. O desejo que sentia de identificar-se com a Alemanha, e não com a Áustria, foi óbvio desde o início de sua vida, fato este que permanece indisputável. O fato de tal desejo ter como conseqüência um não-nativo tornar-se um grande líder nacional é igualmente óbvio (como aconteceu com o corso Napoleão e o georgiano Stalin), mas permanece uma pergunta intrigante e que ninguém jamais responderá: poderia ele ter-se tornado um político *austríaco* bem-sucedido?

De qualquer modo, na vida desse jovem profundamente infeliz, o ambiente e sua instalação em Munique em 1919 foram afortunados — por uma grande variedade de razões e em diferentes níveis. Já vimos que a opinião pública, bem como o sentimento popular na Baviera eram na maior parte radicais, nacionalistas, populistas, anticosmopolitas, anticapitalistas, antimarxistas e antijudaicos em maio de 1919 e que, dessa data em diante, Munique e Baviera, mais do que outras cidades alemãs, foram centros dessas atividades e de organizações políticas. Havia a proximidade — geográfica, racial e lingüística — da Baixa Baviera com a Áustria. Em outras regiões da Alemanha, a austrianidade de Hitler (incluindo-lhe o sotaque) poderia ter sido um ponto político negativo. Em Munique, porém, nada tinha de desvantajoso. Embora importantes e úteis essas circunstâncias, o que houve de realmente decisivo foi o que Hitler descobriu sobre si mesmo: o talento de orador. Esse fato talvez tenha ocorrido já em abril de 1919[20], desenvolvendo-se rapidamente daí em diante. E não era inteiramente independente das circunstâncias da vida que então levava. O caráter extremado e hiperbólico de sua oratória ecoava melhor na atmosfera tumultuosa de Munique do que no norte discreto e fechado: a virilidade grosseira, bebedora de cerveja, brincalhona do sul da Alemanha, sumariada na palavra bávara-alemã intraduzível *Gaudi*[21].

Em conseqüência da capacidade de impressionar pessoas com a palavra ocorreu a descoberta do talento (e do exercício de vontade) para influenciá-las, tarefa esta menos efêmera e mais duradoura, equivalente à parte realmente política de seu gênio. Aos poucos, cresceu-lhe a confiança nesse talento. Onde Demóstenes fracassou, esse demagogo moderno teve sucesso: tornou-se líder de um partido, em seguida líder de *seu* partido e, finalmente, líder de um movimento nacional. Tal fato não nos interessa neste capítulo, mas, sim, a mudança ou desenvolvimento da *persona* publica e privada de Hitler. E foi em Munique que esse jovem estranho (e de aparência estranha) tornou-se não só uma figura política, mas um personagem atraente — pelo menos, para algumas pessoas e, no seu caso, especialmente para as mulheres: mulheres mais velhas, respeitáveis. Em Munique — com alguma ajuda de amigos —, ele foi finalmente apresentado a famílias respeitáveis de classe média e mesmo aristocráticas, adquirindo algumas boas maneiras necessárias, tornando-se, como dizem os alemães, "salonfähig", isto é, apresentável e aceitável, uma ajuda na necessária aquisição de respeitabilidade. Como disseram na época alguns de seus amigos (Dietrich Eckart e Otto Strasser), o próprio fato de esse jovem ser solteiro tornava-o atraente — com o que não sugiro nada diretamente sexual: as senhoras Bechstein, Reventlow, Wagner, Dirksen, Bruckmann, Hanfstaengl[22] viam-no com olhos quase maternais, um jovem outrora pobre que precisava de afeição e ajuda (talvez, mais uma vez, a criança outrora humilhada?)[23]. Nada disso significa, claro, que ocorreu em Munique uma transformação *completa* de seu caráter. Muitos de seus hábitos pessoais continuaram os mesmos. Persistiram o desdém por finanças, por economia, o que era conveniente para sua carreira. Durante toda a sua carreira, porém, muitos de seus correligionários mais chegados e leais foram bávaros e austríacos, ex-católicos como ele. Os anos mais felizes (ou, pelo menos, os mais satisfatórios) de sua vida transcorreram em meados da década de 1930: os de um lider nacional cercado de amigos neste ou naquele pequeno restaurante ou café em Munique, em um círculo simples e sociável. Não foi por acaso que construiu sua casa de montanha predileta (que se tornou mais do que um retiro) nos Alpes Bávaros. Permaneceu grato a Munique durante toda a vida. Em certa ocasião, disse ao arquiteto Giesler que queria ser enterrado em Munique. (Mais tarde, mudou a escolha para Linz.)

• • •

Hitler dizia às vezes que nenhum homem devia entrar na política ou, na verdade, participar de nada importante antes dos 30 anos[24]. Já vimos que a maturidade chegou-lhe relativamente tarde — situação esta que levou Heer a escrever que, durante toda a vida, restara nele alguma coisa incompleta. Poder-se-ia dizer que em Munique, aos 30 anos, o jovem sério e taciturno tornou-se homem. E argumentar que esse homem extraordinário, com todos os seus talentos e autodisciplina, jamais atingiu realmente a maturidade — significando isso a existência daquela opinião própria arraizada, através da qual o indivíduo chega a um acordo no relacionamento consigo mesmo e com suas circunstâncias (um reconhecimento que não é necessariamente idêntico à maneira como vê seu destino ou à sensação de resignação que chega com a idade).

Devido à relação inevitável entre corpo e mente, há em sua fisionomia marcas (ou melhor, sinais) do desenvolvimento do homem. Para começar, estes sinais são visíveis nas fotos de antes e depois de 1919. Uns poucos itens mundanos: o bigode aparado mais curto, o cabelo mais comprido sobre a testa[25]. O efeito extraordinariamente poderoso dos olhos torna-se visível: tem menos a ver com a atraente e sugestiva cor azul do que com o ato consciente de dirigi-los, olhando fixamente para os interlocutores, como se perfurando-os com a mirada. Heiden escreveu duas interessantes e penetrantes páginas sobre a fisionomia e aparência de Hitler (p.336-7), afirmando que nenhuma fotografia fazia justiça à dualidade de seu caráter.

(E concluiu que, logo que chegou a Munique, ele não só começou a dar cada vez mais atenção à aparência, mas, nesse momento, julgou necessário parecer "normal" e respeitável.) Essa complexidade foi notada também por outras pessoas. Peter Kleist, um dos seguidores de Ribbentrop, escreveu em suas memórias: "Tive oportunidade de estudar-lhe com toda atenção o rosto. O rosto sempre me espantou, por causa da multiplicidade de expressões de que era capaz... A fotografia, ao selecionar um único momento fora de contexto, só podia mostrar um aspecto, dando, dessa maneira, uma falsa impressão da duplicidade ou multiplicidade do ser que se encontrava por trás dessa imagem." E acrescentou: "Tentei encontrar uma explicação para o efeito hipnótico desses olhos, mas em vão"[26].

Hitler era extraordinariamente consciente da imagem que projetava. Já notamos seu interesse constante pelas fotos em que aparecia. Quando, aos quarenta e oito anos (uma ocasião normal), julgou necessário usar óculos, ordenou que nenhuma foto deveria ser tirada enquanto os usava. A Speer disse ele certa vez que seus hábitos disciplinados de alimentação eram também resultado da decisão de manter baixo o peso: "Simplesmente, imagine se eu criasse barriga. Isso seria um desastre político!"[27] Uma das melhores (se não a melhor) das descrições físicas de Hitler foi escrita pelo aristocrático Schramm: "A cabeça parecia dominar-lhe todo o corpo: tronco, braços, pernas — todos eles pareciam pendurados da cabeça." Notou ele também a mania de Hitler com a limpeza. "Ainda assim, ele nunca adquiriu elegância. O paletó caía em torno dele como se fosse um saco, a calça não assentava bem..."[28] Mais importantes do que essas observações, sem dúvida exatas, de um aristocrata hamburguês foram as observações de Schramm sobre a ambivalência das expressões de Hitler. "O amigo das mulheres, crianças e animais — esta era a única face que Hitler nem assumia nem fingia, pois era inteiramente autêntica. Havia, contudo, um segundo rosto que ele não mostrava a seus companheiros de mesa, embora não menos genuíno"[29].

Um dos elementos de seu caráter era o do artista. Ele foi um desenhista e pintor de talento e possível arquiteto. Essas habilidades foram muitas vezes injustamente desprezadas ou incorretamente categorizadas (Fest, como também outros autores, enfatizou demais as influências de fins do século XIX). Ainda assim, foram reconhecidos por outras pessoas (como, por exemplo, o cenógrafo escocês Edward Gordon Craig, que reuniu quase cem esboços e aquarelas de Hitler). Maser citou Cézanne, que disse que pintar no estúdio nada era em comparação a pintar ao ar livre: "Hitler sabia disso, também, e seus poucos quadros com motivos da natureza sugerem um talento extraordinário. Mas esse fato não significava muito para ele porque, nessa ocasião, não queria ser pintor, mas arquiteto"[30].

Já em arquitetura, Hitler era um diletante (Speer: "uma de suas características"), embora talentoso. Speer guardou todos os esboços que Hitler desenhou em sua presença, mais de cem. Quando o assunto era a discussão dos planos de construção de Speer — o passatempo favorito, ainda que não a ocupação — Hitler continuava "a desenhar incessantemente. Fazia isso com facilidade, com exatidão na perspectiva... um arquiteto não poderia ter feito melhor. Às vezes, ele me mostrava um esboço bem desenvolvido, que completara durante a noite. Na maioria dos casos, porém, os esboços eram desenhados rapidamente durante nossas conversas"[31]. O vício de Hitler em desenho era conhecido por seus secretários: exigia que mantivessem blocos de desenho em suas mesas, desenhava também enquanto telefonava e em pedaços de papel em restaurantes. Speer reconheceu também que a maneira de Hitler entender arquitetura não era rígida nem "doutrinária": ele compreendia a necessidade de estilos diferentes para prédios diferentes e não era fechado à crítica. (Nevile Henderson, Mussolini e Stalin, entre outros, manifestaram interesse pelos planos de construção de Hitler para Berlim.) Meu objetivo aqui não é dar um resumo dos talentos artísticos de Hitler, querendo com isso pintar um retrato completo, mas sim reconhecer o elemento artístico em seu caráter. Que Hitler foi um boêmio era evidente pelos seus hábitos de trabalho, conforme observou muitas vezes Speer — até mais ou menos 1942, acordava tarde, alimentava-se tarde e desperdiçava muitas horas. E comentou Speer: "Muitas vezes perguntei a mim mesmo: quando é que ele realmente trabalha?"[32] (Isso acontecia ao tempo em que ele era o ditador mais poderoso do mundo.)

De qualquer modo, em Munique no ano de 1919, as aspirações do líder nacional superaram as aspirações do artista (o oposto de Nero), mas uma não excluía a outra: a dualidade permaneceu. E (como aconteceu com Nero), seria inteiramente errôneo pensar que o elemento artístico em Hitler equivalia a um lado mais suave ou sonhador de seu caráter. Sim: "Ele queria tornar seu Reich alemão mais poderoso, prestigioso, enérgico e vivo do que nunca. Após a guerra (como freqüentemente dizia a seu círculo de amigos), ele se retiraria de cena e se entregaria a ocupações mais pacíficas. Estava interessado em construção, não em nivelamento. Mas, se a construção exigia o nivelamento do terreno, nivelado ele teria de ser — sem exceções e sem piedade"[33] E aqui chegamos a um elemento fundamental e poderoso em seu caráter desenvolvido: o ódio e a consciência que tinha desses ódios. Maser teve provavelmente razão: Hitler "reconheceu em Viena que a vida é apenas uma amarga e contínua luta entre o fraco e o forte, que na luta o mais forte e mais hábil sempre vencerá, e que a vida não é governada pelos princípios de humanidade, mas pela vitória e a derrota". No caso de Hitler, porém, essa visão brutal do mundo, de nenhuma maneira rara, era ainda mais fortificada (se esta é a palavra) pela consciência que tinha de seu próprio ódio. Já em data tão remota quanto 1921, disse ele em discurso: "Há apenas desafio e ódio [*Trotz und Hass*], ódio e mais ódio!" Ele aprendera nesse momento que duas coisas têm sempre importância: "odiar e ser brutal... uma lição destituída de amor"[34].

Essas palavras impressionaram Goebbels, quando o conheceu em 1926. Hitler continuava a lhe dizer que ele, Hitler, "aprendera a odiar". "Sua mais bela frase (*sein schönstes Wort*), dita ontem, foi: 'Deus favoreceu generosamente nossa luta. A dádiva mais bela que Deus nos concedeu foi o ódio de nossos inimigos, a quem nós, de nossa parte, odiamos do fundo do coração'".

Hitler era um homem desesperado, mas, ao mesmo tempo, o visionário de um mundo novo, heróico, pagão e científico. Foi criança e adolescente infeliz, acicatado pela vergonha e pelo ressentimento, sem a menor dúvida, após 1918. Que o ódio tivesse origem nas recordações tristes e dolorosas de uma criança humilhada é plausível, e que, como acontece com tantas pessoas, compensasse certos sentimentos de inferioridade, é também aceitável[35]. Mas não se deve dar importância demais a essas circunstâncias. Houve e há milhões de crianças humilhadas que nem se tornam desesperadas nem brutais. Ou como disse Schramm: "Hitler não pode ser explicado nem em termos de suas origens sociais nem das influências do ambiente inicial, e tampouco na base do fato de que nasceu em um povo peculiar[36].

Ele foi um homem forte e a fonte básica de sua força era o ódio. Ainda assim, os ódios só se cristalizaram quando completou trinta anos de idade. Antes dessa data, continuou a ser um menino; aos 30, tornou-se um homem saturado do desejo de vingança. E o que é vingança senão a idéia de causar sofrimento para curar o seu próprio? A palavra alemã para vingança é *Rache*. E há poucas palavras guturais mais ameaçadoras na lingua alemã[37].

• • •

Entre os quatro — possivelmente, cinco — momentos decisivos na vida de Hitler, o ano de 1919 em Munique foi o mais importante. Mas, antes de dizer alguma coisa sobre os outros, temos que estabelecer duas condições. A primeira, que um momento decisivo não é idêntico a um marco miliário, certamente não na vida de uma pessoa — o marco miliário é um evento visível, ao passo que o momento decisivo ocorre na mente. No caso da Munique de 1919 na vida de Hitler, porém, foi as duas coisas. A segunda, mais complexa, embora talvez de igual importância, foi também uma questão relativa à mente: a importância — pela qual entendemos as conseqüências — de suas idéias. Há uma frase muito sábia de um historiador inglês, H.C. Allen, no seu *Sixteenth-Century Political Thought*, na qual pensei muito e que uso com freqüência: "O homem está constantemente empenhado em um esforço, altamente bem-sucedido no todo, para ajustar suas idéias às circunstâncias e também em um esforço, muito menos bem-sucedido, para ajustar as circunstâncias às suas idéias"[38]. Talvez a mais assombrosa realização de Hitler tenha sido a capacidade de concretizar este último. E (ao contrário dos heróis e vilões de Dostoievski), não foram tanto idéias que lhe direcionaram o pensamento, mas o oposto (fato este relevante para a questão Viena/Munique). Foi provavelmente em Munique que seus pensamentos consolidaram-se em suas principais idéias e que se tornaram, de modo geral, a mesma coisa.

De modo geral porque, afinal de contas, pensamentos e idéias não são exatamente a mesma coisa — ou melhor, nem sempre permanecem os mesmos. (Subjacente à descoberta por Hitler de sua capacidade de orador há outra questão, pelo menos parcialmente irrespondível: O que o levava a falar?) Mas vamos parar por aqui. O primeiro momento decisivo em sua vida foi a chegada a Viena em 1908. O segundo, a volta a Munique em 1919. O terceiro, em 1924, ocorreu também em Munique, ao ser solto da prisão. O *putsch*, a tentativa de iniciar uma revolução, havia fracassado, mas o levara a reconhecer algo diferente: que possuía não só poder oratório mas também político, não só grandes talentos demagógicos mas também democráticos. Ele conquistaria o poder na Alemanha não através de uma revolução violenta, que incendiasse a imaginação do povo, mas impressionando através de um processo político (e, destarte, legal e respeitável)[39]. Em 1938 — o ano mais bem-sucedido de toda a sua carreira — sobreveio outro momento decisivo que, no fim, levou-o à catástrofe — sua catástrofe.

Nessa ocasião ocorreu mais uma mudança em sua mente. As preocupações com a saúde alcançaram um estágio crítico. Ao contrário de Bismarck, Hitler vivia freqüentemente às carreiras. Temia que o destino, ou a providência, não lhe permitisse completar seus grandes planos para o Império Germânico. Durante toda a vida, ele teve pequenas doenças. Conquanto não fosse um hipocondríaco, preocupava-se freqüentemente com a saúde. Pouco depois da volta triunfante a Viena, ditou um minucioso testamento particular (em 2 de maio de 1938). Durante todo o restante desse ano, ocorreu uma mudança acentuada em seus hábitos. Nesse momento, evitava o menor exercício físico, mudou drasticamente os hábitos de comer e beber, retirou-se da amosfera sociável de suas coortes. A concentração subseqüente na política externa, nos preparativos para a guerra, foi uma conseqüência de tudo isso. Não havia tempo a perder[40].

Durante esse ano, 1938, completou-se a mudança em sua mente. Daí em diante, julgou-se mais doente do que realmente estava[41]. Ainda assim, "realmente", nesse contexto, é uma palavra imprecisa. Seus problemas gastrointestinais cada vez mais freqüentes eram, para usar um termo moderno e não muito satisfatório, psicossomáticos pelo menos até certo ponto. Sua etiologia, na verdade, a etiologia de muitas dessas doenças, era existencial, e não apenas funcional — fato que seria forçosamente uma condição exagerada na vida de um homem cuja força de caráter tinha origem na crença no poder da mente e da vontade. Talvez possamos identificar a mão de Deus no desenvolvimento de tal paradoxo: esse homem, que freqüentemente falava sobre o primado da mente sobre a matéria, e da vontade sobre a carne, nesse momento começou a descer a ladeira e, no fim, mergulhou na catástrofe — devido ao estado em mutação de sua mente, que lhe afetou o corpo, e cujos sintomas, por sua vez, impressionaram-no com uma sensação profunda de que não lhe restava muito tempo de vida. A crença no poder da mente sobre a matéria o havia elevado à posição de poder supremo na Terra e, no fim, essa mesma crença o destruiria.

A esse fato podemos acrescentar o último — ainda que discutível — momento decisivo, em novembro de 1941, quando ele (muito mais cedo do que fomos acostumados a pensar) compreendeu que não poderia mais vencer *sua* guerra, à *sua* maneira. A discussão desse assunto, porém, terá de ser deixada para o Capítulo 5 deste livro[42].

3

Reacionário e/ou Revolucionário?

Um problema de definições — A retórica revolucionária de Hitler — Sua atração para os conservadores — Seus êxitos revolucionários — A questão da dualidade — Revolucionário de um novo tipo

A HISTÓRIA DA POLÍTICA é uma história de palavras. A palavra "revolucionário" aplicada à política tem pouco mais de duzentos anos. "Reacionário" é mais recente: segundo o *Oxford English Dictionary*, ela só apareceu em inglês em 1858. ("Nacionalista" e "capitalista" são também mais recentes do que imaginamos — tendo surgido por volta de 1850.) Ainda assim, 150 anos é um tempo muito longo, durante o qual — na verdade, desde o início do uso dessas palavras — "reacionário" teve conotação universalmente má, enquanto "revolucionário" teve muitas delas e, não raro, positivas. O raciocínio (embora não a razão) subjacente a esse fato deve ser óbvio. O revolucionário é um fomentador de progresso —, talvez perigosamente, às expensas da lei e da ordem, mas, ainda assim, defensor do progresso, ao passo que o reacionário não é nada disso. Este último não só nega os benefícios do "progresso", mas combate-o: quer que o relógio gire para trás, na verdade, a própria história.

É esse o motivo por que muitas pessoas, se não a maioria (mesmo agora), pensam em Hitler como um reacionário, dadas as suas declarações sobre raça, judeus, mulheres, liberdade política, nacionalismo ou até mesmo a filosofia do Iluminismo. Mas, neste particular, temos um problema, que envolve não só o tipo extraordinário de homem que ele foi, mas também o significado, em lenta erosão, de nosso vocabulário político. Já em 1835, o jovem Tocqueville, voltando da América, escrevia que "uma nova ciência da política é necessária para um novo mundo". Essa ciência não surgiu. Os termos "direita" e "esquerda" (que apareceram pouco antes do nascimento de Tocqueville) e a aplicação das palavras "conservador" e "liberal" a partidos e à política (o que só ocorreu na Inglaterra na década de 1820) prevalecem ainda, embora estejamos vivendo em um mundo diferente do que existia na década de 1830, e quando não só "conservador" e "liberal", mas também "direita" e "esquerda" mudaram e inflacionaram seus significados a tal ponto, que se tornaram quase — embora não inteiramente — inúteis. Já no tempo de vida de Hitler, os termos "direita" e "esquerda" não se aplicavam corretamente a ele. Estaria ele à direita ou à esquerda, digamos, do papa? Ou de Franco? Ou mesmo de Churchill? Que ele era um radical (o mais velho dos adjetivos políticos ingleses) é óbvio. E que não era um conservador, também. Mas chegamos a um estágio em que temos de repensar não só o significado apropriado de alguns desses termos ora antiquados, mas também a própria idéia de termos mais antigos e mais abrangentes, como "progresso" e "moderno".

O que me traz ao tema central deste capítulo: Hitler foi ou não um reacionário? Ou teria sido ele um composto de reacionário e revolucionário? Não se trata de uma questão semântica nem do tipo de intelectualidade que tende a substituir pensamento por vocabulário. Podemos vislumbrar a natureza confusa da mesma em dois pronunciamentos dramáticos feitos no momento mais dramático da II Guerra Mundial, no apogeu da carreira de Hitler, em junho de 1940, quando a França desmoronava e parecia que ele ia vencer a guerra. Poucos dias antes da rendição dos franceses, o premier da França, Paul Reynaud, que não era de modo algum tolo, fez seu último discurso no rádio: "Se Hitler vencer", disse ele, "será novamente a Idade Média, mas não iluminada pela compaixão de Cristo." Isto é, Hitler, o reacionário — um novo tipo de reacionário, talvez, mas alguém que estava girando para trás o relógio, e a história. Alguns dias depois (no dia 18 de junho de 1940), Churchill interpretou a situação de maneira diferente. A possibilidade que evocou não foi de uma *volta* à Idade Média, mas de um enorme salto *para a frente*, para uma nova Idade das Trevas (baixa Idade Média). Se Hitler vencer e formos derrotados, disse ele, "então todo o mundo, incluindo os Estados Unidos, incluindo tudo o que conhecemos e amamos, mergulhará no abismo de uma nova Idade das Trevas, tornada mais sinistra, e talvez mais longa, pela luz da ciência pervertida." Notem as palavras "longa" e "ciência". Churchill não considerava Hitler um reacionário. Muito pelo contrário, sabia que ele representava uma força revolucionária no mundo, uma força que despertava uma nova atração revolucionária para numerosas pessoas — em especial na eventualidade da vitória. Hitler estava empurrando para a frente a roda da história[1], em uma nova e sinistra direção — motivo pelo qual tinha de ser detido — e combatido.

Ora, essa questão cria (e criou) dificuldades especiais na Alemanha para os alemães. Entre outras coisas, os significados de "reacionário" e "reação" são, pelo menos levemente, mais condenatórios na Alemanha do que na Inglaterra. Um dos motivos desse fato foi o fracasso da revolução liberal-democrática na Alemanha em 1848 (e o caráter acomodatório da revolução que os alemães fizeram em novembro de 1918). Nota-se em muitos alemães a inclinação de considerar Hitler como um capítulo, ou episódio, pavoroso e antinatural na moderna história alemã, um verdadeiro salto para trás, subvertendo o progresso — tardio — da Alemanha na direção liberal e democrática, nas pegadas do modelo das democracias ocidentais e atlânticas. Essa interpretação (ou melhor, a insistência em sua validade), serviu de base a alguns dos argumentos de muitos funcionalistas no debate funcionalista-intencionalista entre historiadores, mencionado no Capítulo 1. Vejamos a questão postulada por Hans Mommsen, um dos historiadores mais destacados entre os funcionalistas: "Será correto [*sinnvoll*] qualificar o nacional-socialismo com o adjetivo 'revolucionário' e, por conseguinte, equipará-lo a outros fenômenos na história da Europa que tiveram início com a Revolução Francesa de 1789?" Ou como disse Schreiber em seu levantamento historiográfico, numerosos alemães e, claro, "funcionalistas" como Mommsen, ainda relutam em classificar Hitler como revolucionário: "a pesquisa histórica resiste ainda a repensar o significado do que é 'revolucionário'". Mommsen "recusa-se a incluir Hitler no grupo dos revolucionários históricos mundiais (Bracher é mais ambivalente e mais cuidadoso: identifica no Terceiro Reich uma combinação, antes desconhecida, de tradicionalismo e revolução)". E Schreiber conclui com as palavras seguintes: "A resposta à pergunta se é permissível ou não categorizar Hitler como revolucionário depende, acima de tudo, da determinação do significado de 'revolução'. Sobre esse assunto, o debate histórico-científico não chegou ainda a uma conclusão"[2].

Ainda assim, há algo desnecessariamente cauteloso e pedante nesse tipo de relutância semântica. Logo no início, todos os biógrafos e comentaristas de Hitler reconheceram — na verdade, enfatizaram — o caráter revolucionário de suas idéias, sua retórica, seus planos, e a implementação que lhes deu. Entre eles, podemos mencionar intérpretes tão diferentes como Rauschning (com toda a devida consideração às liberdades tomadas por ele em sua "reconstrução"), bem como Irving. Deuerlein e Fest referiram-se, mais de uma vez, a Hitler como "um verdadeiro [*wirklicher*] revolucionário"[3]. Uma contribuição importante e valiosa para a historiografia de Hitler é o trabalho de um historiador literário alemão, L.P. Stern, *Hitler, the Führer and the People* (L, 1975), no qual argumenta que a visão de mundo de Hitler não era absolutamente reacionária ou mesmo vinculada a idéias do século XIX, mas especificamente alemã e nova[4]. Outro trabalho muito substancial é o do historiador americano David Shoenbaum

(*Hitler's Social Revolution*, NY, 1966), um sumário válido e convincente da transformação da estrutura social alemã executada por Hitler e pelo Terceiro Reich[5].

Outra contribuição notável, e recente, foi dada por Rainer Zitelmann. À precoce idade de 25 anos, Zitelmann já havia escrito uma dissertação substancial (na ocasião, disponível apenas em cópia datilografada), na qual argumentava que a revolução social ocorrida no Terceiro Reich havia sido planejada por Hitler, e que não fora (como numerosos historiadores relutantemente explicaram) a conseqüência, na maior parte acidental, das idéias sociais confusas e desconcertantes do líder alemão[6]. Nessa época, Zitelmann já manifestava a intenção de elaborar um trabalho mais extenso sobre esse tópico. E cumpriu a palavra. Em 1987, veio a lume o ZIT/A. Na última frase (p.404) da segunda edição (1988) de seu levantamento historiográfico, Schreiber elogiou a definição "coerente e convincente" de "revolucionário", dada por Zitelmann a Hitler. "Um livro instigante e um dos raros estudos que promoveu um avanço fundamental na pesquisa histórica [sobre Hitler] desde 1984". Seguiram-se, nos últimos seis anos, várias obras do prolífico Zitelmann, incluindo a biografia de Hitler (ZIT/B), várias coletâneas de estudos reunidas sob sua orientação, incluindo a *Nationalsozialismus und Modernisierung*, Michael Prinz e Rainer Zitelmann, orgs. (edição ampliada, Darmstadt, 1994)[7]. Notem o título: "Nacional-socialismo e modernização". Havia muitas coisas no nacional-socialismo e nas idéias e planos de Hitler que eram *modernos*.

Não é de surpreender que essa explicação, talvez um tanto ousada, do Terceiro Reich e de Hitler como "modernos" tivesse chocado historiadores, especialmente na Alemanha, que preferiam considerá-lo se não um "reacionário" pelo menos como contrário à "modernidade", isto é, ao mundo progressista, liberal-democrata, cujos ideais e costumes a Alemanha não conseguiu adotar, até que se tornou tarde demais. Ainda assim, é apropriado que nós, em fins do século XX, repensemos não só a significação de Hitler, mas também a própria significação da idéia de "Progresso" e de "moderno". Voltarei mais adiante neste e em outros capítulos ao que era "moderno" e "social" e, talvez, até "progressista", nas idéias e planos de Hitler para seu povo — não com o objetivo de melhorar os registros históricos, mas, sim, de enfatizar os perigos duradouros da atração que ele despertava no passado (e, às vezes, pelo menos, potencialmente presentes)[8]. Alguns funcionalistas, especialmente Hans Mommsen, enfatizaram a responsabilidade — pessoal, política, retórica e ideológica — das "velhas elites" da Alemanha por permitirem, ou mesmo encorajarem, a ascensão de Hitler ao poder, fato que, em muitos casos, foi realmente a pura verdade. Mas, nesse exemplo histórico particular, o feiticeiro era o jovem e seus aprendizes, os velhos. Com essas palavras, quero me referir não só às suas respectivas idades, mas também às suas idéias.

• • •

O próprio Hitler afirmou repetidamente que era um revolucionário. Muitas vezes anunciou que seria o líder de uma revolução nacional. E essas palavras não foram simplesmente figuras de retórica ou declarações habituais. Ele se viu dessa maneira durante toda a sua carreira política, isto é, por trinta e seis anos de sua vida[9]. Neste ponto, mais uma vez, o momento decisivo em Munique é importante. Não há prova de que ele tenha se considerado um revolucionário (ou que considerasse suas idéias, que então se cristalizavam, de natureza revolucionária) antes de 1919. Houve, de fato, um período curto em sua carreira política — antes de ter conquistado a Chancelaria e durante algum tempo depois disso, assunto ao qual voltaremos mais adiante — em que não usava com freqüência as palavras "revolução" e "revolucionário". Mas isso era parte de um cálculo político: estabelecer e consolidar a própria respeitabilidade entre os nacionalistas conservadores, o Exército — na verdade, entre a maioria do povo alemão. Mas ele jamais negou — fosse para ele próprio ou para outras pessoas — a idéia que tinha de si mesmo e a convicção de seu destino, na história da Alemanha, como implementador de uma revolução nacional. De qualquer maneira, reacionário ele não foi. Ou como ele mesmo disse em numerosas ocasiões: os reacionários, bem como os comunistas, marxistas e judeus, eram seus principais inimigos, tanto dentro quanto fora da Alemanha. Na verdade (o que dizia com freqüência), na Alemanha os reacionários eram seus inimigos mais perigosos. O verso muito conhecido na Horst-Wessel-Lied, o canto de marcha e guerra dos nacional-socialistas, expressava suas próprias opiniões: vinguem os "Kameraden, die Redfront und Reaktion erschossen" — os camaradas mortos pela Frente Vermelha e pelos reacionários.

Temos que aceitar-lhe a palavra para compreendê-lo. Mas, ao mesmo tempo, dar alguma atenção ao que ela significa. Um revolucionário deseja não só mudar a rota da nau do Estado, mas também reconstruir-lhe a sociedade. Não temos prova de que, antes de 1919, ele demonstrasse qualquer profunda insatisfação com a ordem da sociedade alemã, exceto, talvez, pelo desejo de ver certos elementos (socialistas, judeus, internacionalistas) excluídos de posições influentes. Mas, quando seus ressentimentos e desejos de vingança irromperam em 1919, não foram dirigidos principalmente contra os inimigos externos da Alemanha, e sim contra os que julgava operando dentro do país: não apenas, e nem mesmo principalmente, contra o Tratado de Versalhes, mas contra a ordem política e social vigente na Alemanha, que julgava destrutiva, corrupta, sem remédio, fraca.

Logo descobriu que tinha numerosos aliados potenciais, muitos deles das classes nacionalista e conservadora.

A "nacionalistas" e "conservadores" temos de acrescentar "contra-revolucionários". Esta palavra era extremamente aceitável e lógica nessa ocasião e assim permaneceu durante algum tempo. Quaisquer que fossem as raízes mais profundas do nacionalismo, do conservantismo, do antimarxismo e do anti-semitismo na mente dessas pessoas, as convicções que tinham na época eram resultado da experiência e de suas reações contra os revolucionários esquerdistas em Munique e em outras cidades da Alemanha em 1918-19. Entre 1910 e 1923, o termo "contra-revolucionário" na Baviera e na Alemanha, e também em numerosos outros países da Europa, era quase idêntico à direita radical. Quase, mas não inteiramente[10]. Hitler, como vimos no Capítulo 2, sabia que podia tirar proveito da aliança com os contra-revolucionários e de sua aceitação por certos círculos sociais em Munique. Mas logo depois — ao mais tardar, após 1920 — começou a ter reservas. Na verdade, passou a desprezar muitos de seus aliados potenciais (e mesmo alguns firmes). Esse fato aconteceu antes do fracasso do *putsch* que organizou em novembro de 1923: malsucedido por causa da decisão — inicialmente relutante e, no último momento, resoluta — dos contra-revolucionários e dos elementos tradicionalistas do Estado alemão e da ordem social, de rejeitá-lo. Ou melhor: rejeitar-lhe a liderança em uma revolução nacional. Em seguida a esse fato, ocorreu o momento decisivo de sua vida e carreira: a decisão de conquistar o poder na Alemanha não através de uma revolução armada, mas empregando meios aceitáveis (e, no sentido mais amplo da palavra, democráticos), não através de um levante dramático contra o Estado e a ordem social, mas convencendo as massas do povo alemão, lembrando-lhes que, no fundo do coração, elas reconheceriam que ele tinha razão.

E foi o que conseguiu. Como mostram numerosos estudos eleitorais e sociográficos do período 1928-33, a novidade do Partido Nacional-Socialista não residia apenas em sua organização e propaganda. Ao contrário de todos os demais partidos na República de Weimar, os nacionais-socialistas formavam um verdadeiro partido do povo, um *Volkspartei*, uma vez que conquistou adeptos em todas as classes, entre todos os elementos da sociedade alemã. Também não era um partido tipicamente classe média baixa, nem predominantemente protestante, nem decisivamente financiado pelos capitalistas (esta última explicação, de historiadores marxistas e de cientistas políticos, carecia de fundamento e foi na maior parte refutada). Na verdade, a tendência geral e o resultado da pesquisa dos últimos quinze anos, pelo menos indicam que, certamente após 1928, um movimento importante em direção às hostes de Hitler ocorreu por parte da classe operária alemã. Hitler compreendeu esse fato muito antes de 1930. Mais importante ainda: fiel a si mesmo como revolucionário, suas maiores simpatias e lealdades voltavam-se para os operários alemães. Há historiadores que o descrevem como um membro típico da classe média baixa, um pequeno-burguês que se tornou fanático. Essa descrição é em grande parte errada. *Havia* alguns elementos pequeno-burgueses em suas preferências e maneiras (como não poderia deixar de ser; ninguém pode alijar inteiramente suas origens ou infância). Muito mais importante, porém, era seu ódio à burguesia, ao *Bürgertum* alemão tradicional, aos seus valores "reacionários".

Isso ele descobriu cedo, bem antes de os "contra-revolucionários" o terem abandonado naquela sangrenta manhã de novembro de 1923. Passou a ser repelido pelos valores tradicionalistas da burguesia alemã. Ele desdenhava sua cautela, sua frugalidade, seu respeito pela monarquia, suas aspirações sociais, seu desejo de segurança, sua consciência de classe, isto é, um amplo espectro de suas características, do *Gemütlichkeit* burguês aos arcaicos padrões de patriciado.[11]

Mas eram resquícios antiquados de uma época, então já perdida no passado. São numerosos demais para detalhar aqui os exemplos desse fato nos pronunciamentos do próprio Hitler. Já em princípios de 1920, ele ficou impressionado com o herói revolucionário antiburguês de uma peça de Hanns Johst (um dos poucos escritores alemães de destaque que se tornaram admiradores de Hitler), intitulada *Der König*, na qual o personagem principal se revolta contra a classe tradicionalista e acaba de forma trágica, porque é finalmente traído pelos reacionários e burgueses e prefere cometer suicídio. Ao conhecer Johst em 1923 (no apartamento aristocrático de seus amigos, os Bruckmann, em Munique), Hitler disse-lhe que assistira a *Der König* dezessete vezes (!) nos três anos anteriores, que era sua peça favorita, e que talvez sua própria vida pudesse terminar dessa maneira[12]. Qualquer que tenha sido a importância dessa observação — em retrospecto, espantosa — não pode haver dúvida de que a rejeição à burguesia permaneceu inalterada durante toda a sua vida. Vejamos um exemplo, a partir de uma de suas conversas à mesa em setembro de 1941: "A covardia e a estupidez do *Bürgertum* educado provocavam-lhe tal asco naqueles tempos que, nesse momento em que o *Bürgertum* o apoiava por causa das oportunidades que ele lhe abrira, ele já não o suportava mais. Caso não tivesse seguidores entre o povo, teria perdido a esperança nos alemães"[13]. Mas havia mais nessas palavras do que retórica; era a expressão de uma de suas convicções mais profundas. De acordo com Zitelmann, as explosões e objurgatórias de Hitler contra a burguesia mais antiga raramente tinham tom emocional, mas, ao contrário, possuíam um fundamento racional[14]. Talvez. Mas o que continua a ser verdade é que, após seu fracasso em 1923, Hitler aprendeu uma lição: compreendeu que teria de trazer o *Bürgertum* e os conservadores alemães para seu lado. Ele precisava — pelo menos durante algum tempo — de uma aliança com eles, "não *a despeito* de lhes compreender a incompetência e fraqueza, mas *por causa* disso"[14a].

• • •

Pelo menos durante os dez anos transcorridos entre 1924 e 1934, Hitler quis deliberadamente, e conseguiu, atrair os conservadores com uma retórica anti-revolucionária — mesmo que permanecessem freqüentes em seu discurso a exaltação dos operários e a rejeição das classes altas "egoístas". A competência do feiticeiro em política incluía nesse momento a entonação ocasional do lado "conservador" de sua ideologia. O elemento mais importante — e eficaz — neste particular era seu anticomunismo. Mas houve, também, mais do que a apresentação ocasional de si mesmo e do nacional-socialismo como anti-revolucionários, tendo ele feito também declarações positivas a favor do cristianismo.

A psicologia do anticomunismo (ou, mais exatamente, a história do interesse que isso despertava) ainda aguarda estudo por um mestre historiador. O interesse que ele evocava não se restringia àqueles que, por mais breve que fosse o momento, haviam experimentado as brutalidades e desmandos de um governo à moda soviética (como aconteceu com o povo de Munique na primavera de 1919). Nem se limitava às classes alta e latifundiária, que tinham muito a temer com as expropriações de uma revolução marxista. O principal interesse despertado pelo anticomunismo raramente foi econômico. Sim; havia o medo de uma revolução, mas mesmo quando e onde as possibilidades de uma revolução comunista eram mínimas, a corrente mais forte era a da respeitabilidade do nacionalismo, incluindo a rejeição de uma doutrina internacionalista e daqueles que pareciam figurar entre seus proponentes[15].

Hitler era, naturalmente, um *nacional*-socialista. Dos dois adjetivos, o primeiro era mais importante, e decisivo, do que o segundo. Mas ele era inimigo do capitalismo *internacional* e também do socialismo *internacional*. Na verdade, apreciava mais os comunistas e mesmo certos socialistas do que os capitalistas e os reacionários. Foram várias as suas declarações nesse sentido, embora não muitas tivessem sido feitas em público. Ele sabia que, para conquistar o poder, tinha de apelar para o anticomunismo dos conservadores alemães. Em novembro de 1932, disse a Hindenburg: "A bolchevização das massas ocorre rapidamente." Ele sabia que isso não era verdade. E também que esse tipo de argumento impressionaria Hindenburg e os conservadores. Ao contrário de nove anos antes, quando sua tentativa de golpe revolucionário foi reprimida à bala nas ruas de Munique, ele se tornaria legal, constitucional e democraticamente o governante da Alemanha, não com a oposição, mas com o apoio das pessoas mais respeitáveis no país — pelo menos em parte por causa do anticomunismo das mesmas. É importante que ele tenha continuado a explorar esse tema mesmo depois de tornar-se chanceler e inclusive após a campanha eleitoral que resultou na consolidação de seu poder. No dia 14 de outubro de 1933 (em um discurso justificando a saída da Alemanha da Liga das Nações), disse: "A revolta vermelha poderia ter-se espalhado pela Alemanha como fogo de palha... Há já oito meses vimos travando uma luta heróica contra a ameaça comunista ao nosso povo..." (Isso numa ocasião em que os comunistas na Alemanha haviam sido aniquilados, seus líderes presos ou exilados.) No dia 27 de junho de 1934 (três dias antes do movimento contra Röhm, a "Noite dos Longos Punhais"), ele recebeu três bispos católicos, aos quais declarou: "A defesa da Europa contra o bolchevismo é a nossa missão nos próximos duzentos ou trezentos anos"[16].

Ele sabia como empolgar os conservadores. Já no *Mein Kampf*, elogiou o cristão-populista Karl Lueger, "que sabia como usar as existentes estruturas de poder e autoridade, utilizando esses elementos e instituições mais antigos em proveito de seu próprio movimento." Vimos que ele procurou, e conseguiu, já em 1920-21, ingresso nos círculos conservadores de Munique. Em 1926, combateu e derrotou o radical Gregor Strasser dentro do partido, concordando em votar a favor da restituição de propriedades dos antigos príncipes alemães, confiscadas em 1918 — causa muito querida dos conservadores alemães mais antigos. Em 1930, declarou: "Contra nós, levanta-se uma Alemanha mais antiga. Ela não é mais o nosso mundo, mas não desejamos ser amputados dessa Alemanha, porque a ela pertencem milhões das pessoas mais decentes..."[17] Em 1934, disse que "a era agitada do século XIX acabou finalmente para nós. Nos próximos mil anos, não haverá mais revoluções na Alemanha"[18]. E foi por causa de declarações como essas — e não apenas devido a cálculos políticos oportunistas — que esse feiticeiro ganhou o apoio de seus aprendizes mais velhos e antiquados, homens como Papen, simpatizantes cujas inclinações espelhavam as de simpatizantes dos comunistas ("Nenhum inimigo à esquerda"). Para os primeiros, não haveria inimigo à "direita". E consideravam Hitler como um homem da direita, e isso era o que *ele,* nesse momento, queria que pensassem.

Da mesma maneira, o anti-religioso e anticatólico Hitler soube como conquistar o apoio — pelo menos parcial e temporário — da hierarquia católica alemã e o apoio parcial das massas católicas do país. Embora

Friedrich Heer se enganasse ao enfatizar a importância de elementos católicos residuais na mente de Hitler, o que permanece verdadeiro é que ele compreendia muito bem — e procurava agradar —, na ideologia e na política, o fator religioso. No *Mein Kampf*, descreveu em detalhe sua admiração por George von Schönerer, o líder anticlerical do movimento austríaco pangermânico. Mas escreveu também que Schönerer, ao contrário do católico Lueger, cometera o erro de ser francamente anti-religioso. Nesse aspecto, também, a dolorosa experiência que tivera em novembro de 1923 assinalou um momento decisivo. Ele deu as costas ao anticatólico Ludendorff (e, indiretamente, voltou-se contra uma das memórias do período de Bismarck): no futuro, não deveria haver *Kulturkampf* na Alemanha. No *Mein Kampf*, numerosos trechos advertem contra uma campanha que tenha como alvo crentes religiosos na Alemanha. O líder político não deve tocar nos ensinamentos religiosos de seu povo: "Porque, se assim fizer, ele não será um político, mas um reformador religioso, se tiver esse estofo![19] E mais tarde: "Nas fileiras de nosso movimento há lugar para que o protestante sincero sente-se ao lado do católico sincero, sem o menor conflito entre suas respectivas consciências e suas convicções religiosas." Lembrou Speer que, em 1937, quando soube que muitos de seus seguidores haviam abandonado a filiação a igrejas por insistência de líderes do partido e da SS, ele proibiu que seus colaboradores mais próximos, incluindo Göring e Goebbels, agissem dessa maneira. Em 1942, insistiu na necessidade absoluta de manter as igrejas. "Condenou asperamente a luta contra as igrejas: um crime contra o futuro do povo: substituí-las pela 'ideologia do partido' é uma impossibilidade"[20].

Essa política de Hitler explica — pelo menos em parte — o apoio inicialmente relutante e depois consentido dado a ele não só pelo católico Papen mas também pelo Partido Centrista Católico em 1933. Este era o único partido, disse ele mais tarde, cuja oposição firme temera, o único cuja massa de eleitores não se bandeara para os nacionais-socialistas nas eleições anteriores[21]. Antes da eleição nacional de março de 1933 — na verdade, imediatamente após ter assumido a Chancelaria — Hitler sabia o que dizer: o governo nacional "preservará e defenderá os fundamentos onde repousa a força de nossa nação. Ele será um decidido protetor do cristianismo como base de nossa ordem moral comum e da família como célula básica do povo e do corpo de nossa nação"[22]. E, no dia 15 de fevereiro de 1933, em Stuttgart: "Dizem hoje que a cristandade está em perigo, que a fé católica está em perigo. A essas palavras, respondo: 'Finalmente, há cristãos e não ateus internacionais no comando na Alemanha.'" Após a consagração eleitoral, continuou com o mesmo tema. Falou no "fundamento cristão do Estado". E no dia 1º de maio de 1933: "Não pedimos ao Todo-poderoso: 'Senhor, liberta-nos!' Queremos trabalhar, em fraternal compreensão, lutando juntos, de modo a que chegue a hora em que poderemos olhar para o Senhor e dizer: 'Senhor, nós mudamos!'"[23] E foi por isso que Papen — talvez sincera, mas erroneamente — pôde dizer que o Terceiro Reich era "o contramovimento cristão a 1789", isto é, a contra-revolução ao Iluminismo francês.

Este não é o lugar para contar em detalhes a história complicada e melancólica do relacionamento de Hitler com os líderes das igrejas alemãs. O assunto foi muito estudado e descrito ocasionalmente com competência e exaustividade. O que cabe aqui são alguns exemplos do reconhecimento contínuo, por parte de Hitler, da importância desse relacionamento. Durante a reunião já mencionada, em junho de 1934, com três bispos alemães (Gröber, de Freiburg, Berning, de Osnabrück, e Bares, de Berlim), disse Hitler: "Jamais em minha vida liderarei uma *Kulturkampf*". Ele conseguiu até mesmo impressionar príncipes da Igreja, de convicções antinazistas. (O cardeal Faulhaber, de Munique, por exemplo, após um encontro com Hitler em 1936, declarou: "O Führer é um mestre de maneiras diplomáticas e sociais, como se fosse um monarca de nascimento, se não coisa melhor."[24] Em agosto de 1941, ele ordenou que nenhuma medida fosse tomada contra o arcebispo von Galen, de Münster, que atacara abertamente, em um sermão dominical, as práticas de eutanásia do governo. No mesmo mês, ameaçou de demissão e prisão o Gauleiter da Baviera, por causa da tentativa estúpida de mandar remover os crucifixos das salas de aula. Nesse ano, Bormann, em uma diretriz do partido, incluiu a frase: "O cristianismo e o nacional-socialismo são inconciliáveis." Hitler ordenou a eliminação da frase e a revogação imediata da diretriz[25]. Ainda assim, paralelamente, e com frequência durante a guerra, disse a seu círculo mais íntimo que o trabalho de repreender as igrejas teria de esperar até o fim da luta. Nessa ocasião, elas receberiam o que mereciam e a juventude alemã ficaria livre de sua influência.

Ele sabia o que fazia e o que dizia. Qualquer que tenha sido a dualidade nele existente, Hitler estava consciente também da dualidade reinante no povo alemão. Afinal de contas, o mesmo arcebispo (mais tarde, cardeal von Galen — considerado ainda ocasionalmente como uma das principais figuras da resistência cristã a Hitler — no mesmo hoje famoso sermão de agosto de 1941, elogiou a cruzada alemã contra a Rússia e o bolchevismo. Neste livro, porém, nossa preocupação não é com as idéias — incluindo as religiosas — do povo alemão, mas com as idéias (e a retórica e a política) de Adolf Hitler.

• • •

Em 1934, após ter sido expulso do partido e exilado da Alemanha, Otto Strasser prognosticou que Hitler "fugiria para a guerra", como maneira de evitar ter de escolher entre "reação" e "revolução"[26]. A profecia de Strasser, de que Hitler recorreria à guerra, confirmou-se, mas não sua análise do objetivo do líder alemão. Estranho como possa parecer, a política externa era secundária nas intenções de Hitler — ou, pelo menos, coerente com sua intenção primária e principal: a de forjar um novo tipo de unidade para o povo alemão. Neste particular, sua visão diferia da do grande historiador Leopold von Ranke, que escreveu sobre o "Das Primat der Aussenpolitik" (O primado da política externa na história das nações)[27]. Diferia, também, da de Bismarck, cuja maior preocupação com uma possível desunião nacional ocorreu após sua grande obra de criar um poderoso Estado. Em 1923, Hitler havia resolvido (e instruiu o partido nessa conformidade) que a luta contra a ocupação francesa no Ruhr era secundária: a principal tarefa seria deflagrar uma revolução nacional no país, antes de expulsar as forças de ocupação estrangeiras — e não apenas porque, em 1923, a Alemanha era fraca demais para arriscar-se a uma guerra com a França. Seu realismo político, especialmente após 1923[28], era visível na prioridade incessante que dava à *Innenpolitik*. Em reminiscências sobre os anos de 1930-32, disse que o chanceler Brüning era "um homem de algum talento. Seu maior erro, porém, fora tentar obter sucessos na política externa e, dessa maneira, aumentar sua popularidade, ao passo que ele [o Führer] agia exatamente no sentido oposto, sabendo que a política externa jamais poderá ter sucesso quando as condições políticas internas para a mesma não existem"[29].

Não obstante todas as necessárias reservas no tocante à autenticidade de tudo que Rauschning dizia, a atribuição da declaração abaixo a Hitler parece ser um reflexo verdadeiro e claro de sua mente. Vindo à baila a questão se planejava nacionalizar a indústria alemã, Hitler supostamente teria dito: "Por que deveria nacionalizá-la? Eu nacionalizarei o povo" — uma manifestação cortante de seus princípios políticos. Aos industriais reunidos em Düsseldorf, no dia 27 de janeiro de 1932, declarou: "Não que a indústria alemã tenha triunfado em todo o mundo, depois do que ocorreu o desenvolvimento do poder estatal alemão [*Machtentwicklung*], mas que o poder alemão criou as principais condições para o florescimento posterior da indústria no país". E, em um discurso de 1937: "Se os industriais alemães me dissessem: 'Nós não podemos fazer isso', eu responderia a eles: 'Ótimo. Vou me encarregar disso, porque terá de ser feito'. Mas, quando a indústria me diz, 'Podemos fazer isso', então fico muito satisfeito, por eu mesmo não ter de fazê-lo"[30]. *Summa summarum:* Nenhuma diferença fazia se a Krupp fora nacionalizada. Irving, provavelmente, teve razão quando escreveu que Hitler "tinha melhor compreensão de economia do que se pensava", embora tenha acrescentado, exageradamente, como era seu costume: "Nos primeiros meses, Schacht e o Gabinete do Reich vieram a considerar Hitler um gênio"[31]. Zitelmann, mais convincentemente, apresentou prova considerável de que Hitler não ignorava economia, e dizer que a eliminação espantosamente rápida do desemprego que conseguiu no país só fora possível através de "um gigantesco programa de rearmamento é apenas parcialmente verdadeiro"[32]. Tudo isso foi claramente percebido por Simone Weil, conforme declarou em um trabalho inedito, em 1942: "Se Hitler despreza a economia, provavelmente isso não acontece apenas porque ele nada sabe sobre ela. É que ele *sabe* (é uma dessas noções de senso comum que ele evidentemente possui e que pode ser classificada como inspirada, uma vez que tais idéias são tão pouco compreendidas) que a economia não é uma realidade independente e, como resultado, não tem realmente leis, uma vez que nela, como em todas as demais esferas, os assuntos humanos são decididos pela força... Parece-me difícil negar que Hitler concebe, e concebe claramente... um tipo de física da matéria humana... Ele possui uma noção exata do poder da força"[33].

De propagandista revolucionário a líder político e, em seguida, chefe de Estado e comandante das Forças Armadas, tais foram os estágios na carreira de Hitler. Numerosas pessoas pensaram, e esperaram que depois de assumir o poder ele se tornasse mais moderado, devido às exigências do governo e das atividades de estadista. Vimos que ele estava disposto a conceder algum crédito a essas esperanças e convicções, mas nada disso significou que tenha mudado suas próprias opiniões radicais e revolucionárias. Ele foi mais do que demagogo: foi populista. Freqüentemente, insistia em que não era um ditador. Ditadores eram tiranos baratos[34], não raro dependentes de minúsculas panelinhas, que os sustentavam pela força. Ele se considerava líder não de uma minoria resoluta, mas de uma maioria. "Nós, os nacionais-socialistas, somos os melhores democratas", afirmou várias vezes nos anos de 1933-1935[35]. Concordou quando Goebbels anunciou (em 1934) a existência de "uma nova democracia alemã". Conquanto desprezasse e ignorasse a democracia parlamentar e as "pretensões" democráticas da Grã-Bretanha e dos Estados Unidos durante a guerra, em discurso no dia 30 de janeiro de 1941 disse que "a Revolução nacional-socialista derrotou a democracia com ajuda da democracia!"

Chocado e atordoado como tenha ficado em 1918 ao presenciar e viver o colapso do Império Alemão, Hitler não era um monarquista — mesmo que, antes de 1918, não tenhamos prova de hostilidade aos Hohenzollern (em contraste com a hostilidade inalterável aos Habsburgo). Devido à necessidade de apoio conservador, foram poucos — se é que de fato houve

— os pronunciamentos antimonárquicos no período de 1929-33 ou até bem depois de ter assumido a Chancelaria. Houve conservadores alemães (especialmente no norte do país) que, até 1934, alimentavam a esperança de que Hitler consentisse na restauração da monarquia. Após a morte de Hindenburg, porém, ao reunir e consolidar a Chancelaria e a Presidência, começaram a acumular-se a rejeição à idéia do poder hereditário e ao princípio monárquico — para ele antiquados há muito tempo (e não apenas na Alemanha). Um fato significativo — e, para ele, revelador — foi sua visita oficial à Itália em maio de 1938. Sentiu-se repelido pelo que considerou como o cerimonial rachado pela velhice da Casa Real italiana, os precedentes da sociedade de corte, a corrupção da aristocracia romana, as fraquezas pessoais do rei italiano. Ao permitir que ela continuasse a existir, ao dividir com a monarquia o governo da Itália, seu amigo Mussolini cometera um grande erro. Foi isso o que viu e pensou e, nesse momento, resolveu dizer a muitos de seus confidentes. Em seguida, decidiu elevar as pensões pagas aos ministros sociais-democratas sobreviventes do período de Weimar. Afinal de contas, disse, fora grande o mérito deles em livrar, em 1918, a Alemanha dos Hohenzollern[36].

O Kaiser, Guilherme II, vivia nesse momento no exílio em Doorn, Holanda, quando o Exército alemão invadiu o país em maio de 1940. Churchill ofereceu-lhe refúgio na Inglaterra, que Guilherme recusou. Mas nem por ato (ou palavra) demonstrou ele compaixão por seus anfitriões holandeses sob ocupação alemã. Ao capitular a França, Guilherme enviou um telegrama de congratulações a Hitler, repetindo a mesma frase piegas que seu pai pronunciara em 1870: "Welche Wendung durch Gottes Fügung!" ("Que reviravolta essa dos fatos, ordenada por Deus!") Hitler mostrou-se desdenhoso: "Será que ele nada aprendeu de novo?"[37]. No que lhe dizia respeito, o Kaiser poderia, se quisesse, voltar à Alemanha. Em junho de 1941, ao falecer Guilherme, Hitler permitiu que um trem especial transportasse os parentes a Doorn e ao funeral.

• • •

No prefácio de sua grande biografia de 1973, especulou Joachim Fest: se tivesse falecido de repente em 1938, Hitler teria sido — e provavelmente seria — considerado um dos maiores alemães de toda a história[38]. Essa declaração deve ter chocado alguns leitores, mas a realidade da mesma seria reconhecida por outros[39]. Isso porque *foram* extraordinárias as realizações de Hitler — antes internas do que externas — nos seis anos de liderança na Alemanha. Ele não apenas tornou a Alemanha a maior, mais respeitada e temida das potências da Europa e não só reuniu os alemães da Áustria, Boêmia e Morávia, a maioria desejando entusiasticamente aglutinar-se em uma Grande Alemanha — mas deixou longe as realizações de Bismarck, e tudo isso sem disparar um único tiro, sem guerra. Ele deu prosperidade e confiança aos alemães, o tipo de prosperidade que é um dos resultados da confiança. A década de 1930, após 1933, foi de dias ensolarados para a maioria dos alemães: algo que permaneceu na memória de uma geração inteira. Os campos de concentração, a eliminação dos judeus alemães, a vulgaridade rouca da propaganda nazista estiveram presentes e dolorosamente nítidos na mente de uma minoria amargurada. Mas de que modo podiam seus membros ser contra a criação por Hitler de um clima de prosperidade, grandeza e unidade? Após a guerra, pouco antes de ser enforcado, Hans Frank, em suas memórias, referiu-se à década de 1930: "Über alles lagen Sonne, Glück, Jubel und Freude"[40]. ("Acima de tudo havia sol, felicidade, júbilo, alegria.") Um exagero sentimental, mas não destituído de alguma substância.

Esta não é uma história do Terceiro Reich nem uma biografia de Hitler e este capítulo procura esclarecer se ele foi realmente um revolucionário, isto é, discutir o caráter de suas idéias e como elas foram interpretadas pelos historiadores. Idéias, porém, não existem no abstrato, elas se encarnam em seres humanos (contrariando não só as opiniões de numerosos intelectuais, mas, também, as de Hegel ou Dostoievski, que achavam que o que o homem faz com as idéias é mais importante do que o que elas fazem com ele). O famoso *Zeitgeist*, de Hegel, pode ter ajudado Hitler a assumir o poder. No fim, porém, ele criou seu próprio *Zeitgeist*, e de modo pragmatico, também. Isso já era verdade na sua subida ao poder[41].

Daí em diante, ele podia bravatear que seu "socialismo de ação" estava substituindo o "socialismo de palavras" de seus antigos adversários. Ou como escreveu Zitelmann (comentando a decisão de Hitler de tornar o 1º de Maio um feriado para os operários alemães): "Não pela última vez, os nacional-socialistas estavam atendendo a exigências pelas quais o movimento operário estivera lutando por longo tempo, e em vão." E também: "É indiscutível que, em vários assuntos sociais, o nacional-socialismo realizou notáveis progressos, como, por exemplo, no melhoramento da proteção aos jovens, a outros grupos, e à seguridade social"[42].

Um exemplo do otimismo e confiança: para cada duas crianças nascidas na Alemanha em 1932, nasciam três, quatro anos depois. Em 1938 e 1939, foram registradas na Alemanha as mais altas taxas de casamento em *toda* a Europa, superando mesmo as vigentes entre os povos prolíficos da Europa oriental. O crescimento fenomenal da taxa de natalidade na década de trinta foi ainda mais alto do que a de matrimônios. É absurdo menosprezar esses números, mencionando apenas as políticas de crescimento demográfico de Hitler. Claro, ele estimulou a formação de famílias numerosas e lhes ofereceu benefícios sociais e financeiros. Mas nenhum líder nacional pode obrigar pais a gerar filhos (ou mães a concebê-los) e a confiança no futuro teve muito mais a ver com as perspectivas nacionais do que com a economia. Condições sociais não são condições materiais, da mesma maneira que história social não é história econômica[43]. De 1932 a 1939, o número de suicídios cometidos por alemães de menos de vinte anos caiu em *80%* nos primeiros seis anos do regime de Hitler (de 1.212 em 1932 para 290 em 1939). Pense-se, também, não só nas "Autobahns" de Hitler, mas também em suas reformas agrícolas, no apoio extraordinariamente popular à "Winterhilfe" ("Nenhum alemão deve passar fome ou frio"), no seu interesse especial em proporcionar férias baratas aos operários[44]. A Alemanha nacional-socialista de Hitler demonstrou que era possível alcançar um alto padrão de vida sob uma ditadura rígida.

Pode-se argumentar que nem todos esses êxitos foram "revolucionários", mas, com toda certeza, foram modernos. Era muito grande o interesse e o respeito de Hitler pela tecnologia. Schramm cita-o dizendo: "Da mesma maneira que uma ave representa, em comparação com um peixe-voador, um estágio mais alto de desenvolvimento, o navio é um estágio preliminar do avião. O futuro pertence ao avião." E, no dia 3 de outubro de 1941: "[Ele] acredita que o automóvel é a invenção mais bela do homem, enquanto ele o usar para seu prazer. O automóvel abriu a paisagem ao homem..." Sobre o planejamento urbano de Hitler, escreveu Toland: "... haveria pátios de estacionamento subterrâneos automatizados, um centro urbano vedado ao tráfego, numerosos parques e áreas verdes, e rigoroso controle da poluição"[45]. Algumas dessas observações são imprecisas, tendo sido desenvolvidas em maiores detalhes por Zitelmann, com base em prova colhida em declarações escritas e faladas de Hitler no período de 1926-30. No volume ZIT/PR de estudos reunidos, Hans-Dietrich Schäfer apresentou duas teses interessantes. A primeira sugeria uma espécie de continuidade histórica: "Ao harmonizar diferenças sociais, o regime realizou mais do que a política social da República de Weimar... ocorreu um nivelamento de classes, a formação de uma grande sociedade de classe média, que pesquisas anteriores atribuíram apenas ao 'Milagre Econômico' da Alemanha Ocidental" na década de 1950. A outra foi a versão de Zitelmann e Schäfer do "americanismo" de Hitler. Zitelmann: "Hitler não se deixava dominar por visões atrasadas [isto é, reacionárias] de uma ordem social medieval. De muitas maneiras, seu modelo eram os Estados Unidos. Embora rejeitasse a economia capitalista e a ordem democrática dos EUA, ele, ainda assim, lhes admirava o desenvolvimento tecnológico-industrial, que freqüentemente considerava como um exemplo para a Alemanha." Essa admiração incluía até mesmo métodos americanos de publicidade. Schäfer: "... o nacional-socialismo calculava racionalmente os desejos e preocupações da maioria, dobrando a psique do povo sem que ele notasse. Sabia exatamente como atrair e liderar alemães libertados da consciência de classe"[46]. Parte disso fora notada antes por Fest. Descreveu ele, por exemplo, os efeitos superiores das marchas e paradas nazistas em comparação com as dos comunistas alemães antes de 1933, e também que Hitler compreendia o efeito popular do culto do "astro" e que, ao assumir esse papel, "ele foi, com certeza, o fenômeno mais moderno na política de sua época"[47]. Antes dele, o filólogo Klemperer notou a preferência nacional-socialista pelas palavras "organisation" (organização) e "organisieren" (organizar), que atraíam os alemães mais jovens. "Essa mecanização simplista da pessoa humana era típica de uma nova linguagem"[48]. Ela afetava a vida diária e constituía um motivo poderoso de atração para numerosos jovens.

Modernização não implica necessariamente culto da juventude, embora, para Hitler, esta última fosse dominante. Revolucionários alegam freqüentemente ser representantes da juventude. Isso era verdade no caso de fascistas e nacional-socialistas, incluindo Mussolini e o espanhol José Antonio Primo de Rivera, cuja ênfase na mocidade era ainda mais forte do que a de Hitler. Hitler, porém, pôs em prática o culto da mocidade em extensão muito maior do que Mussolini. Estranhamente, a impressão que passava de si mesmo raramente era (e, certamente, não depois de 1923) a de uma pessoa particularmente jovem. Seu partido e movimento, porém, *eram* jovens: em 1931, em Berlim, 70 por cento dos membros da SA tinham menos de 30 anos de idade, e no Reichstag, em 1930, 60% dos deputados nacional-socialistas contavam menos de 40 anos, contra apenas 10 por cento dos sociais-democratas. O exilado Karl Otten escreveu, a propósito, um parágrafo incisivo sobre o fascínio da mocidade alemã por Hitler: "Os jovens realmente amam Hitler, com uma admiração extática quase sem limite. E não apenas porque ele lhes compreende os impulsos infantis e mesmo os encoraja. Os jogos Oeste Selvagem (*Indianerspiele*) dos jovens servem como uma preparação para a guerra"[49]. Hitler parece ter sido o criador de uma pátria livre para os jovens. Diante deles, representava não só o papel de pai severo, mas de mãe, uma fonte de muitos prazeres e amor. Ele concedia uma liberdade pseudo-revolucionária aos seus impulsos biológicos e sexuais, aumentando a atração que exercia sobre eles[50].

Ainda assim, grande parte da nova ordem dependia de uma expansão da administração, a despeito do culto da juventude. Em 1939, ele quis que todos os jovens alemães passassem pelo menos um mês por ano ocupados em trabalho manual, preferivelmente na terra — em um rompimento claro com a era burguesa sedentária. Ainda assim, a proporção de pessoas que viviam no campo e se empenhavam na agricultura estava caindo (30,5% em 1925 e 26,1% em 1939). A proporção dos que trabalhavam na indústria era, em 1939, exatamente a mesma que em 1925 (ou 42,1%). O que aumentara fora o segmento da população empregado em administração e serviços, de 6,6% em 1925 para 10,4% em 1939. Surgia uma nova e amorfa classe média, cujas qualificações nem sempre eram facilmente categorizáveis, mas cujo estilo de vida se tornava cada vez mais moderno.

• • •

Houve dualidades na história do Terceiro Reich, assim como no próprio Hitler. Esta era, também, uma situação normal (e que é com freqüência entendida e descrita melhor por biógrafos inteligentes do que por psicanalistas). Uma dualidade básica em Hitler consistia em uma dupla ambição: o Líder e o Artista, ou, mais uma vez, para sermos mais exatos — o líder nacional e o artista nacional[51]. Ele não era um Nero, para o qual a arte constituía um jogo, servindo à vaidade. Levava a arte muito mais a sério do que isso. E é em suas preferências em matéria de arte que podemos detectar o moderno e o conservador, os elementos revolucionários e reacionários.

O interesse de Hitler pela arte foi uma constante durante toda a sua vida. Ele quis ser pintor e, em seguida, arquiteto. Ao contrário de seu grande inimigo Churchill, cuja descoberta do passatempo da pintura lhe ocorreu de repente, por sugestão de uma amiga, à idade de quarenta anos e durante um período de depressão em sua carreira, e para quem a pintura tornou-se uma diversão, uma maneira excelente de relaxar, um prazer (e que se interessava também por literatura em prosa e verso, mas não absolutamente por música), em suma, ao contrário de um estadista que tinha como um dos *hobbies* a pintura, Hitler considerava-se um estadista *e* um artista (a palavra *Künstler*, também, implica um tom mais sério em alemão do que a palavra inglesa *artist*). Até o fim da vida, Hitler fez observações lamentando que o grande fardo de suas tarefas como líder nacional não lhe tornasse possível construir prédios.

Ele destruiria pessoas e cidades, se fosse necessário, mas foi na arquitetura, e apenas nela — e não em absoluto na literatura, pintura ou música — que ele e o Terceiro Reich tiveram um sucesso notável[52]. Sei que esta afirmação pode ser contestada ou ignorada e este não é evidentemente o lugar para reforçá-la mais. Permitam-me apenas citar a principal historiadora das políticas artística e cultural do Terceiro Reich, Hildegarde Brenner: "No período de 1934 a 1940... não podemos negar a 'excepcionalidade histórica'... na arquitetura. Nesse campo, o nacional-socialismo conseguiu alcançar uma forma de auto-expressão que não pode ser negada"[53]. (Em apoio a essa declaração sumária, Brenner cita também Bruno

Zevi, *Poetica dell'architectura neoplastica* (Milão, 1953), e Nikolaus Pevsner, *Europäische Architectur* (M, 1957), dois dos mais eminentes historiadores europeus da arquitetura, ambos incidentalmente estudiosos sérios e respeitados de origem judaica.)

E é nas preferências e interesses artísticos de Hitler — mais do que em suas preferências ideológicas e mesmo literárias — que podemos detectar elementos burgueses-conservadores e modernos-revolucionários, especialmente em música e pintura, além de escultura e arquitetura. Essa dualidade é encontrada em suas próprias declarações. Em discurso pronunciado em Nuremberg em 1º de setembro de 1933, declarou: "É melhor imitar as coisas boas do que produzir coisas novas e ruins." (Notem, contudo, que este foi o período político em que ele julgou necessário agradar o conservantismo alemão.) Simultaneamente, havia o respeito e a admiração que sentia pela tecnologia supermoderna. A Speer, disse que as *Autobahns* seriam seu Partenon[54]. E mais uma vez, a Speer: "Os papas da Renascença e os governantes da Era Barroca consideravam prédios como passatempos. Para [Hitler], eles eram parte da vontade política do movimento nacional-socialista"[55]. Pensava que ele e seus arquitetos poderiam criar um novo tipo de unidade arquitetônica, formada a partir do que havia de melhor no antigo e no moderno. Daí sua preferência pelo neoclassicismo dos arquitetos Tessenow, Troost e Speer, diferente e melhor do que as arquiteturas neoclássicas de Mussolini e Stalin: "Foi vontade declarada de Hitler e Speer não copiar estilos históricos, mas criar um novo estilo que, por si mesmo, se tornaria histórico"[56]. Quando o arquiteto Giesler (rival e concorrente de Speer) apresentou a Hitler seu modelo do centro reconstruído de Munique (o grande modelo de Speer era a reconstrução do centro de Berlim), Hitler disse que o considerava como "um monumento à nova tecnologia de nossos tempos" — e acrescentou que a *Grosse Strasse* [a Grande Avenida]... será a *Strasse* mais moderna de nossos tempos!" Ele previu a necessidade de evitar congestionamentos de carros nas cidades e da construção de gigantescas garagens subterrâneas. A construção do primeiro U-Bahn (metrô) em Munique foi iniciada por ordem dele (o primeiro elemento em um moderno sistema de transporte público que figura hoje entre os melhores da Europa). Com freqüência, usava a palavra "moderno" em tom de aprovação. Segundo Maser, há prova de que, ao contrário de Mussolini e Stalin, Hitler não rejeitava inteiramente a pintura abstrata (embora Maser não apresente essa prova); por outro lado, ele tinha razão em um ponto: "Ele [Hitler] não era conservador nem bitolado pela tradição em todos os campos da arte criativa"[57].

A dualidade de Hitler era visível também em numerosos outros elementos de seu pensamento. Quanto às mulheres, por exemplo, a insistência no restabelecimento dos costumes tradicionais da maternidade, nas diferenças intransponíveis entre homens e mulheres (e na superioridade inevitável dos primeiros em certas esferas da vida), andava de mãos dadas com a promoção da educação física das meninas, igual à dos meninos, e o treinamento moderno e esportivo dos dois sexos. Ainda assim, quando, no fim da guerra, Goebbels propôs a mobilização total das mulheres alemãs, Hitler hesitou e recusou-se a aprovar a idéia. Ele tanto admirava quanto rejeitava certos elementos da tradição prussiana. Embora a Baviera e Munique fossem o centro de sua carreira política, ele rejeitava o antiprussianismo dos bávaros, ainda que sua ideologia não fosse prussiana, mas nem a Prússia nem o prussianismo eram os modelos de sua visão de uma Nova Alemanha[58]. Sua rejeição freqüente de intelectuais e racionalistas (*Verstandesmenschen*) era típica das tradições mais antigas, antiiluministas, do pensamento germânico. Ela era pós- (se não anti-) -conservadora -populista e -moderna. Em sua opinião, pelo menos, não havia conflito entre os elementos mais antigos e mais novos. Bem ao contrário, pensava que representava e encarnava um novo tipo de unidade alemã. Demonstrava respeito por algumas coisas antigas, mas conservador não foi e, de maneira nenhuma, um reacionário[59].

• • •

Embora não fosse o criador do nacional-socialismo, Adolf Hitler reconheceu a compatibilidade — na verdade, a união matrimonial — de dois grandes movimentos. Mas este era um fenômeno de âmbito mundial. Durante longo tempo, nacionalismo e socialismo pareceram incompatíveis, na verdade, reciprocamente hostis. O socialismo era, afinal de contas, internacional, dada a sua crença em que classes inteiras, e não nações inteiras, tinham importância e que a luta de classes impulsionava a história para a frente. O que aconteceu em muito países mais ou menos após 1870 foi que a antítese e o debate do século XIX entre conservadores e liberais começaram a perder sentido. E por duas razões: devido à democratização em marcha da sociedade, conservadores tornavam-se mais liberais, enquanto alguns liberais se tornavam mais conservadores. Mas o que tomava forma nessa ocasião não era o desenvolvimento de algum tipo de solução hegeliana transcendente. As alternativas não estavam prestes a ser substituídas por uma síntese. Elas eram cada vez mais superadas por duas novas forças atuantes em outros planos: pelo nacionalismo e pelo socialismo. Durante todo o século XX, a relação (ou composto, quando não mistura) entre nacionalismo e socialismo viria a ser a configuração política dominante em todo o mundo[60].

Claro, o nacional-socialismo da Alemanha, e de Hitler, foi quase *sui generis*. E não apenas porque, para ele, o nacionalismo era o parceiro dominante nesse casamento, pois estava convencido de que o nacionalismo popular moderno poderia ser — e, na verdade, teria de ser — socialista. Havia ainda o fato de que a disseminação desse tipo de casamento possuía raizes mais profundas na Alemanha do que em quase qualquer outro país. Numerosos seguidores e pelo menos algumas figuras que, mais tarde, viriam a ser adversários de Hitler, acreditavam no seu apelo. Uma Alemanha nacionalista e socialista (querendo dizer socialista de uma maneira peculiarmente alemã) era um desiderato freqüente dos pensadores políticos conservadores na década de 1920, variando suas manifestações do *Preussentum und Sozialismus* (1923), de Oswald Spengler, para o talvez ainda mais arguto e importante *Der Arbeiter*, o livro de 1932 de Ernst Jünger[61]. Ainda assim, esses pensadores — sempre antiliberais, não raro conservadores e, às vezes (mas apenas às vezes), tradicionalistas — eram uma coisa e, Hitler, o revolucionário, outra muito diferente.

Na Alemanha, o fracasso do socialismo internacional já ficara mais do que evidente em 1914. Quando o Kaiser compareceu ao Reichstag no dia 2 de agosto, apelando pela unidade nacional, a grande maioria dos deputados socialistas alemães levantou-se com os demais e votou a favor da guerra. No caldeirão das emoções nacionalistas, derreteu-se a essência do socialismo internacional, como se fosse um pedaço de margarina fria. (E a mesma coisa aconteceu também em outras partes da Europa, pelo menos parcialmente em virtude da democratização das sociedades, porque a democracia nacionaliza mais do que internacionaliza e, em 1914, o dono de fábrica alemão tinha mais em comum com seus operários do que com o industrial francês.) Em 1917, ocorreu a primeira revolução comunista, na Rússia. Mas, ao contrário da francesa e da americana, a revolução não tomou o poder fora do derrotado e humilhado Império Russo. (Se a primeira revolução comunista da Europa tivesse estourado e vencido na Alemanha, e não na Rússia, sua influência teria sido imensamente maior — mas isso é outra história.) Este não é o lugar para descrever os fracassos do marxismo (para nada dizer dos fracassos do comunismo internacional), para lembrar que a crença marxista — e também liberal-capitalista — em um materialismo determinista, no Homem Econômico, repousava em uma visão da natureza humana inválida desde o começo — além do fato de que Marx, bem como muitos de seus seguidores, era cego acerca da importância da nação (que Marx ignorou quase inteiramente, confundindo-a com o Estado)[62].

Hitler compreendia perfeitamente esse fato. Percebia tão bem as fraquezas da visão marxista sobre a natureza humana e a sociedade, como sabia de que modo (e por que) pregar contra seus perigos. Temos que prestar nossas homenagens aos sociais-democratas que o combateram em 1933 (eles foram o único partido a votar contra a concessão a Hitler de poderes absolutos na memorável sessão do Reichstag em 21 de março de 1933). Em 1913, porém, Hitler sabia que as massas de operários socialistas e comunistas estavam desertando em grande número de seus partidos, muitos deles aderindo logo e sem problemas ao seu, e que a única ameaça séria para ele seria da "direita", e não da "esquerda"[63].

Mas não era uma mentalidade nacional nem uma consciência de classe que atraía o povo para Hitler. Mais uma vez, havia alguma coisa peculiarmente germânica nesse comportamento — mas também algo de natureza mais universal. O elemento germânico era visível e inerente à palavra (e à definição, ideologia e culto) *Volk*, que retroagia a mais de um século antes. As palavras *Volk* e *völkisch* não são idênticas aos termos ingleses *folk* e *folkish*[64]. A maneira como são usadas difere também ligeiramente do *folk* escandinavo, bem como do francês *peuple*[65] (embora, estranhamente, não seja muito diferente do uso russo da palavra "narod"). Não obstante, durante o século XIX e em boa parte do século XX, *Volk* e *völkisch* na Alemanha (e na Áustria) eram termos conservadores — antiinternacionais, antimarxistas, antijudaicos, antifranceses, e "cristãos". Poder-se-ia mesmo dizer que, em numerosos lugares no século XIX, *völkisch* poderia ser tão patriótico quanto nacionalista. (Sobre essa diferença essencial e grave, ver o Capítulo 4). Após 1890 no máximo, porém, tanto na Áustria quanto na Alemanha ocorreu uma mudança. O significado conservador (e, ocasionalmente, patriótico) e a atração do *völkisch* começaram a dissipar-se, ao passo que, simultaneamente, começava a crescer seu significado radical e nacionalista.

Na história do século XX, esse fato foi mais do que um fenômeno alemão. Em fins do século XVIII, começara o culto do "povo". Durante todo o século XIX, "povo" e "popular" eram palavras esquerdistas, títulos de periódicos e lemas políticos. Em princípios do século XX, isso mudou. Foi mais do que um expediente retórico quando Mussolini, em 1914 — tendo rompido com os socialistas — deu ao seu jornal diário o nome de *Il Popolo d'Italia*[66]. O principal jornal de Hitler, igualmente, era o *Volkischer Beobachter*. Mas havia mais nisso do que o título de jornais. No século XX, os partidos populares tornaram-se direitistas, e não esquerdistas: antiinternacionais, anticapitalistas e, ocasionalmente, anti-semitas. Com umas poucas exceções[67], o populismo mudou da esquerda para a direita — inclusive nos Estados Unidos.

E Hitler era um populista — um crente na soberania do povo, um populista moderno, e não um demagogo do velho tipo. Sim, houve populistas antes dele. Mas a idéia sobre quem era "o povo" mudou nos últimos séculos[68]. Entre os antigos populistas, o nacionalismo, como tal, era apenas latente. Hitler, porém, compreendeu — entre outras coisas — que o populismo moderno, por sua própria natureza, teria de ser nacionalista e — mais importante — que o nacionalismo teria de ser populista[69]. As palavras *Volksgemeinschaft* e *Volksgenossen* ("comunidade do povo" e "camaradas do povo", impossíveis de traduzir adequadamente) eram básicas para os princípios defendidos por Hitler. A relação entre o Führer e o povo era inteiramente diferente da que existira entre o Kaiser e os cidadãos do país: "não uma aceitação respeitosa da hierarquia, mas a aquiescência voluntária e ilimitada do povo". E também: "No movimento hitlerista, a Alemanha experimentou sua única autêntica revolução, mesmo que ela não se conformasse inteiramente ao modelo teórico de revolução"[70]. Ou como disse Fest: "Rejeitando a Revolução, ele [Hitler] tornou-se em realidade o fenômeno alemão [*Erscheinung*] da Revolução." E mais: "Seu lugar na história está muito mais próximo do ocupado pelos grandes revolucionários do que dos déspotas conservadores." E: "Ele pode ter parecido anacrônico, mas era mais moderno e mais dedicado à modernidade do que todos os seus adversários políticos internos"[71]. O fato de que, durante as campanhas eleitorais, ele não tenha apresentado um programa para o futuro governo nem se deveu a um cálculo cuidadoso nem à ausência de um programa econômico exato. Estava de acordo com o plano de agradar a todos os estratos sociais "em nome do *Volksgemeinschaft*, a comunidade do povo"[72]. Mesmo nessa época de grande desemprego e inquietação social, seu nacionalismo populista revelou-se mais convincente do que qualquer apelo econômico.

E ele levou para a guerra o tema revolucionário. Em 8 de novembro de 1940, disse em um discurso: "Todo soldado sabe e tem de saber que os exércitos que ora marcham sob nossa bandeira são os exércitos revolucionários do Terceiro Reich." E em uma de suas conversas à mesa (21 de setembro de 1941), disse que Guilherme II devia ter destruído a monarquia Habsburgo: "Uma vez que nem o imperador, nem seu círculo de amigos, nem o povo alemão reconheceram a necessidade dessa obra, deixou de haver justificação histórica para a existência da monarquia Hohenzollern e sua queda foi uma necessidade histórica. Que as monarquias tenham sido liquidadas pelos marxistas... e não pelos nacional-socialistas, o Führer julgava uma dádiva especial do Destino"[73].

Destino... Hitler acreditava em Deus, em um Deus (talvez Stalin acreditasse, também)[74]. Hitler era um novo tipo de revolucionário, transcendendo (e, de uma certa maneira, misturando) mitos germânicos com cristianismo germânico (como, também, "direita" e "esquerda"), unindo algumas de suas doutrinas em sua própria ideologia revolucionária. Mas é muito importante que, à medida que o Terceiro Reich se firmava, o poder tinha se tornado mais necessário do que a ideologia. O próprio Hitler sabia disso. Bem antes dele, Proudhon vira mais fundo do que Marx: o povo, escreveu ele, reage menos a idéias sobre contratos sociais do que às realidades do poder. Dois episódios de reações durante a carreira de Hitler revestem-se, penso, de grande importância. Quando, em novembro de 1923, sua agressiva minoria de nacional-socialistas levantou-se em Munique, é notável que nem os comunistas nem os social-democratas fizeram alguma coisa. "Não há notícia de um único levante armado esquerdista em parte alguma da Baviera durante o Putsch"[75]. Ainda mais importante para mim foi a reação do povo alemão, a maioria de anticomunistas e conservadores, à notícia do pacto de Hitler com Stalin em agosto de 1939. Não houve nenhum pedido de exoneração de cargo no partido, nem uma única manifestação de desaprovação por parte dos conservadores, daqueles muitos milhões que, em 1932-33 e depois, haviam se aliado a Hitler por causa de seu anticomunismo. Muito ao contrário, houve numerosas manifestações de espanto e de felicitações diante do inegável triunfo de diplomacia do Terceiro Reich. (O mesmo aconteceu com simpatizantes do nacional-socialismo em todo o mundo.) E isso numa época em que milhares de comunistas em todo o mundo experimentavam choque, confusão e desapontamento. Sim, comparado com o comunismo, o hitlerismo era moderno. E popular.

• • •

Permitam-me voltar a Tocqueville (que Hitler certamente não leu e que teria sido anátema para ele). Três elementos principais na visão de Tocqueville e em suas obras são relevantes para nosso tema neste capítulo. O primeiro, a profética premonição de um novo tipo de tirania, peculiar à era democrática que então se avizinhava, a tirania não de uma minoria, mas de uma maioria, uma tirania não só estabelecida com o consentimento, mas exercida ocasionalmente pela maioria. Esse novo tipo de "cesarismo" (como Tocqueville por vezes o chamava) já era visível, aqui e ali, no século XIX, embora não na Alemanha. Trinta anos depois de ter escrito sobre o assunto em *Democracia na América*, o tema chegou à França através do triunfo, em um plebiscito, de Luís Napoleão. O regime semi-autoritário de Napoleão III, porém, era ainda muito diferente do de Hitler. No Terceiro Reich, a maioria consentiu não só passiva, mas também ativamente ao Führer. Hitler era mais populista (e, no sentido mais amplo da palavra, mais democrata) do que Napoleão, mais do que outros ditadores, como os da América do Sul, Mussolini ou Kemal. Na verdade (como ele mesmo disse), Hitler não foi realmente um ditador típico — embora isso não tenha acontecido, como argumentaram alguns historiadores funcionalistas, porque ele era um homem hesitante, limitado pela burocracia, ou "fraco". Ele foi mais do que um ditador, foi alguma coisa diferente. "Os velhos tiranos", disse Chesterton, "invocavam o passado; os novos tiranos invocarão o futuro."

O segundo elemento na visão de Tocqueville foi sua surpreendente afirmação, feita pela primeira vez em *A democracia na América*, de que a era das grandes revoluções poderia ser uma coisa do passado, porque, em uma sociedade democratizada, a maioria do povo não deseja ser perturbada por idéias revolucionárias, embora esteja disposta a aceitar a presença de uma vasta burocracia em sua vida diária. Mais uma vez, essa visão aplica-se a Hitler — embora só até certo ponto. Sua declaração em 1934, de que não haveria revoluções na Alemanha nos próximos mil anos, significava mais do que aplacar os medos latentes dos conservadores e do povo comum. De tempos em tempos, ele continuou a usar o adjetivo "revolucionário" no sentido positivo — querendo dizer que havia implantado uma "Nova Ordem" revolucionária, em contraste com a desordem. Mais uma vez, é convincente um epigrama antimarxista de autoria da profunda Simone Weil (1942): "O ópio do povo não é a religião, mas a revolução" — e o uso por Hitler da palavra "revolução" era uma espécie de ópio para a Nova Ordem.

O terceiro elemento foi a visão de Tocqueville dos últimos mil anos. Consciente e informado como era da divisão clássica da história européia nas épocas antiga, medieval e moderna, ocorreu-lhe outra idéia, que transcendeu essas categorias, ou seja, a mudança da era aristocrática para a democrática, de sociedades inteiras governadas por minorias para outras governadas por maiorias (ou, pelo menos, em nome de suas maiorias). Julgava ele que esta era a mais profunda mudança ocorrida na história nos últimos mil anos. O que podemos, portanto, ver agora, ao fim da denominada Era Moderna, é que esta última grande era, que começou há cerca de quinhentos anos, pode ter sido marcada pela confluência — às vezes difícil, mas civilizatória e culturalmente frutífera — da tradição e da reforma, da aristocracia e da democracia, com o enfraquecimento da primeira e a ascensão da segunda, até agora, quando vivemos em uma era predominantemente democrática (e quando talvez teremos de repensar os próprios termos políticos associados à democracia). O que isso significa para o futuro, não tenho condições de dizer. Novas divisões e novas hierarquias aparecerão. Mas o que isso significa para o passado recente o historiador pode — e tem o dever — de reconhecer: que Hitler foi um novo tipo de revolucionário, um revolucionário populista em uma era democrática, não obstante os elementos mais antigos das instituições e da sociedade alemã ainda existentes em sua época, muitas das quais ele sabia como usar para seus próprios fins[76].

4
Estado, Povo, Raça, Nação

A categoria incompleta do "totalitarismo" — Hitler e o Estado — O racismo de Hitler — Patriotas e nacionalistas — Hitler, o exemplo extremo do nacionalista

O TERMO "TOTALITARISMO" tem uma história curiosa. Não foi incluído no *Oxford English Dictionary,* embora conste de seu Suplemento. Parece que essa palavra surgiu em fins da década de 1920, como uma designação do Estado de partido único da Itália fascista. Podemos encontrá-la aqui e ali na década de 1930, aplicada à Itália fascista ou à Alemanha nacional-socialista, embora raramente à Rússia comunista, mesmo que esta fosse, na época, o Estado mais "totalitário" do mundo. Após a II Guerra Mundial, "totalitarismo" tornou-se adjetivo corrente e freqüentemente usado, aplicado em especial aos Estados comunistas, mas também — de forma indiscriminada e, como veremos, inexata — à maioria das ditaduras deste século[1]. Contudo, muito além dessa equiparação tardia entre hitlerismo e stalinismo, o que temos de estudar agora é a aplicação incorreta de "totalitarismo" — significando governo total do Estado — não apenas ao Terceiro Reich, mas também às próprias idéias (e a algumas das decisões) de Adolf Hitler.

Comecemos com o que é (ou deveria ser) óbvio: o governo *total* do Estado é impossível. Mesmo no auge e na extensão máxima do governo do tirano moderno, restam pessoas e ilhas de vida que permanecem surpreendentemente intocadas pelo governo policial do Estado. Ainda assim, o termo "totalitarismo" pode parecer razoável quando é *intenção* prática do tirano ou tiranos que governam o Estado exercer controle total sobre seus habitantes. Mas há motivo para uma pergunta séria: esta era a intenção de Hitler? Seu intento era governar com o consentimento ativo da maioria do povo, entre o qual a oposição potencial de pequenas minorias seria insignificante e inteiramente ineficaz. Poder-se-ia mesmo dizer que enquanto o governo de Stalin (não diferente de outros governantes, na maior parte orientais) foi exercido devido ao perigo de adversários *potenciais* (e daí os expurgos que ordenou), Hitler (e também Himmler, o SD e a Gestapo), embora ciente da existência e localização de adversários potenciais, estava interessado principalmente em descobrir prova de qualquer oposição *real*. Para Hitler, os únicos adversários categórica e inquestionavelmente potenciais — indivíduos cujas afirmações e, na verdade, cujos próprios atos de lealdade eram indesejáveis, porque, para ele, eles não poderiam ser outra coisa a não ser inimigos declarados — eram os judeus. E é a essa obsessão de Hitler, que terei de voltar no Capítulo 6.

Claro, a Alemanha não era a Rússia, nem a revolução de Hitler na Alemanha teve qualquer semelhança com a revolução bolchevista. Exceto para os judeus, havia mais liberdade individual e política na Alemanha nacional-socialista do que na Rússia comunista — maior variedade e publicações nas ciências e nas artes e mais espaço para a iniciativa individual. Ao lermos sobre a existência de vários grupos de oposição alemã a Hitler, ficamos impressionados com a relativa liberdade de movimentos de que eles gozavam nesse Estado policial; com a relativa facilidade com que algumas pessoas transitavam entre a Alemanha e países estrangeiros, ou se encontravam com diplomatas em Berlim, conversando com eles cautelosa mas quase livremente. Esse tipo de comportamento teria sido inconcebível na União Soviética (e também em alguns outros Estados policiais). Mas, também, a despeito da Gestapo e do SD, a Alemanha nacional-socialista era mais, e menos, do que um Estado policial[2]. O arguto Carl Schmitt, o principal teórico constitucional do Terceiro Reich, escreveu, em 1935, que o regime nacional-socialista significava o fim do velho *Beamtenstaat* prussiano, com sua concepção hegeliana de um Estado governado por funcionários públicos. Ele era, em vez disso, um *Volksgenossenstaat*, um Estado de camaradagem do povo: "'O Estado é o instrumento do povo'"[3]. Era isso exatamente o que Hitler pensava. A classe operária alemã, entre outras, sentia também alguma coisa parecida: numerosos operários siderúrgicos da Krupp eram seguidores mais confiáveis do Führer do que alguns velhos servidores civis prussianos. Em data tão recente quanto 1945, Speer foi levado ao desespero ao entreouvir conversas de operários alemães que, ao contrário dele mesmo, ainda confiavam em Hitler e na vitória final.

Na realidade, o Terceiro Reich foi uma mistura de *Volksgenossenstaat* e *Beamtenstaat*[4]. Nossa preocupação, no entanto, é com a história de Hitler, não com a do Terceiro Reich. Ele — ao contrário de Mussolini ou, com mais freqüência, Goebbels — raramente usava a palavra "total". Bullock, corretamente, citou-lhe o discurso em Munique em novembro de 1934: "Na Alemanha, baionetas não aterrorizam o povo. Aqui, o governo é mantido pela confiança de todo o povo... Não fui imposto por ninguém a esse povo. Do povo nasci, no povo permaneci, e ao povo voltarei. Meu orgulho é que não conheço estadista no mundo que, com maior razão do que eu, possa dizer que representa o povo."[5] A introvisão de Fest é de grande importância: "Hitler jamais quis estabelecer uma tirania [*Gewaltherrschaft*]". E: "Uma mera fome de poder é insuficiente para explicar o fenômeno de Hitler, que não pode ser estudado como uma forma a mais de tirania moderna"[6]. Vimos que o próprio Hitler disse que não era um ditador e que não queria ser um deles. Kershaw expressou a mesma idéia em uma frase judiciosa: "Sugerir que o poder de Hitler repousava em um 'terror totalitário' — deixando de lado as dificuldades com o conceito de 'totalitarismo' — é afirmar apenas uma verdade parcial"[7]. No HF/AN, Haffner fez a ousada sugestão de que, pelo menos até 1938, o Terceiro Reich não era um Estado totalitário, mas autoritário e, dessa maneira, pelo menos comparável a outras ditaduras na Europa da década de 1930, incluindo a Itália.

• • •

Há (ou melhor, havia), claro, uma diferença entre os regimes "totalitário" e "autoritário" entre, digamos o de Hitler, por um lado, e o de Franco, Salazar, Pilsudski ou Metaxas, por outro — uma diferença que é mais do que de simples nuanças. A maioria desses ditadores tampouco tinha intenção de manter controle total sobre a vida pessoal e familiar. Mas, ao fixar a atenção no *Estado*, escapa-nos a diferença essencial que separa a visão de Hitler — e suas intenções — das de todos os ditadores da época, incluindo Mussolini e Stalin.

Lembremos que o Estado, como o conhecemos, foi uma criação da denominada Era Moderna, surgindo inicialmente na Itália da Renascença há cerca de quinhentos anos e, em seguida, na Europa ocidental, em uma era caracterizada pela mistura perturbadora e crescente de monarquia, aristocracia e democracia — e que a visão de história e de futuro de Hitler implicava um rompimento radical com as instituições da Era Moderna. Ele teria concordado com Tocqueville em uma única coisa: que a era da democracia constituía, nesse momento, um fato irreversível. Cem anos antes de Hitler assumir o poder, Tocqueville prognosticou um novo tipo de tirania, peculiar à era democrática, a tirania da maioria. O peculiar, talvez, no caso de Hitler foi ele ter criado uma tirania não tanto *da* maioria quanto *através* da maioria[8]. "O Estado" — isto é, os interesses do Estado, a segurança do Estado — era um termo sacrossanto no mundo moderno, até mesmo na Rússia soviética de Stalin, pelo menos por volta de 1939[9]. Mas, já no *Mein Kampf,* ele escrevera que "o Estado é apenas um meio para um fim" ["Der Staat ist ein Mittel zum Zweck"]. E a despeito de todas as acomodações que teve de fazer pelo bem do Estado — ele permaneceu coerente até o fim com essa prioridade. Em março de 1929, disse: "Não constitui um acaso que as religiões sejam mais estáveis do que as formas dos Estados." No dia 6 de abril de 1938, em um discurso em Salzburgo, disse em tersas palavras: "No início era o *Volk* e, só depois, surgiu o *Reich*." Ou no importante discurso dirigido a oficiais no Platterhof, em maio de 1944: "O Estado é apenas uma estrutura imposta" [*eine Zwangsform*][10]. No dia 5 de setembro de 1934, em Nuremberg: "Estrangeiros talvez digam que o Estado nos criou. Não! Nós somos o Estado! Não seguimos as ordens de nenhum poder terreno, mas apenas as de Deus, que criou o povo alemão! De nós depende o Estado!"

Desenhava-se aí uma das diferenças entre Mussolini e Hitler, ou entre o fascismo italiano e o nacional-socialismo alemão. No Manifesto Fascista de 1932, disse Mussolini: "Não é o povo que faz o Estado, mas o Estado que faz o povo"[11]. Mussolini era um populista, embora menos do que Hitler. Fazendo campanha contra o individualismo do povo italiano, Mussolini tentou institucionalizar e impor a submissão do indivíduo ao Estado — retroagindo, pelo menos de algumas maneiras, ao ideal de Estado da Renascença italiana. Ocasionalmente, usava a palavra "totalitário" como adjetivo. Ainda assim, seu regime foi mais autoritário do que totalitário, e não apenas porque aceitou a monarquia, a Igreja, e numerosas outras exceções à sua "totalidade" fascista. Descrever Hitler e o nacional-socialismo como uma das formas de fascismo, como fez Ernst Nolte, é errado — como também o costume impreciso e equivocado da esquerda, de aplicar o adjetivo "fascista" a todos os movimentos e regimes da direita radical[12].

Simultaneamente, o realismo político de Hitler compeliu-o a levar em conta, em mais de uma ocasião, a primazia dos interesses do Estado. Já em 1926, colocou a necessidade de boas relações com Mussolini acima dos desejos nacionalistas de numerosos austríacos e de alemães do sul, de reivindicar o Tirol do Sul, em grande parte habitado por alemães, e que os tratados de paz de Paris haviam concedido à Itália. E teve alguns problemas para convencer disso seus seguidores. A decisão de não pôr em risco as possíveis relações com Mussolini, a quem respeitava e admirava nessa ocasião, pode ter sido tanto ideológica quanto realista. Quanto a mim, acho mais importante a reação de Hitler à aquiescência de Mussolini com a ocupação da Áustria em março de 1938: "Mussolini, nunca me esquecerei disso!" Hitler despachou essa mensagem emocional e reveladora ao Duce quando este último concordou com o Anschluss, o que implicava também a presença da Grande Alemanha na crista dos Alpes. Isso aconteceu meses, mesmo anos, depois de Mussolini ter proclamado um Eixo Roma-Berlim e sua amizade por Hitler, e após um grande acúmulo de provas as mais sólidas possíveis de que o líder italiano dera como perdida a independência da Áustria. Ainda assim, Hitler ficou aliviado. Ele temera que, afinal de contas — ou no fim, no momento crucial — a *Staatsräson, a raison d'état* italiana de Mussolini, interviesse, mais importante do que a camaradagem ideológica de ambos.

E foi para consolidar sua posição e autoridade no Estado alemão (ainda mais do que no Partido Nacional-Socialista) que Hitler agiu contra Röhm no golpe brutal de junho de 1934 — depois do que fez um de seus poucos discursos santificando a causa do Estado: "A nação precisa saber que sua existência — que será garantida pela ordem e segurança internas — não será posta em risco com impunidade por pessoa alguma! E todos precisam saber, para todo o futuro, que se erguerem a mão para atacar o Estado, a morte será certamente o fim que terão"[13]. Havia — obviamente — algum cálculo político por trás de uma declaração dessas, mas ela não era inteiramente contrária a suas próprias convicções realistas. Bullock foi muito perspicaz ao escrever que "a originalidade de Hitler residiu na compreensão de que revoluções eficazes, em condições modernas, são levadas ao sucesso com, e não contra, o poder do Estado: a ordem correta dos fatos era, em primeiro lugar, lograr acesso a esse poder e, em seguida, iniciar a revolução"[14]. Já em 1932, porém, Ernst Jünger escrevia: "Não faz diferença se o poder é conquistado nas barricadas [isto é, através de uma revolução] ou sob a forma da tomada mais sóbria da administração do Estado[15].

Em fevereiro de 1945, um amigo veio visitar Albert Speer e, sobre a mesa, colocou dois excertos do *Mein Kampf*: "Constitui missão da diplomacia não permitir que um povo sucumba heroicamente, mas preservá-lo praticamente. Todas as maneiras de fazer isso são permissíveis e a falta de tal esforço terá de ser descrita como negligência criminosa." E: "A autoridade do Estado como sua mais alta finalidade [*Selbstzweck*] não pode ser aceita, porque, nesse caso, todas as tiranias na terra seriam intocáveis e santificadas. Quando um povo é levado ao desastre pelas instruções do poder governamental, a rebelião de todos os membros desse povo é não só um direito, mas um dever"[16]. Foi nessa noite, depois de ter lido isso, que ele — se podemos dar crédito a Speer — pela primeira vez pensou em matar Hitler, de alguma maneira (sua idéia foi uma infiltração de gás venenoso no sistema de ventilação do *Führerbunker*), mas acho que ele interpretou erroneamente o que Hitler havia dito. A prioridade de Hitler não era a causa do Estado, mas a causa do povo alemão — ou, para sermos mais exatos, *seu conceito de povo alemão* — até o fim[17].

• • •

E agora, a pergunta: O conceito de povo alemão de Hitler era idêntico ao seu conceito de raça? Não. Hitler era racista, sim — no sentido em que numerosas pessoas (todos os tipos de pessoas, incluindo Benjamin Disraeli) reconheceram a influência inevitável da raça nos conflitos da humanidade. Ele, de fato, escreveu no *Mein Kampf* que "a questão racial é o elemento decisivo da história mundial". Mas que essa idéia não era coerente com suas preferências raciais é óbvio. Quando a ocasião exigia, ele preferia, ou buscava, alianças com japoneses, chineses, romenos, árabes, e assim por diante, ao mesmo tempo em que continuava comprometido com o combate ou mesmo a destruição dos inimigos de seus "nórdicos" ou "arianos". Esse fato pode, claro, ser atribuído às exigências do desempenho de sua função de estadista, especialmente durante a guerra. Mas isso não foi tudo. Não temos prova de que — mesmo durante os anos formativos em Viena — ele tenha lido ou levado a sério os filósofos franceses ou alemães racistas de fins do século XIX, tais como Gobineau, Vacher de Lapogue, Lagarde, ou mesmo que os panfletistas racistas histéricos do tipo "Ostara" produzissem uma influência forte ou definitiva sobre ele. Poucos de seus biógrafos notaram ou enfatizaram esse fato. Haffner, contudo, notou. Conhecedor da frase acima do *Mein Kampf*, de que a raça era o elemento decisivo na história, Haffner observou que raça "nunca foi definida por ele, nem freqüentemente equiparada ao conceito de 'nação'... Uma raça suprema, sob a forma de uma nação superior, segundo Hitler, um dia governará o mundo — mas qual das duas, raça ou nação? Os alemães ou os 'arianos'? Essa opção nunca se tornou inteiramente clara no caso de Hitler. Igualmente obscuro era quem ele considerava como arianos. Só as nações mais ou menos germânicas? Ou todos os brancos, exceto os judeus? Esse ponto em parte alguma foi esclarecido por Hitler." As diferenças raciais autênticas entre indivíduos de pele branca, preta e amarela não o interessavam muito. O que o interessava era "a luta *dentro* da raça branca, entre os 'arianos' e os judeus"[18]. Só no tocante aos judeus é que permaneceu coerente até o fim da vida. Ainda assim, até mesmo no que dizia respeito à questão do que significava a raça judaica ele mudou de idéia, como veremos logo em seguida.

Isso porque, fosse a raça ou não o elemento decisivo na história, ocorreu, nesse particular, uma evolução em seu pensamento. Entre seus primeiros aliados e seguidores havia muitos fanáticos e rígidos racistas e dogmatistas raciais. Os racistas dogmáticos na cúpula da hierarquia do Terceiro Reich, como Himmler, eram numerosos e importantes, levando-lhes a filosofia racial em que acreditavam à criação de numerosos institutos. Ainda assim, Hitler não compartilhava do "biologismo primitivo" de Himmler (na pertinente expressão de Marlis Steinert). Observou Schramm que ele "tinha sérias reservas sobre a glorificação do período antigo dos povos germânicos — ao contrário de muitos de seus seguidores"[19]. Speer menciona a rejeição por Hitler do misticismo racial de Himmler: "Que absurdo! Chegamos a um tempo que deixa o misticismo para trás e, agora, lá vem ele com tudo isso novamente. Se assim, bem que poderíamos ter ficado com a Igreja. Ela, pelo menos, tem tradição." Vários historiadores notaram que Hitler não levava Alfred Rosenberg absolutamente a sério e que só sentia desdém pelo seu obscuro livro, *O mito do século XX*. Segundo Speer, Hitler disse certa vez, comentando o livro: "Um passo retrógrado para a formação medieval de mitos!"[20] Heer citou uma das conversas à mesa de Hitler, em 1942, na qual ele manifestou prazer com os protestos públicos do cardeal Faulhaber contra a enfadonha arenga de Rosenberg[21].

As várias declarações de Hitler — e foram muitas — sobre raças constituíram realmente pronunciamentos sobre o que considerava como características nacionais. *Havia* um elemento racista em seu pensamento (como acontece com quase todos os nacionalistas), mas suas obsessões dominantes nada tinham de biológicas. Ele conhecia a relativa falta de reação entre o povo alemão à propaganda racial trombeteada por Rosenberg e Himmler. Os sentimentos nacionais de superioridade, onde e quando existiram entre o povo alemão, eram mais de caráter cultural do que racial. Delimita-se aqui um terreno de enorme importância e delicadeza, que permanece na maior parte inexplorado. Havia (e continua havendo) uma diferença pequena, mas fundamental, entre o tipo de pensamento *folkish* e o *racista*.[22] A reação que Hitler queria despertar era resultado do primeiro, e não do último tipo. E refletia também a evolução — se foi isso, e não um reconhecimento que gradualmente se solidificou — de suas próprias convicções.

Em maio de 1944, em um discurso notável no Platterhof, dirigido a oficiais, disse: "Temos este nosso povo, que não deve ser identificado com uma raça, fato este agora claro para milhões... Mas, quando comecei [a falar] há vinte e cinco anos, não era isso. Círculos [contra-revolucionários-*bürgerlich*] me diziam: Sim, *Volk* e raça são a mesma coisa! Não! *Volk* e raça não são a mesma coisa. A raça é um componente de sangue, um núcleo hematológico [*blutmässig*], ao passo que o *Volk* é freqüentemente composto não de uma única raça, mas de dois, três, quatro ou cinco diferentes núcleos raciais... Todos esses núcleos raciais possuem talentos particulares"[23]. E, segundo os diários de Bormann, Hitler, no dia 13 de fevereiro de 1945, teria dito: "O orgulho da raça é uma qualidade que os alemães, basicamente, não possuem. Usamos a expressão raça judaica como questão de conveniência, porque, na realidade e do ponto de vista genético, não há tal coisa como uma raça judaica." *Não há tal coisa como uma raça judaica...*[24].

• • •

Nacionalismo e racismo não são termos facilmente definíveis. (Nem há uma história geral de primeira classe do nacionalismo ou do racismo. Um dos motivos disso é que o nacionalismo pode diferir mais de um país para outro do que acontece com o internacionalismo e o socialismo.) Mas este não é o lugar para discorrer sobre suas diferenças ou origens, exceto para enfatizar três pontos: 1) que Adolf Hitler foi mais nacionalista do que racista; 2) que o nacionalismo pode ser ainda mais exclusivista do que o racismo — principalmente por causa de suas reivindicações a elementos culturais, lingüísticos e mesmo religiosos[25]; e, 3)que o nacionalismo, mais do que o racismo, é um fenômeno moderno e populista.

Moderno e *populista.* Quando Samuel Johnson fez seu célebre pronunciamento, "O patriotismo é o último refúgio do patife", ele tinha em mente o *nacionalismo*, uma vez que tal palavra não existia ainda em inglês. O patriotismo (como observou George Orwell em um de seus poucos ensaios remanescentes sobre a diferença entre patriotismo e nacionalismo) é defensivo, enquanto o nacionalismo é agressivo. O patriotismo radica-se na terra, em um dado país, enquanto o nacionalismo aplica-se ao mito de um povo (na verdade, a uma maioria putativa). O patriotismo é tradicionalista, enquanto o nacionalismo é populista. O populismo é *folkish*, o que não acontece com o patriotismo. Esse fenômeno — ou melhor, tendência — é quase universal neste século. O século XIX transbordava de nacionalistas liberais, alguns deles figuras inspiradoras e nobres. No século XX, esse fato raramente acontece. Cem anos antes, a descrição de Orwell (1943) da diferença entre nacionalismo e patriotismo teria sido forçada e feito relativamente pouco sentido. Mesmo agora, nacionalismo e patriotismo freqüentemente sobrepõem-se na mente e coração do mesmo indivíduo. Ainda assim, temos de estar conscientes das diferenças entre ambos — por causa do fenômeno do nacionalismo populista, que, ao contrário do patriotismo antiquado, é inseparável do mito de um povo. Podemos ser patriotas e, pelo menos culturalmente, cosmopolitas. Já o populista é, inevitavelmente, um nacionalista moderado. O patriotismo, além disso, é menos racista do que o populismo. Um patriota não excluirá uma pessoa de outra raça da comunidade na qual viveram lado a lado e a quem conhece há muitos anos. O nacionalista, porém, continuará sempre desconfiado de alguém que não parece pertencer a seu tipo de gente — ou, o que é mais provável, a seu estilo de pensamento. "O nacionalista xenófobo" — disse muito bem Alfred Duff Cooper — "é sempre o primeiro a denunciar como traidores seus compatriotas."

Hitler exemplificou essa diferença entre patriotismo e nacionalismo. Quanto a isso, foi explicitamente claro. Ainda na juventude, como disse no *Mein Kampf*, "Eu fui nacionalista, mas não patriota." Ele desejava unir-se, e unir os alemães austríacos, a uma Grande Alemanha, às expensas do multinacional e dinástico Estado imperial dos Habsburgo, que ele desejava ver fragmentado. Freqüentemente, desenvolveu esse tema. Em um discurso pouco conhecido, pronunciado em 6 de abril de 1927 em Munique, por exemplo, noticiado em detalhes dois dias depois no *Völkischer Beobachter*. "Nacionalismo e Patriotismo", aliás, era o próprio título do discurso[26]. Alguns excertos: "Nós não somos [meramente] nacionais. Somos nacionalistas!" "Um ajuste de contas decisivo com aquele sentimento nacional do *Bürgertum* alemão petrificou-se em patriotismo." "Nosso nacionalismo jovem e socialista nada tem em comum com o patriotismo ultrapassado." "O *Bürgertum* alemão não tem ainda um autêntico objetivo nacional. O nacionalismo [deles] e o nosso são duas coisas inteiramente diferentes. O nacionalismo deles é, na melhor das hipóteses, um meio para permitir que o passado continue por mais algum tempo." Durante toda a sua carreira pública, Hitler permaneceu consciente do imenso poder de atração do nacionalismo. E fez bom uso do mesmo. Compreendeu, por exemplo, a relutância e a oposição ocasional da hierarquia católica alemã, do clero e dos leigos à propaganda racial nacional-socialista e às instituições raciais, embora, ao mesmo tempo, soubesse como aproveitar-lhes os sentimentos nacionalistas incondicionais[27].

O patriotismo não é um substituto da fé religiosa, ao passo que o nacionalismo freqüentemente é. O nacionalismo pode preencher as necessidades emocionais — e pelo menos superficialmente espirituais de pessoas. Pode ser combinado com o ódio. Görlitz-Quint fizeram observações convincentes a esse respeito: "O ódio, como impulso inicial [*Ausgangspunkt*]... foi característico de [Hitler][28] e de seu movimento, que cresceu nas calçadas das grandes cidades... O reservatório humano do movimento era constituído de soldados, operários e indivíduos sem raízes das grandes cidades, artesãos e pessoas da classe média baixa... [mas] o campesinato lhe era inteiramente estranho. Nenhum dos ideais posteriores de renascimento do campesinato, de criação de uma nova classe de proprietários rurais formada de 'sangue e solo', figurou entre suas idéias iniciais e não correspondeu à origem de seu movimento, que não brotou do sangue e do solo, mas das massas das cidades"[29]. Ao contrário de muitos dos populistas do século XIX, que tiveram origens no campesinato, os nacionalistas do século XX pregaram com freqüência apenas um amor abstrato pelos camponeses e pela terra. Os primeiros discursos de Hitler e a propaganda inicial dos nacional-socialistas pouco ou nada incluíam sobre camponeses e agricultura. Heiden notou também esse fato: "Trata-se de um programa para o povo faminto das cidades..."[30], ao que acrescentou que Hitler compreendeu esse fato e que começou a tentar agradar, com sucesso, os camponeses alemães apenas após 1928, durante a grande depressão na agricultura. Em Munique (10 de abril de 1923), disse ele: "Para a libertação do povo é necessário mais do que uma política econômica, mais do que uma indústria: para que se torne livre, o povo precisa de orgulho e força de vontade, capacidade de desafiar, ódio, ódio e, mais uma vez, ódio." Qualquer que tenha sido a origem profunda dos ódios de Hitler, ele os externalizou a serviço de seu nacionalismo e racismo extremados[31]. Hitler pode ter compreendido algo que Chesterton sabia quando escreveu que o amor é sempre pessoal e particular, e que é o ódio que une homens diferentes.

Nem as designações de "racista" nem de "darwinista social" explicam-no o suficiente. Ele acreditava na sobrevivência dos mais fortes, mas havia nisso alguma coisa nova? O princípio do triunfo do forte sobre o fraco retroage a muito antes de Maquiavel, talvez aos próprios Caim e Abel[32]. Hitler compreendia que as pessoas reagem — na verdade, respeitam — às realidades do poder[33]. Além do mais, ao contrário de numerosos darwinistas sociais, Hitler não era um materialista, convencido como estava do poder das idéias.

Ele era um nacionalista extremado — talvez o mais extremado entre todas as principais figuras deste século. E embora o nacionalismo seja atavicamente humano, mais profundo e mais forte do que a consciência de classe, o problema não reside em sua desumanidade latente, mas — talvez surpreendentemente — na abstração de sua suposição acerca da natureza humana. "Amor ao povo", mas, o que *é* o povo? O nacionalismo é egotista e egoísta, porque o amor humano não é o amor a si mesmo, mas o amor a *outrem*. O patriotismo é tradicional e não meramente biológico, porque o amor caridoso é humano e não apenas "natural". A natureza não é — e nem demonstra ser — caridosa[34]. Nisso Hitler acreditava. Acreditava também que a caridade não tinha função na história da humanidade. É discutível se isso equivalia a uma crença no darwinismo social. O que não é discutível é que o ódio aos inimigos era mais forte e menos abstrato do que o amor pelo povo[35]. Esse fato era (e continua a ser) uma marca característica da mente de todo nacionalista extremado.

5
Estadista e Estrategista

A atenção geralmente superficial dada à estadística de Hitler — Sua competência como estadista e estrategista — Dúvidas sobre Munique e o enigma russo — Seus objetivos durante a guerra — A decisão de atacar a Rússia — A consideração de Hitler pelos Estados Unidos — O momento "fredericano" decisivo — A capacidade de recuperar-se — O objetivo de cindir a coalizão aliada — Enfrentando a derrota final: obstinação ou coerência, ou ambas?

NO ENORME VOLUME DE LITERATURA BIOGRÁFICA sobre Hitler, o tratamento dado ao lider nacional é muito maior do que o reservado ao estadista e estrategista. Dividir-lhe a vida e carreira em dois períodos parece decisão óbvia e lógica: a ascensão espantosamente bem-sucedida até 1939, e os seis anos de guerra, terminando em catástrofe e suicídio — um resultado final que, embora dramático, fora, em retrospecto, predestinado. Esta é provavelmente a razão da tendência de muitos de seus biógrafos a dedicar pouco espaço aos seis últimos anos da vida do líder alemão[1]. Tendência esta nada irrazoável. Puseram eles ênfase em uma carreira que levou a uma guerra em que ele não poderia deixar de ser derrotado, arrastando, antes do fim, milhões para a morte e destruição. Essa opinião ampla e em geral adotada ainda continua aceitável, exceto por dois detalhes. O primeiro é que, em 1940 e 1941, ele quase ganhou a guerra. O segundo, que a derrota final pode ter sido predestinada (mesmo que "predestinada" sugira um determinismo que historiadores devem evitar) por sua arrogância. Mas, também, arrogância é defeito mais de caráter do que de visão, e Hitler não era cego[2]. Como disse Pascal, o amor não é realmente cego, e tampouco outros tipos de paixões. Elas são, com maior freqüência, uma combinação de notável clareza de visão com notável cegueira (um composto que, tal como a "meia-verdade", não é fixável em categorias matemáticas). E uma vez que visão envolve mais objetivos do que motivos, temos de dar alguma atenção ao que eram os objetivos de Hitler antes e, talvez especialmente, durante a guerra.

Não são objetivos fáceis de determinar[3]. (Ou talvez eu devesse escrever "compreender", e não "determinar" — uma vez que, ao contrário das ciências naturais, o objetivo do conhecimento histórico talvez seja mais compreensão do que "certeza".) Existe um grande volume de declarações suas sobre o que pretendia realizar — não só em discursos públicos e em conversas "privadas" à mesa, mas bem antes delas, nas centenas de páginas dedicadas ao que deveriam ser os objetivos da política externa e da expansão germânica, no *Mein Kampf* e no *Hitler's Secret Book*, bem como nos muitos artigos que ele ditou ou escreveu durante os anos de sua ascensão ao poder[4]. Mas talvez tenhamos aqui um caso de não vermos as árvores por causa da floresta. Pensar (como, por exemplo, pensou Bullock) que os objetivos de Hitler foram claramente expostos no *Mein Kampf* e que, portanto, houve uma pavorosa coerência entre eles e a maneira como foram executados, é simplista demais. Cumpre lembrar, também, que ele foi um homem muito reservado[5]. Quaisquer que tenham sido suas idéias básicas (e vimos também que, pelo menos em algumas delas, houve evolução), ocorreram casos em que ele, como todos os demais seres humanos (para nada dizer do político ou do estadista) teve de ajustá-las a circunstâncias além de seu controle direto. Vimos também que muitos de seus pronunciamentos destinaram-se a consumo público, incluindo o objetivo de influenciar não só grandes grupos de ouvintes, mas também os homens que o cercavam e seus confidentes. Claro, nenhum historiador — e, com certeza, nenhum biógrafo — possui os poderes mentais necessários (e, em conseqüência, deve precaver-se contra a arrogância intelectual) para definir, dividir e isolar duas categorias de prova: a) isto foi o que o biografado disse que pensava, e b) isto foi o que ele realmente pensou.

Poderemos dizer — correndo o risco de alguma imprecisão — que seu objetivo era tornar a Alemanha uma das maiores potências do mundo e, certamente, a principal da Europa. O fundamento dessa aspiração era a obtenção de uma unidade nova e sem precedentes do povo alemão (o que envolvia a expulsão dos judeus) e a unidade final de praticamente todos os povos de língua alemã da Europa em um único Reich. Podemos arriscar a declaração de que este era provavelmente seu objetivo mínimo[6], mesmo que ele não o seguisse (nem pudesse segui-lo) com grande coerência. Especialmente durante a guerra, suas políticas evoluíram e mudaram. Veremos, por exemplo, que a política de expulsão dos judeus da Alemanha acabou por transformar-se no objetivo (em 1940) de bani-los da maior parte, se não de toda a Europa. Em seguida (em 1941), quando a emigração e a expulsão tornaram-se impossíveis, mandar exterminar grandes números deles, embora, mais tarde (em fins de 1944), a liquidação em massa dos milhões restantes em campos de extermínio tenha sido suspensa (assunto complicado ao qual terei de voltar no Capítulo 6). Há, claro, prova abundante de que a presença dos judeus (pelo menos na Alemanha e na

Europa) era uma das maiores obsessões de Hitler. Há também prova numerosa de que ele desejava um *Lebensraum*: isto é, obter, ou conquistar, se necessário fosse, mais terras para colonização alemã no leste da Europa, incluindo a Rússia. Mas embora obsessões e intenção possam coincidir, elas não são exatamente a mesma coisa e, a despeito das declarações e das diretrizes inumeráveis e freqüentemente categóricas de Hitler, as políticas do *Lebensraum* foram menos coerentes do que as de fobia aos judeus[7].

Esta é a principal razão por que temos de ressalvar a opinião largamente aceita, segundo a qual o antijudaísmo e a conquista da Rússia Européia, que levariam ao *Lebensraum,* foram não só os dois elementos fundamentais mas imutáveis da estratégia de Hitler. Entre seus muitos historiadores e biógrafos, dois muito lidos (um deles, um respeitado historiador profissional), David Irving e Andreas Hillgruber, dedicaram a maior parte de seu interesse à estratégia e à estadística de Hitler durante os seis anos da guerra. Devido à coleta incansável de documentos por parte de Irving (a maior parte, embora não exclusivamente, entre indivíduos que viveram próximos a Hitler), seu trabalho recebeu recentemente algum relutante reconhecimento de historiadores militares. Mas embora alguns dos "achados" de Irving não possam ser ignorados, a interpretação que lhes deu (como sugeri no Capítulo 1 e à qual terei que voltar no Capítulo 8), foi, quase sempre, interessada e mesmo seriamente defeituosa devido ao objetivo de reabilitar Hitler. Todos têm, claro, o direito de admirar um personagem histórico, por mais impopular que ele seja. Mas não existe um "fato" na história que seja separável de sua descrição e toda descrição, por seu lado, é inseparável de sua finalidade. À parte (ou, talvez, em acréscimo) juízos morais, há duas principais razões por que as pesquisas de Irving sobre Hitler, o estadista e o estrategista, devem ser tratadas (e lidas) com grande cautela. A primeira é a prova de seu hábito freqüente de "torcer" as fontes documentárias não só através da maneira de interpretá-las, mas da inadequação de referências concretas a elas[8]. A segunda é que o retrato de Hitler traçado por Irving como estadista e estrategista foi feito com pinceladas simplistas demais. Ele se contenta em apresentar Hitler, o guerreiro, como tendo sido não só mais capaz, mas também superior em caráter a todos os seus inimigos. Em conseqüência, nas obras de Irving, uma reconstrução histórica imparcial das decisões e objetivos de Hitler praticamente não existe[9].

Mais sérias do que os trabalhos de Irving (e não só por causa de suas qualificações como historiador profissional) são duas obras exaustivamente pesquisadas do historiador político e militar Andreas Hillgruber (especialmente, o HST). Esse volume constitui uma fonte secundária muito importante sobre a estadística e a estratégia de Hitler nos cruciais anos de 1940 e 1941. Há, contudo, perguntas sobre a interpretação de Hitler por

Hillgruber que precisam ser feitas[10]. A primeira é sua afirmação categórica de que Hitler só teve dois objetivos fundamentais, a conquista da Rússia européia e a eliminação dos judeus, que ele perseguiu coerentemente. Não podemos discordar de todo desta opinião, mas essa coerência é questionável, dadas as circunstâncias que tê-lo-iam obrigado a mudar de tempos em tempos seus objetivos. Mais importante ainda — pelo menos para as finalidades deste capítulo — é a duvidosa (e conseqüente) tese de Hillgruber da programação gradual e sistemática da Grande Estratégia de Hitler, o *Stufenplan*[11]. De acordo com essa tese, a conquista da Rússia foi, e continuou a ser, a principal intenção de Hitler durante todo o tempo, e a derrota ou a aquiescência da França e Grã-Bretanha eram secundárias àquele objetivo. Após a eliminação da oposição no Ocidente, começaria a verdadeira campanha no Leste e, depois disso, uma futura luta com os Estados Unidos, talvez nem mesmo durante seu tempo de vida. Esse esquema geral da Grande Estratégia talvez seja intelectualmente convincente, sobretudo no caso de um ditador grandiloqüente e fanático. Ainda assim, é discutível, não só em virtude da sua natureza complexa, mas também da prova concreta disponível. Sim, Hitler queria conquistar a Rússia européia. Após 1940, porém, teve como principal intenção obrigar a Grã-Bretanha (e a América) a reconhecer a insensatez que seria continuar a guerra, depois de ele ter eliminado a União Soviética. Além disso, ele não pensara em uma guerra contra os Estados Unidos, e muito menos a desejara. Voltaremos a esses assuntos cruciais mais adiante neste capítulo.[12]

• • •

Grande parte do êxito da carreira de Hitler deveu-se ao fato de seus inimigos lhe terem subestimado a capacidade. O chefe do pequeno partido em que ele ingressou em 1919 subestimou-lhe o talento de atrair pessoas e poder[13]. Os políticos alemães (e não só eles) desdenhavam-lhe perigosamente as habilidades como político e, depois de ter ele conquistado o poder, numerosas pessoas em todo o mundo menosprezaram-lhe os talentos como possível estadista europeu. Ainda assim, ele provou que era um estadista alarmantemente eficaz — não só na paz, como também na guerra — e, não raro, um estrategista perigosamente bem-sucedido[14]. De demagogo provinciano, transformou-se em político bem-sucedido e lider altamente respeitado de uma grande nação e, em seguida — pelo menos durante algum tempo — no comandante da maior máquina de guerra que o mundo já conhecera. Com essa capacidade, o mundo — inclusive seus principais inimigos — finalmente aprendeu a não subestimá-lo, embora pouco houvesse no passado de Hitler que sugerisse um personagem comparável a um César ou a um Napoleão. Mas a prova fora apresentada e o mundo aprendera uma dura e amarga lição.

Uma das fontes — talvez a principal — dos talentos políticos, militares, diplomáticos e estratégicos de Hitler pode ser resumida em poucas palavras. Ele tinha a capacidade — na maior parte, embora não inteiramente, instintiva — de reconhecer os pontos fracos de inimigos declarados ou potenciais. (E, também, de aliados e seguidores reais ou potenciais.) Não sabia sempre com certeza o que eles fariam, mas sentia razoável confiança (e, com freqüência, bem fundada) de compreender o que eles abominavam fazer. Essa compreensão penetrante dos lados mais fracos da natureza humana levou-o muito longe, mas também a alguns de seus maiores fracassos, quando subestimou alguns inimigos e, em conseqüência, deixou de compreendê-los[15]. Ainda assim, um entendimento profundo da natureza humana pode ser um instrumento de imensa importância, servindo não só ao estadista mas também ao estrategista[16]. Napoleão Bonaparte conhecia bem esse fato e demonstrou isso quando observou que há duas ocupações humanas nas quais o amador é muitas vezes superior ao profissional, uma delas é a prostituição e a outra, a guerra.

No caso de Hitler, temos de levar essa observação um pouco mais longe, lembrando Clausewitz, o grande teórico de guerra alemão e contemporâneo de Napoleão[17]. A sua máxima famosa, de que a guerra era a continuação da política por outros meios, certamente se aplicava a Hitler. (Isto é, evidentemente, um truísmo: até um tirano prefere o inimigo que se rende ao que luta.) Clausewitz, porém, pensava e escrevia sobre as numerosas guerras dinásticas do século XVIII e sobre as guerras napoleônicas. As guerras de Hitler eram muitíssimo diferentes. (Ele, além disso, era um Clausewitz ao avesso, também, fazendo política como se travasse uma guerra.)

Além do mais — suplantando o reconhecimento realista de Napoleão e Clausewitz acerca da importância suprema da moral na guerra — Hitler era um determinista idealista, o que é, talvez, uma tendência peculiarmente germânica. Ele acreditava (como haviam acreditado Schopenhauer e Nietzsche) na importância decisiva da vontade e também no poder fundamental das idéias. Pensava que, nas ruas das cidades alemãs e na arena da política, suas tropas de assalto nacional-socialistas teriam de vencer, e venceriam; que um guerrilheiro urbano nacional-socialista valia dois ou três de seus inimigos comunistas ou socialistas, não só porque era mais disciplinado e treinado, mas por causa da força superior de suas convicções e idéias. Acreditava que a guerra na Europa era apenas a repetição, em maior escala, do que acontecera na Alemanha em 1928-33: que um combatente alemão valia dois soldados ingleses, três franceses ou quatro russos, devido à sua natureza superior e à força da idéia que encarnava. E era esse o motivo por que a Alemanha precisava vencer essa guerra contra seus numerosos inimigos, da mesma forma que os nacional-socialistas tiveram de vencer, e na verdade venceram, a guerra contra seus inimigos dentro da Alemanha[18]. Essa convicção levou-o muito longe, mas não o suficiente. Ainda assim, este foi um caso em que provavelmente não havia diferença entre suas convicções publicamente manifestadas e as mais privadas, e, nesse tipo de idealismo determinista, parece que acreditou até o fim[19].

Simultaneamente, essas convicções eram sustentadas, assistidas e servidas por um sólido conhecimento de assuntos históricos e técnicos. Seu conhecimento de história, embora seletivo e incompleto, não era pequeno. As recordações do serviço militar prestado na I Guerra Mundial foram muito úteis. Era leitor rápido de livros e de todos os tipos de relatórios[20]. Talvez ainda mais importante, possuía uma memória assombrosa, capaz de absorver e reter uma massa notável de detalhes técnicos, e que às vezes deixava atônitos nas reuniões os seus generais[21]. Tomou decisões de campanha em casos em que os generais estavam certos e ele, errado, mas também muitas outras em que o contrário foi verdadeiro, mesmo quando teve de impô-las contra o julgamento dos generais mais bem preparados da Europa[22].

Ocorreu a Hitler uma importante — e histórica — compreensão, que o serviu bem, ou seja, a volta da importância suprema do poder terrestre. O poder marítimo era o elemento decisivo na história, escreveu na década de 1890 o almirante americano Mahan (repeitado não só na Grã-Bretanha mas também na Alemanha). Essa conclusão poderia ter sido verdade durante séculos, porém não mais. A motorização do deslocamento de tropas mudou tudo isso. No tempo de Napoleão, os ingleses, se não necessariamente vitoriosos, eram imbatíveis enquanto pudessem tecer anéis em torno do império europeu de Napoleão, desembarcando com a maior facilidade aqui ou ali. Finalmente, na década de 1930, exércitos podiam mover-se com mais rapidez em terra do que forças anfíbias no mar. Hitler sabia (e disse isso em numerosas ocasiões) que a guerra horrível e insensata de trincheiras da I Guerra Mundial, com exércitos de milhões de homens lutando na lama da Frente Ocidental por alguns quilômetros ganhos ou perdidos, não voltaria mais. De muitas maneiras, ele era um homem fascinado pelo automóvel. A mobilidade era ainda mais importante do que o poder de fogo das forças blindadas[23]. Entre seus inimigos, os franceses, com a exceção do coronel, mais tarde general de Gaulle, fracassaram quase inteiramente na compreensão desse fato. Franklin Roosevelt, em 1941, insistia em que "o poder naval é o elemento decisivo para a vitória", verdade ainda no Pacífico e no Atlântico, mas não na Europa. Winston Churchill aprendeu rapidamente essa verdade. Toda a superioridade dos Aliados no mar (e mesmo no ar) era insuficiente. Hitler tinha de ser derrotado e a Alemanha, conquistada em terra. Talvez Stalin soubesse disso, mas, também, os russos sempre haviam sido animais terrestres.

• • •

No dia 30 de janeiro de 1933, Hitler tornou-se chanceler de uma nação sombria e deprimida, mas que padecia de uma depressão incomum, porque não letárgica. Ao contrário, milhões de alemães se sentiam empolgados por um tipo estranho de agitação, sem saber o que esperar. Exceto por uma minoria que, com toda razão, imaginava o pior, a maioria dos alemães acostumou-se logo a uma nova ordem que era simultaneamente mais e menos radical do que haviam esperado. Ocorreu um rompimento completo com o passado político imediato — isso a despeito da insistência orgulhosa de Hitler em que uma revolução nacional estava sendo levada a cabo sem agitação e derramamento de sangue. Havia, contudo, uma espécie de continuidade nas relações da Alemanha com o resto do mundo.

Não aconteceu apenas que a importância imensa da subida de Hitler ao poder tenha sido imperfeitamente compreendida por quase todos os observadores estrangeiros. (Esse fato é evidente à vista dos artigos e comentários de jornais estrangeiros na semana que se seguiu ao dia 30 de janeiro de 1933.) A despeito da Depressão, da taxa altíssima de desemprego no país, das crises eleitorais e políticas repetidas pelas quais o país passara em 1932, nesse ano a política externa tornou-se mais afirmativa do que em qualquer outra ocasião desde 1918. O Acordo de Lausanne, assinado em julho de 1932, que virtualmente pusera fim a todas as "reparações" que deviam ser pagas pelos alemães, foi recebido pela Wilhelmstrasse e pela opinião pública com um encolher de ombros, e nas conferências de desarmamento mais ou menos anódinas que aconteciam em Genebra, a delegação alemã mostrava-se crescentemente obstinada e exigente. Há todas as razões para acreditar que, mesmo sem Hitler, o poder e o prestígio da Alemanha teriam subido na década de 1930. Uma exposição detalhada desse argumento, porém, não cabe neste livro. O que cabe é uma curta discussão de como Hitler, a serviço de sua estadística, fez bom uso do pessoal tradicional e conservador do Ministério das Relações Exteriores alemão nos seus cinco primeiros anos de governo[24] — enquanto tomava também o cuidado de não alienar aqueles outros elementos tradicionalistas e conservadores da antiga república, ou seja, o Exército. Após 1933 e antes de 1938, apenas dois diplomatas alemães demitiram-se do serviço diplomático. Ainda assim, a crença de Hitler em sua ideologia permaneceu fundamental. Seria simplista demais pensar que ele subordinara a ideologia revolucionária aos interesses do Estado (algo que Stalin faria de maneira estúpida e brutal e não entendida pelos ideólogos anticomunistas até hoje).

Seria mais correto dizer que a Realpolitik[25] de Hitler foi, na verdade e até o fim, um composto de convicções ideológicas e cálculos de interesse do Estado — um composto no qual ele, pelo menos, nenhuma contradição via[26].

Aqueles entre os biógrafos sérios de Hitler que se sentiram obrigados a reconhecer e descrever os primeiros seis anos notavelmente bem-sucedidos de seu trabalho como chanceler, concentraram-se principalmente nos êxitos internos, sem, claro, ignorar os de sua estadística na política externa — um procedimento aliás razoável, uma vez que os dois não podiam ser separados[27]. Enquanto, por um lado, a construção da unidade nacional alemã era a base da qual dependia sua política externa, por outro lado, o apoio que recebia do povo era ininterruptamente fortalecido pela admiração despertada por sua política externa, que resultara em um grande aumento do poder e prestígio da Alemanha no mundo. Ainda assim e mais uma vez, seria errôneo afirmar que, antes de 1939, a estadística de Hitler teve, de modo geral, sucesso porque ele não rompera ainda com a Realpolitik e que, daí em diante, a guerra e suas catástrofes foram os resultados do fato de a ideologia ter sufocado quaisquer talentos "políticos reais" de estadista que ele pudesse ter possuído[28]. A ideologia, mesmo na década de 1930, não era algo à parte e diferente de seus frios cálculos, mas parte integrante deles. Assim, por exemplo, no ano mais difícil, 1934, quando a Alemanha nacional-socialista e a Itália fascista pareciam, pelo menos durante algum tempo, em campos opostos, Hitler teve certeza de que essa situação não persistiria. Sua primeira reunião com Mussolini em junho de 1934 pode ter sido inócua, mas, ao contrário das opiniões de alguns de seus biógrafos, não foi um fracasso completo. O encontro pode, na pior das hipoteses, ter atrasado o anúncio da formação do Eixo Roma-Berlim, que Mussolini divulgaria em 1936, mas nem lhe comprometeu nem obstruiu o desenvolvimento final[29]. Um composto de ideologia e estadística inspirou a decisão de Hitler de apoiar ativamente Franco na Guerra Civil Espanhola e, também, de melhorar as relações com a China e o Japão[30]. É bem verdade que no *Mein Kampf* e em seu "livro" de 1928, ele descrevera enfaticamente seus cálculos realistas, de um Reich alemão que precisaria manter boas relações com a Inglaterra e a Itália. Mas foi mais do que cálculo realista que o levou a negociar e rejubilar-se com um tratado naval com a Inglaterra em 1935. Ele pensava (e tinha alguma prova nesse sentido) que certas figuras nos círculos governantes da Inglaterra concordariam com a ascensão de uma nova Alemanha devido ao seu anticomunismo e, talvez, até mesmo por causa de certas simpatias raciais[31]. Por baixo de tudo isso, havia a convicção profunda em sua capacidade de reconhecer e aproveitar a fraqueza dos adversários. E assim conseguiu realizar algo ainda maior do que Bismarck, e, ao contrário de Bismarck, sem guerra: o

Sarre, a remilitarização da Renânia, a incorporação da Áustria e da Sudetolândia, criando destarte um Grande Reich Alemão como o mundo jamais vira igual. Antes mesmo de mudar o mapa da Europa, antes mesmo de lançar pela primeira vez seu poder armado, em março de 1938, além das fronteiras alemãs, ele já realizara uma revolução diplomática. Ele não tinha, ainda, alianças fixas — apenas alguns tratados de não-agressão, amizade, ou anticomunismo. Na mesma época, a França mantinha alianças políticas e militares com a Polônia, Tchecoslováquia, Romênia, Iugoslávia, e mesmo com a Rússia soviética. Ainda assim, essas alianças não importavam em grande coisa, sendo a maioria apenas papel inútil. E essa revolução diplomática não tinha precedentes na história da Europa.

Mas em seguida, no inverno de 1937-38, ocorreu uma mudança. Não uma mudança de objetivos ou resultado de ter mudado de idéia sobre a situação européia. Ocorreu uma mudança no próprio homem. Ele se convencera de que talvez não fosse viver muito tempo, que o tempo trabalhava contra ele — e, destarte, contra a Alemanha. Há concordância de prova nesse sentido, variando de mudanças em hábitos pessoais e físicos e do ditado de um testamento privado (em princípios de maio de 1938), à decisão de nomear Ribbentrop como ministro das Relações Exteriores e demitir o general Fritsch do cargo de comandante-chefe do Exército, enquanto ele mesmo assumia as funções de ministro da Guerra e comandante supremo da Wehrmacht. Há abundante material impresso sobre a chamada Conferência de Hossbach, em 5 de novembro de 1937, quando ele, pela primeira vez, disse aos seus chefes militares que se preparassem para uma guerra eventual. A decisão foi menos um plano para a guerra do que uma advertência a seus generais, de que o emprego da força poderia ser necessário em futuro próximo. Explicou quando e como a Alemanha marcharia contra a Tchecoslováquia e entraria na Áustria. Essas possibilidades incluíam um conflito entre a França e a Itália — e guerra civil na França, por exemplo. Uma vez que nada disso aconteceu, A.J.P. Taylor escreveu que "a exposição de Hitler foi em grande parte devaneio, sem relação com o que aconteceu na vida real"[32]. O assunto importante na conferência foi o cálculo de Hitler de que, quando surgisse a oportunidade, a França seria paralisada pela fraqueza: "A Grã-Bretanha, quase com certeza, e provavelmente também a França, haviam dado a Tchecoslováquia como perdida e se reconciliado com o fato de que essa questão com a Alemanha seria esclarecida no devido tempo." Esta foi uma descrição notavelmente exata da situação em novembro de 1937 e exatamente o que aconteceu menos de um ano depois.

Mas houve outro elemento — ou, mais exatamente, a ausência deste — nessa conferência de 1937 que não recebeu a atenção merecida. E foi que

Hitler praticamente nenhuma referência fez à Rússia. Ele, de fato, disse alguma coisa no sentido de que, na eventualidade de guerra por causa da Tchecoslováquia, a Rússia estaria preocupada com o Japão (o que aconteceu) e, em seguida, pronunciou uma misteriosa frase: "A Polônia — com a Rússia nas costas — terá pouca inclinação para entrar em guerra com uma Alemanha vitoriosa." Em outras palavras, se a Polônia atacasse a Alemanha, a Rússia atacaria a Polônia. Havia aí alguma coisa parecida com o modelo da aliança russo-alemã contra a Polônia, quase dois anos antes desta ter se concretizado. Estaria Hitler — o reconhecido paladino do anticomunismo na Alemanha e no mundo — já pensando nessa possibilidade em 1937? Sessenta anos depois, não sabemos ainda. É enigmática a falta de interesse de Hitler pela Rússia naquela época, e este continua a ser o principal enigma na história internacional sobre as origens da II Guerra Mundial.

Sua falta de interesse pela Rússia durante a crise de Munique em setembro de 1938 foi, mais uma vez, surpreendente — e não analisada o suficiente. Muito já se escreveu sobre Munique, uma reunião que logo depois começou a ser reconhecida como um desastre: "Sofremos uma derrota total e implacável", como disse Churchill na Câmara dos Comuns. Ainda assim, distância e prova suficientes se acumularam nos últimos sessenta anos para revelar e revisar algumas das opiniões, ainda aceitas, sobre a rendição do Ocidente às exigências de Hitler. Prova suficiente existe a sugerir que — ao contrário do que a maioria acreditou e escreveu, incluindo Churchill até uma data tão recente quanto 1948 — Hitler, em setembro de 1938, não estava blefando. Se não tivesse ocorrido o acordo de Munique, ele teria atacado a Tchecoslováquia no dia 1º de outubro, como havia declarado. Os franceses, que, embora relutantes, tinham uma aliança com os tchecos, *poderiam* ter declarado guerra à Alemanha. Os britânicos, com relutância ainda maior, poderiam ter feito *alguma coisa*. Mas, além de uma declaração de guerra, não teriam feito mais nada — exatamente como, em setembro de 1939, permaneceram impassíveis enquanto os alemães subjugavam a Polônia. Mas essas especulações são indignas de historiadores. A prova existe, para quem queira compulsá-la. Em 1939, bastou ao Exército alemão umas poucas semanas para esmagar a Polônia. Em outubro de 1938, teriam bastado alguns dias para conquistar a Tchecoslováquia, um Estado dilacerado por elementos hostis, metade deles não-tchecos, muitos dos quais queriam que a Tchecoslováquia se fragmentasse ou mesmo deixasse de existir. Mas essa não era a única população dividida. O mesmo acontecia com os povos britânico e francês. Eles, incluindo seus governos, não estavam dispostos a entrar em uma segunda guerra mundial por causa da Tchecoslováquia — enquanto em setembro de 1939, julgaram-se obrigados a resistir a Hitler e entrar na guerra. Militarmente, também, eles estavam mais bem preparados em 1939 do que em 1938. Depois de quebrar em alguns dias a resistência dos tchecos, em outubro de 1938, Hitler deveria ter-se voltado para as potências ocidentais (como fez em vão em outubro de 1939), oferecendo a paz na base do *fait accompli*. Há todas as razões para acreditar que ele teria conseguido o que queria. Ele sabia disso. Mais tarde em várias ocasiões, lamentou amargamente ter concordado com a "solução" de Munique[33].

Mas talvez a questão mais interessante sobre Munique tenha sido a respeito da Rússia, e como Hitler a interpretava. Em 1935, Stalin assinara um tratado de aliança com os tchecos. Ainda assim, é espantosa a pouca importância que Hitler deu à Rússia durante a crise de Munique. Ele desprezou quase inteiramente a aliança Tchecoslováquia-Rússia (embora usasse o argumento do anticomunismo para justificar a hostilidade aos tchecos). E sabemos de algo que nem mesmo Churchill em 1948, no primeiro volume do *The Second World War*, conhecia ou se recusava a aceitar: que Stalin relutava tanto em ir à guerra por causa da Tchecoslováquia em 1938 quanto Chamberlain e Daladier — ou talvez ainda mais. Ele teria de invadir a Polônia, cujo território precisaria cruzar para prestar auxílio aos tchecos. Hitler teria imaginado isso. Vimos que já fizera a mesma coisa em 1937. Mas isso foi tudo. Teria sido o pouco caso de Hitler da ameaça russa em 1938 devido simplesmente ao instinto? Ou ele teve de fato outras informações sobre os planos de Stalin, além dos fragmentos de relatórios enviados pela embaixada alemã em Moscou ou suposições de seus serviços de espionagem? Não sabemos.

Não está claro se foi Hitler ou Stalin quem fez — ou permitiu que fossem feitas — as primeiras cautelosas sondagens ou sinais para o melhoramento das relações russo-alemãs em 1939, que resultaram finalmente, em agosto, no pacto entre ambos[34]. Sim, Hitler havia feito uma declaração notável no comício do partido em Nuremberg, em setembro de 1936: "Se tivéssemos à nossa disposição a riqueza incalculável e os depósitos de matérias-primas dos montes Urais e as planícies sem fim da Ucrânia para serem explorados sob a liderança nacional-socialista, o povo alemão nadaria na abundância." Em princípios de 1939, porém, ele começou a demonstrar desinteresse não só pela Ucrânia mas até pela parte cárpato-ucraniana da Tchecoslováquia.

É revelador que os primeiros sinais do melhoramento das relações russo-alemãs tenham ocorrido *antes* de março de 1939, isto é, antes da decisão inesperada de Hitler invadir Praga e ocupar o que restava da Tchecoslováquia, o que levou a uma mudança decisiva na política britânica, incluindo a garantia à Polônia e a tentativa de assinar, finalmente, uma aliança militar com a Rússia. Numerosos indícios sugerem que Hitler considerava inviável uma aliança britânico-franco-russa. De qualquer modo, no verão de 1939, demonstrou certas sutilezas na prática de sua estadística. A reserva, e não a impetuosidade e a impaciência, caracterizaram o *tempo* de suas reações aos vários sinais enviados de Moscou (exceto durante a terceira semana de agosto, quando insistiu em um aumento súbito da rapidez nas gestões para negociação de um pacto, que na ocasião lhe era muito conveniente). O registro dos contatos e negociações secretas russo-alemãs naquela época figuram entre os capítulos mais fascinantes da história diplomática moderna, embora revele mais sobre Stalin do que sobre Hitler, incluindo a consideração capital daquele pelos interesses do Estado russo — bem como o respeito que sentia por Hitler[35].

Interessante e instrutivo também foi o relacionamento triangular das principais potências no verão de 1939. Os britânicos e franceses, claro, não faziam segredo do desejo de atrair Stalin para uma aliança anti-Hitler (mesmo que o governo Chamberlain não estivesse acima de sugerir a Berlim que, se a Alemanha fosse apenas mais razoável sobre a Polônia, um amplo acordo germano-britânico ainda era possível). Stalin manteve-se tão sigiloso sobre seus contatos com Berlim quanto era apropriado a um astuto caudilho caucasiano. É significativo que Hitler permitisse que insinuações fossem feitas ocasionalmente (já em maio) a britânicos e franceses, sobre a possibilidade de um acordo entre Alemanha e Rússia[36]. Instrutiva nesse particular foi a conversa muito citada com o suíço Carl J. Burckhardt, no dia 11 de agosto de 1939, poucos dias antes de tomar a iniciativa de abordar diretamente Stalin. Disse ele a Burckhardt (que sabia ser partidário de algum tipo de acomodação entre britânicos e alemães): "Tudo que faço é dirigido contra a Rússia. Se o Ocidente é estúpido ou cego demais para compreender isso, serei forçado a procurar um entendimento com os russos, derrotar o Ocidente e, depois dessa derrota, voltar-me com todas as minhas forças contra a União Soviética. Preciso da Ucrânia, de modo que não possam vencer-nos pela fome, como fizeram durante a última guerra." Numerosos historiadores descreveram essa declaração como reveladora de toda a subseqüente estratégia de guerra de Hitler. Hillgruber classificou-a como profética e presciente (*visionär*). Na realidade, era uma tentativa de Hitler (ele sabia que Burckhardt era ouvido em Londres) para assustar as potências ocidentais e levá-las a abandonar a Polônia.

A tentativa nenhum sucesso teve. Como não teve também a notícia do pacto Hitler-Stalin onze dias depois, nem as últimas tentativas de "meter uma cunha", como ele mesmo disse, entre britânicos e poloneses com suas últimas e fraudulentas "concessões" à Polônia. Já que a Polônia se recusava a tornar-se um satélite alemão, ele a conquistaria pela guerra. Não queria guerra com a Grã-Bretanha nem com a França e tinha esperança de que a situação não chegasse a esse ponto. No dia 3 de setembro de 1939, porém, as duas nações, embora relutantes, declararam guerra ao Terceiro Reich. Este foi o primeiro grande e, finalmente, decisivo fracasso da estadística de Hitler. Ainda assim, estrategicamente, não foi uma perda decisiva — de qualquer maneira, ainda não. Ele sabia que britânicos e franceses eram guerreiros relutantes. Poderiam declarar guerra, mas, pelo menos durante algum tempo, pouco ou nada fariam além disso. Sobre isso, no curto prazo, ele teve razão.

• • •

Guerra é uma situação imprevisível e não havia razão para que Hitler se lançasse a ela, certamente não em 1939. De modo que chegamos agora ao grande fracasso de sua estadística, inseparável dos defeitos de seu caráter[38]. Ele estava com pressa. E isso não era resultado de um fanatismo ensandecido. Durante toda a sua carreira, houve numerosas ocasiões em que soube como esperar, às vezes chegando a parecer que hesitava demais. Mas vimos que, no inverno de 1937-38, ele se convenceu de que não tinha muito mais tempo de vida, o que o levou a mudar seus hábitos físicos, incluindo os remédios que tomava, já que viera a pensar que estava mais doente do que realmente acontecia. E, nesse momento, projetou o que sentia a respeito de si mesmo sobre o destino da nação. Temia que o Destino, ou a Providência, não lhe permitissem completar as grandes obras que planejara para a germanidade. Já na Conferência de Hossbach, em novembro de 1937, dissera que tinha de supor que os "problemas" da Alemanha precisavam ser resolvidos antes de 1943-45, quando o tempo se voltaria contra a Alemanha, quando estaria concluído o rearmamento das democracias ocidentais contra ela. Seu amigo Mussolini aconselhou-o a não se precipitar — e não apenas porque a Itália não estava preparada para a guerra em 1939. O tempo *não* estava trabalhando para a Grã-Bretanha e a França, escreveu ele a Hitler. Elas não agüentariam um programa disciplinado e sério de rearmamento contra a Alemanha nacional-socialista e a Itália fascista, fortes e resplandecentes como eram na Europa. Hitler, que acreditava na superioridade inata do nacional-socialismo em comparação com o liberalismo superado do Ocidente, devia ter dado ouvidos a Mussolini, que tinha razão em grande parte do que dizia, mas, por razões peculiares a si mesmo, não deu. Essa foi provavelmente a maior cincada de cálculo de sua estadística, e o levou à perdição. Dois outros erros levaram a interpretar mal os britânicos, especialmente no verão de 1940, e a convicção daí decorrente de que deveria atacar o vizinho russo não muito depois de princípios do verão de 1941.

• • •

Hitler não conseguiu conquistar a Rússia. Mas teria sido ele condenado ao fracasso desde o início? Ele só foi detido às portas de Moscou em dezembro de 1941. Nem todos os erros da estratégia militar alemã na Rússia foram seus. Se sua decisão de conservar Stalingrado foi errada, a diretriz freqüentemente criticada, ignorando o conselho de seus generais, de avançar diretamente contra Moscou em julho de 1941 é pelo menos discutível[39], e sua ordem terminante proibindo uma retirada geral em dezembro de 1941 revelou-se surpreendentemente eficaz. Mas estas páginas tratam de questões de sua estadística estratégica, não de suas táticas militares. Por que teria resolvido planejar uma invasão da Rússia já em julho de 1940? (A diretriz final foi baixada em dezembro.) Esse foi seu maior ato de insanidade — uma opinião geralmente aceita[40], convincente por causa do que sabemos sobre suas conseqüências. Uma insanidade estratégica, motivada pela insanidade do *Lebensraum*, e que visava muito mais do que a derrota de um inimigo: tinha por alvo a conquista permanente dessas terras, com vistas a serem colonizadas pelos alemães.

Mas teria sido *essa* a razão por que resolveu, em julho de 1940, planejar uma guerra contra a Rússia? Isso também é discutível[41]. Ele deu esse passo no exato momento em que começou a compreender que os britânicos não estavam cedendo. Como disse ao grupo fechado de generais que se reuniu no Berghof em 31 de julho de 1940, aos britânicos só restavam duas esperanças: a Rússia e a América. Contra a América, ele nada podia fazer. Mas, se a Rússia fosse liquidada, as esperanças de Churchill — e de Roosevelt — seriam eliminadas. O poder continental da Alemanha, nessa ocasião, não conheceria limites e seria imbatível, e mais cedo ou mais tarde Churchill e Roosevelt teriam de chegar a um acordo com ele. Os próprios povos desses dois líderes seriam obrigados a compreender a futilidade de uma guerra que não poderia ser vencida e muitos entre eles tirariam pelo menos alguma satisfação da liquidação do poder comunista no mundo.

Esse cálculo não foi inteiramente absurdo. "Rússia: a última esperança da Inglaterra" — repetiu ele um sem-número de vezes para seus generais e seus auxiliares administrativos (inclusive secretários), e desses fatos existem numerosos registros em 1940 e 1941, e mesmo depois[42] e, provavelmente, não apenas para fins de autojustificação. Não foi para eles, mas para seus amigos íntimos do partido, que continuou a especular sobre o *Lebensraum* durante as conversas à mesa em 1941 e 1942 (embora raramente antes da invasão da Rússia). E no fim, em uma dessas últimas "conversas" (isto é, registrada por Bormann), disse: "Nenhuma das decisões que tive de tomar durante o curso desta guerra foi mais grave do que o ataque à Rússia."

> Isso porque o Tempo — é sempre o Tempo, notem — teria trabalhado cada vez mais contra nós. A fim de convencer a Grã-Bretanha a retirar-se, e obrigá-la a fazer a paz, era essencial roubar-lhe a esperança de ser ainda capaz de nos enfrentar, no próprio continente, como inimigo à nossa altura. Não havia opção. Precisávamos, a todo custo, riscar o elemento russo da folha de balanço européia. Tínhamos outra razão, igualmente válida, para nossa ação — a ameaça mortal que a presença de uma Rússia constituía para nossa existência. Isso porque era absolutamente certo que, mais cedo ou mais tarde, ela nos atacaria[43].

"Não havia opção"? "Absolutamente certo"? De maneira nenhuma. E o importante neste particular é o seguinte: a explicação dada por Hitler acerca de sua decisão não continha uma única palavra sobre o *Lebensraum*.

É possível, claro, que a ênfase no fator inglês tivesse o objetivo de impressionar seus generais. Possível, mas não provável, porque nenhum dos principais generais demonstrou a mínima reserva sobre o "Plano Barbarossa"[44]. Na verdade, eles tinham expectativas mais otimistas do que o próprio Hitler, que, antes da invasão, tornou-se subitamente nervoso[45].

Precisamos ter em mente que embora todo ato humano tenha origem em uma grande multiplicidade de motivos, há também uma multiplicidade ou, pelo menos, dualidade de objetivos[46]. Seria um erro supor que o *Lebensraum* e a ideologia *apenas* levaram Hitler a mudar de idéia e planejar a invasão da Rússia em julho de 1940. E talvez seja também um erro supor que não apenas o principal, mas o *único,* objetivo da invasão da Rússia foi estratégico e político, para compelir britânicos (e também americanos) a reconhecer a inutilidade da guerra contra ele. Ambos os elementos conviviam em sua mente: liquidar o último aliado potencial de uma Grã-Bretanha que ele não podia — ainda — invadir, e obter um — ainda indefinido — *Lebensraum* no Leste conquistado. Inclino-me a pensar que entre os dois objetivos, o primeiro era o principal — sem que isso implique dizer que o segundo era irrelevante[47].

• • •

O dia sete de dezembro de 1944 foi o momento decisivo na II Guerra Mundial. Os russos detiveram os alemães nos ermos gelados diante de Moscou quase no mesmo momento em que o ataque japonês a Pearl Harbor, em uma manhã tropical, lançava os Estados Unidos na guerra. A guerra européia de Hitler tornou-se, nesse instante, uma verdadeira guerra mundial — que ele não poderia mais vencer, ou pelo menos não da maneira como desejara. Ele próprio compreendeu esse fato — uma compreensão que teve numerosos conseqüências, as quais logo examinaremos. Mas, a esta altura, alguma coisa precisa ser dita sobre a declaração de guerra aos

Estados Unidos no dia 11 de dezembro de 1941. Numerosos historiadores definiram e classificaram essa atitude como a loucura suprema de Hitler[48].

E foi, de algumas maneiras, um fato incomum. O próprio Hitler, em junho de 1940 — questionando a grandiloqüente declaração de guerra de Mussolini à França e à Grã-Bretanha — disse que declarações de guerra eram coisas do passado, parte dos cerimoniais hipocritamente cavalheirescos das guerras dinásticas. Ainda assim, em dezembro de 1941, ordenou a Ribbentrop que fizesse uma dessas declarações ao *chargé d'affaires* americano em Berlim. Numerosos historiadores alegaram que esse foi mais um exemplo da arrogância de Hitler, um ato desnecessário e desastroso, uma vez que, a despeito de Pearl Harbor, Franklin Roosevelt teria alguns problemas para obter do Congresso a declaração de guerra contra a Alemanha. Mas essa visão retrospectiva está descentrada. Em dezembro de 1941, havia um virtual estado de guerra no Atlântico ocidental entre unidades navais americanas e alemãs. No dia 21 de junho de 1941 (isto é, no dia anterior à invasão da Rússia), ele deu ordem peremptória a seus comandantes navais para que evitassem qualquer ação hostil contra unidades americanas, mesmo que submarinos ou outros vasos de guerra alemães fossem atacados. Ele sabia que Roosevelt procuraria tirar proveito de um grave choque naval com os alemães no Atlântico. E não lhe daria essa oportunidade, mesmo ao custo de atar as mãos de seu pessoal naval. Mas, nesse momento, os grilhões foram retirados. Além do mais, embora jamais duvidasse do desejo de Roosevelt de ir à guerra, ele dificilmente poderia trair seus aliados japoneses, descumprindo obrigações quanto ao principal item da aliança[49], que exigia que os dois países fossem à guerra juntos e simultaneamente com os Estados Unidos.

Talvez seja discutível se a declaração de guerra de Hitler aos Estados Unidos tornou as coisas mais fáceis para Roosevelt e é improvável que abster-se de uma declaração de guerra teria mudado o curso principal dos fatos. Mas aqui temos de corrigir uma suposição amplamente aceita e de mais conseqüências do que a especulação algo pueril sobre as formalidades da declaração de guerra alemã aos Estados Unidos em dezembro de 1941. Trata-se da hipótese de que Hitler era lamentavelmente (para ele) ignorante sobre a situação dos Estados Unidos[50], invariavelmente subestimando os americanos, bem como seu potencial militar e industrial. O que existe é prova suficiente em sentido contrário. Hitler interessou-se pela América e por coisas americanas desde o início da juventude. Foi leitor voraz das histórias do Oeste e dos peles-vermelhas do escritor alemão Karl May, a cuja última palestra pública e enterro em Viena compareceu[51]. Vimos também que ele freqüentemente manifestava apreciação e mesmo admiração pela indústria americana e suas técnicas. Ele não era, em suma, uma pessoa desinformada sobre os Estados Unidos, e seu conhecimento incluía algumas das correntes políticas do país. Um dos poucos adidos militares alemães cujos relatórios lia assiduamente era o general von Boetticher, que servia em Washington. ("Ele sabe como ler nas entrelinhas.") Mantinha-se atento a todos os tipos de indicações de opiniões anti-Roosevelt e "isolacionistas" e de "nacionalistas radicais" americanos. Ele e Stalin foram os primeiros estadistas estrangeiros que demonstraram interesse em incluir o calendário eleitoral americano em seus cálculos. (Stalin dizendo a Molotov que não viajasse a Berlim até depois da eleição presidencial americana de 1940; Hitler dizendo a Mussolini que ele deveria ter adiado o ataque à Grécia até depois dessa eleição). Durante toda a guerra e bem depois de dezembro de 1941, Hitler esteve ciente de certas correntes da opinião americanas, por exemplo, que em 1944, tendências anticomunistas e pelo menos indiretamente pró-alemãs estavam subindo à tona entre os republicanos em Washington. Em sua última conversa à mesa, disse que a guerra contra a América era "uma tragédia" e, até o último momento, alimentou esperanças de um rompimento entre Washington e Moscou, do qual poderia tirar proveito, pelo menos até certo ponto. Nesse particular, seus desejos estavam de acordo com a grande maioria do povo alemão. Mesmo que, em 1945, dificuldades latentes entre Londres e Moscou fossem muito mais evidentes do que quaisquer outras entre Washington e Moscou, ele, mais uma vez como a maioria dos alemães, depositava alguma esperança em um rompimento não entre os primeiros mas entre os últimos. (Nesse meio tempo, ele abandonara todas as antigas ilusões sobre os britânicos, cuja resoluta estratégia e política antialemãs enchiam-no de ódio.)

É bem verdade que, em seus pronunciamentos públicos e privados, podemos encontrar prova suficiente de declarações e clichês antiamericanos e uma opinião em geral condenatória da civilização americana[52]. Ainda assim, elas coexistiam em sua mente com uma visão mais bem informada e realista sobre a América. Nesses, como em outros exemplos, talvez seja demais dizer que os desejos eram os pais do pensamento, mas, talvez não, dizer que eles os batizavam.

• • •

Já em novembro de 1941 — isto é, antes do fiasco do exército alemão às portas de Moscou e antes do ataque a Pearl Harbor — Hitler sabia que não poderia mais vencer a guerra: ou para sermos mais exatos, a *sua* guerra, a guerra que planejara travar e vencer. Há prova disso em uma nota no diário de guerra do general Halder, datada de 18 de novembro de 1941 (isto é, antes da última tentativa do Centro do Grupo de Exército de reiniciar o avanço em direção a Moscou), citando Hitler: "O reconhecimento, por ambas as coalizões inimigas, de que uma não pode aniquilar a outra, leva a uma paz negociada." E: "Temos de considerar a possibilidade de que não seja possível a qualquer um dos principais inimigos aniquilar o outro ou subjugá-lo inteiramente." Essa avaliação foi corroborada por uma declaração enfática do coronel-general Jodl, o homem talvez mais íntimo de Hitler durante a guerra[53]. Na prisão em Nuremberg, escreveu que, no inverno de 1941, Hitler sabia que "a vitória não poderia mais ser alcançada". E em um memorando ditado à esposa sobre Hitler: "Os conselheiros militares de Hitler — hoje, ouvimos freqüentemene alguém afirmar isso — deveriam certamente lhe ter dito com toda clareza que a guerra estava perdida. Que pensamento mais ingênuo! Antes de qualquer pessoa no mundo, Hitler intuiu e sentiu que a guerra estava perdida. Mas podemos desistir de um Reich e de um povo antes que estejam perdidos? Um homem como Hitler não poderia fazer isso."

Considerações importantes surgem aqui para o historiador. Uma delas é óbvia: o retrato de Hitler, cego pelo fanatismo, acreditando até o fim que a guerra não seria perdida, porque isso não poderia acontecer, é, na melhor das hipóteses, simplista demais e, na pior, falsa. A outra, ligada à precedente, é a discrepância, hoje cada vez maior, entre as opiniões manifestadas por Hitler em público e em particular. ("Particular" talvez não seja um termo conveniente, uma vez que muitas de suas declarações ao círculo privado tinham a intenção de impressionar-lhe os membros.) Em outras palavras, esse homem, que em certas ocasiões era capaz de fazer com que as circunstâncias se conformassem às suas idéias[54], seria, desse momento em diante, cada vez mais obrigado a ajustar pelo menos algumas delas a circunstâncias que ele poderia talvez influenciar, mas não controlar. Em outras palavras: o objetivo de sua estratégia militar nesse momento era menos derrotar do que forçar pelo menos um de seus inimigos a negociar, preferivelmente em seus próprios termos. Mas isso não era realmente um reconhecimento de derrota. A invencibilidade tinha nesse momento prioridade sobre a conquista. O tempo de vitórias rápidas em campanhas curtas (*Blitzkriege*) talvez tivesse passado. Ele e o Reich tinham, nesse momento, de se preparar para uma guerra mais longa, durante a qual o poder alemão continuaria tão forte que, mais cedo ou mais tarde, um dos inimigos — membros da coalizão antinatural de anglo-saxões e russos, capitalistas e comunistas — seria obrigado a reconhecer esse fato. Ele talvez não pudesse mais vencer *sua* guerra em seus termos, mas poderia ainda vencer um tipo diferente de guerra, ou pelo menos não perdê-la.

Essa convicção sustentou-o quase até o fim. E lhe assinalou a mudança final para a estratégia fredericana, ou mais ainda, para uma visão fredericana do futuro que o aguardava. Ele sempre admirara mais Frederico, o Grande, do que Bismarck, o Chanceler de Ferro — neste caso mais o guerreiro-rei do que o estadista[55]. O resultado foi a visão que construiu — ou melhor, a esperança — de um paralelo histórico. Frederico venceu porque — inesperadamente — venceu uma das principais potências inimigas e, em seguida, todo o grupo delas desmoronou. Não acontecera apenas que Frederico era bravo e resoluto, obtendo vitórias no campo de batalha a despeito de grandes desvantagens. Sua resolução levou ao rompimento da coalizão dos inimigos, coalizão essa menos antinatural do que a existente entre capitalistas e comunistas *nessa* guerra. Elementos dessa visão inspiraram Hitler quase que até a última semana de vida[56]. O que não conseguiu compreender foi que, sim, um rompimento entre americanos e russos poderia acontecer — mas que seria tarde demais para ele. Esta não era uma guerra entre dinastias do século XVIII, mas uma luta mundial, na qual seus inimigos, por mais díspares que fossem, estavam de acordo sobre uma única coisa: ele e seu Terceiro Reich teriam de ser derrotados e o território ocupado, sem condições e sem reservas. Mesmo que Frederico não tivesse vencido em Rossbach ou em Leuthen, seus inimigos teriam, em alguma ocasião, assinado a paz com o rei prussiano. Os inimigos de Hitler, porém, não fariam a paz com ele[57].

Não obstante, estamos nos adiantando à nossa principal história. Dezembro de 1941 assinalou não só o momento decisivo na guerra e uma mudança na maneira como Hitler a via, mas levou a novas decisões e a uma mudança em hábitos de trabalho. Ordenou ele que toda a economia alemã fosse colocada em pé-de-guerra. (Ele teve uma sorte especial em descobrir Albert Speer, como sucessor do capaz Todt, que faleceu em princípios de 1942. Speer nem era economista nem administrador, mas Hitler reconhecia-lhe a capacidade como organizador.) O próprio Hitler assumiu o posto de comandante-chefe do Exército após o pedido de exoneração do adoentado general Brauchitsch. Mais importantes, porém, foram suas ordens rejeitando sugestões ou preferências de alguns generais. Ele proibiu uma retirada cautelosa dos exércitos alemães (exceto em salientes locais limitados), a despeito da inclemência do inverno russo e da perícia bélica dificilmente menor dos russos. Após dois meses, no máximo em março de 1942, tornou-se evidente que ele, e não os generais, com sua heterodoxa diretriz militar, tivera toda razão. Uma catástrofe foi evitada e ele pôde dizer em abril: "Vencemos um destino que derrotou outro homem há 130 anos"[58].

• • •

Poderia sua estratégia fredericana ainda ter sucesso? Durante mais oito meses em 1942, ele (e seus aliados japoneses) conquistaram uma vitória após outra[59]. Em novembro, no entanto, foram derrotados em numerosas frentes, quase sempre simultaneamente: o Exército alemão, cercado pelos russos em Stalingrado, outro exército, no Deserto Ocidental, derrotado pelos britânicos, os americanos desembarcando no norte da África, e os japoneses detidos em Guadalcanal. Daí em diante, retirada em cima de retirada, interrompidas apenas por algumas ofensivas locais e duas alemãs de grande porte, que fracassaram. Ainda assim, eram impressionantes os poderes de recuperação — e, mais, da capacidade de resistência — de Hitler. Em 1918, o Reich do Kaiser entrou em colapso menos de dois meses após a primeira derrota séria do exército alemão na França e apenas algumas semanas após a capitulação dos aliados. Na II Guerra Mundial, o Terceiro Reich de Hitler continuou a lutar durante dois anos e meio após Stalingrado e quase dois anos depois de seu principal aliado, a Itália, ter desertado. Seu grande inimigo, Churchill, compreendia esse fato — o que foi provavelmente o motivo por que disse ao povo inglês, após a vitória no norte da África, que este não era ainda o começo do fim, mas, talvez, o fim do começo.

Não devemos pensar com espanto na capacidade de Hitler de suportar reveses — e não apenas por causa das brutalidades que se acumulavam de seu governo. (O motivo de espanto é a grande disciplina, na maior parte cega, com que a maioria dos alemães — e, talvez, em especial a classe operária — confiou e nele permaneceu confiante, demonstrando um assombroso grau de unidade nacional, até os últimos meses da guerra.) Nosso objetivo neste capítulo é compreender algumas coisas sobre a visão das necessidades da estadística fredericana, à qual toda sua estratégia estava nesse momento subordinada. Ele sabia que não podia mais derrotar os inimigos — nem mesmo se tivesse vencido em Stalingrado ou Kursk, ou mesmo nas praias da Normandia, ou quem sabe na Bélgica em fins de 1944. Mas uma vitória alemã decisiva no campo de batalha poderia talvez convencer um ou outro deles a negociar. Um golpe militar dessa ordem talvez não revertesse todo o curso da guerra, mas seria um momento decisivo, obrigando pelo menos um dos inimigos a pensar se o custo de subjugar uma Alemanha tão dura e obstinada não seria alto demais para suportar. Repetidamente, Hitler insistiu nessa precondição necessária, quando Goebbels ou Ribbentrop, ou mesmo Rommel, tentaram convencê-lo a procurar contacto com um ou outro dos inimigos. Essa manobra seria inútil, repetiu Hitler, sem ter sido antes provado o poder da Alemanha no campo de batalha. Nesse particular, ele tinha provavelmente razão. Mas subestimou a importância daquilo que sustentava a aliança, à parte isso, tão dissonante dos inimigos: a resolução comum de acabar com ele e obrigar o Terceiro Reich à rendição. Nesse particular, ele com toda certeza enganou-se.

• • •

Havia outro aspecto na estadística de Hitler que diferia do modelo de Frederico e Clausewitz. Nas guerras do século XVIII, os objetivos dos beligerantes eram claramente definidos e, quando as circunstâncias obrigavam governantes a ajustá-los, os fins que visavam permaneciam basicamente os mesmos: território. Os objetivos territoriais de Hitler, porém — neste caso seu pensamento diferia inteiramente das metas imperiais da Alemanha durante a I Guerra Mundial — eram vagos, ou, melhor, eram deixados obstinadamente pendentes. As condições do armistício que impôs aos franceses, por exemplo (e que demonstrou um certo grau de espírito calculista de estadista, que o embaixador britânico na França em junho de 1940 descreveu como "diabolicamente inteligente") deixou indefinidas numerosas condições territoriais. Aqui e ali (na Polônia em 1939 e na Itália em 1943) ele tomou medidas semelhantes a uma anexação territorial, mas elas foram mais a exceção do que a regra. Uma das razões disso foi, claro, calculismo: o adiamento de redefinições territoriais até a vitoria final ou até que um acordo fosse alcançado com um ou outro dos inimigos.

Mas havia ainda outro elemento no tipo de estadística de Hitler. Mais do que território, ele preferia vassalagem. Já podemos identificar indícios dessa tendência na política interna em 1933 e daí em diante. Só haveria um único partido político no Terceiro Reich, embora antigos políticos conservadores, como Papen ou Neurath, tivessem permissão não só para existir, mas também para trabalhar e servir na hierarquia do Reich nacional-socialista, enquanto fossem obedientes e subservientes. Em 1939, a "Czechia" tornou-se um protetorado alemão sob o nome de Boêmia-Morávia e a Eslováquia, um estado "independente", embora inteiramente subserviente a ele. A.J.P. Taylor ("Apenas Danzig evitou a cooperação entre a Alemanha e a Polônia") enganou-se por completo: Hitler queria uma Polônia satélite ou, na melhor das hipoteses, sócia menor da Alemanha, sem qualquer independência em política externa. Esses objetivos da Realpolitik hitleriana substituíam-lhe as preferências ideológicas. Em toda a Europa (por exemplo, na Holanda, Dinamarca, França, Romênia e, em alguns exemplos notáveis, até na Áustria), líderes nacional-socialistas ficaram frustrados quando descobriram que Hitler não os apoiava e quase nenhum interesse demonstrava por eles. Ele preferia trabalhar com os governos pró-Alemanha existentes nessas províncias e Estados. O exemplo mais revelador desse fato ocorreu na Romênia, em janeiro de 1941. Nesse país, a Guarda de Ferro nacional-socialista e populista (cuja ideologia e práticas anti-semitas eram talvez as mais fanáticas de toda a Europa) entrou em conflito com o governo nacionalista e militar do general Antonescu, que Hitler respeitava e de quem gostava. Quando, em janeiro de 1941, irrompeu a luta entre Antonescu e forças da Guarda de Ferro, os alemães apoiaram inequivocamente o primeiro às expensas da segunda e, em certas ocasiões, com forças blindadas e tanques.

Claro, ele tinha suas razões. Enquanto durasse a guerra, precisava de ordem nos países aliados ou satélites — um tipo de estabilidade que não deveria ser posta em risco por experimentos revolucionários e que garantiria as entregas ininterruptas de suprimentos materiais necessários ao Reich. Por esse motivo, tolerou durante longo tempo chefes de Estado aliados — um Pétain, um Antonescu, um regente Horthy, na Hungria, um rei Boris, na Bulgária — alguns dos quais sabia que não eram inteiramente leais ou partidários incondicionais de uma Alemanha nacional-socialista. Ainda assim, é significativo que ele não tenha feito qualquer promessa ou alusão no sentido de que, mais cedo ou mais tarde, talvez depois da guerra, seus seguidores nacionais-socialistas estrangeiros receberiam suas recompensas[60]. Em suma, uma perfeita conformidade com os requisitos da política externa alemã era a condição obrigatória, enquanto a conformidade perfeita à ideologia e às práticas do nacional-socialismo alemão não o era — exceto no caso dos judeus.

• • •

A discrepância entre ideologia e estadística torna-se ainda mais espantosa quando atentamos no que Hitler pensava e dizia sobre Stalin. Ele o respeitava (e, mais tarde, admirou-o ainda mais)[61]. São muitas as manifestações documentadas de Hitler nesse particular antes da guerra e, em numerosos casos, durante o conflito[62]. Ainda assim, nada disso pode ser encontrado nos discursos públicos ou na propaganda oficial do Reich, tal como era dirigida por Goebbels. A luta inevitável contra o "bolchevismo judaico" era o tema e justificação principal da guerra contra a Rússia, tal como foi apresentada até o fim ao povo alemão e ao resto do mundo, sem diminuição ou alteração no tom. Eram muitas as pessoas fora da Alemanha que não acreditavam nessa propaganda, ou acreditavam apenas com certas reservas. Ainda assim, ela produziu efeitos duradouros na Alemanha, como pôde ser observado na aprovação, em 1941, da guerra contra a Rússia até mesmo por personagens antinazistas ou não-nazistas como o bispo (mais tarde, cardeal) von Galen, ou na evocação contínua da terminologia "bolchevista" pelo governo de Dönitz e por generais alemães mesmo depois do suicídio de Hitler. Mas há prova abundante de que o próprio Hitler não acreditava nisso[63]. Ele, que vivia obcecado com a influência que judeus exerciam sobre Roosevelt e Churchill, sabia que eles nenhuma influência tinham sobre Stalin, e que, na verdade, o líder russo era um tanto anti-semita. O nacionalismo da Grande Rússia e — talvez — o pan-eslavismo tornavam formidáveis Stalin e a Rússia. Perto do fim, em 1945, ele ruminava mesmo se devia ter absolutamente atacado a Rússia; e que uma Rússia nacionalista, expurgada de judeus, poderia ser um perigo ainda maior[64].

• • •

Chegamos agora ao último ano da guerra e da vida de Hitler. Nesse momento, a necessidade de ajustar suas idéias às circunstâncias, de subordinar o que restava de sua estratégia militar ao que pensava que eram os requisitos da estadística, havia se tornado suprema. Decisões militares e políticas e seus objetivos jamais são, claro, inteiramente separáveis. Hitler sabia muito bem disso. Ainda assim, é possível ao historiador listar separadamente a prova existente em favor de cada uma delas, reconhecendo, ao mesmo tempo, que os objetivos dele foram, de modo geral, os mesmos: provocar um rompimento na aliança inimiga.

A frase de Hitler em julho de 1943, ao exortar o Exército antes da grande batalha de Kursk, é reveladora nesse particular. Uma vitória alemã nessa luta funcionaria como uma grande tocha [*ein Fanal*], uma irrupção súbita e dramática de chamas, demonstrando ao mundo que a Alemanha ainda era invencível, que ainda era capaz de grandes ofensivas, de obter um contra-Stalingrado. Os êxitos defensivos do Exército na Rússia e Itália eram importantes, mas não suficientemente impressionantes, porque defesa e invencibilidade não são exatamente a mesma coisa[65]. É notável que, em princípios de setembro de 1944 (isto é, durante a rápida retirada alemã da França e da Bélgica e antes do fracasso da tentativa dos Aliados de cruzar o Reno em Arnhem), Hitler ordenou preparativos para uma grande ofensiva nas Ardennes[66]. Ele sabia, no que parecia, à parte isso, uma situação desesperada, que a grande ofensiva britânico-americana estava perdendo temporariamente vapor e que os Aliados não estavam prontos — ainda — para uma estocada no coração da própria Alemanha. Mas havia mais do que isso em sua decisão. O objetivo da grande ofensiva de inverno não era reconquistar o norte da França ou talvez mesmo toda a Bélgica (o objetivo final da ofensiva não era Paris, mas Antuérpia), mas meter uma cunha entre os exércitos britânico e americano na Bélgica (se ele tinha esperança de forçar o exército de Montgomery a uma segunda Dunquerque não está claro), chocar e atordoar tanto os americanos que eles poderiam ter de reconsiderar a praticidade de seu anunciado objetivo de obrigar a Alemanha a render-se incondicionalmente[67].

"A Batalha do Bolsão" fracassou. Mas — e neste ponto Hitler estava de acordo com a maioria do povo alemão — ele começara a pensar que, entre seus inimigos, os americanos poderiam ser os mais sensíveis a soluções conciliatórias[68]. Assim, por exemplo, em junho de 1944, ele não só permitiu uma retirada pacífica alemã da cidade de Roma (da qual esperava tirar vantagens propagandísticas), mas consentiu que o marechal-de-campo Kesselring tentasse abrir negociações com os generais americanos. E quando, em março de 1945, o general ss Karl Wolff entrou em negociações com os americanos sobre uma capitulação parcial dos exércitos alemães na Itália, Hitler não só foi informado desse fato, mas, no dia 17 de abril, recebeu Wolff em Berlim e, à sua maneira, desejou-lhe sucesso na iniciativa[69]. Mais ou menos na mesma ocasião, concordou com uma proposta de Speer, de permitir que alguns diretores tchecos das Indústrias Skoda, "tendo em vista suas ligações prévias com a indústria americana", fugissem do avanço dos russos e preparassem uma fuga direta até o quartel-general americano na Alemanha. A esta altura, Hitler não acreditava mais que dispunha de poder suficiente para enfiar uma cunha entre os inimigos. Mas continuava convencido de que haveria um rompimento. Na verdade, as negociações Dulles-Wolff produziram de fato uma curta mas acrimoniosa controvérsia entre Roosevelt e Stalin, queixando-se violentamente este último de tal iniciativa[70].

Hitler permitiu ainda outras medidas militares em 1944-45. Houve a retirada alemã no norte da Noruega, inclusive a esperança calculada de que, naquele vácuo subártico, os russos, que avançavam procedentes do norte da Finlândia, se chocassem com comandos britânicos que então desembarcavam. Ocorreu a retirada da Grécia, onde os alemães deixaram armas para os realistas (isto é, pró-britânicos) e os guerrilheiros comunistas, na esperança de assim contribuir para uma guerra civil. (Hitler pensou — erradamente — que Stalin cruzaria a Bulgária em direção à Trácia e ao Egeu.) Em abril de 1945, surgiu a tendência cada vez mais óbvia entre os generais alemães de desistir de combater os americanos enquanto seus camaradas ainda continuavam engalfinhados com os russos. Essa orientação não provocou praticamente qualquer condenação por parte de Hitler, que não foi, claro, informado de todas elas. De qualquer modo, era tarde demais para ter importância.

De maior significação que esses episódios militares foram as tentativas políticas, em 1944 e 1945, de líderes políticos do Reich para romper a coalizão aliada. Exceto por monografias e artigos curtos, não existe ainda um levantamento geral da política alemã nesse período e tampouco muita atenção foi dada à mesma pelos biógrafos de Hitler. Ainda assim, é interessante uma parte da prova conhecida. Em 1942 e 1943, Ribbentrop e Goebbels (e, pelo menos em uma ocasião, Papen, na Turquia) tentaram sugerir a Hitler a conveniência de estabelecer algum contato com um dos inimigos do Reich. Vimos, porém, que Hitler rejeitou tal idéia, convencido como estava não só da inutilidade, mas do perigo de tais gestões antes de algum sucesso militar alemão em uma ou outra frente de guerra. Assim, por exemplo, em 1943 (quando, durante alguns meses, era grande a insatisfação de Stalin com seus aliados anglo-americanos, e quando durante cerca de três meses houve uma calmaria na luta em quase toda a frente de batalha russo-alemã), Hitler proibiu a continuação de um contato — talvez promissor — entre agentes alemães e russos em Estocolmo[71]. (É discutível se, nesse momento, foi perdida uma grande oportunidade. Há indicações de que Stalin permitiu tal contato — não inteiramente sigiloso — para impressionar, isto é, chantagear, seus aliados ocidentais, tática esta não diferente da "mensagem" de Hitler a Londres por intermédio de Burckhardt, em agosto de 1939).

Em 1944, porém, houve novidades. O próprio Heinrich Himmler e oficiais da SS estavam estabelecendo contatos com organizações judaicas e, através delas, indiretamente, com outras americanas. Note-se que, por essa época, Himmler se tornara a figura mais poderosa na hierarquia do Terceiro Reich. (No inverno de 1944-45, Hitler nomeou-o também para um alto comando militar.) Ainda assim, foi para Himmler, o administrador do extermínio em massa de judeus e de outras nacionalidades, que surgiu a oportunidade de um *Staatsräson* (outra palavra alemã para "Realpolitik"), acima dos ditames categóricos da ideologia nacional-socialista. As negociações de seus agentes (incluindo Eichmann) com certo pessoal judeu em Budapeste teve um único objetivo: estabelecer algum contato com os americanos e tornar esse fato conhecido da espionagem aliada, incluindo a russa. Os britânicos sabiam o que isso significava. Não se impressionaram com alguns agentes judaicos que a SS permitiu que viajassem para a Turquia em junho de 1944, e prenderam-nos. Ainda assim, Himmler conseguiu chegar, em setembro de 1944, a um acordo clandestino na Suíça com um representante da Junta de Refugiados, de Roosevelt, e, um mês depois, ordenou a suspensão do extermínio por gás em Auschwitz. Perto do fim, em abril de 1945, ele mesmo negociou com representantes judaicos procedentes da Suíça e Suécia, com um antigo presidente suíço e com o príncipe sueco Bernadotte. No dia 25 de abril de 1945, rompeu com Hitler, oferecendo a capitulação aos Aliados ocidentais. Claro, havia precedentes históricos para essa decisão. Freqüentemente, é o chefe da Polícia Secreta que conhece melhor o poder de inimigos externos do que outros membros do governo. Da mesma maneira, Fouché negociou contra Napoleão, a quem traiu no fim, e o mesmo aconteceu com Beria, que, após a morte de Stalin, tentou negociar uma série de acordos amplos com Washington.

Essas e outras tentativas semelhantes de Himmler e da SS foram, em parte, feitas sem conhecimento de Hitler — mas nem todas elas contra seus desejos. Conhecemos apenas uma dessas cenas constrangedoras, em fevereiro de 1945, quando Hitler ordenou a Himmler que pusesse fim a essas negociações. Poucos dias depois, porém, Himmler reiniciou-as. Exceto por esse único caso, não há prova de acusações ou críticas a Himmler por causa dessas gestões — e ele tinha grande número de inimigos invejosos na hierarquia alemã e no próprio círculo íntimo de Hitler[72]. O objetivo de Himmler, como também o de Hitler, era um rompimento na coalizão inimiga. É indubitável que Hitler tinha muito menos esperanças nesse particular do que Himmler. Ainda assim, perseguiu esse objetivo até o fim.

Enquanto Himmler esperava conseguir algum tipo de acomodação com os Aliados Ocidentais, Ribbentrop e Goebbels eram partidários de um acordo com Stalin. Em certa ocasião, Ribbentrop ofereceu-se mesmo para voar até Moscou. Hitler, provavelmente com razão, rejeitou a idéia, dizendo-lhe que não devia fazer o mesmo que Hess, voando para a Escócia, tentara em maio de 1941. Ainda assim, em fevereiro de 1945, permitiu que Ribbentrop (o mais empedernido de seus seguidores) enviasse um memorando a postos diplomáticos alemães no exterior, uma *Sprachregelung*, autorizando diplomatas alemães a procurar contato com seus colegas ocidentais, lembrando-lhes que a penetração russa na Alemanha e no centro da Europa criaria o mais grave dos perigos para o mundo. Hitler, porém, não acreditava mais que essas tentativas tivessem êxito. Acreditava ainda que a aliança antinatural entre americanos e russos chegaria ao fim — embora não necessariamente por sua causa[73]. Nem sua estratégia nem estadística tinham mais muita utilidade. Nesse sentido, é reveladora sua conversa pessoal com Speer no dia 28 de março. Ele sabia que a guerra estava perdida. Mas agarrou o braço de Speer e, com lágrimas nos olhos, implorou: "Se você ainda acreditasse que a guerra poderia ser vencida, se pudesse pelo menos acreditar nisso, tudo acabaria bem"[74]. A crença ainda tinha importância — na verdade, era a única coisa que importava. Ela não podia mais ser ajustada às condições. Era a única condição restante. Essas palavras não foram a marca de um idealista realista, mas o reconhecimento da derrota de seu idealismo determinista.

Oito dias antes do suicídio, quando resolveu permanecer na Berlim cercada pelos russos, ele disse a Jodl: "Eu já devia ter tomado esta decisão, a mais importante de minha vida, em novembro de 1944, e nunca ter deixado o quartel-general na Prússia Oriental." Essa decisão teria produzido dois efeitos: primeiro, Hitler, o *Feldherr*, teria morrido em combate, na linha de frente, à testa de seus exércitos massacrados, na fronteira oriental do Reich, enfrentando a inundação asiática — ato este que poderia ter-se revestido de incalculáveis conseqüências simbólicas para futuras gerações alemãs. Segundo: esse fim do Terceiro Reich, nos últimos meses de 1944, teria implicado a ocupação da maior parte da Alemanha pelos americanos e britânicos, uma grande e turbilhonante confusão dos exércitos anglo-saxônicos e alemães, os primeiros abrindo caminho na direção leste em meio de um exército alemão ainda na maior parte intacto e um povo alemão também na maior parte intacto, encontrando finalmente os desconfiados russos em algum lugar na Alemanha oriental, tentando os anglo-saxões e os russos, no início nervosamente e, em seguida, com determinação cada vez maior, conseguir o apoio dos alemães na confrontação que se avizinhava. A esse respeito, Schramm cita palavras de Jodl: "Ele devia ter tombado em batalha, em vez de procurar refúgio na morte, é o que dizem. Ele queria isso, e assim teria feito, se estivesse fisicamente apto. Da forma como estavam as coisas, ele escolheu a morte mais fácil, mas também a mais certa. Agiu como agiram e agirão sempre todos os heróis da história. Ele se enterrou nas ruínas de seu Reich e de suas esperanças. Os que desejarem condená-lo, que o façam — eu não posso"[75].

Com todo o respeito pela prístina qualidade da lealdade de Jodl, pergunto: Hitler, de fato, "escolheu a morte mais fácil"? Esse fato é discutível. Mais importante: ele foi um herói? Este, talvez, não é assunto que caiba a historiadores discutir. As dimensões morais desse adjetivo são mais importantes, maiores do que isso. Quero dizer apenas que lhe faltou a nobreza que a palavra *herói* implica, como tem de implicar. Sua mente e força de vontade foram extraordinárias, mas as duas sozinhas não fazem o herói.

Ainda assim, restou algo de um cálculo de "política realista" no último testamento de Hitler, no qual nomeou o almirante Doenitz como seu sucessor no cargo de presidente do Reich e Goebbels, como chanceler[76]. Doenitz, que não era um nacional-socialista ferrenho, mas um conservador nacionalista, dirigiria um novo governo visivelmente inclinado a procurar algum tipo de acordo com os Aliados ocidentais; Goebbels, por outro lado, o mais radical dos nazistas, era entusiasta e porta-voz de um acordo com a Rússia soviética. Um equilíbrio estadístico entre o Ocidente e o Oriente, pode ter pensado Hitler. Esse equilíbrio — se foi isso mesmo — é também visível no fraseado do testamento e no seu denominado pós-escrito. No testamento em si, ele nenhuma palavra disse sobre a guerra contra a Rússia e culpou os judeus por terem provocado a guerra com o Ocidente. Ainda assim, no pós-escrito, sua última mensagem às Forças Armadas, ele insistiu na inevitabilidade da luta no Leste[77]. No dia 1º de maio, Goebbels, que fizera uma tentativa de negociar com o general comandante russo na Batalha de Berlim, matou-se, levando consigo a família. Doenitz permaneceu pessoalmente intocado no norte, pronto para entrar em contato com os Aliados ocidentais, ao mesmo tempo em que insistia na continuação necessária da guerra contra os russos, para defesa da Alemanha e da "Europa" contra o "bolchevismo" bem depois da morte de Hitler, bem depois da dissolução do Partido Nacional-Socialista. Ele foi o chefe de um governo impotente, mas ainda operacional, representando até o fim a teoria das duas guerras, segundo a qual a guerra contra os Aliados ocidentais fora lamentável, enquanto a guerra contra a Rússia fora simultaneamente inevitável e heróica. Esta não era apenas uma tática, mas a convicção de homens como Doenitz e crença de numerosos alemães durante muitos anos depois da guerra[78], e é razoável pensar que ela teria sido aprovada por Hitler.

• • •

Ao fim deste que é o capítulo mais longo do livro, preciso tentar esclarecer, mais uma vez, minha opinião sobre Hitler, o estadista e o estrategista. Senti-me obrigado a enfatizar que ele possuía talentos políticos e militares, que coexistiam com obsessões não raro fanáticas e que, como indicou seu raciocínio sobre a decisão de invadir a Rússia, podemos encontrar método mesmo no que pode parecer ter sido um ato de loucura. Mas o que temos também de compreender é que essa capacidade não era inata, mas que se desenvolveu através da experiência. O objetivo de criar um *Lebensraum* alemão no Leste, por exemplo, deixou de ser tão fundamental e rigido como fora antes — em uma involução não *simplesmente* devida a suas amargas experiências na guerra contra a Rússia. Um fanático cego não pode nem quer aprender. Hitler, porém, aprendeu certas coisas durante sua carreira — coisas que seus subalternos não aprenderam, e ele compreendeu esse fato.

Tudo isso me leva, uma vez mais, ao debate intencionalista-funcionalista ora travado entre os historiadores alemães[79]. É claro que Hitler não foi o autor de todas as decisões e ações do governo do Reich; que, em numerosas ocasiões, hesitou; que não fez o acompanhamento de algumas de suas diretrizes; e que, de muitas maneiras, seu Terceiro Reich foi governado por uma máquina administrativa complicada e inchada, da qual dependia. Ainda assim, esse fato é necessária e inevitavelmente verdadeiro no caso de quase todos os ditadores. Nisto reside uma das diferenças entre estratégia e política. Um general sabe que o curso de nenhuma batalha é inteiramente previsível, que, embora suas ordens *devam* ser executadas com obediência e lealdade, *não se pode* esperar que, no fragor da batalha, elas sejam cumpridas rigorosamente. Os resultados das principais diretrizes de um ditador, porém, são mais passíveis de cumprimento. Seus detalhes podem ser executados por subordinados leais com uma exatidão que transcende sutilezas e condições e mesmo possíveis reservas na mente do ditador[80]. Hitler sabia disso — o que é exatamente o motivo por que (e como) ele foi sem dúvida responsável pelas maldades mais brutais cometidas por seus esbirros.

6

Os Judeus: Tragédia e Mistério

Hitler e os judeus: a evolução de uma historiografia — Os motivos de sua obsessão — As finalidades da política antijudaica — Níveis do conhecimento sobre Hitler

É IMPOSSÍVEL SEPARAR A BIOGRAFIA de Hitler — ou o estudo de sua estratégia e estadística — da história dos judeus, especialmente dos que viviam no Reich antes de 1939 e, de modo geral, dos que residiam na Europa e Rússia durante a II Guerra Mundial. Ele e o regime participaram de numerosos tipos de atos bárbaros, envolvendo milhões de vítimas que nada tinham a ver com judeus. Mas temos que, pelo menos, pensar se a reputação histórica de Hitler teria sido diferente, não fosse o assassinato de pelo menos 4,5 milhões de judeus por ordem sua ou, no mínimo, de acordo com seus desejos. (O problema com situações impensáveis é que, às vezes, devemos pensar nelas.) Ele queria levar a Alemanha à vitória em uma grande guerra e também expurgar a Europa dos judeus, dois objetivos complementares, na verdade inseparáveis em sua mente. Perto do fim, foi obrigado a separá-los. Em fevereiro de 1945, declarou que havia pelo menos "lancetado o abscesso judaico". Ainda assim, nessa operação, ele fracassou também: por causa dele, o anti-semitismo tornou-se, após a guerra, inaceitável, se não impensável intelectual e politicamente, e, sobretudo, na Alemanha.

As conseqüências do extermínio em massa de judeus tornaram-se múltiplas, proteiformes e, talvez, incalculáveis. (E, com toda certeza, incluiram a rápida aceitação internacional da criação do Estado de Israel.) As origens desse pavoroso evento tampouco foram simples: o anti-semitismo existia em muitos locais e entre numerosos povos, antes e independentemente de Hitler[1]. A decisão de levar adiante as execuções em massa, porém, de modo algum pode ser separada dele. A historiografia em formação desses fatos constitui o tema deste capítulo.

É enorme a literatura sobre o Holocausto, mas só uma parte relativamente pequena dela concentrou-se em um exame minucioso da prova ligando Hitler à ordem de extermínio — ou, para sermos mais exatos, a) na busca de prova documentária dessa ligação, b) na verificação da data exata em que a política de expulsão, deportação e "reassentamento" (isto é, campos de concentração e confinamento a guetos) dos judeus transformou-se em uma política de extermínio físico. Mais adiante, examinaremos algumas das provas nesse particular — e também alguns de seus problemas. Mas, antes disso, talvez seja apropriado traçar um rápido esboço da história do Holocausto.

Que as crueldades praticadas contra judeus na Europa foram de iniciativa de Hitler tornou-se mais do que óbvio durante e depois da guerra, de modo que nenhuma atenção especial foi dada, durante um tempo relativamente longo, por historiadores profissionais ou populares, à conexão causal. Claro, o material documentário só se tornou disponível aos poucos após 1945 (embora com maior rapidez do que após qualquer grande guerra anterior), mas houve também mais do que isso. Aparentemente, durante muitos anos, foi pouco o interesse geral ou popular pelo Holocausto — na verdade, durante quase duas décadas. A própria palavra "Holocausto" só começou a aparecer no vocabulário americano (ou inglês) por volta de fins da década de 1960[2]. Por razões nada fáceis de explicar, o interesse pelo Holocausto começou a crescer rapidamente apenas depois dessa época, sobretudo entre os judeus americanos. Algo parecido aconteceu também nas obras de numerosos historiadores — com exceções, claro, o que não significa que eles tencionassem negar-lhe a existência ou importância[3]. Esse foi com toda probabilidade o pior dos crimes de Hitler e talvez não houvesse necessidade de uma reconstrução detalhada de suas intenções. Não obstante, na década de 1970, tornou-se gradualmente claro que, além de tomarmos conhecimento da vergonhosa Conferência de Wannsee, em janeiro de 1942, existiam problemas sobre a reconstrução documentária do momento e maneira como Hitler decidiu passar a uma política de extermínio físico. Em "Bibliographical remarks", do *The Last European War, 1939-1945* (publicado em 1976, embora o original tenha sido concluído em 1973), tive oportunidade de escrever: "Não há um único documento, nem mesmo anotação de instrução verbal, que ligue [Hitler] à decisão do extermínio físico dos judeus." Essa observação, porém, não implica que a maneira como eu estudava a história dos judeus da Europa em 1939-41 atenuasse ou mesmo reduzisse a responsabilidade de Hitler pelo que aconteceu[4].

De todo diferentes foram as interpretações, a "documentação" e o objetivo de apologistas (ou mais exatamente, de reabilitadores) de Hitler, em especial de David Irving, a começar por seu maciço *Hitler's War*, em 1977. (Estranhamente no caso de um escritor inglês, a edição alemã desse livro, intitulada *Hitler und seine Feldherren*, já fora publicada em 1975 pela respeitável Ullstein-Verlag, de Berlim, mas só depois que seu diretor, Wolf Jobst Siedler — mais tarde editor por conta própria — insistiu na eliminação das páginas em que era omitida qualquer ligação de Hitler com as ordens de extermínio)[5]. Mais importante do que o argumento de Irving sobre a ausência de qualquer "documento" sobre uma ordem dada por Hitler foi sua insistência em que o Holocausto havia sido planejado por Himmler, Heydrich e outros, sem conhecimento de Hitler e contra seus propósitos, e que ele desejava "adiar" a "solução" do "problema" judeu até depois da guerra[6]. Daí em diante, a argumentação e a prova de "manipulação" da "documentação" por Irving foram criticamente examinadas e repudiadas por historiadores sérios[7] (mas sem muito efeito sobre os livros posteriormente publicados por esse autor).

Nos doze anos seguintes, surgiram estudos mais detalhados ligando Hitler à Solução Final, os mais valiosos dos quais foram o *Judenpolitik im Dritten Reich* (1979), de Uwe-Dietrich Adam, o *Hitler and the Final Solution* (Berkeley, 1982), de Gerald Fleming, e o volume extraordinariamente inteligente e relativamente pequeno, *Hitler et les juifs. Genèse d'une génocide* (1989), do suíço Philippe Burrin[8]. Na mesma época, apareceram interpretações diferentes — e, às vezes, pelo menos implicitamente apologéticas — da ligação de Hitler com a Solução Final. Não me refiro aqui a panfletos ou outros livretos que negam categoricamente os assassinatos em massa, atribuindo-os a um "embuste", mas a autores cujas obras foram publicadas por editoras respeitáveis. Toland, por exemplo, afirmou que, no outono de 1944, "Hitler deu instruções a Himmler para iniciar o desmantelamento de todos os campos de extermínio, com exceção do de Auschwitz[9], mas não forneceu fonte de referência convincente para essa afirmação, em um livro que contém, além disso, numerosos outros erros. Mais lamentáveis ainda foram as teses de Ernst Nolte, uma das principais figuras na Briga dos Historiadores na década de 1980. Em vários livros, Nolte insistiu em que Hitler e o nacional-socialismo deveriam ser entendidos como conseqüências das práticas mortíferas do bolchevismo — uma tese absurda, cuja refutação, porém, não cabe neste livro — e que pelo menos um fator na declaração de guerra de Hitler aos judeus constituiu uma reação à declaração de guerra contra ele feita pelos líderes do judaísmo mundial em setembro de 1939[10]. Ele amarrou de uma forma peculiar essas duas teses. Mas, fora da Briga dos Historiadores, Nolte demonstrou relativamente pouco interesse pelo caso. Finalmente, temos Zitelmann, que tendia — ainda que com algumas reservas — a conceder crédito considerável a Irving. Em um artigo no *Die Zeit* (6 de outubro de 1989), escreveu que Irving havia "pinçado um nervo". Na verdade, Hitler não dera ordem alguma para a Solução Final. "Irving não deve ser ignorado. Ele tem defeitos, mas é um dos melhores conhecedores de fontes... e contribuiu muito para as pesquisas"[11]. E, na sua própria biografia de Hitler, escreveu que "não há ainda explicação definitiva sobre as origens da denominada 'Solução Final'"[12].

Essa última declaração não é incorreta e merece pelo menos consideração, o mesmo acontecendo com Zitelmann, que, ao contrário de Irving, não deve ser levianamente rejeitado[13]. Este capítulo, no entanto, não pode incluir outro levantamento de toda a literatura pertinente (incluindo as controvérsias) sobre a história terrível do Holocausto, limitado como é à relação entre Hitler e os judeus e, ainda mais, ao tratamento histórico dado a essa relação. Tal como tudo mais na história, a divergência continuará e jamais terá um fim "definitivo"[14]. Permitam-me, no entanto, concluir esta seção introdutória com o que considero uma declaração vigorosa de Haffner: "Após 1933, alguma coisa como um Estado do Führer provavelmente teria surgido, mesmo sem Hitler. [Possivelmente.] E provavelmente teria havido outra guerra, mesmo sem ele. [Talvez.] Mas não o assassinato de milhões de judeus"[15]. [Sim.]

Permanece um mistério o motivo da fobia de Hitler aos judeus. Mais verificáveis — pelo menos até certo ponto — foram suas *finalidades*[16]. Mas antes de tentarmos estabelecer uma distinção necessária — e raramente observada — entre motivos e finalidades, outras distinções talvez sejam úteis.

Temos de reconhecer que o "problema" judaico era a principal obsessão de Hitler — conforme sugeri no Capítulo 5, mais fundamental ainda que a obsessão com a importância do *Lebensraum*[17]. Em uma certa época de sua vida, ele se convenceu de que a presença dos judeus era um problema fundamental da Alemanha e da Europa e, provavelmente, de todo o mundo — a chave para entender a história, por assim dizer. Escrevi "ele se convenceu", em vez de "acabou convencido", porque estas últimas palavras sugerem, pelo menos em parte, resultado de influências externas, e conquanto ele, como todos os demais seres humanos, tenha sido indubitavelmente influenciado pelo que leu ou pelo que outras pessoas possam ter dito, a convicção foi, na maior parte, criação de sua mente *sui generis*.

Na verdade, o termo "anti-semita" não se ajusta perfeitamente a ele. "Anti-semitismo" foi uma expressão que surgiu na década de 1870 quando — talvez, sobretudo, na Alemanha — a discriminação antiga e (embora nunca exclusivamente) religiosa contra os judeus enfraqueceu. O que a substituiu foi uma classificação condenatória dos judeus e uma opinião favorável à sua segregação (ou mesmo expulsão da comunidade nacional), devido às suas alegadas características raciais, incluindo mesmo cristãos de ancestralidade judaica recente. O anti-semitismo, portanto, era com freqüência dirigido contra judeus assimilados, que haviam conseguido conquistar posições importantes em suas respectivas sociedades nacionais, confiantes em seus direitos e em sua aceitação inquestionável como cidadãos. Numerosas pessoas, em numerosas partes do mundo, reagiram contra essa assimilação aceita como normal. O mesmo aconteceu com Hitler, embora ele não fosse um anti-semita comum. Poucos anti-semitas consideravam — ou ainda consideram — a presença de judeus como não apenas um problema ou um motivo de irritação nacional, mas como o *principal* problema da nação. Acontece também que numerosos anti-semitas são também racistas — na verdade, o anti-semitismo deles é parte do racismo — ao passo que Hitler era o oposto. Sua obsessão com os judeus era mais profunda e mais coerente do que seu racismo[18], o que é o motivo por que preferi escrever *fobia aos judeus a* anti-semitismo no início desta seção. Já em 1919-23, quando ele se tornou figura importante entre numerosos nacionalistas, aproveitando a onda de anti-semitismo popular, é possível que, entre todos os demais nacional-socialistas (com exceção de fanáticos marginais como Julius Streicher), Hitler tenha sido um dos poucos, e talvez o único, para quem o "problema" judaico era absolutamente fundamental.

Era uma fobia — e como algumas outras fobias, nada tinha de irracional em sua mente. Várias vezes, em data tão antiga quanto 1920, ele declarou que o "problema" judaico teria de ser "solucionado" não por meios emocionais, mas "frios", "racionais", "científicos". Nessa ocasião, e durante todo resto da vida, continuou a repetir que os judeus eram bacilos, vírus, pragas parasitárias no corpo vivo das nações[19]; e que na vida de praticamente todas elas, ocorre um momento em que, como um cão pastor, ela se levanta para sacudir-se e livrar-se das pulgas com uma única e grande sacudidela. E, exatamente na última frase de seu testamento, poucas horas antes de cometer suicídio (ocasião em que, como vimos antes, nada disse sobre o *Lebensraum*), ele declarou: o que quer que possa acontecer, a nação alemã jamais deverá permitir a volta dos judeus ao seu seio.

Surge agora uma pergunta: quando foi que essa fobia aos judeus cristalizou-se — ou engessou-se — na sua mente?[20] No *Mein Kampf*, ele escreveu que a "compreensão" do que a presença dos judeus significava ocorreu-lhe em Viena, por volta de seu vigésimo aniversário; que não era anti-semita convicto antes de chegar a Viena; e que, em Viena, a compreensão surpreendente, embora gradual, da influência dos judeus deu origem "à minha mais difícil luta mental. Só depois de meses de luta entre razão e sentimento é que a vitória começou a favorecer a razão. Dois anos depois, o sentimento juntou-se à razão e daí em diante tornou-se o seu mais fiel guarda e vigia"[21]. (É interessante notar a seqüência mencionada por Hitler: a emoção emparelhando-se com a razão, e não o inverso.) Ainda assim, Jäckel e outros autores nenhum pronunciamento anti-semita de Hitler encontraram antes de seu trigésimo primeiro aniversário, em Munique. No Capítulo 2, onde tratamos da questão Viena-Munique, vimos que houve talvez quatro casos em que Hitler, provavelmente de forma deliberada, alterou condições e fatos sobre sua vida pregressa. Temos de admitir, pelo menos, a possibilidade de que, nesse caso, a alteração possa ter sido inconsciente: Hitler situou em Viena e exagerou o fato da cristalização de sua fobia aos judeus por mais razões do que de propaganda ou para convencer eventuais leitores. Não há por que duvidar de que, o mais tardar em Viena, Hitler havia passado a compartilhar do anti-semitismo rotineiro, comum, do povo dessa cidade e período. Mas não há prova de que esse sentimento tenha se transformado em sua obsessão fundamental — ou, em outras palavras, que a mutação e transformação do anti-semitismo em fobia aos judeus ocorreu em Viena, e não mais tarde em Munique[22]. Pouco motivo há para duvidar de que suas experiências com o regime esquerdista e, em seguida, com a sua variedade soviética em Munique, incluindo seus numerosos líderes judeus, foram decisivos. Ainda assim, continua a ser um mistério a erupção e transformação desse anti-semitismo em sua principal obsessão[23].

Resta uma única possível reflexão sobre a força motivadora da fobia aos judeus — uma reflexão que não pode equivaler, e não equivale, a uma explicação e que não passa de uma hipótese. Ela diz respeito ao relacionamento de Hitler com o pai. Vimos (no Capítulo 2) que no *Mein Kampf* ele descreveu o pai, bem como seu relacionamento com ele, em termos que não correspondiam absolutamente aos que ocasionalmente revelou a outras pessoas. Tudo indica que a versão constante no *Mein Kampf* foi uma decisão deliberada e muito além das frases que se deveria esperar de uma figura pública sobre o relacionamento respeitável com o homem que o gerara. Tudo que sabemos aponta para a forte probabilidade (ocasionalmente reconhecida pelo próprio Hitler) de que ele temia, via com maus olhos e talvez mesmo odiasse o pai. Durante toda sua carreira, foram feitas tentativas para ligá-lo a algum tipo de parentesco parcial judaico, sendo a mais importante entre elas a possibilidade de que seu pai fosse filho ilegítimo de um judeu de Graz. Claro, ninguém pode estabelecer com absoluta certeza o fato da paternidade, mas as pesquisas de alguns historiadores são suficientes para provar que a relação Frankenthaler-Schiklgruber foi uma especulação sem fundamento, nada mais. Ainda assim, podemos considerar a mera possibilidade — e enfatizo a "mera possibilidade" — de que Hitler possa ter *pensado* que seu pai era meio judeu (talvez também que, durante sua infância e adolescência, houvesse pessoas, jovens e velhas, que fizessem observações mordazes sobre seu pai, verdadeiras ou não). É interessante que, no *Mein Kampf*, ele tenha descrito o pai como "liberal" e "cosmopolita", o que ele não foi, e que tenha dito que só ouviu a palavra "judeu" em conversas quando tinha quatorze ou quinze anos de idade — isto é, após a morte súbita do pai — o que, mais uma vez, é improvável. Entre seus biógrafos, Deuerlein foi um dos poucos que deixaram a discussão em aberto: "... existe a possibilidade de que a questão da paternidade do pai de Hitler jamais possa ser esclarecida", à qual se juntou o perspicaz argumento de Marlis Steinert: "Tudo aquilo que odeia em si mesmo, o Führer projeta sobre os judeus; tudo que lhe causa sofrimento e à Alemanha é culpa dos judeus"[24]. Essa explicação é mais convincente do que a teoria psicanalítica da repressão, do professor Binion, segundo a qual Hitler odiava o médico judeu que tratou (ou maltratou) sua amada mãe, que reprimiu esse ódio, e que o ódio explodiu em 1918, quando a Germânia ocupou o lugar da mãe martirizada. O homem freqüentemente odeia (e teme) nos outros o que odeia (e teme) em si mesmo, e Adolf Hitler, certamente após os 30 anos, era movido por um poderoso tipo de ódio[25].

• • •

"Movido pelo ódio" — temos prova suficiente desse fato, incluindo palavras do próprio Hitler. Essa declaração de natureza geral, porém, nada mais é do que a observação de uma tendência psíquica. Permitam-me repetir: os verdadeiros motivos — ou, em outras palavras, as origens autênticas — da fobia de Hitler aos judeus não são verificáveis. O que é mais — e legitimamente — verificável é a prova de suas finalidades manifestas. Há uma diferença entre prova legal e histórica, mas, no caso de ambas, a máxima de Samuel Johnson, baseada no senso comum, aplica-se corretamente: "As intenções têm de ser inferidas dos fatos." A verdade é um peixe escorregadio e a lei não raro é uma rede de malhas largas, mas mesmo ela, pelo menos a lei inglesa, reconhece "motivo" como prova apenas quando ele se refere a uma intenção manifesta. A busca e a aceitação da prova pelo historiador não é limitada pelas categorias dos procedimentos jurídicos. Potencialmente, tudo lhe é útil e proveitoso — o que lhe torna o trabalho tanto mais fácil quanto é difícil o do advogado ou juiz. Mas ele também precisa estar ciente da diferença entre motivos e finalidades; tem de rejeitar a atribuição categórica e, como vimos, muitas vezes falsa, de motivos psíquicos — um pestilento hábito intelectual deste século — enquanto seu trabalho inclui procurar prova das finalidades manifestadas pelo sujeito objeto do estudo[26]. Em outras palavras, os motivos psíquicos de Hitler são uma coisa, e outra a manifestação de suas intenções — e constitui tarefa principal do historiador tentar compreender e descrever estas últimas, e não os primeiros, incluindo a história de quando e como essas intenções resultaram em atos.

Houve uma evolução nas políticas judaicas de Hitler — correspondendo-lhes os estágios, de modo geral, a momentos decisivos em sua vida e carreira. A política inicial era a de expulsão: forçar todos os judeus a deixar a Alemanha. Em seguida, ocorreu a primeira mudança, no inverno de 1938-39, vigorosamente manifestada em seu discurso de 30 de janeiro de 1939: ele sabia que a guerra se aproximava. Neste caso, os judeus teriam sido os responsáveis por ela e teriam de pagar por isso. Desse momento em diante, suas intenções envolveram mais do que os judeus da Alemanha e da Áustria — envolveram todos os judeus da Europa. Em sua mente, guerra e judeus estavam inseparavelmente ligados. Só décadas depois, historiadores reconheceram a grande importância das frases principais daquele discurso, que, à parte isso, era apenas outro exemplo de suas diatribes antijudaicas[27]. Importante também foi o fato de que ele continuou a referir-se numerosas vezes a seus "avisos' nos discursos pronunciados durante a guerra. Sugestiva e talvez propositalmente ele datou erroneamente o aviso, referindo-se à data daquele discurso como tendo sido 1º de setembro de 1939, quando começou a guerra — obviamente querendo impressionar o povo com a ligação explícita e inescapável dos judeus e a guerra que lhe havia sido imposta. Durante cerca de dois anos mais, a emigração — isto é, a expulsão — de judeus do Grande Reich Alemão continuou, juntamente com os primeiros esboços de planos para expulsá-los de toda a Europa, talvez para Madagascar. Em seguida, no verão de 1941, outra mudança[28]. A invasão da Rússia — e a entrada dos americanos na guerra — criaram novos problemas: a presença de milhões de judeus da Europa oriental nos territórios conquistados e ocupados pela Alemanha e o fechamento das últimas possibilidades de expulsão para o ultramar. Em alguma ocasião em agosto-setembro de 1941, ele ordenou ou aprovou a Solução Final. As primeiras execuções em massa de judeus ocorreram no verão e outono de 1941 na Europa oriental, enquanto a Solução Final (o arrebanhamento e extermínio da maioria dos judeus em toda a Europa) estava sendo planejada e preparada e, finalmente, foi posta no papel por alguns dos subalternos de Hitler na Conferência de Wannsee, em 20 de janeiro de 1942[29]. O extermínio de grande parte dos judeus na II Guerra Mundial ocorreu entre o verão de 1942 e o outono de 1944. Em outubro de 1944, Himmler ordenou a suspensão das execuções com gás — provavelmente não contra as intenções de Hitler ou sem que ele soubesse. Ainda assim, Hitler insistia — e à vista de toda a prova existente, acreditava — na responsabilidade inseparável e decisiva dos judeus pela guerra e, daí, sua exortação ao povo alemão no testamento que escreveu no último minuto de vida.

Acho que este sumário da seqüência dos fatos será aceito sem reservas pela maioria dos historiadores sérios. Mas a essa conclusão temos de acrescentar alguns detalhes, que talvez possam sugerir o caráter complicado das intenções de Hitler[30]. Para começar, categórica e inflexível como fosse sua condenação dos judeus, sem admitir exceções, ele, em várias ocasiões na década de 1930, permitiu ou ordenou, em casos individuais, que não fossem tocados homens e mulheres de ascendência judaica[31]. Ainda assim, não houve o menor sinal desse abrandamento em seus discursos e manifestações públicas. O que está em ação aqui não é uma discrepância claramente maquiavélica entre pronunciamentos públicos e crenças privadas. Numerosos fatos — e testemunhas — indicam que ele não só queria que acreditassem no que dizia, mas que ele mesmo acreditava em tudo o que dizia *enquanto dizia*[32].

Não obstante, houve algumas diferenças entre suas intenções e as de alguns de seus subalternos. Há prova de que não foi ele, mas Goebbels e outros que organizaram os *pogroms* da *Kristallnacht* de 9-10 de novembro de 1938 e que ele ordenou que fossem suspensos — não, claro, para proteger as vítimas, mas, sim, a reputação do regime e da Alemanha[33]. (Nessa ocasião, ele rejeitou também a proposta de Heydrich, de obrigar os judeus alemães a usar uma estrela amarela. Concordava com mais restrições aos judeus, mas não com todas.) Ainda assim, não há prova da menor discrepância entre as convicções e os pronunciamentos públicos, nos quais atribuía toda a culpa pela guerra próxima a influências judaicas (significando isso as decisões do governo britânico e francês, e do presidente Roosevelt, de resistir).

Vimos que, na primavera de 1941, Hitler preparava-se, e preparava o Exército, o povo e a propaganda para um novo tipo de guerra — uma guerra total e brutal contra a Rússia; que julgou útil empregar a categoria e o argumento que descreviam o inimigo como "judaico-bolchevista" — mas que ele não acreditava completa e realmente nessa categoria. E, pouco depois do início da campanha russa, ocorreu a mudança: a passagem da expulsão para o extermínio, a denominada Solução Final[34]. A prova de que Hitler ordenou essa mudança, ou que pelo menos consentiu, é forte — a despeito da condição antes mencionada de que ele não deixou diretriz escrita nesse sentido[35]. Decisões importantes podiam ser às vezes tomadas

— e eram — sem seu conhecimento. Mas nenhuma decisão importante podia ser — ou foi — tomada contra seus desejos.

Há numerosas indicações de que esse momento decisivo ocorreu em agosto (ou princípios de setembro) de 1941. Teve muito a ver com a guerra contra a Rússia[36], mas temos de acrescentar agora a — freqüentemente ignorada — conexão americana, pois não apenas a invasão da Rússia, mas a então aparentemente inevitável entrada dos Estados Unidos na guerra foi um fator nesse particular. Há um trecho significativo nas notas de Koeppen, de 20 de setembro de 1941: "O Führer não tomou ainda uma decisão sobre represálias contra os judeus *alemães* [itálicos meus]... Segundo me disse o ministro von Steengracht, o Führer pensa em usar essa medida no caso de uma entrada eventual dos Estados Unidos na guerra".[37]

De qualquer modo, o motivo por que Hitler não baixou uma diretriz escrita deve ser claro. Ele sabia o que essas medidas significavam[38] e também que a prova das mesmas chocaria pessoas em todo o mundo — inclusive na Alemanha. Tal como outras decisões tomadas por ele ao longo de sua trajetória, a Solução Final tinha de ser (e permanecer) segredo de Estado. Há provas abundantes de diretrizes nesse sentido[39].

A essas palavras podemos acrescentar mais uma coisa. O extermínio em massa dos judeus era um segredo de Estado do Reich, que não devia ser admitido para o resto do mundo e nem mesmo para o povo alemão em geral, mas também um segredo de Hitler — pelo menos enquanto ele afastou de si mesmo tal conhecimento. Ele, com certeza, nada queria saber sobre detalhes. Há três tipos de provas nesse sentido. A primeira, suas declarações repetidas de que o "problema" judaico deveria ser examinado e tratado de maneira "fria, científica"[40]. Outra, a recusa em admitir — não apenas para visitantes estrangeiros a quem acusava de não serem suficientemente rigorosos com seus judeus, mas também para as pessoas de seu círculo mais íntimo — que o objetivo da concentração de judeus em campos no Leste era outra coisa que não deportá-los e obrigá-los a trabalhar[41]. Finalmente, e mais importante, havia sua evidente má vontade para ler, ouvir, ou examinar relatórios sobre o que era realmente feito aos judeus no Leste. Essa má vontade combinava-se com a má vontade em visitar, ou mesmo olhar, para fotos de cidades alemãs devastadas por bombardeios ou para outras mostrando refugiados alemães arrastando-se a pé na direção oeste no inclemente inverno de 1944-45, fotos que ele, pelo menos em uma ocasião, empurrou para longe (e, talvez, até sua má vontade em olhar para fotos da execução dos conspiradores, em julho de 1944.[42] Vemos aqui, mais uma vez, a dualidade de seu caráter. Em termos gerais, não querer saber de uma coisa significa preferir não pensar nela. Na pessoa de Hitler, podemos reconhecer um elemento de fraqueza em um homem que, em outros aspectos, não poderia ser descrito como um covarde, ou, na melhor das hipóteses, um elemento sensível (e, de certa maneira, feminino) no caráter de um homem cujas idéias e expressões brutais eram o próprio oposto do sensível. Hitler não era um sádico. Não sentia prazer sensual no sofrimento de seus inimigos ou vítimas. O sadismo é um pecado da carne. Os pecados de Hitler foram do espírito. Não há prova de que suas crenças freqüentemente proclamadas — de que ao perseguir os judeus ele agia como instrumento de Deus e que a guerra lhe fora imposta por eles — destinavam-se apenas a consumo público[43].

• • •

Houve, conforme vimos, algunas exceções à condenação explícita dos judeus por Hitler. Ele poupou certos indivíduos. Um de seus apologistas, o arquiteto Giesler[44], diz que o viu lendo, em outubro de 1944, a grande biografia do imperador Frederico II, escrita pelo excelente judeu alemão medievalista Ernst Kantorowicz. Em uma de suas conversas à mesa (em 11 de dezembro de 1941), ele fez uma pergunta para a qual não esperava resposta: Houve, há, algum judeu decente? Dificilmente. Otto Weininger, talvez, "que cometeu suicídio quando compreendeu que o judeu vive da decomposição de outras nações e povos!"[45] Em outras ocasiões, porém, Hitler mencionou o *Edeljude*, o "judeu nobre", o dr. Bloch.

O dr. Bloch, conforme vimos (no Capítulo 2), foi o médico judeu de Linz que tratou da sua mãe durante sua última e dolorosa enfermidade. Em março de 1938, o velho dr. Eduard Bloch presenciou da janela de seu apartamento, em uma casa na rua principal, a entrada triunfante de Hitler em Linz. Desse momento em diante, ele e sua família foram tratados com respeito pelas autoridades nacional-socialistas, que lhe facilitaram a emigração para os Estados Unidos. No dia 16 de novembro de 1938, antes da viagem, Bloch enviou uma carta a um certo Renato Bleibtreu, diretor do escritório vienense dos Arquivos Centrais NSDAP, incluindo seu livro de registro de consultas médicas relativo a 1907, pedindo que fosse enviado ao Führer. Foi uma carta notável, sentimental, cheia de recordações e profunda melancolia, mas não uma carta servil. Incluía ela uma longa descrição do jovem Hitler ao tempo da morte da mãe, que deixou uma duradoura e funda impressão ma memória desse médico: "Em meus quase quarenta anos de clínica, nunca vi um jovem tão arrasado pela dor e pelo sofrimento como o jovem Adolf Hitler! Tive a impressão de que estava diante de mim um ser de cujo coração fora arrancado um pedaço!... Tenho certeza de que ele não esqueceu o médico de sua mãe, cujo trabalho não foi guiado por considerações materiais, mas éticas. Mas estou convencido também de que os mesmos princípios pautam a conduta de milhões de meus colegas, cujos muitos sofrimentos espirituais são os mesmos que os meus"[46].

Há na carta do dr. Bloch uma humildade que considero profundamente tocante. Escrevi "humildade" — que é, claro, diferente de covardia, da mesma maneira que confiança difere de arrogância. O grande historiador Jacob Burckhardt escreveu certa vez que humildade é algo de que os antigos não eram capazes, era uma virtude trazida ao nosso mundo pelo cristianismo. Seria Hitler capaz de humildade? Dificilmente, exceto naquela ocasião na véspera do Natal de 1907, quando, diante desse modesto médico judeu, fez uma profunda reverência, agradecendo-lhe pelo que fizera por sua mãe.

7

Os Alemães: Capítulo ou Episódio?

Hitler na história do povo alemão — O problema da "opinião pública" — Hitler e a história do Terceiro Reich — Conservadores — Classe operária — Resistência

A HISTÓRIA DA ALEMANHA — e do povo alemão — inclui Hitler. Uma afirmação do óbvio. Ainda assim, talvez compreensivelmente, houve e há numerosos alemães que a evitam. Lembro-me de ter lido em algum lugar a declaração de um intelectual alemão refugiado nos Estados Unidos, de que Hitler não faz parte da história alemã, o que me pareceu (e presumivelmente, a outros não-alemães) um absurdo. Muito mais compreensível — e perdoável — é a tendência de muitos alemães de considerar os anos de Hitler como um episódio antinatural na história do país e de seu povo: um episódio, e não um capítulo, sugerindo algo excepcional e descontínuo. Temos aí tendências e hábitos de pensamento do povo, como acontece também com as de não-alemães (talvez, em especial, de ingleses e inglesas) no sentido de que alemães serão sempre alemães, que o hitlerismo constituiu apenas outro fenômeno alemão e que a II Guerra mundial foi apenas a Segunda Guerra, uma continuação da Primeira Guerra Alemã, a de 1914-18. O que temos aqui são respostas simplistas ou exageradas a uma pergunta eterna: caracteriza-se a história principalmente pela continuidade ou pela mudança? Aplicada a pergunta a qualquer periodo ou local na história, as respostas não são fáceis, e talvez se tornem uma dificuldade toda especial quando estudamos Hitler e seu governo. E redunda em crédito para os historiadores alemães que eles, durante anos, lutaram com esse problema, tendo alguns demonstrado a coragem de reconhecer que o problema existiu, existe, e continuará a desafiá-los.

"No tocante a todos os interessados na história alemã, e talvez não apenas a eles, a pergunta fundamental no século XX é a seguinte: Como pôde Hitler assumir o poder? Formulada inúmeras vezes, a pergunta recebeu outras tantas respostas", escreveu Eberhard Jäckel[1]. A pergunta sobre o por quê (e o como) Hitler subiu ao poder, opinou Ernst Deuerlein em uma comovente passagem, "é indubitavelmente pertinente às gerações que o apoiaram, que cerraram fileiras em volta dele, ou que tiveram de resistir e sofrer sob seu governo. Além disso, interessa também às gerações futuras, para os quais Hitler será um fenômeno histórico... Intacta e imutável é a validade da verdade que Reinhold Schneider, um escritor e pensador católico alemão extremamente sério, afirmou em 1946: "Nossa acareação com Adolf Hitler não terminou ainda e não pode ser concluída. De certa maneira, estaremos ligados a ele para sempre. Em um exame realmente sério de consciência, temos de tentar nos libertar — o que significa a aceitação do fardo da responsabilidade por aqueles cujo coração é suficientemente forte para carregá-lo... O povo alemão, pouco importa como esta lista possa parecer grotesca, é o povo de Martinho Lutero, de Karl Marx, de Friedrich Engels e também de Adolf Hitler... Com Hitler, também, como disse corretamente Reinhold Schneider, estaremos 'ligados para sempre'"[2].

Essas palavras estão de acordo com a opinião de outro católico de língua alemã, o austríaco Friedrich Heer, que cita Schramm: "A acareação com esse homem estranho, sinistro [*unheimlich*] é um dever político de primeira magnitude"[3]. E continua Heer: "Após o colapso de seu governo, após sua morte, após o triunfo dos Aliados, nas terras alemãs e especialmente nos círculos cristãos e conservadores, houve pessoas que demonstraram o desejo de considerar Hitler como um demônio, um Anticristo, como um fenômeno além da compreensão, desaparecendo [assim] em nuvens metafísicas. Essa retirada para um... inferno metafísico... foi, antes de mais nada, uma espécie de busca por alívio: ninguém queria admitir sua responsabilidade pela ascensão, pela tomada do poder, pelos atos destruidores praticados em toda a Europa por esse homem."

Em sua volumosa biografia, Fest, algumas vezes, pelo menos implicitamente, mostrou-se ambíguo sobre a suposição de uma excepcional responsabilidade alemã. Sim, a Alemanha era um lugar especial. Evidentemente existiram "características nacionais que tornaram o nacional-socialismo diferente dos movimentos fascistas de outros países, mas, em seguida, Hitler encontrou seguidores obedientes em todos os lugares". E: "Mesmo que toda nação seja em si responsável por sua história", é errado "negar o reconhecimento de que, em Hitler, culminou a poderosa tendência de uma época que marcou toda a primeira metade deste século"[4]. Esta situação talvez seja hegeliana demais, com sua implicação de *Zeitgeist*, mas há verdade na conclusão de Fest: "No fim, é também certo que ele não poderia ter destruído a Europa sem a cooperação da mesma." Em suma: "Ele foi muito menos uma grande contradição do que reflexo [*Spiegelbild* — literalmente, "imagem especular") de seus tempos." O jovem Zitelmann, em seu primeiro comentário relativo à "pesquisa sobre Hitler"[5], que contém apreciações e críticas interessantes e penetrantes sobre vários biógrafos de Hitler, estabelece uma distinção entre as circunstâncias externas que permitiram a Hitler assumir o poder e obter extraordinário sucesso, entre o que ele — em minha opinião empregando a palavra errada — denomina de fator "subjetivo", isto é, as características da personalidade de Hitler.

Em 1985, Martin Broszat sumariou o problema nas seguintes palavras: "Extraordinária em nossa situação é a necessidade, bem como a dificuldade, de inserir corretamente o nacional-socialismo na história alemã"[6]. Coube a Haffner formular a pergunta pertinente: "O Terceiro Reich representou continuidade na história da Alemanha ou foi um afastamento da trilha batida? A resposta simples é que o nacional-socialismo continha elementos de continuidade e descontinuidade, e que a continuidade predominou".[7] Essas palavras são importantes porque Haffner era um conservador — mas também alguém profundamente consciente daquilo que Armin Mohler e outros denominaram de "A Revolução Conservadora" entre importantes pensadores e escritores alemães na década de 1920, que pensavam que a Alemanha deveria representar alguma coisa nova, libertando-se de um liberalismo e parlamentarismo antiquados, na direção de um futuro mais forte, mais brilhante, mais ensolarado[8].

No entanto, *não* era inevitável — como escreveram alguns germanófobos durante e após a guerra, incluindo o jornalista americano William Shirer — que a história alemã culminasse obrigatória e necessariamente em Hitler. É esse também o motivo por que o debate entre historiadores alemães (e, às vezes, ingleses) sobre o Caminho Alemão Especial na história moderna (*Sonderweg*), significando um afastamento do desenvolvimento democrático ocidental, retroagindo ao fracasso de uma revolução democrática alemã em 1848 e mesmo antes, pode ser levado ao exagero. Não só a Alemanha, mas a maioria das atuais nações da Europa recusou-se a seguir ou adotar os modelos francês, britânico, americano, suíço, escandinavo ou outros exemplos ocidentais, nas décadas de 1920 e 1930. Ainda assim, algumas opiniões de historiadores alemães sérios durante a discussão do *Sonderweg* merecem estudo[9]. O historiador Thomas Nipperdey advertiu contra o perigo da aceitação incondicional do *Sonderweg* como clichê. Por outro lado, o sociólogo Kurt Sontheimer declarou: "... eliminar a tese do *Sonderweg* implica quebrar a espinha do consenso político alemão após 1945... Se os historiadores, ainda que com as melhores intenções profissionais, se inclinarem a negá-lo, eles precisarão pelo menos saber, queiram ou não, que contribuem para as forças políticas que tendem a opor-se à nossa nova ordem política e social após 1945". O ponderado historiador Karl Dietrich Bracher estabeleceu uma distinção entre uma mentalidade alemã particular (*Sonderbewusstsein*)[10] e o *Sonderweg*. "O *Sonderweg* alemão deve ser limitado à era do [Terceiro Reich], e a força da mentalidade alemã peculiar [*Sonderbewusstsein*] que já surgira em oposição à Revolução Francesa e tornou-se mais forte após 1870 e 1918, deve ser enfatizada. Com origem nessas perspectivas exageradas [e, acrescentaria eu, retóricas], o *Sonderweg* tornou-se um poder na política, uma realidade nascida de um mito. A estrada da democracia para a ditadura não foi um caso alemão especial, embora a natureza radical da ditadura nacional-socialista correspondesse ao poder de uma ideologia alemã que, no período 1933-45, tornou-se uma realidade política e totalitária"[11].

A partir de uma perspectiva histórica muito ampla, poder-se-ia dizer que as duas guerras mundiais deste século representaram, entre outras coisas, a última tentativa de um Estado de dominar a maior parte da Europa. No século XVI, a Espanha foi a grande potência européia, a França nos séculos XVII e XVIII e a Grã-Bretanha, a principal potência mundial (e um fator importante no equilíbrio de poder europeu) durante o século XIX. Neste século, coube à Alemanha esse papel na I e II Guerras Mundiais. Sim, houve uma conexão entre as duas guerras mundiais e é imaginável — na verdade, provável — que, em alguma ocasião em fins da década de 1930, a Alemanha poderia ter, sem Hitler, ascendido à posição de potência dominante na Europa. Não obstante, em mais de um sentido, houve diferenças fundamentais entre as duas guerras mundiais. Não estou pensando na maneira terrível como foi conduzida a segunda, quando desapareceram muitas das distinções prévias entre militares e civis. O que temos de levar em conta é a capacidade de Hitler de empenhar um povo inteiro (ou, pelo menos, a esmagadora maioria) em uma guerra, visando concretizar seus objetivos pessoais. No *Mein Kampf*, encontramos uma declaração de importância crucial: "Ou a Alemanha se tornará uma potência mundial ou deixará de existir." (Que a maioria dos alemães tenha pensado que a guerra lhes fora imposta por seus inimigos é uma outra questão, e inteiramente diferente do que pensaram sobre a I Guerra Mundial.) O nacionalismo e a unidade nacional alemã constituíram também forças poderosas durante a I Guerra Mundial. Hábitos nacionais profundamente enraizados de obediência e disciplina persistiram e culminaram na II Guerra Mundial. A estrutura psíquica (e social) dos sucessos do povo alemão na II Guerra Mundial, porém, mudou, e isto foi tanto condição quanto resultado da ação de Hitler. *Sem* Hitler, os alemães não poderiam ter conseguido o que conseguiram, e Hitler tampouco poderia ter realizado o que realizou *sem* o povo alemão — ou mais exatamente, sem a aceitação esmagadora de sua pessoa pela maioria.

Ainda assim, o objeto deste capítulo não é a história do povo alemão durante o Terceiro Reich, mas a da relação de Hitler com o povo. E neste particular observa-se uma dualidade — talvez, uma divergência — de tendências alemãs ainda hoje existentes. Por um lado, havia a propensão, previamente mencionada, de pôr em Hitler a culpa de tudo — até mesmo entre alguns historiadores que se empenharam em uma revisão cautelosa da maneira como entendiam algumas das realidades do Terceiro Reich (evidente, entre outras coisas, na Briga dos Historiadores). Por outro, há a tendência entre homens e mulheres de uma geração alemã que ora desaparece para considerar Hitler melhor do que a hierarquia nacional-socialista, freqüentemente manifestada em exclamações como: "Se apenas Hitler soubesse!" ("Wenn das der Führer wusste!"). Ou, como declarou Bracher em 1977: "Não foi com Himmler, Bormann e Heydrich, e tampouco com o Partido Nacional-Socialista, mas com Hitler, que o povo alemão identificou-se entusiasticamente. Nesse fato existe um problema fundamental, sobretudo para os historiadores alemães... Identificar as origens desse erro aziago do passado e pesquisá-lo sem minimizá-lo [*bagatellisieren*] continua a ser a tarefa da cultura histórica alemã. Ignorá-las implica renúncia a seu compromisso com a verdade"[12].

Resta o outro lado dessa questão, ou seja, a afeição de Hitler pelo povo alemão. Há um quarto de século, escrevi que "a origem fundamental da força de Hitler foi o ódio. Em comparação com o poder de seus ódios, até seu amor pelo povo — a finalidade viva de um grande líder nacional — pouco significava. Neste particular, ele divergiu muito de Napoleão"[13]. Talvez "pouco" não seja a palavra certa, porque, em qualquer caso, amor é uma questão de qualidade, não de quantidade. E — como também em outros casos — ambigüidades no pensamento de Hitler são discerníveis nesse assunto complexo[14]. Numerosos historiadores alemães — mais uma vez, compreensivelmente — exploraram exaustivamente algumas de suas observações, em especial perto do fim da guerra, no sentido de que os alemães constituíam um povo que merecia perecer, caso ficasse provado que foi fraco demais. Ainda assim, na mesma época (no dia 2 de abril de 1945), ele mencionou sua "fé inquebrantável no futuro do povo alemão"[15]. Em março de 1945, Speer ficou profundamente chocado quando Hitler ordenou a destruição de todas as fábricas, usinas, pontes e instalações de igual porte por trás das linhas alemãs que recuavam no Oeste. Speer, porém, deixou também consignada a sua impressão de que, em fins do mesmo mês, Hitler não parecia insistir mais nesse ponto. Mas continuou a insistir até o fim em que os Aliados queriam destruir o povo alemão[16].

• • •

Em um capítulo curto sumamente perspicaz (embora, infelizmente, só em raros casos bem estudado) — "Algumas características de historiadores em tempos democráticos" — no segundo volume de *A democracia na América*, Tocqueville fez algumas observações muito importantes sobre os problemas da história na era de democracia de massa que então se avizinhava. Entre outros assuntos, sugeriu que, ao contrário de expectativas à primeira vista, a reconstrução correta da história de povos será tarefa mais difícil do que a reconstrução da história no tempo das sociedades aristocráticas. A despeito da abertura cada vez maior de todos os tipos de arquivos nos últimos cem anos, essas palavras se confirmaram. Claro, constitui um erro acreditar que o fenômeno — e, como veremos logo adiante, imprecisamente denominado — da opinião pública só se tornou fator importante durante o último ou os dois últimos séculos. Ela desempenhou um papel de destaque desde o início da história. Ou como escreveu Pascal em *Pensées*: "A opinião", afinal de contas, é "a rainha do mundo." Mas é verdade também que a evolução da história moderna na direção da democracia (e com isso não tenho em mente apenas a evolução da educação para todos, mas a evolução da consciência), o que pode ser denominado de "estrutura dos fatos", passou por mudanças, quero dizer, pela intrusão crescente da mente na matéria. Contrário não só a Marx, mas também a Adam Smith e, na verdade, a todas as filosofias materialistas, é pelo menos defensável a tese de que o que realmente importa — não apenas na vida privada mas nos eventos do mundo em geral — é o que as pessoas pensam e no que acreditam, e que a própria organização material do mundo constitui apenas uma conseqüência desse fato. E isso é tão aplicável à era de Hitler quanto, por exemplo, ao "mercado" ou à "pesquisa do consumidor" — devido ao fato de Hitler depender do povo alemão, uma dependência da qual ele estava inteiramente consciente, e que diferia em gênero e grau — talvez de modo mais profundo e superior — da dependência nos casos de Cromwell, Napoleão ou, talvez, mesmo de Mussolini e Stalin.

Mas há aqui problemas peculiares que o historiador precisa enfrentar. As modernas "técnicas de amostragem" da "pesquisa de opinião pública" são relativamente novas (o Instituto Gallup foi fundado nos Estados Unidos em 1935) — e logo depois estudaremos suas limitações inevitáveis e, ai de nós, raramente estudadas. Acrescente-se a isso a tendência acadêmica de trocar a história política pela social, que começou a influenciar os historiadores alemães após 1965-70. Análises e, o que é talvez mais importante, descrições dos sentimentos e das opiniões do povo alemão durante o Terceiro Reich, envolvendo especialmente seu relacionamento com Hitler, foram conhecidas antes, claro, às vezes em trechos perspicazes, nas memórias deixadas por contemporâneos e outros observadores participantes. Os estudos sistemáticos sobre esse relacionamento, porém, só surgiram nos últimos vinte ou vinte e cinco anos[17]. Todos os autores estiveram cientes das complexidades de seus temas de estudo. Ainda assim, muitos dos mais valiosos desses trabalhos trataram da maneira como Hitler ascendeu ao poder[18], e poucos do relacionamento dele com o povo a partir desse momento e durante a guerra.

Complicado e difícil como possa ser a questão da opinião do povo alemão, existem os materiais necessários ao estudo — além de um número indeterminado de documentos pessoais, recordações, relatórios policiais, memórias e impressões escritas de observadores estrangeiros. Há mais de trinta anos, conhecemos os sumários de "opinião" compilados pelo Departamento de Segurança de Himmler (*Sicherheitsdienst*), sob o título *Meldungen aus dem Reich*, organizados e publicados inicialmente por Heinz Boberach em 1966 (atualmente, uma coleção de dezessete volumes), e arquivos e mais arquivos dos mesmos têm estado à disposição dos pesquisadores. O valor desse material é, claro, limitado pelo caráter da instituição que compilou, avaliou e sumariou essas amostras aleatórias do que pensava a população. São opiniões *comunicadas*, e comunicadas por homens inteiramente comprometidos com o regime, mas, ainda assim, úteis e significativas de várias maneiras. (Há também prova de que Hitler leu algumas delas.) Nos últimos vinte e cinco anos, mais ou menos, emergiram outras "fontes", como, por exemplo, os sumários muito interessantes e ponderados do período de 1933-40, preparados pela SOPADE, a organização dos social-democratas no exílio[19], bem como outros relatórios que tratam da opinião e moral do povo, organizados por outras autoridades do Terceiro Reich (especialmente pelo chamado *Regierungspräsidenten*, sobretudo na Baviera).

"O conceito de opinião pública", escreveu Marlis Steinert em sua cuidadosa introdução do ST/HK/D, permanece (em especial na Alemanha, tanto agora quanto no passado) obscuro e discutível; sua definição científica é mais ou menos como "tentar descobrir a quadratura do círculo"[20]. Essa conclusão, note-se, não é aplicável apenas à Alemanha e à história da era hitlerista. Esse tipo de "pesquisa" está apenas na infância. Este não é o lugar para discutir ou mesmo sumariar os problemas desse assunto vasto e complexo, mas permitam-me mencionar algumas distinções — que acho necessárias e já tardias — que fiz há mais de trinta anos[21], e apenas porque podem ser relevantes para nosso atual assunto. Há uma diferença entre opinião pública e sentimento popular. (Kershaw, mencionado acima, prefere usar a expressão "opinião popular"). O que é "público" não é necessariamente "popular" e "opinião" não é idêntico a "sentimento". (O subtítulo do estudo de Marlis Steinert sugere esse fato. É "Stimmung und

Haltung der deutschen Bevölkerung im Zweiten Weltkrieg" — e notem que a palavra alemã *Stimmung* significa mais sentimento do que opinião. Em outras palavras, mais uma tendência do que um fato concreto — ao passo que *Haltung* sugere alguma coisa como caráter, atitude ou comportamento.) A essas considerações devemos acrescentar a inadequação de formulações quantitativas de "opinião pública". Essas afirmações numéricas são úteis, e se aproximam muito da precisão quando se trata de prognósticos eleitorais — isto é, em questões que envolvem *opções*. Opção, porém, não é necessariamente idêntico a opinião (em especial quando implica uma opção de alternativas predeterminadas e fixas, como no caso de pesquisas eleitorais). Conquanto um voto tenha o valor de um único voto, e nada mais, variam a intensidade e a influência das opiniões. Além do mais, a história está cheia de exemplos de "minorias coesas" e "minorias frouxas" — sendo, com freqüência, a influência das primeiras maior do que seus números possam indicar. Esse fato aplica-se também ao povo alemão na era de Hitler[22]. Se, com base em prova recém-descoberta e confiável, alguem possa convincentemente provar que, em certa ocasião, "apenas" 20% dos alemães eram contra Hitler, esse fato não significa que os 80% restantes eram hitleristas convictos. Reciprocamente, um estudo convincente indicando que, em certa ocasião, "apenas 20%" eram seguidores incondicionais de Hitler não significa que os 80% restantes eram adversários figadais[23]. (Além disso, crença em Hitler e crença em nacional-socialismo não eram sempre as mesmas coisas.) Ademais, nem sempre acontece necessariamente que a massa seja mais do que a soma de seus componentes individuais. De muitas maneiras, um corpo coletivo é *menos* do que isso, uma vez que seus membros são homens e mulheres, católicos, protestantes e ateus, antigos monarquistas e socialistas, e assim por diante. E a questão interessante é saber *como* um católico alemão ou um antigo eleitor socialista tornaram-se crentes parciais ou totais em Hitler. Outra dificuldade surge com os termos alemães *Volksgefühl*, *Volksstimmung* e *Volksmeinung* (empregados especialmente por Zitelmann), de tradução imprecisa "sentimento popular" ou "nacional", "emoção" e "opinião"), indefiníveis e coincidentes. Esse fato interessa a outro problema especial, que é o das categorias e tendências da retórica alemã — já evidentes no tom das declarações públicas e de publicações durante a I Guerra Mundial, quando, por exemplo, o nacionalismo francês ou inglês era não raro tão cortante ou mesmo brutal quanto o alemão, mas, de alguma maneira, a *retórica* dos alemães era diferente. Neste particular, temos de reconhecer que, não obstante Freud, a fala não é apenas uma expressão do pensamento, e que hábitos e modos de falar produzem um efeito evidente e freqüentemente verificável sobre os hábitos e modos de pensar[24].

Estreitamente relacionado com esses fatos há outro reconhecimento que se faz necessário: o da diferença entre mentalidade e ideologia. Isso porque Hitler esperava mais da mentalidade[25] — dos hábitos mentais e das reações mentais previsíveis — do povo alemão do que da aceitação irrestrita da ideologia nacional-socialista. Ou, como ele escreveu no *Mein Kampf*: "Liderar significa ser capaz de mover as massas."

• • •

Mas basta dessas considerações metodológicas — ou, mais exatamente, espistemológicas. Nosso assunto é a popularidade de Hitler e as variações por que ela passou[26]. Para começar, há razões para questionar a tese amplamente aceita segundo a qual a Depressão de 1930-33 não apenas contribuiu mas lhe tornou possível conquistar o poder. Sabemos que o passo mais importante — literalmente, um enorme progresso — em seu destino foi a eleição de setembro de 1930 para o Reichstag, quando os nacional-socialistas receberam quase sete vezes mais votos do que dois anos antes — de menos de três para quase 19% de todos os votos depositados. Ainda assim, os historiadores dedicaram relativamente pouca atenção ao aumento já rápido dos votos nacional-socialistas no verão de 1929 e em princípios de 1930 nas eleições municipais e estaduais (na Saxônia, Mecklenburg, Baden, por exemplo), subindo às vezes para 13 ou 14%. Esse fato aconteceu *antes* da Depressão mundial e da escalada de desemprego na Alemanha de Weimar. Alguns historiadores observaram que durante essa ascensão crucial, de 1930 a 1933, que coincidiu com os piores anos da Depressão, Hitler não tinha um programa econômico claro — ou em outras palavras, seu apelo *não* era fundamentalmente e talvez nem um pouco econômico. O que subiu para o primeiro plano em 1930, e depois, foi o tremendo surto do nacionalismo alemão[27] — em todas as classes e, significativamente, entre os mais afetados pelo desemprego e outras desgraças econômicas. "Operários não têm pátria", escreveu Marx. Ele não poderia ter-se enganado mais — algo que já era evidente em 1914 e ainda mais na década de 1930. Haffner merece louvor especial por ter reconhecido esse fato. O nacionalismo alemão "tornou-se, de repente, parte do discurso político do dia-a-dia. Até os comunistas começaram a falar em tons nacionalistas..."[28]. E o que aconteceu na Alemanha em 1933, e depois, prova mais uma vez a qualidade superior da introvisão de Proudhon sobre a de Marx — que o povo não reage a contratos sociais, mas às realidades do poder[29].

Hitler compreendia perfeitamente esse fato. A propósito, observa Kershaw: "Apenas um dos quatro plebiscitos gerais realizados durante o Terceiro Reich não se seguiram a um grande triunfo na política exterior.

Externamente, as potências ocidentais não só perderam uma oportunidade de deter a expansão alemã, mas tiveram de presenciar também o enorme empurrão na popularidade que [a ocupação da Renânia] deu a Hitler"[30]. Não podemos, e não devemos, censurar os alemães por terem ficado impressionados com a maneira como estadistas estrangeiros tratavam e elogiavam Hitler na década de 1930. Ao mesmo tempo, a aceitação muda por parte deles — na verdade, a aprovação — das brutais execuções em massa ordenadas por Hitler em junho de 1934 choca-nos em retrospecto. Ou como disse Haffner, "se podemos falar em culpa coletiva do povo alemão, então foi talvez nessa ocasião que tudo começou."

"Que tipo de Estado era a Alemanha nessa época? Ao contrário de opiniões geralmente aceitas, não era um Estado de partido único, ao contrário da República Democrática Alemã e da União Soviética, dominadas por um partido político altamente estruturado. O Partido Nacional-Socialista não possuía Diretório Central, nenhum Politburo, e Hitler jamais convocou reuniões de algum comitê executivo... Não era o partido que dominava o Estado, mas Hitler que dominava tudo, incluindo o partido... O Terceiro Reich não foi o Estado de um partido, mas o Estado do Führer... Foi uma vitória colossal ter unido virtualmente toda a nação em torno de si [em 1938] — e conseguido isso em menos de dez anos! E conseguido, além do mais, não de todo pela demagogia, mas pelas realizações..." Assim escreveu Sebastian Haffner, um conservador liberal de impecável reputação intelectual. E Hans Frank, à sombra da forca: o Partido do Congresso em 1938 representou o "casamento de Hitler com o povo alemão... Acima de tudo, sorria o grande mágico Hitler, abençoando, enfeitiçando, tocando-lhes o coração..."[31]. Estas eram imagens emocionais na memória de um homem desesperado. Ainda assim, não devemos ignorar outras provas de confiança nacional, como as taxas fantasticamente altas de casamentos e nascimentos na Alemanha em 1938-39, juntamente com a queda extraordinária no número de suicídios, e assim por diante.

Vimos que em 1939 o povo alemão, após tantos anos de propaganda anticomunista, reagiu com silêncio ao pacto de Hitler com Stalin, na verdade, com sentimentos de admiração — pelos quais o próprio Hitler ficou surpreso e aliviado. Daí em diante, durante a guerra, a opinião e o sentimento alemão atrasaram-se às vezes em relação a Hitler[32] e, em outras ocasiões, adiantaram-se a ele — como no verão de 1940, quando todas as pesquisas mencionavam a impaciência do povo ante a esperada invasão da Inglaterra: "Wann geht es los?" "O que estamos esperando?"

"Os alemães", escreveu Jäckel, "o amavam mais do que temiam". (Isso não acontecia com os russos sob Stalin.) "Sob Hitler, os alemães jamais duvidaram, entraram em desespero ou se revoltaram, como poderia ter acontecido sob um tirano. Força externas tiveram de afastá-lo deles, e só quando se desfez o feitiço que os havia ligado a ele por mais de doze anos...[33]. Em data tão tardia quanto setembro de 1944, um apelo para apresentação de voluntários entre pessoas nascidas em 1928 (jovens de quinze e dezesseis anos) publicado no "Westmark" católico (o Sarre e o Palatinado) resultou na apresentação de 96% de indivíduos que preenchiam essas condições. Kettenacker cita uma pesquisa britânica realizada com prisioneiros de guerra alemães perto do fim da guerra: não mais de 9% eram antinazistas convictos e, 15%, passivos[34]. Temos, claro, de levar em conta a coesão de soldados em campos de prisioneiros controlados pelo inimigo e há prova abundante de que na Alemanha, após meados de janeiro de 1945, a crença no nacional-socialismo estava em baixa. Nessa ocasião, e só nessa ocasião, é que começou também o desgaste da confiança em Hitler. Mas mesmo então não era um fenômeno de natureza geral.

A massa do povo alemão admirava e, talvez, até amasse Hitler, enquanto nem necessariamente admirava ou amava o nacional-socialismo e o partido. Devemos, talvez pela última vez, mencionar essa distinção, tendo em mente, também, as limitações de uma afirmação categórica desse tipo, porque havia também superposições e opiniões divergentes. O povo alemão acreditava em Hitler, ou punha nele sua fé. Esse fato talvez não seja perdoável, mas é compreensível. E teve muito a ver não só com seus estrondosos sucessos, com o empurrão que deu no prestígio da Alemanha no mundo, mas na prosperidade nacional, que ele promoveu logo depois de assumir o poder. "Hitler", escreveu na prisão Hans Frank, "tornou-se o princípio normativo de todos os êxitos e esperanças da nação... Mas com relação ao partido, à burocracia, à SS e muitas outras coisas, o povo tinha numerosas reservas [*Sehr ablehnend*]... 'Der Führer', 'der Hitler', era a exceção. Eram muito populares frases como: "O Führer não sabe disso!" ou "O Führer tratará disso!", ou "O bom Führer, como ele está sendo maltratado!"[35] Escritas essas palavras pouco antes de sua execução — notem o título que Frank lhes deu, "À Vista do Patíbulo" — ele via nisso o oposto de pobreza da imaginação nacional, ou melhor, um tipo de fé alemã sentimental e, na verdade, tocada por uma lealdade primitiva. Essas páginas, escritas com a pressa exasperante de quem vai morrer, contêm todas as marcas de sentimentalismo e exagero febril. Elas não tinham a intenção de reabilitar Hitler, mas insistir nas origens e componentes desse tipo de fé (implicitamente, claro, também a sua) e não podem ser inteiramente ignoradas.

Trinta e cinco ou quarenta anos depois, historiadores de outra geração alemã tentaram compreender esse fenômeno. O método que usaram foi talvez o oposto do de Frank, uma vez que não procuraram revisar o retrato de Hitler, embora tentassem, de fato, alterar algumas das opiniões aceitas sobre o Terceiro Reich. Foi disso que tratou principalmente a Briga dos

Historiadores. Um exemplo antigo da argumentação que usaram foi a declaração feita por Klaus Hildebrand em 1981: "Não se deve falar de nacional-socialismo, mas de hitlerismo"[36]. O que foi simplista demais. Em seu sumário terso e seco da Briga dos Historiadores, Gerhard Schreiber escreveu em 1988: "A 'Historikerstreit' envolveu, acima de tudo, duas asserções. A primeira sugeria que o genocídio dos judeus foi, à sua maneira, uma reação de medo [*Angstreaktion*] à luta de classes bolchevista, com seus assassinatos em massa, enquanto a outra pretendia sugerir que o ataque à União Soviética em 1941 pode ter sido uma guerra preventiva. No fim, ambas as sugestões, deliberadamente ou não, levaram a uma relativização da era nacional-socialista... Ambas as controvérsias foram emocionalizadas e politizadas em alto grau..."[37] Jürgen Habermas, cujo artigo deu início à polêmica, afirmou que Michael Stürmer colocou a questão seguinte: "Até que ponto a guerra foi a guerra de Hitler e até que ponto a guerra dos alemães?" Sinto-me inclinado a repetir aqui minha observação sobre a tendência alemã para uma teoria de duas guerras: que a guerra contra a União Soviética pode ter sido inevitável, ao passo que a guerra contra o Ocidente foi lamentável, e ainda foi, afinal de contas, uma guerra travada dentro de limites tradicionais, uma "guerra européia normal" [*europäisches Normalkrieg*]. Mas foi mesmo? Podem o tratamento dado ao povo polonês por Hitler, a invasão da Dinamarca e da Noruega, a ocupação e domínio da França, o bombardeio de Rotterdam, Coventry, Belgrado, a maneira como tratou os judeus antes de 1941, ser categorizadas dentro dos limites de uma *Normalkrieg*? Ou como escreveu Horst Möller: "O julgamento da ditadura nacional-socialista é o elemento decisivo para a consciência histórico-política da República [Alemã Ocidental]. Mudanças na avaliação dessa era da história alemã são com freqüência vistas como indicações sismográficas para nossa cultura política"[38] Há razões para acreditar que (como, entre outros, sugere o exemplo de Zitelmann) uma revisão da história do Terceiro Reich está em andamento e que continuará entre os historiadores. Trata-se de um fato inevitável e não necessariamente lamentável. O que importa são as finalidades e, em conseqüência, a qualidade de tal revisionismo: isto porque a revisão pode sugerir ou mesmo levar à reabilitação — e um certo tipo de revisionismo pode também, no fim, levar a uma reabilitação não só de algumas características e realizações do Terceiro Reich, mas eventualmente, embora de modo implicito, de Hitler.

"War alles falsch?" "Estava tudo errado?" Essa foi a pergunta que numerosos alemães se fizeram quando o assunto era uma visão retrospectiva da Alemanha Imperial Guilhermina, durante a República de Weimar (muito tempo depois, em 1951, este foi também o título de um livro de

Joachim Kürenberg, analisando e defendendo o caráter do Kaiser Guilherme II). Esse livro (um sucesso moderado de livraria) agradou às recordações de uma geração alemã mais antiga. A frase "War alles falsch?" "Estava tudo errado?" quando aplicada ao Terceiro Reich (e, implicitamente, até a Hitler) envolve não só as recordações de sobreviventes, em número cada vez menor, das décadas de 1930 e 1940, mas também as sensibilidades, perspectivas e tendências de gerações de alemães ainda por nascer.

• • •

A responsabilidade por Hitler de uma geração alemã mais antiga, e em especial dos conservadores nacionalistas, de fato existiu. Essa generalização admite muitas e importantes exceções individuais e requer algumas ressalvas sobre o "conservadorismo" alemão. Ainda assim, generalizações, tais como vassouras, devem varrer, e não ficarem encostadas em um canto. Ou como disseram alguns historiadores alemães, e também Bullock: Hitler foi guindado ao poder não por meio de um movimento revolucionário popular, mas através das intrigas de conservadores, como Papen[39]. Talvez, em lugar de "não", eu pusesse "menos", mas, em termos gerais, a afirmação é válida[40]. Ou como Walter Euchner escreveu durante a Briga dos Historiadores: "Ao contrário dos bolchevistas, os nacional-socialistas... puderam atingir seus objetivos políticos com o apoio voluntário de uma parcela considerável das elites tradicionais"[41]. E, em março de 1933, muitos deles responderam a desideratos de um Terceiro Reich. Esse homem estranho, Hitler, não era mais apenas um elemento inevitável em um recrudescimento conservador e nacionalista, *faute de mieux*, em lugar de alguma coisa melhor, mas alguém que se tornara imensamente respeitável[42]. Daí em diante, o poder de Hitler contribuiu para sua respeitabilidade (talvez, especialmente, entre o povo em geral), mas a recíproca também era verdadeira: sua respeitabilidade contribuiu para seu poder (talvez, especialmente, entre os elementos conservadores da sociedade alemã) — ou, pelo menos, para a debilidade da resistência a ele. Ou como concluiu Heer: "Nem no catolicismo alemão nem no Vaticano, Hitler encontrou um adversário à sua altura [*der ihm gewachsen war*]"[43]. Entre todas as instituições, incluindo as Igrejas, da era de Hitler, a folha de ofício da Igreja católica — de alguns dos bispos e padres, bem como de parte da população católica — foi, relativamente falando, a menos comprometida e, às vezes, até mesmo inspiradora. A literatura histórica dedicada a esse assunto complexo é muito vasta. Simultaneamente, a reação a Hitler de membros, sob outros aspectos, não-nazistas ou mesmo antinazistas da hierarquia foi menos inspiradora, especialmente em retrospecto[44].

Em instituições como a Igreja e o Exército houve elementos de resistência a Hitler — fato este que ele conhecia muito bem — mas a ação desses elementos foi prejudicada não só pelos poderes indubitáveis do líder alemão, mas também pela respeitabilidade que ele adquirira como chefe de Estado (bem como por, pelo menos, algumas de suas idéias, populares e aceitas). Ao mesmo tempo, *temos* de compreender que na Alemanha (como em outros países da Europa), os principais e numerosos adversários mais respeitáveis de Hitler *eram* tradicionalistas — crentes nos padrões patrióticos, não raro religiosos e, acima de tudo, morais e nobres de um mundo mais antigo e melhor. De mais de uma maneira, com certeza, durante a fase crucial da II Guerra Mundial (em 1940 e 1941), a luta era menos entre esquerda e direita do que entre duas direitas. Este fato era tão verdadeiro no caso de Stauffenberg e seu círculo em 1944[45] quanto de Churchill e de Gaulle em 1940, e quanto de exemplos incontáveis de homens e mulheres patriotas e religiosos na Alemanha e na Áustria.

É esse o motivo por que a tese, sob outros aspectos convincente, de Jäckel, que constitui a conclusão de seu anterior *Hitlers Weltanschauung*, sobre as origens remotas da atração e poder de Hitler, deve ser ressalvada. Sua pesquisa da antiga divisão na Alemanha entre "monarquistas" e "democratas" — ou, em outros termos, talvez menos precisos, entre direita e esquerda — permanece valiosa e útil, uma vez que Jäckel descreve convincentemente e com razoável exatidão as contribuições de antigos monarquistas e da direita à ascensão de Hitler ao poder. Mas ele escreveu pouco mais de uma página sobre a, talvez ainda mais surpreendente, passividade da classe operária alemã e dos milhões de antigos eleitores socialistas e comunistas, ou sobre os sindicatos que, em 1933, "observaram com visível passividade a subida de Hitler ao poder e, em seguida, tentaram ajustar-se ao novo regime"[46]. Seria errado, acho eu, atribuir a argumentação de Jäckel às simpatias sociais-democratas desse historiador, sob outros aspectos ponderado. Mas, na intenção de enfatizar a responsabilidade das classes tradicionais alemãs por sua inclinação para apoiar (ativa ou passivamente) Hitler, ele ignorou algo que numerosos historiadores, e não apenas os marxistas, esqueceram durante mais de um século: a tendência da classe operária, também, para a respeitabilidade — algo que, em muitos níveis e em muitos casos, tem sido inseparável de seu nacionalismo. Em acréscimo a tudo isso, havia a capacidade indubitável de Hitler de prometer e realmente promover a classe operária industrial alemã a situações mais novas e mais altas na estrutura da sociedade alemã (e nas Forças Armadas). No Capítulo 3, vimos sua alta estima para com a "classe operária" e o desprezo que ele freqüentemente manifestava pelo *Bürgertum*. Nos últimos trinta anos, numerosos estudos revisaram a opinião geral anterior, segundo a qual o principal apoio a Hitler veio da classe média típica e da classe média baixa. Na realidade, as antigas fronteiras entre classe média baixa e classe operária começaram a dissolver-se durante a era de Hitler. Mais do que isso, há prova abundante de que, entre os operários, o apoio e a crença em Hitler não só permaneceram fortes, mas duraram até o fim. São muito os relatos nesse sentido e procedentes de numerosas fontes[47].

• • •

Houve resistência a Hitler na Alemanha — uma resistência alemã que foi talvez mais admirável (e não só por causa de seus riscos óbvios e freqüentemente terríveis) do que a resistência de homens e mulheres em outras nações que foram subjugadas ou aliadas relutantes de Hitler. Ela era limitada a pessoas, famílias e pequenos grupos solitários, e a uma minoria variada, pequena e mutável na única instituição, o Estado-Maior do Exército, que poderia ter sido eficaz (embora isso também fosse improvável). Esse fato não significa que, como sugeri antes, a resistência a Hitler não existisse no seio das maiorias, às vezes na mente dividida de homens e mulheres. De qualquer modo, "resistência" significava uma reação mental ou concreta de oposição a Hitler (e não devemos esquecer que, afinal de contas, a própria palavra "resistência" sugere alguma coisa que é *reacionária*). Temos de levar em conta também que as brutalidades antijudaicas na Alemanha despertaram *menos* apoio entre o povo alemão[48] do que entre alguns povos da Europa oriental (exemplos: Romênia, Letônia, Ucrânia). Esta não é apenas uma afirmação geral provisória sobre atitudes populares, porquanto ela se tornou evidente em muitas das manifestações registradas na época e nos atos de numerosos alemães que tentaram e ousaram ajudar judeus nas épocas mais difíceis. Por outro lado, houve manifestações brutais e atos inegáveis de uma minoria nacional-socialista, assim como a obediência muda e o respeito da maioria — menos pelo nacional-socialismo do que por Hitler.

A opinião geralmente sustentada de que o respeito por Hitler desapareceu momentos depois de sua morte, requer também algumas ressalvas. A maioria do povo alemão, em meio a seus maiores perigos, choques e tribulações, ficou atordoada. Muitos dos oficiais remanescentes não quiseram nem puderam aceitar o fenômeno da morte do líder. Afinal de contas, em data tão tardia como março de 1945, seu sucessor, o almirante Doenitz, havia dirigido uma mensagem a seus comandantes navais: "Coloquemos nossa confiança incondicionalmente na liderança de Adolf Hitler. Acreditem, em meus dois anos como comandante-chefe da Marinha de Guerra, descobri que suas opiniões estratégicas sempre se revelaram corretas." Durante os dias transcorridos entre a morte de Hitler e a capitulação final da Alemanha, Doenitz e a maior parte de seu governo continuaram a respeitar Hitler. (Doenitz nem anunciou a dissolução do partido nem mandou retirar a bandeira da suástica ou os retratos de Hitler das repartições do governo em Flensburg.) No dia 2 de maio, anunciou: "A luta de Hitler contra os bolchevistas foi travada em favor da Europa e de todo o mundo civilizado... Os anglo-americanos, portanto, não estão mais continuando a guerra no interesse de seus povos, mas apenas para promover a disseminação do bolchevismo pela Europa"[49]. E anotou em seu diário, no dia 9 de maio, um dia após a capitulação: "O fundamento para a existência continuada do povo alemão é a comunidade nacional criada pelo nacional-socialismo"[50].

O fato de que renunciar à luta contra o Ocidente era preferível a renunciar à luta contra o Leste era óbvio por essa ocasião. E também óbvio que, para a Alemanha, o nacional-socialismo era preferível ao bolchevismo — entre outras coisas, por causa dos padrões de vida do povo alemão. Durante um longo tempo após a guerra, a idéia de que o nacional-socialismo era, afinal de contas, melhor do que o bolchevismo continuou a ser um forte artigo de fé, certamente na Alemanha Ocidental (e também entre alguns americanos na anticomunista década de 1950). Havia muitas razões para essa crença: não só a prosperidade que Hitler trouxera para o povo, mas o fato de que Stalin ordenara a prisão e a morte de muitos milhões a mais de seu próprio povo do que Hitler. Ainda assim, de alguma maneira, todas essas comparações são fora de propósito. Carecem de substância moral. Há razões morais — e históricas — para perguntar se o nacional-socialismo e o comunismo, e os crimes de Hitler e Stalin, devem ser absolutamente comparados.

Em sua contribuição para a Briga dos Historiadores, Fest — defendendo Hillgruber e Nolte — propôs o argumento falso de que tornar a Alemanha especialmente responsável pelos crimes totalitários do Terceiro Reich — isto é, *mais* responsável do que a Rússia sob o governo de Stalin, por causa das qualificações educacionais e culturais do povo alemão — resultava na aceitação da idéia de *Herrenvolk* (raça superior). Uma resposta convincente à essa tese foi dada por Christian Meier: "Seremos um proponente da ideologia de 'Herrenvolk' quando declaramos que, através da longa história da Alemanha, podemos presumir fenômenos civilizatórios e éticos diferentes dos ocorridos, digamos, na Rússia, Turquia ou Indochina?" Esse pressuposto envolve não "privilégios... mas deveres... Não deveríamos nos medir de acordo com esses padrões?"[51]. Iniciei este capítulo dizendo que a história da Alemanha — e do povo alemão — inclui Hitler. Seu lugar nessa história, porém, foi mais extraordinário do que o de Stalin na história da Rússia. Não houve um Ivã, o Terrível (cujo governo, de muitas maneiras, lembra o de Stalin) na história da Alemanha. Stalin ajusta-se mais ao padrão da história russa do que Hitler ao da Alemanha. Ainda assim, infelizmente, nessa história ele tem que ser incluído.

8
Admiradores e Defensores, Declarados e Ocultos

Principais argumentos para a reabilitação de Hitler — A hierarquia relativa de seus proponentes — A argumentação apresentada

ACABAMOS DE VER QUE, cinqüenta anos após sua morte, permanecem sem resposta importantes perguntas sobre Hitler. Essa situação não é incomum. A história não é uma ciência física. *Biografia* não é *biologia*. Tudo que sabemos chegou-nos em retrospecto e é provável que mude essa visão do passado. Mas há outra inevitável limitação no tocante à condição humana. Conquanto perspectiva não seja idêntica à realidade, é dela um componente inevitável. O Kaiser Guilherme II escreveu que "A verdade histórica não é menos sagrada do que a religião". Sagrada, sim, mas não pura[1], porque o que nos é dado não é a verdade pura, mas a busca da verdade, e a busca é inseparável dos objetivos dos que procuram. Esse fato não significa que a verdade é relativa — que, de tão variável, torna-se na maior parte sem sentido — e que não é o oposto da mentira. "Relativização" de Hitler e do nacional-socialismo talvez não seja a escolha mais feliz de palavras — exceto quando se refere aos objetivos dos "relativizadores". Quando eles têm por finalidade a reabilitação do líder alemão, esse fato deve ser visível na escolha por eles dos fatos que se propõem a estudar e das próprias palavras que empregam. Isso acontece com muitos admiradores ou defensores de Hitler, reconheçam ou compreendam eles ou não seus objetivos. Alguns historiadores (Zitelmann, por exemplo) recorrem a um vocabulário físico hoje superado (e originariamente cartesiano), sugerindo que preconceitos "subjetivos" toldaram a representação histórica "objetiva" de Hitler. Por outro lado, Maser refere-se ao "livro escrito de forma altamente subjetiva" do declarado admirador de Hitler, Hans Severus Ziegler[2], como se a palavra "subjetivo" fosse suficientemente explicativa.

Em todo este livro, encontramos alguns dos argumentos que historiadores profissionais, amadores e outros interessados apresentaram com o objetivo de revisar elementos importantes na história de Hitler, e este talvez seja o lugar para sumariar os principais entre eles, embora com tanta brevidade quanto possível. Cinqüenta anos após sua morte, é — ou deve ser — incontestável que Hitler foi um homem mais complexo — e também mais reservado — do que se supôs durante muito tempo e que era possuidor de dotes consideráveis de inteligência. Simultaneamente, seus apologistas tendem a enfatizar o lado sensível, artístico, surpreendentemente humano de sua personalidade — não raro unilateralmente. Unilateral, também, é o retrato que pintam da felicidade e prosperidade que Hitler trouxe para a maior parte do povo alemão na década de 1930 — sem mencionar, quanto mais enfatizar, os elementos mais sombrios desse quadro geral. E também, entre os apologistas mais extremados e igualmente entre os reabilitadores cautelosos, nota-se a tendência de isentar Hitler — ainda que parcialmente — de responsabilidade por ter iniciado a II Guerra Mundial. Isso é feito enfatizando os objetivos bélicos e a inflexível má vontade de seus inimigos em chegar a uma solução conciliatória, sobretudo poloneses e britânicos[3]. Além disso, tem havido uma tendência crescente para absolvê-lo, pelo menos em parte, da medida mais funesta por ele tomada durante a guerra, a decisão de atacar a Rússia em 1941, argumentando-se — tendo como base documentação extremamente duvidosa — que Stalin estava prestes a atacar a Alemanha no mesmo ano[4]. Nos capítulos precedentes, chamei muitas vezes a atenção do leitor para a tese das duas guerras, de acordo com a qual a guerra contra a União Soviética foi compreensível e desculpável, uma vez que implicava a defesa não apenas da Alemanha, mas da Europa e da civilização ocidental, servindo a Alemanha como barreira contra o bolchevismo. Uma variante decorrente desse argumento acusa os Aliados, especialmente Churchill, de cegueira para os perigos do comunismo e, destarte, de ter contribuído para o colapso da Europa por causa do ódio que tinham à Alemanha[5].

Outro exemplo desse tipo de "relativização" é a minimização dos méritos da resistência alemã — na qual o exemplo mais extremado consiste em denegrir o caráter dos conspiradores de 1944 (como, na verdade, da maioria dos adversários de Hitler). Vimos, finalmente, Irving alegar que Hitler não foi responsável pelo extermínio dos judeus da Europa, que a chacina foi decidida e perpetrada por outros, e que locais como Auschwitz eram campos de trabalho, e não de extermínio. Como conseqüência disso, surgiram argumentos em livros e panfletos de outros autores, afirmando que as idéias aceitas sobre a extensão do Holocausto foram falseadas por propagandistas, resolvidos a obscurecer a "verdade objetiva".

Comum a todos esses trabalhos é seu descomedido exagero. *Há* um grão de verdade (ou deveríamos chamá-la de realidade?) em quase todos eles, mas nem quantitativa nem qualitativamente suficiente para merecer estudo sério. Simultaneamente, temos de estabelecer uma distinção entre essas obras e seus autores. Conquanto evitando um levantamento de panfletos e livros à margem desse tipo de literatura, podemos distinguir uma ordem relativa entre esses "reabilitadores" — uma hierarquia relativa de acordo com a importância crescente da seriedade de seus estudos. Começaremos com os admiradores declarados de Hitler (não raro, membros de uma geração anterior de pessoas que o conheceram), passando a reabilitadores como Irving (e, pelo menos parcialmente, Toland) e, finalmente, para alguns dos argumentos de escritores e historiadores alemães respeitados, que surgiram durante a Briga dos Historiadores e depois.

• • •

Por duas razões, pelo menos, podemos abster-nos de uma discussão ou mesmo de uma lista parcial dos apologistas mais extremados. A primeira, o círculo limitado de seus leitores. Esses livros foram publicados por editoras pequenas, sectárias, raramente respeitáveis, e pregam para os convencidos ou para os que estão prontos a serem convencidos. A outra é que, estranhamente, ou talvez não tão estranhamente, os autores da maioria desses livros e panfletos extremados "não estão ainda prontos para Hitler". Na maioria dos desmentidos que apresentam do extermínio dos judeus, e na reabilitação, apologias e, na verdade, elogios a instituições do Terceiro Reich, como a SS, por exemplo, raramente é feita menção direta a Hitler. É como se ele fosse um "assunto" grande e perigoso demais para tocar — embora seja evidente que o admiram. Mais importante para as finalidades deste livro são as reminiscências de homens e mulheres que o conheceram pessoalmente, trabalharam para ele, foram sob outros aspectos próximos a ele[6], ou se recusaram (alguns deles ainda vivos, cinqüenta anos após a morte de Hitler) a condená-lo ou, pelo menos, comprometer em retrospecto a lealdade que lhe tributavam[7]. Suas reminiscências escritas ou orais foram entusiasticamente pesquisadas e aproveitadas por historiadores amadores, não raro com objetivos próprios (como, por exemplo, Irving ou Toland) — mas, ainda assim, com todas as suas limitações, é talvez lamentável que pelo menos alguns deles tenham sido, de modo geral, ignorados por historiadores profissionais (como, por exemplo, as memórias de Christa Schroeder, secretária de Hitler, uma mulher difícil e irascível, e que foram meticulosamente anotadas pelo exemplar Anton Joachimsthaler)[8].

Alargando esse círculo, chegamos às memórias e reminiscências de pessoas mais importantes, que foram também muito próximas de Hitler e cujo objetivo *tem sido* explícito: reabilitá-lo[9]. Seus livros, igualmente, foram publicados em geral por pequenas editoras extremistas, sem despertar grande eco na esfera mais ampla dos leitores. Alguns deles, porém, merecem nossa atenção, especialmente o do declarado apologista Hermann Giesler, cujo próprio título é revelador: *Ein anderer Hitler*[10] (Um outro Hitler). Giesler foi arquiteto, jovem admirador e conhecido de Oswald Spengler e, em seguida, de Adolf Hitler, a quem impressionou com seus talentos e lealdade. Entre seus arquitetos favoritos, Giesler só perdia para Speer. Enquanto os grandes trabalhos de Speer incluíam um modelo de grande porte e detalhado de Berlim central, apresentado a Hitler em 1940, os de Giesler incluíam o modelo monumental de uma futura Linz, que ele submeteu a Hitler em fevereiro de 1945, numa ocasião em que fora estimulado por Bormann, que lhe disse que Hitler precisava desse tipo de relaxação de seus insuportáveis fardos[11]. Na verdade, Hitler e Giesler discutiram esse modelo arquitetônico de Linz durante horas, varando a madrugada, naquela mórbida noite de fevereiro. O retrato de Hitler pintado por Giesler é extremamente positivo. Deve ser recebido com cautela, mas apenas por causa dos objetivos de seu autor. Várias reconstruções que ele fez de muitas expressões usadas por Hitler não só não se fazem acompanhar de referências comprobatórias, mas algumas delas sequer são plausíveis ou comprováveis. Um Apêndice significativo — e talvez prototípico — no livro de Giesler é a carta que lhe foi enviada pelo escultor Arno Breker. Breker era um escultor jovem, atraente e talentoso de quem Hitler gostava, e cujo livro, *Paris, Hitler et moi*, foi publicado — em Paris — oito anos antes do de Giesler. (Breker viveu em Paris durante muitos anos antes da guerra, possuindo numerosos amigos e conhecidos na cidade, incluindo Cocteau, Maillol e outros, que cultivou nessa época — e que, sabedores de seu estreito relacionamento com Hitler, cultivaram-no, também — durante a ocupação alemã.) O livro não foi uma apologia de Hitler, mas uma apologia *pro vita sua*, apressadamente escrita, com uns poucos detalhes interessantes sobre o líder alemão[12] e profundo respeito por Albert Speer. Na carta a Giesler, datada de 19 de novembro de 1977[13], porém, Breker volta-se violentamente contra Speer — por causa do retrato que este pintou de Hitler.

O que explode no livro e na carta é a admiração de Giesler e Breker por Hitler e a convicção de ambos do lugar que ele deve ocupar na história: a insistência desses artistas na grandeza histórica e na sensibilidade artística de um gênio. Grande parte disso se deveu, claro, à ligação proveitosa e oportuna de ambos com Hitler. Mas deveremos atribuir as persistentes convicções dos autores apenas a esses fatos? Não posso responder a tal pergunta. Mas, ao mesmo tempo, ouso dizer que a hostilidade violenta dos dois contra Speer provoca uma pergunta correlata: a "conversão" de Speer teria sido nada mais do que a opção de um oportunista? Não penso assim. Na verdade, sinto-me inclinado a pensar que o objetivo de Speer foi a manifestação e a exemplificação detalhada de suas convicções reconhecidamente tardias e, portanto, algo mais do que oportunistas — o que é também o motivo por que suas reminiscências sobre Hitler são imensamente mais valiosas e convincentes do que as de Giesler ou Breker, mesmo que algumas das lembranças deste último não possam ser inteiramente ignoradas.

• • •

Chego agora ao historiador amador David Irving, que encontramos várias vezes neste livro. Acompanhamos (no Capítulo 1) sua evolução, de jovem simpatizante da Alemanha e de coisas alemãs para "reabilitador" de Hitler e, em seguida, para admirador e partidário irrestrito. Mais de trinta anos após seus primeiros livros, Irving chegou a um estágio na carreira em que editores na Grã-Bretanha e Estados Unidos parecem relutantes em lhe publicar os trabalhos. Seria, no entanto, um erro subestimar-lhe a influência por pelo menos duas razões. A primeira, o número considerável de seus leitores. A outra — mais importante para nossos objetivos — é que certos profissionais e, de modo geral, historiadores respeitáveis, confiaram em algumas pesquisas de Irving e, em seguida, lhe fizeram elogios incondicionais[14]. Esse fato é lamentável, mas não apenas por causa do caráter deplorável e, em muitos casos, ofensivo de suas opiniões. Poucos resenhistas e críticos dos livros de Irving, inclusive historiadores profissionais, deram-se o trabalho de examiná-los com suficiente atenção. Caso tivessem feito isso, teriam descoberto que muitas das referências e citações de Irving não são confirmáveis. No seu *Hitler's War*, por exemplo, há numerosas *errata* em nomes e datas e, mais importante, abundam afirmações inverificáveis e não-convincentes.

Esses dois assuntos estão ligados, uma vez que há uma pista para o método de Irving que transparece na maneira como ele usa a linguagem. Um dos hábitos retóricos de defensores ideológicos é o uso enfático de advérbios e adjetivos, que empregam não como qualificativos, mas para conduzir a força principal de suas afirmações. Tornam-se substitutos retóricos da prova. Na esbaforida prosa de Irving, por exemplo, Hitler "*evidentemente* fez alguma promessa sobre os judeus" (não há evidência nesse sentido); o general Schörner, em abril de 1945, lutou e conseguiu "uma *convincente* vitória" (não foi vitória e não convenceu ninguém); em

1939, o exército polonês "concentrou-se *otimisticamente* em Posen" (advérbio esquisito para um autor inglês, mas, também, o exército polonês não se concentrou em Posen e nem estava otimista); em 1941, Stalin havia "*obviamente* traçado planos imensos para uma ofensiva contra a Europa" (ao contrário, Stalin estava com tanto medo de Hitler que ordenou aos militares soviéticos que não tomassem sequer medidas defensivas, quanto mais "ofensivas", uma vez que podiam irritar Hitler). Esta última, por exemplo, aparece na página 285 de *Hitler's War*. No que interessa à prova das afirmações, nada há que possa ser considerado mesmo remotamente substancial, incluindo as próprias notas finais de Irving. Outro Irving (Washington) disse a seus leitores no *Tales of a Traveller:* "Estou sempre perdido e nunca sei o quanto devo acreditar em minhas próprias histórias". Essa sensação de perda, no caso de David Irving, não é visível.[15]

Na Introdução ao *Hitler's War*, diz ele: "Eu me considerei como um limpador de cantaria — menos preocupado com uma avaliação arquitetônica verbosa e subjetiva do que com anos esfregando a sujeira e descoloração da fachada de um monumento silencioso e impressionante... Acredito que esse trabalho penoso revelou o retrato de um homem que ninguém até agora conhecia..." Todo crédito — e homenagem — para aqueles historiadores, principalmente alemães, que consideraram seu dever pesquisar — literalmente re-pesquisar e, em seguida, rejeitar os "documentos" e argumentos de Irving, não apenas concentrando-se em suas teses moralmente duvidosas, mas indicando, com todo cuidado, interpretações errôneas de suas "fontes"[16].

O trabalho do jornalista americano John Toland mal se compara ao retrato de Hitler pintado por Irving. Ainda assim, a admiração de Toland por Hitler infiltra-se em muitas de suas páginas e sua documentação, também, é insuficiente[17].

• • •

Na avaliação e sumário da Briga dos Historiadores, escreveu o historiador inglês Richard J. Evans[18]: "O debate em seu todo, em última análise, pouco teve a oferecer a alguém com interesse sério pelo passado alemão. Não trouxe novos fatos à luz, não incluiu novas pesquisas, nenhuma nova contribuição deu à compreensão histórica e nem propõe novas perguntas que poderiam estimular trabalho futuro. Não é de surpreender que alguns comentaristas das discussões tenham desejado parar com tudo aquilo e levar os historiadores de volta a escrever história autêntica". (O que quer que *isso* seja.) "Mas o debate foi mais do que uma manobra diversiva. Teve implicações óbvias para a maneira como a história é escrita." Essa visão é ao mesmo tempo vaga e ampla demais. O *Historikerstreit* nada teve a ver com métodos de elaboração de trabalhos históricos. Suas "implicações óbvias" foram (e continuam a ser) que historiadores alemães profissionais respeitáveis chegaram à conclusão de que seria apropriado reestudar o lugar do Terceiro Reich — e, pelo menos indiretamente, de Hitler — na história da Alemanha e da Europa no século XX[19].

Ernst Nolte, cuja contribuição deu início à Briga dos Historiadores, ofereceu em numerosos livros[20] e outros escritos uma explicação extremamente dúbia do Terceiro Reich (e, mais uma vez indiretamente, de Hitler): que o nacional-socialismo e suas atrocidades foram uma conseqüência da Revolução comunista e de seu terror. "O 'Arquipélago Gulag' não precedeu Auschwitz?" "O extermínio da burguesia russa" e dos "kulaks" ocorreu antes do extermínio dos judeus por Hitler, e este último não foi apenas o equivalente, mas uma conseqüência do primeiro. "O nacional-socialismo... foi a reação radical à vitória da ideologia bolchevista em 1917 na Rússia."

Esse tipo de argumento — mais do que isso, esse tipo de perspectiva histórica — requer atenção, se não por outro motivo, porque concordava em grande parte (e ainda concorda) com o de numerosos "conservadores" e "neoconservadores" não só na Alemanha, mas também em outros países. Esse fato inclui os Estados Unidos, onde durante a "Guerra Fria", e mesmo agora, numerosas pessoas consideravam a Revolução Comunista na Rússia como o clímax na história do século XX, levando à uma luta mundial entre Comunismo e "liberdade", durante a qual a II Guerra Mundial e Hitler foram apenas episódios aberrantes. (Essa foi, no início, a tese de James Burnham e de William F. Buckley: "Em 1917, a história mudou de marcha" — o que quer que *isso* signifique.) Essa visão da história conquistou não só numerosos adeptos (inclusive inúmeros "neoconservadores" ex-trotskistas na década de 1970), mas continuou a ser elemento importante na formação da ideologia básica do Partido Republicano após 1948, acabando por impulsionar homens como Ronald Reagan a chegar ao poder. Isso é um absurdo e, afastando-me do tema principal deste capítulo, sinto-me obrigado a sumariar o porquê disso: 1) Os principais eventos deste século foram as duas guerras mundiais — das quais a Revolução Comunista na Rússia em 1917 e a instalação de regimes comunistas na Europa oriental após 1945 foram apenas conseqüências. 2) Mesmo em 1917, o maior (significando de maiores conseqüências) evento não foi a Revolução Russa — que implicou a retirada da Rússia da guerra — mas a entrada da América na luta, tanto no curto quanto no longo prazo. No curto prazo, não foi a saída da Rússia mas a entrada da América que decidiu o resultado da I Guerra Mundial; e, no longo, esse fato significou um rompimento com a velha tradição americana de não se envolver nas lutas do Velho Mundo. 3) Se é que alguma coisa, a história deste século demonstra a americanização, e não a comunização ou russificação do mundo. 4) O fracasso do Comunismo após 1917 e antes de 1945 para firmar-se em qualquer outro país, à parte a Rússia (situação esta muito diferente das Revoluções Americana e Francesa), e o colapso do império russo após 1989, foram provas suficientes da debilidade de sua atração, especialmente na Europa.

Na Alemanha, foi talvez lamentável que em 1986 o chanceler Kohl tenha convidado Nolte para fazer parte do *Kuratorium* (Junta de Diretores) de uma nova *Haus der Geschichte*. Nolte foi também defendido na FAZ (3 de março de 1988) como "um dos pensadores mais originais da Alemanha moderna" — e, em uma ocasião, também por Joachim Fest. Em 1994, em entrevista concedida a Rudolf Augstein (editor de *Der Spiegel)*, disse Nolte: "Hitler não foi apenas um ideólogo, mas... a II Guerra Mundial foi virtualmente também uma guerra para a unificação da Europa... A Alemanha poderia ser concebida como o Piemonte da Europa"[21].

Um dos defensores de Nolte no *Historikerstreit*, Klaus Hildebrand, escreveu: "Muito trabalho ainda precisa ser feito em historiografia para pesquisar e apresentar a história do Terceiro Reich em conexão com a história alemã, européia e universal"[22]. Uma tentativa nesse sentido foi feita no *Historikerstreit* por Andreas Hillgruber. A defesa que fez em 1986 do que denominei de teoria das duas guerras contribuiu para o súbito irrompimento da Briga dos Historiadores. No *Zweierlei Untergang* (1986), ele elogiou a defesa encarniçada da Frente Oriental em 1944-45, "visando a proteção da integridade do status de grande potência do Reich alemão, que, de acordo com a vontade dos Aliados, tinha de ser destruído". O antiprussianismo era "a base da política de guerra britânica contra a Alemanha"[23]. De acordo com Hillgruber, respeito e admiração eram devidos também aos principais funcionários nacional-socialistas e a unidades da SS (incluindo unidades flamengas, holandesas e outras da SS) naquela luta. Tal como Nolte, Hillgruber falou da "concepção européia" da SS. Outra questão — para mim mais inquietante — foi a relutância de Hillgruber em elogiar o patriotismo dos conspiradores de 1944 contra Hitler. (Este fato é importante devido ao consenso da República da Alemanha Ocidental, identificando-se oficialmente com o patriotismo dos adversários, membros da resistência e mártires de 1944.) Hillgruber manifestou sua simpatia pelos comandantes em ação na Frente Oriental que se recusaram a apoiar a conspiração de 1944. A distinção que estabeleceu entre dois termos alemães, de sua própria autoria (Hillgruber era um estilista bem medíocre), foi sugestiva. Homens como Stauffenberg eram *Gesinnungsethiker* (moralistas convencidos ou sentimentais. *Gesin-*

nung em alemão pode significar ambas as coisas), ao passo que os que lutaram até à morte no Leste foram *Verantwortungsethiker* (moralistas responsáveis) — expressão esta dificilmente traduzível para o inglês, mas seu significado essencial é obvio: Stauffenberg e os que participaram do complô contra Hitler talvez tenham sido moralistas, ao passo que os outros agiram como homens moralmente responsáveis. Por último, e também importante, há a evidência, pequena mas talvez indicativa, de como, ocasionalmente, Hillgruber subscreveu a extraordinária tese de Nolte e, em outras ocasiões, prestou um cauteloso reconhecimento a Irving[24].

Em defesa de Nolte e Hillgruber, poder-se-ia dizer com toda justiça que, embora elementos de uma reabilitação de Hitler possam estar implícitos em alguns de seus trabalhos, este não parece ter sido o objetivo de ambos. Eles foram condicionados por uma indignação apaixonada contra o que, para eles, parecia um consenso lamentavelmente amplo — mas, ainda assim, inadequado — e antinacionalista entre os historiadores alemães. Eles não queriam reabilitar, mas explicar. Ainda assim, muitas de suas explicações importaram em uma espécie de relativização, que deve ser rejeitada. Nolte e Hillgruber, bem como a maioria de seus partidários e seguidores, não são admiradores de Hitler, mas defensores da Alemanha e da história do povo alemão durante o Terceiro Reich. Mas, uma vez que a história do Terceiro Reich é inseparável da história de Hitler, eles, inevitavelmente, quando dão por si (ocasionalmente, pelo menos) estão também defendendo Hitler.

• • •

O caso de Rainer Zitelmann é um tanto diferente. É significativo que Zitelmann — uma geração inteira mais jovem do que a de Nolte e Hillgruber, e que não tomou parte na Briga dos Historiadores — iniciou a segunda edição de seu importante ZIT/A com um candente prefácio, denunciando os historiadores que haviam criticado Nolte e Hillgruber no *Historikerstreit*[25]. Esse fato, bem como sua carreira subseqüente, revelaram as inclinações ideológicas e políticas desse talentoso jovem historiador, que abandonou suas perspectivas acadêmicas profissionais (potencialmente, muito promissoras) por uma carreira no jornalismo e na política. Este fato em si não é necessariamente lamentável. Vimos que algumas das contribuições mais valiosas à nossa compreensão de Hitler foram escritas por homens que não eram historiadores acadêmicos profissionais. Não obstante, vimos também em todo este livro que muitas das observações de Zitelmann indicam não só seu esforço sério e louvável para apresentar e manter um retrato de Hitler que seja mais variado e complexo do que geralmente suposto, mas que, às vezes, não há uma distinção real entre sua "revisão" e um tipo de reabilitação. Esse fato é sugerido por algumas de suas observações — discutíveis e errôneas — sobre a política externa de Hitler[26], bem como (como aconteceu também com Hillgruber) por suas reservas sobre os conspiradores de julho de 1944 contra Hitler. Os motivos dos conspiradores, segundo Zitelmann, foram confusos: "motivos religiosos e ético-morais e a preocupação com o futuro da Alemanha desempenharam um papel, bem como a antipatia que sentiam [*Wilderwillen*] ao socialismo de Hitler" — um sumário injusto, feito por um "neo-conservador" nacionalista, dos objetivos desses conservadores nobres e patriotas de uma geração mais antiga.

Mais de um quarto de século depois da irrupção do *Historikerstreit*, o jornalista suiço F. Allemann escreveu um livro ponderado, com o título *Bonn ist nicht Weimar* (Bonn não é Weimar). Seu objetivo era enfatizar a estabilidade da estrutura política e social alemã ocidental. Ele indicou numerosas provas, mostrando que essas condições e instituições eram muito mais sólidas e sadias, em comparação com as vigentes durante a República de Weimar, e que, portanto, era improvável que a República de Bonn sucumbisse aos extremistas. O livro de Allemann não foi simplesmente um panfleto político, nem também uma visão do tipo Poliana. Na verdade, muitas de suas comparações continuam válidas ainda hoje, quase quarenta anos após sua publicação. Há, contudo, uma exceção importante à tese geral de Allemann. *Culturalmente*, houve semelhanças entre Bonn e Weimar. Claro, em um sentido ou, melhor, em um nível, este foi um fenômeno mundial. O culto — e a freqüentemente excessiva admiração pela arte e literatura do "modernismo" da década de 1920 — persistiu durante as últimas décadas (talvez, em especial, na de 1960, e não foi muito mais do que exemplificações e aplicações exageradas de idéias, formas e modas predominantes na década de 1920). A Alemanha Ocidental dificilmente poderia ficar a salvo dessa tendência cultural geral. Mas o peculiar à República de Weimar foi a existência de um abismo quase que intransponível — não só politica e socialmente, mas também intelectual e culturalmente — entre os campos então conservador-nacionalista e radical-liberal e cosmopolita. E o que a Briga dos Historiadores na década de 1980 revelou foi o aparecimento de uma divergência entre os historiadores e pensadores políticos alemães e publicistas e comentaristas, divididos em campos cuja composição, embora não fosse idêntica, tampouco era inteiramente diferente, e aqueles da década de 1920. E o curso da briga revelou — lamentavelmente — que o abismo ainda poderia ser intransponível. A acrimônia da controvérsia foi prova suficiente desse fato[27]. Ao contrário da década de 1920, os historiadores cujos trabalhos provocaram a controvérsia (Nolte, Hillgruber), seus partidários (Hildebrand, Fest, Stürmer) e seus sucessores (Zitelmann) queixaram-se de que as universidades e o sistema histórico profissional alemão continuavam dominados por uma *intelligentsia* de tendências esquerdistas e antinacionais, que fizera o melhor (ou o pior) que podia para denegrir seus adversários e, pelo menos indiretamente, a história do país. Identificáveis no segundo plano dessas afirmações tumultuosas havia insinuações de conspiração[28] — e conspiração não de caráter acadêmico mas antinacional.

Em entrevista concedida ao historiador sueco Alf W. Johansson em novembro de 1992, Zitelmann disse que a Briga dos Historiadores terminou com o triunfo das forças "esquerdistas-liberais". "Politicamente, isso significa que os conservadores estão na defensiva e desagregados." Mas "isso tem mais a ver com as condições acadêmicas do que com a situação intelectual na Alemanha, onde agora, naturalmente, alguns anos após a Briga dos Historiadores, há uma certa mudança, uma vez que os círculos intelectuais esquerdistas não estão mais na ofensiva, mas, ao contrário, encontram-se em [crescentes] dificuldades". Ainda assim, muitos (ainda que não a maioria) dos críticos de Nolte e Hillgruber não eram esquerdistas nem radicais. Zitelmann, porém, tem provavelmente razão quanto à mudança no clima político e intelectual — com ecos potenciais entre as gerações mais jovens e mesmo entre futuros historiadores. Isso é evidente, entre outras coisas, na introdução escrita por Fest, em 1995, para a nova edição de sua biografia de Hitler, onde se pronuncia contra a aceitação e observância de "tabus" sobre Hitler[29]. O que poderemos provavelmente encontrar são mais revisões do retrato de Hitler, na melhor das hipóteses, e tentativas mais gerais de reabilitá-lo, na pior.

9
O Problema Histórico

A pergunta de Pieter Geyl — A comparação com Napoleão — A questão semântica da "grandeza" — Resultados catastróficos das ações de Hitler — Seu lugar na história do século XX e ao fim da Era Moderna

No dia 14 de outubro de 1944, o historiador holandês Pieter Geyl concluiu o prefácio de um livro, cujo assunto preocupava-o havia mais de quatro anos. Esses anos foram realmente dramáticos em sua vida. Em maio de 1940, viu seu país ser súbita e brutalmente invadido e derrotado pela Alemanha de Hitler. Geyl escrevera um ensaio sobre Napoleão que, em setembro de 1940, usou em algumas palestras pronunciadas na Escola de Economia de Rotterdam. Um mês depois, foi preso e enviado para a Alemanha, onde teve de repetir as palestras "em ambientes muito diferentes e para platéias muito diversas, isto é, no campo de concentração de Buchenwald, para meus companheiros reféns". Embora o tema fosse Napoleão, foi o "paralelo entre Napoleão e Hitler que despertou o maior interesse e divertimento". Alguns meses depois, Geyl foi mandado de volta de Buchenwald para a Holanda, onde passou mais três anos preso. Em fevereiro de 1944, soltaram-no por questões de saúde e ele começou a escrever o livro sobre Napoleão[1]. Completou-o em seis meses, em uma pequena sala, no frio e na escuridão de uma Holanda ainda subjugada, à sombra da Gestapo. Sete meses arrastaram-se ainda, até a liberação da Holanda. O livro — *Napoleon: For and Against* — veio a lume em 1947, com primeiras edições inglesa e americana em 1949.

Como mostra o título, o tema desse livro excelente e de leitura sumamente agradável, de autoria do segundo maior historiador de origem holandesa deste século (depois de Johan Huizinga) era Napoleão, não Hitler. Na verdade, o nome de Hitler não consta absolutamente do texto, exceto por uma minúscula nota de rodapé à p.278. Mas está presente em todo o prefácio. Afinal de contas, como reconheceu Geyl bem no início do prefácio, "Este livro é um subproduto de nossas experiências recentes".

Mas não seria um livro de "vidas paralelas"[2]. Prestem toda atenção ao que Geyl escreveu no prefácio: "Quero dizer, com fidelidade à minha própria palavra, que encontrei muito mais do que um paralelo para me atrair. Napoleão tinha um fascínio prório e a historiografia francesa, um encanto só seu. Nem mesmo o artigo de 1940, para começar, me foi sugerido pelo problema da semelhança ou contraste entre Napoleão e Hitler, *mas, sim, pelo problema historiográfico, o problema da interminável variedade de interpretações de Napoleão, sua trajetória, objetivos, realizações.* [Os itálicos são meus. E não é sobre isto que trata este livro sobre Hitler, que o leitor tem em mãos?] Ainda assim — de que maneira poderia ser diferente? Eu ficara impressionado com o paralelo, não menos que meus leitores e ouvintes, e neste livro o paralelo permaneceu inegavelmente como um de seus elementos constituintes, mesmo que eu tenha aludido a ele apenas ocasionalmente e em parte alguma aprofundado o assunto".

O resto do prefácio de Geyl, em seguida, *de fato* compara Napoleão com Hitler. Dentro de um instante, voltarei às suas perspicazes observações. Mas há um parágrafo nesse, sob outros aspectos, curto prefácio, que me tocou quando li pela primeira vez o livro de Geyl, há quase meio século — o que talvez tenha deflagrado minha decisão de escrever este que o leitor tem em mãos. Escreveu Geyl que não queria dar a impressão de que o livro "fora escrito pelo paralelo e que lhe devia, em minha opinião, seu principal interesse". Mas, "[há] um ponto ao qual é dificil não temer que o paralelo possa estender-se — ainda que só uma outra geração saberá disso com certeza."

> Quando vemos os franceses lambendo a mão que os castigou; quando notamos que os erros e crimes do Herói, as provações do povo, as calamidades e perdas do Estado, foram esquecidos no *glamour* das vitórias militares, do poder, falsas e transitórias como fossem; quando observamos as explicações e interpretações, engenhosas, imaginativas, grandiosas, erigidas quase um século depois por historiadores — e que excelentes historiadores! — parece que já discernimos, em futuras gerações de alemães[3], os apologistas e admiradores do homem que foi nosso opressor e que os levou à ruína.

Pieter Geyl escreveu essas palavras em outubro de 1944 — exatamente cinqüenta anos (correto até no mês) antes de eu começar a planejar e escrever o presente livro. Eu não lhe daria o título *Hitler: For and Against* (Hitler: prós e contras). Ainda assim, os leitores que me seguiram até agora sabem que uma literatura pró-Hitler, de autoria de "admiradores e apologistas", existe de fato, e continuará a existir, e não apenas "em futuras gerações de alemães". *Há* hoje, conforme vimos, admiradores e reabilitadores de Hitler, declarados e ocultos. A influência que exercem é limitada e, talvez, sua importância também. Mas o futuro ainda não chegou.

De qualquer modo, o tema deste livro é ao mesmo tempo igual e diferente do de Pieter Geyl. Não é a história de um homem, mas a história de sua história, e seus capítulos tampouco são divididos entre os historiadores que o condenaram ou louvaram. E este último capítulo é — inevitavelmente — histórico, e não historiográfico (embora, claro, história e historiografia entremeiem-se): é uma suposta resposta à pergunta sobre onde e como será o lugar de Hitler, pelo menos na história do século XX. E essa pergunta, de fato, envolve uma comparação com Napoleão.

Os paralelos — ou, mais precisamente, as semelhanças — entre as trajetórias de Napoleão e Hitler (as trajetórias, e não a vida) devem ser visíveis até mesmo para leitores comuns que não possuem um conhecimento histórico detalhado. Podemos sumariá-los da maneira mais curta possível. Ambos ascenderam ao primeiro plano — inesperadamente — como líderes nacionais. Personificaram — ainda mais do que representaram — um novo elemento na política e na história de seus países. Gozaram ambos de uma popularidade — durante longo tempo — extraordinária e indubitável. Suas conquistas externas foram espantosas. Eles queriam dominar — e, durante algum tempo, dominaram — a maior parte da Europa. O principal obstáculo à aceitação de suas conquistas foi a Inglaterra, que nenhum deles conseguiu invadir. Tendo ambos se convencido de que a última esperança da Inglaterra na Europa era a Rússia — depois de terem assinado com ela um inesperado acordo — resolveram invadi-la, enfrentaram um rigoroso inverno, não puderam conquistá-la e foram derrotados inapelavelmente. Tudo isso é bem conhecido e algumas das coincidências são espetaculares, como, por exemplo, o próprio início das invasões da Rússia, começando a de Napoleão no dia 24 de junho, quase no mesmo dia que a de Hitler (22 de junho).

As diferenças, porém, foram ainda mais substanciais do que as semelhanças[4]. Eu dificilmente poderia melhorar o que Geyl escreveu em seu prefácio de outubro de 1944 — e que neste momento me sinto obrigado a transcrever em detalhe:

> "Sempre odeio comparar Hitler com Napoleão", mas, escutando a BBC um dia destes, ouvi que Winston Churchill estivera dizendo a mesma coisa à Câmara dos Comuns, mas apenas para continuar com um "porém" e iniciar, de qualquer modo, a comparação. O mesmo acontece com todos nós, e não sou exceção. É simplesmente impossível não fazer isso. As semelhanças são notáveis demais. Sem a menor dúvida — e quero declarar isso com indiscutível ênfase — as diferenças, os contrastes, são de tal ordem que, mesmo quando, como no meu caso, a pessoa odiava o ditador em Napoleão muito antes de a presença maligna de Hitler começar a enegrecer nossas vidas, quase sentimos como se devêssemos pedir perdão à sua memória por lhe mencionar o nome com o mesmo hálito do outro... Não quero dizer

que a civilização francesa era formada de material muito mais fino do que a alemã: a diferença é que, sob Napoleão, a civilização francesa, embora tenha sido sufocada e restringida por ele, ainda lhe acompanhava as conquistas, ao passo que o caráter da conquista que foi destino de nossa civilização suportar não é compatível com qualquer que seja a civilização. Finalmente, a personalidade de Napoleão — na verdade, quando penso em fazer a comparação a esse respeito, sinto de repente um assomo de revolta contra [seus] detratores, com os quais, de modo geral (como será visto) mantenho relações as mais cordiais.

Segue-se agora um parágrafo sumariando a tirania e as atrocidades de Napoleão. Mas, ainda assim...

Métodos de coerção e atrocidades? O pior que nossa geração teve de testemunhar... não teve paralelo no sistema de Napoleão. Na verdade, esse sistema permaneceu fiel, do primeiro ao último dia, às concepções de igualdade civil e direitos humanos, com as quais a opressão ou extermínio de grupos, não por causa de atos ou mesmo de opiniões, mas de nascimento e sangue, teriam sido inteiramente incompatíveis. Ainda assim, métodos de coerção e atrocidades são inseparáveis do caráter do ditador e conquistador e veremos que Napoleão mereceu rancorosas censuras, no país e no exterior, por alguns de seus atos. Não obstante, este é um dos pontos onde a comparação será forçosamente boa para sua reputação. O que é o exílio do "estado-maior dos jacobinos" ao lado da aniquilação de todos os partidos de oposição em enxovias e campos de concentração, como o que ocorreu no Terceiro Reich? O que é o assassinato do duque d'Enghien ao lado dos de Dollfuss, do general Schleicher e esposa, e de tantos outros no dia 30 de junho de 1934? O que são as execuções de Palm, de Hofer, o que é a inclemência com que tantas aldeias e cidades na Alemanha e Espanha foram invadidas, ao lado do que, em nossa época, todos os territórios ocupados tiveram de sofrer dos exércitos de Hitler? A polícia francesa era odiada e temida nos territórios ocupados e anexados, mas quando lemos sobre sua conduta com a mente repleta das experiências presentes, não podemos deixar de nos sentir atônitos com as restrições e resistências que ainda encontramos ante idéias persistentes sobre lei e maneiras moderadas em uma era humanitária.

Escritas em outubro de 1944, essas palavras ainda soam como verdades. Mas permitam-me continuar um pouco mais com a comparação. Talvez seja de algum interesse observar que, durante toda a vida, foram pouquíssimas as referências de Hitler a Napoleão[5]. Em junho de 1940, durante sua rápida e quase furtiva visita pela madrugada a Paris, ele passou alguns momentos contemplando a sepultura de Napoleão nos Invalides e, em dezembro de 1940, ordenou que o caixão do filho do Imperador fosse trazido de Viena para uma Paris invernal, para ser enterrado ao lado do pai — gesto este que pouca repercussão teve entre o povo francês. A isso podemos acrescentar que uma antipatia desdenhosa pela França e pelos franceses marcou o pensamento de Hitler desde seus anos mais jovens[6].

Foram grandes as diferenças nas personalidades e temperamentos de Napoleão e Hitler. Crueldade inescrupulosa — de um tipo calculista, maquiavélico e mediterrâneo — marcou o que foi provavelmente o pior elemento nos hábitos mentais do primeiro; o ódio — e o cultivo de ódios irrestritos — foi talvez o pior elemento no último. É pelo menos defensável dizer que Napoleão, o egoísta supremo, foi mais confiante — e, não raro, mais otimista — do que Hitler[7]. Outra diferença entre os dois residia em suas atitudes em relação ao passado. Nesse sentido, Napoleão foi muito menos revolucionário do que Hitler. Uma faceta atraente — e surpreendentemente humana — da personalidade de Napoleão era seu sentido de hereditariedade e apego familiar, a sua inclinação em 1810 de estabelecer e criar uma família, uma vez que a afeição por Marie Louise e o amor pelo filho eram mais do que o objetivo calculado de consolidar o poder através de um grandioso casamento dinástico. Havia um lado burguês (no melhor sentido dessa palavra freqüentemente denegrida) em Napoleão que faltava a Hitler. Em seus maiores delírios de grandeza, Napoleão viu-se como um novo Carlos Magno, quando de sua coroação em 1804; escolheu como modelos os imperadores romanos. Hitler não teve nenhum modelo (exceto Frederico, o Grande, no fim)[8]. Houve, também, um contraste com Napoleão, que dizia que seus marechais eram mastins puxando a coleira, de modo que tinha de controlá-los, enquanto Hitler dizia que era ele quem tinha de açular e empurrar para a frente seus generais.

Mais importante ainda, Napoleão considerava seu lugar na história como o de uma terceira força, entre revolução e reação. Antes de sua queda, ele havia dito: "Depois de mim, a Revolução — ou, melhor, as idéias que a formavam — reiniciaria seu curso. Seria como um livro do qual foi tirado o marcador de página, e recomeçaríamos da página onde paramos[9]. A visão de Hitler era inteiramente diferente. Depois de seu desaparecimento, não haveria volta, só escuridão. E em seguida, talvez após cinqüenta ou cem anos, ocorreria um recrudescimento de suas idéias revolucionárias.

Mais uma vez, tenho de insistir (pela última vez) que não estou escrevendo uma biografia de Hitler. Preocupa-me, porém, o problema de seu lugar na história. E é neste aspecto que uma comparação com os altos e baixos da interpretação histórica de Napoleão pode ser apropriada. A maior parte das substanciais biografias e histórias sobre Napoleão foi escrita e publicada quarenta ou cinqüenta anos após sua morte, ao passo que vimos que biografias volumosas e sérias de Hitler começaram a aparecer dentro de uma década. Enquanto Napoleão viveu, muitos dos grandes artistas e pensadores da Europa admiraram-no ou respeitaram-no (Beethoven e Goethe, por exemplo, embora durante apenas certa época). Esse fato não se aplica a Hitler (embora casos como os de Knut Hamsun ou Ezra Pound não devam ser ignorados). Houve ingleses eminentes que respeitavam Napoleão. No caso de Hitler, a única exceção importante foi a de Lloyd George (que o considerava a maior figura da Europa desde Napoleão). Houve grandes escritores e poetas franceses (Stendhal, Béranger), cuja irrestrita admiração por Napoleão permanceu inalterável[10]. No caso de Hitler, nenhum escritor alemão de calibre comparável é encontrado. Por último, mas não de menor importância — e sobretudo para os objetivos deste livro — os biógrafos e historiadores de Napoleão podem ser divididos nas categorias pró e contra (o que Geyl fez de forma tão impressionante), mas — pelo menos durante os cinqüenta anos após sua morte — um equilíbrio igual ou quase igual desse tipo entre os biógrafos e historiadores de Hitler não existe. Há, conforme vimos — além de uns poucos admiradores irrestritos mas duvidosos — um número maior de historiadores cautelosos e circunspectos, que se inclinam a revisar o retrato comumente aceito de Hitler, mas, ao contrário de alguns dos biógrafos franceses de Napoleão, não como seus defensores declarados[11].

De qualquer modo, Hitler, ao contrário de Napoleão, nem foi amado nem reverenciado em toda a Europa[12]. Entre seu próprio povo, sim, mas, mesmo nesse particular, temos de levar em conta que os fenômenos de "público" e "povo" eram diferentes cento e trinta anos antes de Hitler. Mas, conquanto a História não se repita, existem algumas notáveis semelhanças: entre a inspiradora prosperidade do Terceiro Reich na década de 1930 e o que numerosos historiadores franceses chamaram de "a Primavera Dourada do Consulado"; as Concordatas de Napoleão e Hitler (e situações tais como as inclinações pró-Consulado e pró-imperial do subseqüente núncio apostólico na França, cardeal Caprera; e as do núncio em Berlim sob Hitler, o acomodatício Monsignor Orsenigo)[13]. Houve a explicação de Napoleão a Caulaincourt, de que sua política no Leste europeu e na Rússia não se devia a ambições insaciáveis, mas ao objetivo de privar a Inglaterra de esperanças e obrigá-la a fazer a paz — e vimos que esta foi também a explicação de Hitler. Permanece, na história de ambos, a prova óbvia das profundas limitações da importância da "economia". Afinal de contas, foi o marxista Georges Lefebvre quem provou que, em 1801 e 1802, o pão era ainda mais caro na França do que fora no ano crucial de 1789, mas também que fora nesses anos que a popularidade de Napoleão alcançara seu ponto culminante, na "Primavera Dourada do Consulado". (Tocqueville, porém, notara também esse fato em seu inacabado segundo livro sobre a Revolução, ao comentar os impostos de Bónaparte.)[14]

Por último, mas não menos importante, há uma profunda diferença entre os dois. E diz respeito às práticas secretas da estadística. Tal como Hitler ("É desejo do Führer"), Napoleão, intencionalmente, não deixou instruções escritas sobre algumas de suas ordens mais brutais. Mas, ao contrário de Hitler, deixou claro que não queria ser dissociado delas[15]. As instruções mais brutais de Hitler podem ter sido secretas ou orais, ou mesmo gerais demais para que se possa localizá-las, mas ele nunca as desautorizou, abjurou os resultados, nem as atribuiu a outras pessoas, a fim de isentar-se com vistas ao registro histórico — outro exemplo entre o senso de história de ambos[16].

Em 1901, o historiador positivista francês Alphonse Aulard escreveu em seu *Histoire de la révolution française* que seu objetivo era estudá-la e avaliá-la de forma objetiva, científica, "histórica e não politicamente". Oitenta anos depois, historiadores alemães expressaram o desiderato da "historicização" (*Historisierung*) em termos semelhantes. Ainda assim, "objetivo" e "científico"[17] são categorias cartesianas superadas (como também seus antônimos simétricos: "subjetivo" e "artístico"). Tal como todo conhecimento humano, o conhecimento histórico é simultaneamente pessoal e participante (com expressões concretas menos condicionadas por motivos do que orientadas por finalidades). Ou, repetindo: a perspectiva é um componente inevitável da realidade — ao que temos agora de acrescentar que nenhuma perspectiva jamais é destituída do elemento retrospectivo. E é na perspectiva retrospectiva de um século que temos de pensar no lugar de Hitler no mesmo. Se as duas guerras mundiais foram as duas cordilheiras que dominaram a paisagem histórica deste século, à sombra das quais estivemos vivendo até 1989 na Europa, América, Alemanha e Rússia, motivo por que a II Guerra Mundial foi a culminação dessas duas guerras, e com resultados que duram mais do que os da primeira, então se segue que a figura dominante do século foi Hitler[19] — o que nos leva à questão não científica da grandeza histórica.

• • •

A questão da "grandeza" histórica dificilmente é mais do que semântica. (Entre as quase dez mil palavras sob o verbete "grande" no *Oxford English Dictionary*, entre as vinte e duas definições, não figura, como tal, a grandeza histórica.)[20] A história da humanidade é a história da evolução de sua consciência, que inclui — na verdade, é inseparável dela — a história das palavras. E, ultimamente, não houve tal evolução. Os últimos três monarcas aos quais foi aplicado o epíteto "Grande" pertenceram todos ao século XVIII: Pedro, Frederico e Catarina (quando a palavra "grande" teve algo a ver não só com qualidade, mas também com importância). A atribuição desse qualificativo diminuiu, se é que não desapareceu inteiramente desde então. É talvez significativo que Napoleão não foi brindado com o epíteto "Grande", exceto pela sugestão indireta e sarcástica de que seu sobrinho, Napoleão III, deveria ser chamado "Napoleão, o Pequeno".

E assim, pela última vez, uma comparação entre Napoleão e Hitler. Muitas coisas que Napoleão fez ou revelou perduram, ou seja, numerosas instituições, leis, reformas, prédios, incluindo um estilo arquitetônico e decorativo (este, para sermos exatos, começou realmente nos últimos anos de Luís XVI e continuou a desenvolver-se durante o Diretório, mas, ainda assim...), e algumas de suas frases, expressões secas de uma mente extraordinária. Hitler, que revelava um ocasional sentido do cômico, mas não muita facilidade para produzir ditos de espírito, e dificilmente mostrava qualquer senso de humor, deixou poucas frases dignas de serem lembradas (exceto por umas poucas percucientes observações). O que permaneceu e deve ser lembrado são as suas rodovias e um conjunto de prédios neoclássicos, quase todos destruídos, com a maioria dos trabalhos atribuída a seus arquitetos, cujos projetos ele pode ter aprovado, mas cujo estilo não concordava inteiramente com o seu[21].

Konrad Heiden, seu primeiro biógrafo sério, escolheu um trecho de Goethe como *motto* de seu livro, isto é, o aspecto "demoníaco" de certas pessoas — não necessariamente estadistas: "Todas as qualidades morais são impotentes contra elas; em vão, mentes esclarecidas manifestam-se contra [*der hellere Teil der Menschen*]... a massa será atraída para elas". Escrevi antes sobre o talento extraordinário de Hitler de ajustar circunstâncias às suas idéias — ao que devo acrescentar também que, à medida que a guerra continuava, ele se viu forçado a ajustar algumas idéias a circunstâncias sobre as quais não exercia controle — e que a culpa (ou, melhor, a falta de responsabilidade cívica) da maioria dos alemães foi que eles acharam mais fácil ajustar suas idéias às circunstâncias — como, na verdade, numerosas pessoas inclinam-se a fazer.

O velho germanomaníaco e wagneriano Houston Stewart Chamberlain elogiou Hitler em 1923, chamando-o de "o grande simplificador de todos os problemas". Mas, sessenta anos antes disso, Jakob Burckhardt havia escrito: O tempo dos "simplificadores terríveis" chegará. Em 1981, Vappu Tallgren, historiador finlandês, deu uma importante contribuição em seu estudo do "credo do heroísmo" de Hitler. Através do "culto do heroísmo na Alemanha nacional-socialista, Hitler queria preparar uma nova religião". O credo do heroísmo, para Hitler, era "um princípio", não uma figura de retórica — e o motivo por que acreditava que, com o heroísmo, expressava o aspecto mais fundamental de sua ideologia[22]. Essa conclusão pode ser verdadeira na maior parte. Ainda assim, como tentei explicar antes, a mente e a força de vontade de Hitler podem ter sido extraordinárias, mas mente e força de vontade sozinhas não fazem um herói. Nem o culto do herói. Cultuar o heroísmo e ser um herói não são a mesma coisa[23].

Não havia nobreza na constituição física, mental e espiritual de Hitler — nem em seus atos. Mas a rejeição fácil de Hitler, ridicularizando-o, é um completo absurdo[24]. É comprida a lista de pessoas — pensadores, escritores, artistas — que o consideraram um gênio. E incluíram antitotalitários sob outros aspectos irrepreensíveis, como Jules Romains, em 1934, e André Gide, em 1940. Um caso desagradável e sintomático é o do escritor e pensador inglês Wyndham Lewis, um modernista e radical anti-esquerdista que — e isto aconteceu com numerosos outros — desprezava o comercialismo vulgar e o intelectualismo decadente da década de 1920 (e sentia também horror a Chaplin). Em 1931, escreveu um livro cheio de admiração, intitulado *Hitler* — sobre o qual mudou de idéia em 1939, escrevendo o *The Hitler Cult.* Mas em seguida, quinze anos depois, em seu romance *Self-Condemned*, o herói é um historiador inglês que perde seu cargo e é forçado a viver no exílio em um Canadá gelado, em parte por causa de opiniões inortodoxas sobre o que Hitler representa na moderna história da Europa[25].

Ainda assim, é com essa questão de "grandeza" que vêm lutando numerosos biógrafos de Hitler[26]. Haffner, por exemplo, disse: "Claro, hesitamos, e com razão, em chamá-lo de 'um grande homem'[27]. 'Os que são apenas poderosos destruidores não são absolutamente grandes', disse Jakob Burckhardt, e Hitler certamente provou que foi um poderoso destruidor. Mas, sem dúvida alguma, provou também que era um realizador de alto calibre, e não apenas em destruição. Reconhecidamente, sem seu vigor inegavelmente excepcional, o desastre que provocou teria sido menor, mas não devemos perder de vista que sua estrada para o abismo passou por altos picos"[28]. Fest lutou com a mesma questão semântica: "Nenhuma história conhecida mostra um fenômeno como ele. Devemos por isso chamá-lo de 'grande'?" Ele responde sim e não: "ainda assim, relutamos em chamá-lo de 'grande'". Mas, em seguida, cita Burckhardt no sentido oposto ao usado por Haffner, uma vez que Burckhardt "falou sobre uma notável isenção das leis comuns da moralidade" quando o assunto é a consciência de "grandes" indivíduos[29]. Talvez a questão da "grandeza" tenha recebido melhor tratamento nas mãos de Schramm. "Em termos de pura magnitude do que fez durante os doze anos e três meses no poder, ele foi um dos "grandes" homens da história. Mas sua grandeza perversa foi criada menos por energia criativa do que por algum gênio maligno, de modo que até suas intenções e atos mais positivos adquiriram um caráter duvidoso e, em última análise, sinistro"[30].

"Em virtude de sua personalidade, idéias e do fato de ter induzido milhões a erro, Hitler constitui um problema histórico de primeira magnitude"[31]. Muito bem colocadas, as palavras. Grande e profundo é o problema do lugar de Hitler na história — e não se ele merece ou não o sentimental, impreciso e, talvez, antiquado adjetivo "grande".

Em novembro de 1936 (após longa conversa com o cardeal Faulhaber), Hitler sentou-se em companhia de Speer diante de uma larga janela no Berghof, olhando o anoitecer na montanha. Após um longo silêncio, disse: "Para mim, há duas possibilidades: ter sucesso total com meus planos, ou fracassar. Se tiver sucesso, serei um dos grandes da História. Se fracassar, serei condenado, rejeitado, amaldiçoado"[32]. Quando, no dia 1º de maio de 1945, seu grande adversário, Churchill, ouviu no rádio a notícia de sua morte, declarou à mesa do jantar: "Bem, sou obrigado a dizer que ele agiu de maneira perfeita ao morrer dessa forma"[33].

Ele deixou um nome, ao ouvir o qual o mundo empalidecia
Para indicar uma moral ou adornar uma história.[34]

O primeiro verso é aplicável a Hitler; o segundo, não.

• • •

"Não há argumento", escreveu certa vez George Orwell, "com o qual possamos defender um poema. Ele se defende por si mesmo ao sobreviver, ou é indefensável"[35]. E por isso julgamos sucessos por suas conseqüências. E quais foram as conseqüências produzidas por Hitler?

A sua guerra (e a II Guerra Mundial foi *sua* guerra) terminou com a maior de todas as catástrofes para os povos da Alemanha e também da Europa central e oriental — para estes, porque a ocupação russa e o domínio comunista subseqüente nessa parte da Europa foi a conseqüência da guerra. Outra, a divisão da Alemanha, que durou mais de quarenta anos, com expulsões em massa de moradores da parte Leste e prolongados sofrimentos do povo na denominada "República Democrática Alemã". Uma conseqüência mais duradoura foi a redução drástica do território alemão em todo o Leste: a perda total da Prússia oriental, juntamente com outros pedaços substanciais da antiga Prússia, Silésia e Saxônia para a Polônia (e, no caso do enclave de Königsberg, para a Rússia). Ainda mais duradouro: a eliminação quase completa da presença de alemães étnicos em países da Europa oriental, onde alguns de seus ancestrais tinham vivido por mais de oitocentos anos.

O ano de 1945 assinalou também o fim da predominância — política, cultural, intelectual — da Europa no mundo, o fim da era européia e o fim do sistema estatal europeu[36]. Mas houve também outra coisa: o fim da predominância da influência intelectual alemã no mundo. Pois o que aconteceu por cerca de setenta anos após 1870, foi não só que as práticas e padrões da educação e cultura germânica haviam influenciado e sido adotados em numerosos países da Europa e do mundo, incluindo nações ex-inimigas da Alemanha nas duas guerras mundiais, mas algo que começou após a Revolução Francesa: um idealismo romântico (e freqüentemente sentimental e categórico), reagindo contra o materialismo (e, não raro, contra o racionalismo) do Iluminismo. Essa realização intelectual, de suma importância e potencialmente frutífera — um capítulo importantíssimo na história da mente européia — foi acima de tudo representada pelos alemães e, em seguida, levado por alguns deles a extremos, a um idealismo determinista[37] que acabou por revelar-se mais desumano do que o materialismo determinista que o precedera e (lamentavelmente) lhe sobreviveu — pelo menos durante algum tempo. E a encarnação da crença irrestrita em um idealismo determinista foi Adolf Hitler[38].

O historiador inglês especializado em religião, Owen Chadwick, escreveu: "A Reforma teria acontecido sem Lutero. Mas, sem ele, não teria acontecido da maneira como aconteceu"[39]. Quatro séculos depois, a mesma condição — *mutatis mutandis* — aplicou-se ao nacional-socialismo e a Hitler. Ele foi o maior revolucionário do século XX. Note-se que este adjetivo não implica aprovação. "Grande" pode ser aplicado também a criminosos e terroristas. (Além disso, ninguém precisa ser um reacionário para sentir, especialmente ao fim deste século, que designar alguém como um "grande conservador" pode denotar ainda mais aprovação — pelo menos no mundo ocidental — que o epíteto de "grande revolucionário".) De qualquer modo, o que se seguiu a Hitler foi a nossa ainda presente era de nenhuma grande guerra e nenhuma grande revolução — algo que ele não previra, mas que Tocqueville prognosticou.

O que ele presenciou — mais ou menos acuradamente — foi a atração formidável despertada pelo nacionalismo populista na era das massas. O nacionalismo provou que é a principal realidade política deste século. E ele foi seu representante máximo. E percebeu que, em alguma ocasião após 1870, o nacionalismo e o socialismo vieram a substituir as categorias de conservantismo e liberalismo do século XIX, e, na verdade, talvez mesmo a direita e a esquerda, e que, entre os dois, o nacionalismo era mais influente do que o socialismo. As próprias categorias de socialismo e capitalismo em si começaram a ser superadas, porque força era mais poderosa do que riqueza, porque nacionalidade era mais forte do que classe, porque nacionalismo era mais forte do que internacionalismo. Quando havia unidade nacional, as categorias outrora rígidas de propriedade socialista e capitalista, pública e privada, começavam a vazar. O que importava não era a propriedade mas a administração e, em última análise, propriedade, administração e trabalho seriam obedientes aos ditames do nacionalismo.

Hitler, note-se, não foi o fundador do nacional-socialismo, nem mesmo na Alemanha. Entre as principais figuras deste século, Mussolini foi o primeiro nacional-socialista a reconhecer, por volta de 1911, que era italiano em primeiro lugar, e socialista só em segundo — isso oito anos antes de ter criado o "fascismo". Vimos diferenças não só nas práticas, mas nas idéias, do nacional-socialismo de Hitler e do fascismo de Mussolini. Mas esse fato torna-se irrelevante quando examinamos as influências recíprocas dos principais ditadores nas décadas de 1930 e 1940: Mussolini, Stalin e Hitler. Essa comparação de influências recíprocas — ou, mais precisamente, do surgimento delas — deve nos dizer alguma coisa. Mussolini não foi (e não se tornou) comunista; Stalin não foi (e não se tornou) fascista, mas ambos foram influenciados e ficaram impressionados com as idéias e realizações de Hitler, isso numa extensão que torna correto e exato dizer que eles se tornaram cada vez mais nacional-socialistas à medida que passava o tempo. Esse fenômeno (inclusive a inclinação crescente de ambos para o anti-semitismo) terminou com a morte dos dois. Mas basta no tocante à guerra e ao curto prazo. Temos de reconhecer que no longo prazo, também, em um sentido, a visão de Hitler lhe sobreviveu. Neste século, o composto de nacionalismo e socialismo tornou-se a prática quase universal em todos os Estados do mundo. O socialismo internacional é uma miragem. Simultaneamente, todos os Estados do mundo tornaram-se Estados paternalistas de algum tipo. O fato de se designarem como socialistas ou não pouco importa. Hitler sabia disso. A estrutura econômica da Alemanha que ele tinha em mente, poucas características exibia do socialismo marxista ou estatal, mas tampouco poderia ser chamado de capitalista. Cinqüenta anos depois, não se pode negar que o nacionalismo continua a ser a força mais poderosa no mundo. Todos nós somos agora nacional-socialistas. Claro, as proporções da combinação entre nacionalismo e socialismo variam de um a outro país. O composto, porém, existe e, mesmo nos casos em que prevalece a democracia social, o que importa é o sentimento nacional do povo. O que desmoronou em 1945, juntamente com Hitler, foi o nacional-socialismo alemão: uma versão cruel e extremada do socialismo nacionalista. Em outros países, nacionalismo e socialismo foram reunidos, conciliados e, em seguida, fundidos, sem violência, ódio ou guerra comparáveis. O nacionalismo de Hitler, porém, foi profundamente diferente do patriotismo tradicional, da mesma maneira que seu socialismo poucas marcas tinha da filantropia tradicional dos primeiros socialistas.[40]

A essa tese, no entanto, pode ser levantada uma objeção: afinal de contas, não teria a atração do comunismo sobrevivido por mais tempo à do nacional-socialismo de Hitler? A despeito de toda prova superficial —

exemplos: a atração dos partidos "comunistas" sobreviventes na Rússia e na Europa oriental, o "comunismo" chinês, Fidel em Cuba — a resposta é não, pelo menos por três motivos. O primeiro, que a onda de comunismo que envolveu grande parte da Europa oriental após 1945 não foi resultado de revoluções populares, mas sim simplesmente da presença de forças armadas russas nessa parte do mundo. O segundo, que a ascensão esporádica de regimes comunistas nos lugares os mais estranhos do chamado Terceiro Mundo — Cuba, Etiópia, Angola, entre outros — foi resultado óbvio do anticolonialismo (e, no caso de Fidel, do antiamericanismo) e não da atração despertada pelo comunismo como tal ou o exemplo da União Soviética. O terceiro motivo, ligado ao segundo, é que o reaparecimento atual — e provavelmente transitório — de partidos comunistas ou pró-stalinistas, especialmente na Rússia, é não só inseparável, mas está fundamentalmente ligado a um nacionalismo ressurgente e populista. Se o socialismo internacional é uma miragem, o comunismo internacional nem mesmo se qualifica como uma ilusão de óptica.

Ou como disse Karl-Dietrich Bracher: "O âmago do fenômeno de Hitler foi uma subestimação elementar [da atração] do nacional-socialismo" — isto é, não só de Hitler, mas da idéia que ele parecia representar[41]. A esse respeito, será conveniente lembrar a observação correspondente, e talvez agourenta, de outro historiador alemão, Hagen Schulze, sepultada nos debates da Briga dos Historiadores, sobre aquela importante experiência "em nossa história: que os constitucionalistas da primeira república alemã nada possuíam de eficaz para combater a enorme atração emocional dos nacionalistas. Certamente, a experiência do Terceiro Reich amorteceu em muito a inclinação alemã para extremos nacionalistas", mas é duvidoso "se esse tipo de amortecimento durará mais de uma ou duas gerações, a despeito de toda pedagogia política, sobre cuja eficácia não devemos alimentar ilusões"[42]. Tampouco devemos ter ilusões sobre a validade constitucional permanente de leis segundo as quais a exibição pública da suástica e de retratos de Hitler permanecerá proibida para sempre. O que devemos fazer é alimentar a esperança e confiar em que, quando chegar a época de eliminar essas proibições, a decisão legal reflita um clima no qual os símbolos da era de Hitler[43] nada mais atraiam do que curiosidade histórica.

• • •

Mas esse tempo ainda não chegou, e hoje, quando o Estado alemão foi reunificado, quando todo o período do pós-guerra, assinalado por cinqüenta anos da chamada Guerra Fria, finalmente se desenrolou, quando o século está terminando, que se nos permita concluir com uma tentativa de identificar — e não definir — o lugar de Hitler na história do mesmo.

O século XX — historicamente falando — foi curto. Enquanto o século XVIII histórico durou 126 anos (de 1688 a 1815), caracterizado por guerras mundiais, principalmente entre a Inglaterra e a França, e o século XIX durou noventa e nove anos (de 1815 a 1914), distinguindo-se pela ausência de guerras mundiais, o século XX durou setenta e cinco anos (de 1914 a 1989), marcado pelas duas guerras mundiais e suas conseqüências — a denominada Guerra Fria entre a América e a Rússia. E terminou em 1989, com a retirada russa da Europa oriental e a reunificação da Alemanha. O período crítico deste século de transição (marcando a passagem da chamada Era Moderna para alguma outra coisa) foi o seu primeiro terço (1920 a 1945) no qual, claro, se inclui a trajetória de Hitler[44]. Durante esse período — mais uma vez contrário à impressão popular e equivocada sobre a importância da Revolução Russa em 1917 — a história do mundo (e não apenas da Alemanha ou da Europa) foi marcada pela existência e a competição de um triângulo de forças. Houve democracia parlamentar, representada principalmente por nações de língua inglesa, pelos países da Europa ocidental e a Escandinávia. Houve comunismo, representado exclusivamente pela Rússia soviética, incapaz de assumir o poder em qualquer outro país. E houve o nacional-socialismo (e também os demais, até certo ponto semelhantes, mas de modo algum idênticos, movimentos nacionalistas) na Alemanha após 1933, personificados por Hitler e o Terceiro Reich, que se revelou tão poderoso que foi preciso a aliança antinatural e temporária da democracia liberal com o comunismo russo, dos impérios de língua inglesa e russa para derrotá-lo. Nenhum dos dois lados poderia fazer isso sozinho.

Esse fato em si identifica o lugar de Hitler na história do século XX. Mas há mais do que isso. Esse triângulo, representado pelos povos liberais-conservadores-democráticos e pelos comunistas e nacionalistas radicais, repetiu-se em todos os países da Europa e em quase todos os países do mundo — incluindo os Estados Unidos, a América do Sul, a China e o Japão. (Em 1945, os nacionalistas radicais foram silenciados ou subjugados — temporariamente. Mais tarde, reapareceram seus sucessores.) Nem todos os nacionalistas radicais foram seguidores ou admiradores de Hitler, embora isso acontecesse com muitos deles[45]. Schramm escreveu que não podemos esquecer o fato de que Hitler representou um fenômeno decisivo na história da Alemanha neste século, mas não apenas na história da Alemanha[46].

O termo alemão *Ortsbestimmung* é definido como "encontro de posição" no dicionário, mas é também uma palavra freqüentemente usada por historiadores alemães, significando a definição de um lugar na história e sugerindo que, conquanto julgamentos históricos de um evento ou pessoa possam variar, o *lugar* dos eventos ou das pessoas dentro da seqüência da história é — eventualmente — verificável. Nesse particular, a conclusão relativamente recente de Schreiber continua válida: "O lugar do período nacional-socialista na história [*die historische Ortsbestimmung*] continua a ser um desiderato para pesquisa futura"[47]. Mas o problema será ainda de "pesquisa? Talvez — mesmo que haja razão para acreditar que não virão mais à luz documentos importantes ou mesmo significativos escritos por ou sobre Hitler. Mas, também, a história não consiste apenas em documentos.

• • •

Permitam-me agora, correndo o risco de parecer presunçoso, sumariar aqui três considerações de grande alcance: 1) a necessidade de uma interpretação cristã de Adolf Hitler; 2) seu lugar na antítese cultura-civilização; e 3) seu lugar ao fim da denominada Era Moderna.

No dia 2 de junho de 1945, pouco mais de um mês após o suicídio de Hitler, o papa Pio XII discursou perante o Colégio de Cardeais sobre "a aparição [*Gespenst*: fantasma, aparição] satânica do nacional-socialismo". Com todo respeito por esse papa muito e, às vezes, injustamente criticado, sinto-me inclinado a concordar com Friedrich Heer: "Mais uma vez, isso é ser metafísico, tirar tudo da história e da responsabilidade da história, absolvendo católicos de suas responsabilidades. Isso porque, por uma 'aparição satânica' ninguém é responsável — na melhor das hipóteses, um exorcista... O papa esquece inteiramente que essa 'aparição satânica' foi uma encarnação humana muito concreta que, diante de todos, na Munique tão amada pelo papa, mas também em outros lugares, foi estimulada e ajudada a subir ao poder por homens altamente responsáveis e notáveis..." No primeiro capítulo deste livro, escrevi que Hitler representava grande número de meias-verdades e que a meia-verdade é não só mais perigosa, mas pior do que a mentira, porque atos e expressões humanas não são engessados em categorias matemáticas. Daí, uma meia-verdade não é cinqüenta por cento verdade, mas alguma outra coisa. A essa conclusão permitam-me acrescentar a grande máxima de La Rochefoucauld: "Há homens maus neste mundo que seriam menos perigosos se não tivessem neles algo de bom"[49]. Mas quero repetir: Significa isso que Hitler era "apenas" cinqüenta por cento mau? Não. Não era apenas, como escrevi no Capítulo 1, que ele possuísse grandes talentos dados por Deus, que usou para fins malignos, e daí sua responsabilidade, mas também, como sugeri no Capítulo 6, que suas características malignas eram espirituais. Neste dia e época é ultrapassado citar os grandes Doutores da Igreja, mas foi São Tomás quem escreveu que uma meia-verdade era pior do que uma mentira, e permitam-me agora citar Santo Agostinho, que escreveu que "o que quer que as coisas sejam, elas são boas", enquanto o mal é espiritual, porque faz parte da condição humana. Isso significa não apenas que os pecados do espírito são piores do que os da carne, mas que os dois são inseparáveis, que não há pecados da carne sem — precedendo-os ou simultâneos com eles — os do espírito[50].

Outra consideração — mas apenas parcialmente por causa de Hitler — pode dever-se à idéia aceita, originariamente alemã mas agora mundial, da superioridade da cultura sobre a civilização. A civilização é essencialmente material e burguesa; a cultura é espiritual e criativa. A civilização, na melhor das hipóteses, caracteriza-se por segurança e ordem social sólida; na pior, ela é hipócrita e filistina. As origens dessa idéia retroagem ao século XIX, mas foi algo que agradou aos alemães e, em seguida, a uma classe de indivíduos, intelectuais, em todo o mundo, e foi finalmente proclamada em altas vozes e categoricamente trombeteada por Oswald Spengler. Para os intelectuais, a cultura se segue, ou melhor, ergue-se além da civilização: da Zenith de Babbitt, nos EUA, a lugares como Greenwich Village, ou de Belgrávia a Bloomsbury. Para Spengler, a direção era inversa, de uma cultura jovem para uma civilização ossificada[51]. E isso era algo em que Hitler acreditava. Os alemães e os arianos, para ele e seus seguidores, eram mais do que os guardiões supremos da cultura. "A verdadeira arte é e permanece eterna", disse ele em certa ocasião. "Ela não segue a lei da moda. Seu efeito é o de uma revelação, erguendo-se das profundezas do caráter básico de um povo"[52]. Além da crença, aqui mais uma vez referida, no populismo (e não em refinamento), não podemos negar que ele foi um proponente e divulgador da arte e da "Kultur". Mas teria sido ele um paladino da civilização? Em absoluto. Na verdade, foi um inimigo. Este não é o lugar para discutir as origens e o desenvolvimento dos dois termos, exceto para notar que os gregos não tinham uma palavra para cultura, embora eles e os romanos tenham sido os criadores de nossas ainda existentes noções sobre civilização; e — mais importante — que "civilização", como a conhecemos, é um conceito e produto dos últimos quatrocentos anos. Em inglês, a palavra "civilização" apareceu pela primeira vez em 1601 e foi definida como a antítese de "barbárie".

Tenho esperança de que os leitores me desculpem por este curto estudo, se não por outra razão, ao menos pela existência de uma condição reconhecível: no momento em que escrevemos estas páginas, cinqüenta anos ou mais depois de Hitler suicidar-se, nós, no mundo ocidental, estamos ameaçados não por riscos para a "cultura", mas por graves perigos para a civilização[53]. Permitam-me repetir: o tipo de civilização que ainda conhecemos foi produto da chamada Era Moderna. O termo "moderna" é simultaneamente a-histórico e impreciso, sugerindo que esta era "moderna" durará para sempre[54]. Seria mais exato denominar os últimos quinhentos anos de Era Burguesa, caracterizada como foi pela coexistência de aristocracias e burguesias e com a ascensão gradual e agitada desta última. O fato de Hitler ter sido inimigo de quase tudo o que era "burguês" dispensa explicação[55]. Ele pertenceu ao fim de uma era, foi derrotado e — durante algum tempo — a civilização burguesa foi restaurada, pelo menos na Europa ocidental e na Alemanha Ocidental. Mas, se a civilização ocidental dissolver-se, ameaçando o mundo com um colapso, dois perigos nos espreitarão no futuro. Em uma maré montante de barbárie sua reputação pode crescer aos olhos de pessoas ordeiras, que poderiam considerá-lo como um tipo de Deocleciano, o último e duro arquiteto de uma ordem imperial. Ao mesmo tempo, ele poderia ser reverenciado por, pelo menos, alguns dos Novos Bárbaros. Mas este livro é trabalho de um historiador, não de um profeta.

Notas

Capítulo 1 (p.15-46)

1. Gerhard Schreiber (1940-), o principal bibliógrafo de Hitler, na frase final de seu *Hitler: Interpretations 1923-1933* (2ª ed., aumentada, Darmstadt, 1988 (doravante: SCHRB), p.335, citando Rainer Zitelmann (1957-), diz: "Em muitos campos... a pesquisa está apenas no início", em *Adolf Hitler: Eine politische Biographie*, Göttingen, 1989 (doravante: ZIT/B), p.10.

2. Doravante: MK.

3. "No fim da guerra, ele fez uma observação meio trocista a uma de suas secretárias, dizendo que, em sua aposentadoria em Linz, poderia até ditar suas memórias." Entrevista com Trudl Junge, texto datilografado no Institut für Zeitgeschichte (doravante: IFZ), junho de 1968.

4. Entre muitos outros alemães "típicos", a tendência oposta prevaleceu muito depois da guerra: Hitler tinha menos culpa do que muitos outros: "Se o Führer soubesse!" Ver adiante, Capítulo 7.

5. M. Broszat, "Plädoyer für eine Historisierung des Nationalsozialismus", em *Merkur* 39 (1985). Mas, antes dele, Karl-Dietrich Bracher, "Probleme und Perspektiven der Hitler-Interpretation", em *Zeitgeschichtliche Kontroversen*, M, 1976, p.79-100.

6. SCHRB menciona a inevitável imperfeição das bibliografias, p.15. De qualquer modo, ver sua lista de bibliografias, p.341 e segs. — à qual devem ser acrescentadas as excelentes bibliografias *seriatim* do *Vierteljahrshefte für Zeitgeschichte* (doravante: VFZ).

7. Konrad Heiden, *Adolf Hitler: Das Zeitalter der Verantwortlosigkeit*, vol.1 (doravante: HD); ed. americana, *Adolf Hitler: The Age of Irresponsibility*, Boston, 1944).

8. "... de muitas maneiras, [sou] grato a [Heiden]. Sua primeira tentativa histórica... permanece exemplo até hoje devido à ousadia de suas perguntas e sua avaliação descompromissada". Esta é a primeira nota de rodapé em Joachim Fest, *Adolf Hitler: Eine Biographie*, B, 1973 (doravante: F). E também SCHRB, p.23, onde, anos depois, lemos: "A biografia de Hitler [por Heiden] produz ainda um impacto positivo sobre a pesquisa histórica contemporânea".

9. Maser (M/A [abaixo], p.14, 17) enfatizou que a mãe de Heiden era judia. Outro malicioso comentário é feito na p.75. Irving, em I/W, rejeitou Heiden, considerando-o "sem valor". Observei pelo menos duas afirmações duvidosas em HD: que Hitler não era reservado,

p.30, e que Goebbels não foi o mestre criativo da propaganda nacional-socialista, p.94. Heiden aceitou também algumas afirmações errôneas sobre a ancestralidade de Hitler.

10. Heiden, *Ein Mann gegen Europa*, Z, 1937; Olden, *Hitler the Pawn*, L, 1936. Mais estimável foi o trabalho de James Murphy, *Adolf Hitler: The Drama of His Career*, L, 1939.

11. Uma exceção importante — embora não uma biografia — foram as "conversas" com Hitler, descritas por Herman Rauschning, *The Revolution of Nihilism*, NY, 1939. Várias edições alemãs, inclusive críticas à autenticidade de algumas das declarações atribuídas a Hitler, foram publicadas nas décadas de 1960 e 1970. (Theodor Schieder, *Hermann Rauschnings 'Gespräche mit Hitler' als Geschichtsquelle*, Opladen, 1972; e Wolfgang Hänel, *Hermann Rauschnings 'Gespräche mit Hitler': Eine Geschichtsfälschung*, Ingolstadt, 1984. O último critica o primeiro: Hänel acha que Schieder não criticou Rauschning o suficiente.) Embora apologistas declarados ou ocultos de Hitler rejeitem inteiramente Rauschning, Jäckel e Fest reconhecem-lhe o mérito: F, p.695: "[Os livros de Rauschning], meritórios como foram em sua época, não são... fontes primárias, mas memórias [importantes] do tipo de um 'diálogo criativo'".

12. *Hitler: A Study in Tyranny*, L. 1951, ed. revista em 1962, bem como edições posteriores (doravante: BU).

13. "Os únicos princípios do nazismo eram o poder... pelo poder." Ele comparou Hitler com Robespierre e Lenin, para o qual "a vontade de poder... coincidiu com o triunfo do princípio."

14. BU, p.121: "O *Mein Kampf* contém muito pouco de autobiografia." Não é assim. À p.40, por exemplo: "Hitler pertencia, por direito, ao *Herrenmenschen*" — não foi tão simples assim. Bullock enganou-se a respeito dos relacionamentos de Hitler com mulheres (p.392-93); a respeito do número de discursos públicos de Hitler após Stalingrado (p.722); sobre o incêndio no Reichstag em 1933 — versão compartilhada por Shirer. BU. p.313: "Para um excelente sumário dos fatos mais importantes [sobre o sistema nazista], o leitor deve ler o Capítulo 8 do *The Rise and Fall of the Third Reich*, de William R. Shirer." Não é o bastante. Ver Jäckel comentando o BU em *Geschichte in Wissenschaft und Unterricht* (doravante: GWU), 1977, p.708: "... um trabalho padrão, mas superado por pesquisa posterior; além disso, o tratamento dado ao lugar de Hitler na História foi altamente insatisfatório." Kershaw, *Hitler: Profile in Power*, NY, 1991 (doravante: KER), p.149: "O trabalho de Bullock foi uma obra-prima quando escrito em 1952, mas agora demonstra sinais de idade."

15. Görlitz e Quint, *Adolf Hitler: Eine Biographie*, S, 1952 (doravante: GQ). Ambos os autores usaram pseudônimos. O nome verdadeiro do primeiro era Otto Julius Frauendorf e do segundo, Richard Freiherr v. Frankenberg.

16. Uma inexatidão: um exagero no papel da princesa Stephanie Hohenlohe, GQ, p.376, 506. Valiosa: uma das primeiras observações, contrária a idéias ainda aceitas, de que Hitler *não* foi um observador ávido dos julgamentos e execuções dos conspiradores de julho de 1944 e que criticou o péssimo juiz que presidiu os julgamentos, Roland Freisler: "Ele não queria... teatralidade", GQ, p.612. E também sobre a rejeição por Hitler de algumas coisas que escrevera no MK, p.239 (escritas mais de uma década antes do estudo do *Mein Kampf*, por Maser). E também: "[Hitler] nunca se descontraiu, nunca falou sobre problemas de eutanásia ou sobre a solução final da questão judaica, que se encontravam entre seus segredos mais bem guardados", p.575: uma observação muito antiga, indocumentada nessa época, mas correta.

17. Ver especialmente p.18-20, 31, e 44 no meu *The Last European War, 1939-1941*, NY, 1976 (doravante: LEW).

18. Helmut Heiber, *Adolf Hitler: Eine Biographie*, B, 1960 (doravante: HB). Hans Bernd Gisevius, *Adolf Hitler: Versuch einer Deutung (Adolf Hitler: Attempt at an Explanation)*, M, 1963 (doravante: GI); Percy Ernst Schramm, *Hitler: The Man and Military Leader* (Donald Detwiler, org.), Chicago, 1971 (doravante: SCH), que é uma combinação apropriada de dois ensaios de Schramm, 1961 e 1962.

19. Ver, especialmente, a introdução de GI, p.6.

20. Da introdução de Detwiler: "Através de longos anos de pioneirismo em seu trabalho de detetive medieval, Schramm refinou a capacidade de interpretar fontes originais vagas, tanto verbais quanto visuais. Esse talento permitia-lhe freqüentemente ver através de incrustações espúrias de mito popular e tradição historiográfica", SCH, p.8. E também, nas p.6-7: "O retrato de Hitler que flui da pena hábil de Schramm está a mundos de distância da amplamente conhecida caricatura de... um agitador com um bigode à Charlie Chaplin... Nenhum leitor pode refletir sobre as páginas de Schramm sem compreender a loucura da trivialização comum..." O próprio Schramm, falando sobre a força psicológica do impacto de Hitler, disse, p.35: "... como um campo magnético. Podia ser tão intenso a ponto de ser quase fisicamente tangível. Tão amplamente testemunhado como fosse esse poder de Hitler, houve, apesar disso, pessoas sobre as quais ele não produzia absolutamente efeito algum". E também, p.69: "Embora haja muito a dizer sobre o apreço de Hitler pela arte e pela música, ele demonstrava um interesse surpreendentemente pequeno por literatura... Não apreciava poemas, especialmente poesia lírica". Estas palavras são inteiramente opostas ao que diz Maser no M/A, p.85-86, de acordo com quem, "antes de 1913, Hitler tentou melhorar sua cultura literária, leu os clássicos alemães e também poesia lírica alemã". Outra inconsistência — cronológica — em Maser M/F, p.88: "Antes do inverno de 1921 (e, mais uma vez, especialmente entre dezembro de 1923 e dezembro de 1924), Hitler indubitavelmente leu mais do que a maioria dos intelectuais profissionais de sua época". Em M/A, p.229 e 231, Maser censurou Schramm pelas críticas deste último às opiniões históricas de Hitler — em minha opinião, erroneamente.

21. *Die Frühgeschichte der NSDAP: Hitlers Weg bis 1924*, Frankfurt, 1965; *Hitlers Mein Kampf*, M, 1966; *Adolf Hitler: Legende, Mythos, Wirklichkeit*, M, 1971 (doravante: M/A), cujos quatro primeiros capítulos são, contudo, refinamentos do M/F, *Hitler: Briefe und Notizen*, D, 1973 (doravante: M/HB).

22. Como, por exemplo, na introdução ao M/A, p.7: Após publicação de seus dois primeiros livros sobre Hitler, "testemunhas importantes apresentaram-se: colegas de escola de Hitler, amigos de sua juventude, camaradas do tempo de guerra... inimigos e amigos, parentes e descendentes, colocando documentos e papéis à minha disposição... pelos quais historiadores e biógrafos haviam procurado em vão por mais de cinqüenta anos. Numerosas cartas e notas escritas à mão por Hitler podiam nesse momento ser analisadas, bem como os até então indisponíveis papéis e declarações dos médicos que o haviam tratado". Em M/HB, p.7: "... os documentos e meu trabalho neste livro causaram-me surpresas com as quais eu não havia contado".

23. Andreas Hillgruber, *Hitlers Strategie: Politik und Kriegsführung 1940-1941*, Frankfurt, 1965 (doravante: HST).

24. Ver meu *Historical Consciousness*, NY, 1968; edição ampliada, 1994 (doravante: HC), ou Henri-Irénée Marrou (o historiador clássico francês), *De la connaissance historique*, P, 1956: "A intrusão maciça da personalidade do historiador — seus pensamentos, intenções, inclinações — modela seu conhecimento histórico e lhe dá forma e fisionomia". Isto é, o conhecimento do historiador é pessoal — pessoal, em vez de "subjetivo" — e participativo.

25. Ver Capítulo 8, ou Bullock (um tipo de historiador muito diferente de Hillgruber) na introdução ao BU, p.16: "... Escrevi este livro sem qualquer interesse particular ou uma postura a defender... Nem foi minha finalidade reabilitar ou acusar Adolf Hitler... Por mais questionáveis que possam ser algumas de minhas interpretações, há nelas um sólido substrato de fatos... e os fatos são suficientemente eloqüentes". Não: os fatos jamais falam por si mesmos — por muitas razões, uma das quais é que nenhum "fato" é separável de sua descrição. A tarefa do historiador não é definir, mas descrever: seus instrumentos são palavras (palavras da linguagem do dia-a-dia) e a seleção de cada uma delas não é meramente um problema científico ou estilístico, mas também moral.

26. Uma exceção: LEW, p.240, 343.

27. *Hitlers Weltanschauung: Entwurf einer Herrschaft*, Tübingen, 1969; ed. nova e ampliada, S, 1983 (doravante: JHW). Mais tarde: *Hitlers Herrschaft*, S, 1988 (doravante: JHH). E também: *Hitler in History*, Hanover, NH, 1984 (doravante: JH).

28. A principal entre eles (para nossas finalidades): uma coletânea de antigos trabalhos e documentos sobre Hitler, *Hitler: Sämtliche Aufzeichnungen 1905-1924* (em colaboração com Axel Kuhn), S, 1980, e JH.

29. "Tudo, inclusive e, talvez, especialmente o que é de todo repugnante e ofensivo ["das ganz Widerwärtige"], deve ser sobriamente analisado e entendido. Esta ainda é a primeira tarefa da pesquisa histórica."

30. Ernst Deuerlein, *Hitler: Eine politische Biographie*, M, 1969 (doravante: D).

31. Friedrich Heer, *Gottes erste Liebe: 2000 Jahre Judentum und Christentum: Genesis des österreichischen Katholiken Adolf Hitler*, M, 1967; e *Der Glaube des Adolf Hitler: Anatomie einer politischen Religiosität*, M, 1968 (doravante: HR).

32. Uma afirmação discutível em HR, p.343: "Sabemos agora que a cegueira [temporária] de Hitler [após um ataque com gás na frente de batalha, em outubro de 1918] foi conseqüência de histeria".

33. Três exemplos: Jäckel em GWU, p.706: "Ninguém escreveu sobre Hitler em um alemão tão perfeito desde Thomas Mann". Karl-Dietrich Bracher, em *Die Zeit*, 12 de outubro de 1973: "... por um lado, uma reconstrução histórica e uma biografia, enquanto, por outro, considerações intelectuais intensas e freqüentes formam novos pontos de vista... dada a capacidade desse autor de [chegar a] interpretações profundas e de largo alcance". SCHRB (1983), a melhor biografia de Hitler.

Ver, contudo, meu comentário sobre a introdução um tanto curiosa de Fest à reedição de seu livro, no prefácio (páginas xi-xii). Além disso, ver também a resenha crítica de Hermann Graml, "Probleme einer Hitler-Biographie: Kritische Bemerkungen zu Joachim C. Fest", VFZ, janeiro de 1974, p.91: "É certamente discutível se uma representação e interpretação do nacional-socialismo e do governo nacional-socialista podem ser feitos em uma biografia de Hitler. Há bons argumentos pró e contra."

34. Exemplos do trabalho criterioso de Fest: sua opinião previamente citada sobre Rauschning; a disposição de admitir que a questão do relacionamento de Hitler com a sobrinha, Geli Raubal (que cometeu suicídio em 1931) permanece sem solução (p.446-7). Os diários em muitos volumes de Goebbels, publicados em seguida, quase nada revelaram que provasse ser necessária uma correção no retrato que Fest pintou de Hitler.

35. F, p.25.

36. Albert Speer, *Erinnerungen*, B, 1969 (doravante: SP). Ver também Gitta Sereny, *Albert Speer: His Battle with Truth*, NY, 1995. Críticos de Speer: Adelbert Reif, org., *Albert Speer: Kontroversen um ein deutsches Phänomen*, M, 1978; e Mathias Schmidt, *Albert Speer: Das Ende Eines Mythos*, Berna, 1982; e também Giesler e Breker. Ver Capítulo 8.

37. Há páginas muito boas em SP, cujas introvisões psicológicas foram também notáveis, refletindo ainda uma certa independência de julgamento. No todo, um documento muito humano. SP, p.305: "Para o historiador, Hitler pode ser um objeto de estudos neutros [frios: *kühler*]; para mim, ele é tangível e físico mesmo hoje, extraordinariamente vivo". Sobre o Hitler "tangível e físico", ver também Hans Frank, *In Angesicht des Galgens*, M. 1953 (doravante: FR), à página 17, por exemplo: "Vi Hitler de maneiras que milhões de outros em nosso povo não viram." As qualidades de FR (bem como as de seu autor, que foi executado) não se comparam com as de SP.

38. Por exemplo, o excelente levantamento de Jäckel: "Literaturbericht: Rückblick auf die sogennante Hitler-Welle" ("A Look at the So-Called Hitler Wave"), GWU, 1977, p.695-711; e também Hillgruber,em *Historische Zeitschrift* (doravante: HZ), 1978, p.695-711; "Tendenzen, Ergebnisse und Perspektiven der gegenwartigen Hitler-Forschung" ("Tendencies, Results and Perspectives of Contemporary Hitler Research"). E um levantamento muito importante: Gregor Schöllgen, "Das Problem einer Hitler-Biographie" ("The Problem of a Hitler Biography"), em *Neue Politische Literatur* (doravante: NPL), 1978, p.421-34,

especialmente competente no tocante a Toland, Fest, Irving, Binion e Haffner. Uma de suas valiosas contribuições foi a observação de que a tradução para o alemão do *Hitler*, de Toland, alterou e abreviou partes importantes do texto publicado nos Estados Unidos. (Isto se aplica também a algumas edições alemãs de livros de Irving.)

39. John Toland, *Adolf Hitler*, NY, 1977 (doravante: TO). Outros autores americanos de biografias de Hitler incluíram Robert Payne, *The Life and Death of Adolf Hitler*, NY, 1973, o popular historiador amador Eugene Davidson, *The Making of Adolf Hitler*, NY, 1977, e seu *The Unmaking of Adolf Hitler*, Columbia, Mo., 1996 (apenas *um oitavo do qual* trata da segunda metade do governo de Hitler, a guerra — e não foi a guerra que arruinou Hitler?)

40. Em sua introdução (TO, p.xii): "Realizei mais de duzentas e cinqüenta entrevistas com seus ajudantes-de-ordem (Puttkamer, Below, Engel, Günsche, Wünsche e Schulze); com suas secretárias (Traudl Junge e Gerda Christian; com seu motorista (Kempka); com seu piloto (Bauer); com seus médicos (Giesing e Hasselbach); com seus guerreiros favoritos (Skorzeny e Rudel); com seus arquitetos favoritos (Speer e Giesler); com seu primeiro secretário para a imprensa estrangeira (Hanfstaengl); com seus líderes militares (Manstein, Milch, Dönitz, Manteuffel e Warlimont); com as mulheres que ele mais admirava (Leni Riefenstahl, Frau Professor Troost e Helena Hanfstaengl). Todas, menos uma dezena dessas entrevistas, foram gravadas em fitas, atualmente arquivadas em segurança na Biblioteca do Congresso." Esta lista é impressionante, embora seletiva. Toland declarou que "entrevistou tantas pessoas quanto possível entre as que conheceram Hitler intimamente — tanto adoradores quanto denegridores. Muitos deles concordaram em falar livre e longamente sobre o infeliz passado" — embora um exame atento da lista mostre poucos "denegridores", e sim homens e mulheres cujas recordações dos anos de Hitler não foram absolutamente de um "infeliz passado".

41. Exemplos: "Medo de que o pai pudesse ter sido parcialmente judeu" — possível; "o que poderia ser uma parte substancial do motivo por que ele não queria filhos" — uma especulação sem prova — p.232. Nas tricheiras, durante a I Guerra Mundial: "Ele fez uma notável profecia para seus camaradas: 'Vocês vão ouvir muito sobre mim. Esperem só até o meu dia chegar", p.64 — não há prova desse fato. "Sua análise da psicologia das multidões indicava que ele lera *Psicologia das massas e análise do eu*, de Freud, publicado alguns anos antes na Alemanha" (p.220-1 — nenhuma prova disso, absolutamente. Acrescente-se a tudo isso as assertivas de Toland sobre adultério com mulheres; as repetidas afirmações sobre a influência do astrólogo Hanussen; e sua referência à "incontrolável flatulência" de Hitler, p.375 — já em 1932, *antes* de começarem os problemas estomacais de Hitler.

Houve, contudo, algumas preciosidades. Toland pode ter sido o primeiro a notar um hábito de Hitler de pequena importância: o costume — um tanto vulgar — de dar palmadas nas coxas em momentos de satisfação (p.85, 251; também mencionado por Irving). A importância desse fato tem ligação com a pesquisa de Toland: ele figurou entre os primeiros a registrar que a famosa seqüência de filme (reproduzida centenas de vezes, até mesmo em livros-texto de história), mostrando Hitler saltando para cima e para baixo, como se numa jiga, ao receber a notícia da rendição da França em junho de 1940, foi falsificada por um cineasta canadense, que acelerou o filme. O que aconteceu foi outra palmada na coxa.

42. Exemplo: Toland, *Infamy*, NY, 1981 — atribuindo Pearl Harbor às maquinações conspiratórias de Franklin Roosevelt.

43. Walter C. Langer, *The Mind of Adolf Hitler: The Secret Wartime Report*, NY, 1972; Robert C.L. Waite, *The Psychopathic God: Adolf Hitler*, NY, 1977; Rudolph Binion, *Hitler and the Germans*, NY, 1976.

44. Isto é, que Hitler reprimiu ou transmutou seu trauma pessoal (e, mais tarde, passou a considerar a Alemanha como uma mãe simbólica), da mesma maneira que o dr. Bloch foi um dos pouquíssimos judeus que ele elogiou (e a quem tratou com consideração) mais tarde em sua vida. Ver Capítulo 6. Permitam-me comparar essa situação com umas — segundo penso, apropriadas e penetrantes — observações psicológicas de Heer, HR, p.344, sobre algumas das manifestações de Hitler: "Podemos considerar algumas palavras de Hitler como

expressões que não eram apenas os resultados de fala deliberada, mas que, em momentos de fadiga e grande estresse, irromperam, trazendo à tona desejos, esperanças, ansiedades, à medida que afloravam à superfície de sua consciência." (Sobre "a primazia da mente consciente", ver HC, ed. de 1994, p.344 e segs.)

45. Doravante: IH. Este livro foi rapidamente seguido pelo *The War Path: Hitler's Germany 1933-1939 (*1978); doravante: I/W.

46. Pelo menos dois de seus livros, inclusive a biografia de Rommel, figuraram na lista dos mais vendidos na Alemanha. Foram anunciados em cartazes afixados em quiosques nas ruas. Em Dresden, em 1990, foi saudado como "o historiador-mestre do Terceiro Reich", e assim por diante. Estranhamente — ou talvez nem tanto — a editora de Nova York (Viking) do I/H julgou conveniente consignar na capa do livro: "De maneira nenhuma exculpado, mas certamente "des-demonizado", o Hitler de David Irving permanecerá atravessado nos anais da Alemanha Nazista e da II Guerra Mundial, a partir deste momento." Em 1996 (!), o célebre historiador militar, John Keegan, escreveu: "Certamente figura entre os seis livros mais importantes sobre o período de 1939-45." Uma afirmação questionável.

47. Em seu prefácio ao I/H, Irving enfatizou sua capacidade de reunir materiais importantes e antes desconhecidos, com base em diários e documentos de pessoas que haviam trabalhado para Hitler (secretárias, ajudantes-de-ordem, empregados domésticos), os quais, segundo insistiu ele, mostraram-se, sem exceção, francos e dispostos a ajudá-lo. Não obstante, Jost Dülffer, no GWU, 1979, p.11, diz: "Não podemos pintar um retrato correto de Hitler visto da perspectiva de seu pessoal doméstico. Que tipo de importância tem o interrogatório do criado-grave de Hitler ou outro pessoal da mesma natureza?"

48. I/H, p.xv, 25. Tal como todas as referências de Irving, esta deve ser recebida com cautela.

49. I/W, p.ix: "Como na preparação do *Hitler's War*, evitei tanto quanto possível o uso de toda literatura publicada, preferindo usar as fontes primárias disponíveis na época." I/H, p.xxii: "Quanto a trabalhos autobiográficos, preferi confiar nos manuscritos originais, e não nos textos publicados, uma vez que nos primeiros anos do pós-guerra editores apreensivos (especialmente os 'licenciados' na Alemanha) fizeram mudanças nos mesmos" etc. Uma acusação séria, embora nem sempre implausível.

50. É pelo menos digno de nota que certos historiadores profissionais — como, por exemplo, Hillgruber, Zitelmann e o britânico John Charmley (disse Charmley: "Irving foi injustamente ignorado") — não só acharam útil citar alguns dos materiais de Irving, mas fizeram pelo menos referências semi-respeitosas a ele em suas notas de rodapé, tratando-o, destarte, com mais consideração do que trataram outros de seus colegas historiadores com quem brigaram ou discordaram.

51. Ver Capítulo 8 e. Um exemplo: A "prova" sólida, repetida — e manipulada — de Irving, de que os russos estavam prontos para atacar a Alemanha em junho de 1941.

52. Ver meu *The Duel*, NY, 1991 (doravante: DL): "... qualquer historiador sério que trate dos sujeitos [de Irving] não pode deixar de examinar... as pequenas preciosidades que Irving possa ter escavado, mas duas sérias advertências cabem aqui. A primeira, que a extensa coleta de documentos por Irving precisa ser tratada com cautela. Descobri números arquivais inexatos em suas notas ou mesmo que não existiam. Em suma, as referências a suas fontes têm de ser cuidosamente verificadas. A advertência mais importante diz respeito às intenções do trabalho de Irving. Ele é um admirador de Hitler. Apesar do seu espaço para ser um autor histórico ousadamente anticonvencional, ele não tem a coragem de responder pelas suas convicções. Seu método para reabilitar Hitler consiste em denegrir-lhe os inimigos — neste caso, a detração de Churchill, de todas as maneiras possíveis.

53. *Anmerkungen zu Hitler*, B, 1978 (doravante: HF/NA); ed. americana, *The Meaning of Hitler*, NY, 1979 (infelizmente, este livro pouca atenção atraiu, nem mesmo uma resenha na *New York Times Book Review);* e também *Von Bismarck zu Hitler*, B, 1987; ed. americana: *The Ailing Empire: Germany from Bismarck to Hitler*, NY, 1991 (doravante: HF/AI)

54. HF/AI, p.171: "Hitler foi subestimado. O maior erro de seus inimigos foi tratá-lo com desprezo, ridicularizá-lo. Hitler foi um homem mau, e não insignificante ou ridículo. A despeito de todos as suas características revoltantes (eu diria, não a despeito, mas com), foi um grande homem, como demonstrou uma vez após outra com a ousadia de sua visão e a acuidade de seus instintos. Hitler tinha um toque mágico e nenhum de seus adversários poderia rivalizar com ele." Sobre o problema da "grandeza", ver o Capítulo 9.

55. Para uma discussão dessas questões, ver os Capítulos 5 e 7. Em HF/NA, p.21, Haffner escreveu sobre a tendência de Hitler para o suicídio. Essa opinião é discutível. Na p.4, Haffner aceitou a idéia de que Hitler tinha gerado um filho ilegítimo na França em 1917. Contudo, sua observação de que "A experiência da paternidade faltou na vida de Hitler" é correta.

56. Speer, porém, já havia declarado em SP, p.360: "Infelizmente, o Führer freqüentemente não era um homem de decisões firmes" ("festen Entschlüssen"). Disse Mommsen: Se não tivessem surgido condições políticas vantajosas, a carreira política de Hitler teria terminado em 1923. Ver também seu argumento anterior em Michael Bosch, org., *Persönlichkeit und Struktur in der Geschichte: Historische Bestandsaufnahme in didaktische Interpretationen*, D, 1977. De formas diferentes, argumentos parecidos foram formulados por Maser, *Adolf Hitler: Das Ende der Führer-legende*, M, 1982; e Zitelamnn, *Adolf Hitler: Selbsverständnis eines Revolutionärs*, S, 1991 (doravante: ZIT/A), p.253. Hitler não "era onipotente, não era um Führer de resoluções decisivas [fortes]" (*der entscheidungsstarke Führer*). O termo "funcionalista" pode ter sido empregado inicialmente pelo historiador britânico Tim Mason, em 1981.

57. Muito bem colocado por Albrecht Tyrrell (o melhor estudioso do início do periodo nazista) em 1973, p.99: sim, o nacional-socialismo era um movimento de massa, com uma dinâmica própria, embora Hitler fosse a figura central em todos os estágios do desenvolvimento do partido nazista, de 1921 a 1945, "... tanto no partido quanto, após 1933, também nos assuntos de Estado, [ele] exerceu o poder de decisão em todas as questões".

58. Talvez por coincidência, o debate ocorreu mais ou menos na mesma época que o "debate" estruturalista-desconstrucionista na teoria literária. Mas este último era uma aplicação desajeitada do vocabulário, não raro às expensas do pensamento (na realidade, dizia respeito às questões mais antigas e respeitáveis da hermenêutica e epistemologia), o que o debate funcionalista-intencionalista não foi.

59. L, (1978) (doravante C). Ed. americana: *Face of a Dictator*, NY, 1979.

60. Ian Kershaw (KER) começou modesta e corretamente: "Esta não é uma biografia de Hitler." Crítico da "demonização" de Hitler, Kershaw inclinava-se para o lado funcionalista, p.6: "... até as melhores biografias pareceram às vezes correr o riso de elevar o poder pessoal de Hitler a um nível em que a história da Alemanha entre 1933 e 1945 torna-se reduzida a pouco mais do que uma manifestação da vontade do ditador."

61. A melhor antologia alemã do *Historkerstreit* é a edição Piper, M, 1987 (doravante: HS).

62. Para uma discussão ulterior do assunto, ver no Capítulo 8. No que interessa à historiografia, algumas (embora só algumas) raizes dessa controvérsia podem ser encontradas no debate ocasionado pela publicação do *Griff nach der Welmacht* ("The Attempt at World Power", 1961), de Fritz Fischer, onde esse jovem historiador alemão apresentou prova das intenções agressivas do governo alemão antes e durante a I Guerra Mundial, em um livro eloqüentemente discutido.

63. Ver a resenha que escrevi no *The Catholic Historical Review*, outubro de 1968.

64. A palavra *Zerschlagung* sugere não só destruição, mas um esmagamento deliberado — de acordo com a condenação freqüentemente feita por Hillgruber da política britânica relativa à Alemanha durante a II Guerra Mundial.

65. Cumpre dizer em defesa de Hillgruber que esse historiador, que em suas obras anteriores pouca ou nenhuma atenção deu à história dos judeus durante o Terceiro Reich, dedicou mais atenção a esse tópico em estágios posteriores de sua carreira; além disso, que

ele, que na década de 1950 demonstrou alguma tendência para sugerir que a invasão da Rússia em 1941 pode ter sido, pelo menos até certo ponto, uma resposta preventiva a algumas das medidas de Stalin, no fim de sua carreira rejeitou esse argumento nas obras (geralmente atamancadas) que se multiplicavam, de que a União Soviética estivera se preparando em 1941 para atacar a Alemanha.

66. Em Hans-Ulrich Wehler, *Entsorgung der deutschen Vergangenheit? Ein polemischer Essay zum "Historikerstreit"*, M. 1988 (doravante: HS/W). (Uma desculpa do passado alemão? Um ensaio polêmico sobre o "Historikerstreit"). Nele encontramos dois valiosos argumentos sumários: "Este levantamento é dirigido — entre outros assuntos — contra o efeito apologético da tendência de interpretações que, mais uma vez, culpam apenas Hitler pelo 'Holocausto' — tendência esta que exonera de culpa as elites de poder mais antigas e o Exército, a burocracia executiva e o judiciário... e a maioria silenciosa daqueles que sabiam". "O *Historikerstreit* é, em resumo, mais do que uma controvérsia rigorosamente erudita, dentro de limites eruditos".

67. Ver Capítulo 8, p.160-4, e, especialmente, as p.165-6. E, também, SCHRB, p.332: "... as frentes opostas tornaram-se rígidas. Nos campos opostos dos historiadores não há sinal concreto da possibilidade de um movimento de distanciamento da confrontação, em direção a uma cooperação". Fest, em seu HS, p.112: "Hitler e o nacional-socialismo permanecem ainda, a despeito de anos de estudo, mais mito do que história; e suas discussões públicas ainda visam mais conjurar do que entender". Hillgruber, citado em HS/W, p.162, escreveu sobre a superada "descrição, semelhante a um clichê" do Terceiro Reich.

68. ZIT/A, infelizmente, não foi traduzido e publicado na Grã-Bretanha ou nos Estados Unidos.

69. Em NPL (1982), pp.47-69, citando, entre outros, Jäckel: "a confusa multiplicidade de explicações sérias". Zitelmann: "Poder-se-ia encher um livro com essas listas."

70. Um sumário excelente, e digno de elogios, das teses de Zitelmann foi feito por Jost Dülffer no FAZ, 7 de julho de 1987.

71. Rainer Zitelmann, *Adolf Hitler: Eine politische Biographie*, Göttingen, 1989 (doravante: ZIT/B).

72. ZIT/B, p.7. E também p.8: "Biografias como a de Joachim Fest, cujo estudo constituiu sem dúvida um marco na compreensão de um ditador, usaram *acriticamente* fontes duvidosas ou falsificadas."

73. ZIT/A, p.9-11. Sua repetida e nervosa exortação em prol de "sobriedade": "Talvez há 15 anos, quando foi publicado o trabalho pioneiro de Fest, não fosse ainda possível escrever de maneira diferente uma biografia de Hitler." (Por que não?) Na conclusão do prefácio, Zitelmann volta a insistir em "sobriedade de linguagem", a fim de "mais entender do que avaliar". (Bastante justo, mas pode a "compreensão" ser separada da "avaliação"? Permitam-me repetir: a escolha de cada palavra não é apenas uma escolha técnica ou estilística, mas também moral.)

74. E também, p.9: "Este livro não é uma contribuição ao *Historikerstreit*. Não é um argumento em favor de um método biográfico ou institucionalista.

75. "Marlis Steiner, *Hitler*, P.1991 (doravante: ST). Vinte anos antes, a professora Steinert publicou um fecundo estudo sobre o importante e complexo problema da mentalidade do povo alemão durante a II Guerra Mundial: *Hitlers Krieg und die Deutschen: Stimmung und Haltung der Deutschen Bevölkerung im II. Weltkrieg*, D, 1970 (doravante: ST/HED).

76. Não posso me furtar de mencionar a perspicaz observação de Mme. Steinert, sobre a fisionomia de Hitler, como "vulpina" (tanto quanto sei, nem vista nem assim descrita em outras biografias) — uma observação arguta, para nada dizer do fato de que o próprio Hitler gostava quando os amigos referiam-se a ele como "lobo". (Quando, em 1948, as autoridades de ocupação britânicas permitiram a reabertura da fábrica Volkswagen em sua zona, na cidade de Wolfsburg, elas não sabiam que a cidade recebera seu nome em 1938-1939 em homenagem a Hitler, o estimulador do "carro do povo").

77. ST, p.336. "Parece que 1936 foi o ano em que Hitler começou a cair na megalomania." Duvidoso. E também, na p.391: Hitler queria ser maior do que Frederico, Bismarck ou Napoleão? Discutível.

78. Esse fato já fora sugerido por Zitelmann dois anos após o lançamento do ZIT/A, quando a nova edição do livro surgiu com um novo prefácio, "Pesquisa após o *Historikerstreit*", escrito em outubro de 1988, grande parte contendo um ataque polêmico aos críticos de Nolte e Hillgruber.

79. Para uma discussão ulterior deste assunto, ver o Capítulo 8.

80. Sobre isso, há duas obras americanas exemplares: *Hitler and the Beer Hall Putsch,* de Harold J. Gordon, Jr., Princeton, 1972; e também *Adolf Hitler: His Family, Childhood and Youth,* de Bradley F. Smith, Stanford, 1967, além do já mencionado Albrecht Tyrell, *Vom Trommler zum Führer*, M. 1975, e D, mencionado à p.27.

81. *-Ologia* é uma ciência, isto é, produz e depende de *definições*, ao passo que *-grafia* é uma *descrição* reconstrutiva.

82. Uma discussão deste assunto pode ser encontrada em SCHRB, p.306. Entre outras coisas, "o biógrafo precisa tentar — em retrospecto — ser um integrador dos tempos de seu biografado. Significa isso que ele tem de avaliar, julgar e organizar um corpo de pesquisa extraordinário e de nenhuma maneira harmonioso [*keineswegs einheitliche*] — entre elas os de disciplinas auxiliares e estudos marginais. Além de todas essas implicações de metodologia, existe no fundo a questão: poderá um único autor ser capaz disso?"

83. Um exemplo (tomado ao acaso). A descrição de Fest do velho aliado de Hitler, Hugenberg, em F, p.369: "Baixo e corpulento, com um bigode duro e eriçado cortado rente, ele apresentava a aparência estilizada militarmente de um zelador aposentado, mas não a imagem do homem orgulhoso, de princípios fortes e rígidos, que queria transmitir."

84. Mais complicada é a categoria de "criminoso", uma vez que o crime — ao contrário do mal — é uma categoria estabelecida pela sociedade, pela qual é também restringido a atos, ao passo que o mal pode ser reconhecível pela manifestação apenas de suas inclinações. Neste particular, vejam o que disse Haffner no HF/AN, p.125: "Não há dúvida de que Hitler é uma figura da história política do mundo. Igualmente, não há dúvida de que ele pertence aos anais do crime... Mas, ao contrário de outros conquistadores, Hitler não é um criminoso apenas porque lhes seguiu as pegadas. Ele é um criminoso por uma razão inteiramente diferente. Hitler mandou matar um número incontável de pessoas inofensivas, sem nenhuma razão militar ou política, mas apenas para seu prazer pessoal". (Além do mais, à p.126: "... seu desejo ardente pelo assassinato foi ainda mais forte do que sua capacidade, não pequena, de cálculo político.") Nesta parte, sou obrigado a abandonar este excelente escritor. "Prazer pessoal" talvez seja demais. Hitler não foi um sádico, nem mesmo quando se tratava do ódio aos judeus. (Ver Capítulo 6.) Este fato, mais uma vez, torna-o *mais* e não *menos* responsável. Isto porque o sadismo é uma forma de desejo sexual — isto é, uma fraqueza da carne. As tendências malignas de Hitler foram espirituais, não físicas.

85. Zitelmann, em uma entrevista com o historiador sueco Alf W. Johansson (Berlim, novembro de 1992), declarou a respeito da "historicização": "Temos de abordar as coisas [com menos simplismo] e cientificamente. Os retratos em preto-e-branco não convencem mais". (Ver também sua rejeição, antes mencionada, dos "fatores subjetivos".) Significa isso que — especialmente à distância — a imagem correta de Hitler deve ser cinza? Não é o que Zitelmann parecia querer dizer. Ele concordaria, acho eu, que, devido à coexistência do bem e do mal, a composição da natureza humana pode ser semelhante à pelagem de uma zebra, com listras pretas e brancas. Mas o que importa não é a proporção de listras pretas, nem sua quantidade, mas a qualidade — e intensidade — de seu pretume. E neste particular, nenhuma análise quantitativa (*pace* Zitelmann, "científica") ou um pontilhismo meticuloso servirá. Que tipo de negrume — questão esta que transcende a análise científica ou mesmo artística.

86. Em M/A, p.327. Maser escreve "ao mais tardar, em 1935". Discutível.

87. Ver especialmente Ernst Günter Schenck, *Patient Hitler: Eine medizinische Biographie*, D, 1989 (doravante: PH). Anteriormente, Schenck publicou suas memórias das fantás-

ticas últimas semanas no bunker de Hitler em 1945: *Ich sah Berlin sterben. Als Arzt in der Reichskanzlei*, Herford, 1970 — sugerindo seu respeito, na ocasião mais do que considerável, por Hitler.

88. Ainda assim, a afirmação de Maser em M/HB, p.205, de que já em 1943 Hitler era um homem alquebrado, não se reflete em fotos da época. Discutível também, em M/A, p.378, 379, 389, é a sugestão de uma mudança quase total: "Não foram os eventos da guerra que mudaram Hitler, mas o agravamento de sua doença que afetou o desenvolvimento da guerra, como ele mesmo sabia." Haffner (HF/AN, p.51) é mais convincente: "Descrições que apresentavam Hitler nos anos finais da guerra como uma mera sombra de si mesmo, uma deplorável ruína humana, foram todas irremediavelmente exageradas. Os desastrosos fracassos de Hitler de 1941 a 1945, seguindo-se aos quinze anos anteriores de sucesso, não podem ser explicados por seu declínio físico ou mental."

89. Ver a detalhada discussão que eles fizeram desses assuntos em SCHRB, p.160-222. E há também um excelente e equilibrado sumário em D, p.162 (os itálicos são de Deuerlein): "*Ele mesmo não fez isso*... Uma situação histórica não o empurrou para o primeiro plano, mas tornou possível [sua subida ao poder]. A duvidosa confirmação dessa declaração não nos exonera da necessidade de pesquisar o homem Adolf Hitler".

90. Dualidades em seu comportamento foram reparadas por alguns poucos observadores estrangeiros, como, por exemplo, os embaixadores franceses André François-Poncet e Robert Coulondre. Para uma análise mais profunda, ver a p.664: "... o elemento da dualidade era parte do caráter mais profundo de Hitler... com um impacto sobre todas as formas de seu comportamento, de suas concepções táticas, políticas e ideológicas."

A pessoa mais perspicaz — e consciente — acerca das dualidades de Hitler foi Speer. Como exemplo crucial nesse sentido, note-se a diferença entre as reações de Hitler a Speer no dia 23 e 29 de março de 1945, quando deu ordens para que fossem destruídas todas as instalações deixadas pelos exércitos que recuavam. Speer, SP, p.483: "Eu muitas vezes me perguntei desde aquela época se ele sempre e instintivamente soubera que eu estive trabalhando contra seus desejos durante esses últimos meses, tirando minhas próprias conclusões dos memorandos que lhe havia submetido e, além disso... se esta não era outra prova da natureza múltiplice de seu caráter enigmático [*die Vielschichtigkeit seiner rätselhaften Natur*). Eu nunca saberei." Ver também a discussão sobre a reserva e as dualidades de sua estadística no Capítulo 5.

91. Em HB, p.376, Heer cita a declaração de Hitler ao almirante Rader, no dia 23 de maio de 1939. Hitler disse que possuía três tipos de reserva: "a primeira, quando conversamos entre nós; a segunda, guardo para mim mesmo; e a terceira refere-se aos problemas sobre o futuro, a respeito dos quais tenho de continuar a pensar" [*die ich nicht zu Ende denke*]. Ver também HR, p.265, sobre a solidão gradual e auto-imposta de Hitler.

92. Sobre os discursos: Max Domarus, org., *Hitler, Reden und Proklamationem 1932-1945*, M, 1965, dois volumes (divididos em meios volumes). Coletânea muito valiosa (às vezes criticada injustamente por Irving e também por Zitelmann). Há várias edições de suas "Conversas à mesa". A primeira, de autoria do estenógrafo Henry Picker (1ª ed., Bonn, 1951; tradução inglesa, L, 1953). Esta edição foi organizada por temas; uma edição posterior, cuidadosamente anotada e apresentada por Schramm (1953) é mais extensa e cronológica. Picker taquigrafou muitas converas de Hitler após o jantar, em seu quartel-general, no período de 21 de março a 2 de agosto de 1942. Mais extensos são os registros de Werner Jochmann, Hamburgo, 1980 (doravante: HM), cobrindo principalmente o período de 21 de julho de 1941 a março de 1942. Há pelo menos mais dois registros manuscritos dessas "Conversas à mesa", um de Werner Koeppen (ajudante-de-ordens de Alfred Rosenberg), sobre o período de junho a novembro de 1941, nos arquivos IFZ utilizados por Zitelmann; e as antes mencionadas notas de Hewel, usadas por Irving. Finalmente, as denominadas "Notas Bormann" (estenógrafo desconhecido), aparentemente autênticas (embora esse fato tenha sido questionado), e muito interessantes, porque focalizam os últimos meses da vida de Hitler: "Os últimos pensamentos do ditador". Elas foram levadas para a Itália pela esposa

de Bormann e, em seguida, entregues por um italiano a um respeitoso admirador de Hitler, o suíço François Genoud, e publicadas como "*Libres Propos sur la Guerre et la Paix*, P, 1952; e *The Testament of Adolf Hitler*, L, 1959. (Sobre as peculiaridades [e a ausência] do manuscrito *original*, ver a discussão, incluindo o evasivo Genoud, em um colóquio patrocinado pelo IFZ, e também publicado em Munique-Viena, 1978, p.44-53). A introdução ao HM mostra algo da dualidade de Hitler e sua secretividade, p.22: "As transcrições de Heim provam a grande autoconfiança, mas também a reserva desconfiada de Hitler." p.24: "... mesmo conversando em seu círculo mais íntimo, ele nunca deixava de considerar o efeito psicológico de suas palavras... Algumas delas destinavam-se, em primeiro lugar, a reforçar a confiança de seu círculo íntimo." (Na verdade, essas transcrições não são pistas para o Hitler *privado.)*

93. Já Heiden, em HD, p.332-3, produziu uma análise interessante dos métodos e hábitos de fala de Hitler. Para uma discussão do estilo de oratória (e de sua prosódia), ver Cornelius Schnauber, *Wie Hitler Sprach und Schrieb*, Frankfurt, 1972. O trabalho não trata do *Mein Kampf*, mas de assuntos tais como o ritmo do seu falar (p.104): "O mais incomum era a faixa melódica da pronúncia de Hitler".

94. Ver a freqüentemente irascível mas interessante autobiografia de sua secretária, Christa Schroeder, *Er war mein Chef*, M. 1987. Ainda assim, ninguém escreveu mais incisivamente sobre os hábitos de trabalho de Hitler do que Speer, especialmente no SP, Capítulo 9, onde ele relaciona as mudanças e estranhezas dos hábitos de Hitler às dualidades de seu caráter. Ver também Phillipp W. Fabry, *Mutmassungen über Hitler*, Urteile von Zeitgenossen, D, 1969.

95. Em SP, p.511 e 219, Hitler declarou que o MK estava "superado". Além disso, Sereny, no *Speer*, p.361, citando Bormann (reminiscências do filho deste último: "Não preciso ler isso. O livro foi ultrapassado pelos fatos. (Como Speer contou-me [Sereny], Hitler disse-lhe a mesma coisa.")

96. Inclusive representações pictóricas. Hitler era muito ligado a seu fotógrafo, Heinrich Hoffmann. Tinha o hábito de examinar atentamente fotografias, inclusive aquelas em que aparecia, permitindo que Hoffmann retocasse muitas delas para fins de propaganda. Sobre o assunto dos muitos álbuns feitos por Hoffmann sobre Hitler, ver SCHRB, p.5 (retoques que Hitler "propagandistisch aufschminkte"). Palavras de um homem que, conforme anteriormente notado, *não* queria que uma biografia sua fosse publicada enquanto vivia.

97. Antes de suas cruciais campanhas políticas em 1932, ele tomou lições de empostação de voz, em Munique, com o tenor Paul Devrient.

98. Entrevista concedida por Bullock à revista *Woche*, da FAZ, 6 de dezembro de 1991: "Hitler sempre foi uma pessoa muito aberta, dizendo em geral tudo o que queria realizar." Não tanto. Speer, SP, p.121: "Uma vez, em 1938, ficamos sentados juntos no Deutsches Hof, em Munique. Hitler falou do dever de dizer apenas coisas que se destinassem aos ouvidos do público." Fest cita Hitler em F, p.710. Para um Führer, "é de crucial importância que nada que possa ser discutido seja posto no papel, nunca!" E: "Muitas coisas estão sendo postas no papel... algumas delas poderão causar problemas". Observação final de Fest: "Ele vivia constantemente observando-se... nunca pronunciava uma palavra impensada... a imagem de curso geral de um Hitler emocionalmente descontrolado, gesticulando feito um louco [raramente foi correta]. Sua existência era a mais concentrada, autodisciplinada, e até certo ponto rígida".

99. Schroeder (ver nota 94), p.225: "Ele mesmo se corrigia com grande freqüência." SP, p.179, cita Hitler no verão de 1939: "... os planos do Ministério do Exterior são, mais uma vez, inúteis. É melhor que eu mesmo os trace". Numerosos outros exemplos são encontrados em SP, como, por exemplo, à p.569: "Soube por Below que Hitler leu com todo cuidado este e também todos os outros memorandos, fazendo mesmo observações às margens e outras correções". Maser, em M/HB, p.153, notou esse fato e alegou que, após 1933, o estilo de Hitler melhorou. Em M/A, p.178, escreveu que Schramm havia subestimado os hábitos do jovem Hitler como comprador de livros.

100. Mais uma vez, citamos o profundo Heer, no HR, p.11: "No coração de todo ser humano permanece alguma coisa que nenhum ser humano — nem mesmo a própria pessoa — pode apreender, descobrir ou decifrar inteiramente. A inacessibilidade do âmago mais profundo de Adolf Hitler era igual à de todos os demais seres humanos.

Capítulo 2 (p.47-63)

1. Mas houve também outro fato de importância simbólica, que passou despercebido de biógrafos mais recentes: a noiva, Eva Braun, originária de uma família simples da Baviera, residiu e cursou a escola primária durante alguns anos em Simbach, a aldeia bávara que se situa na outra margem do rio Inn, em frente a Braunau.

2. Em carta a Glaise-Horstenau (em abril de 1939): "Eu temia meu pai, mas não o amava, absolutamente". SP, p.139: "Meu pai freqüentemente me batia com muita força..."

3. "Ver supra, Capítulo 1(George Bernanos), GQ, p.28: "As reminiscências da infância devem ter deixado uma profunda [e duradoura] impressão em sua alma, mas é também característico dele que esconda dos outros, com todo cuidado, essa impressão."

4. Uma declaração sucinta em M/A, p.81: "O destino duro [amargo] em Viena, do qual Hitler gostava de falar, nada teve a ver com problemas financeiros." Um exagero, mas não sem alguma substância.

5. O trabalho valioso e impressionantemente detalhado de Brigitte Hamann, *Hitlers Wien. Lehrjahre eines Diktators*, M. 1996, foi publicado após o ponto final no meu manuscrito. Suas conclusões estão de acordo com as minhas.

6. Provavelmente não só, ou sobretudo, como escreveram alguns de seus biógrafos (HF/AN, p.10), "a fim de evitar serviço militar no Exército austríaco", embora também fosse uma razão.

7. O trabalho importante neste particular é o de A. Joachimsthaler, *Adolf Hitler*, M, 1989 (doravante: JO), e, agora, o de Hamann (ver nota 5). Joachimsthaler critica muito Maser, mas demonstra profundo respeito por Deuerlein.

8. JO, p.191. E também p.189: "O que foi que Hitler fez [na primavera de 1919 em Munique]? Nada!"

9. A declaração de Fest (F, p.56), de que Hitler nada sabia sobe Mahler, é incorreta.

10. Um homem que compreendeu as experiências causticantes de Hitler nesse hospital, e as considerou como um ponto decisivo em sua vida interior, foi Churchill. No primeiro volume de suas memórias da II Guerra Mundial, Churchill iniciou um capítulo com a descrição de Hitler naquele hospital. Redigida em 1948, continua a ser uma descrição breve, porém penetrante. Quanto a mim, escrevi em DL, p.41: "Na primeira página daquele curto capítulo, que ele ditou enquanto andava de um lado para o outro em sua sala em Chartwell, Churchill descreveu espantosamente bem a carreira e a personalidade de Hitler. A qualidade notável dessas passagens não foi apenas resultado da mestria retórica e literária de Churchill. Foi, sim, resultado de introvisão. Ele reconheceu, por exemplo, que o elemento decisivo na formação da mente de Hitler — e não apenas em sua carreira — ocorreu em 1918-19, e não antes da guerra, e em Munique, não em Viena. Ainda assim, Hitler, no *Mein Kampf*, insistiu — e a maioria dos historiadores ainda hoje aceita a tese — que, embora sua vida tenha dado uma súbita volta em fins de 1918 e, em seguida, em Munique, sua ideologia política já se cristalizara em Viena. Numerosos historiadores profissionais, na atmosfera rarefeita em que trabalham, tendem a ignorar ou a rejeitar Churchill, o historiador. Ainda assim, nessas páginas, Churchill revelou uma compreensão fenomenal de Hitler."

11. Um exemplo: Carl Freiherr v. Bardolff, um conservador e, antes de 1914, conselheiro íntimo do Arquiduque Franz Ferdinand, cumprimentou (como fizeram outros altos oficiais do velho exército austríaco) Hitler entusiasticamente em março de 1938. Em seu livro subseqüente, Bardolff descreveu a I Guerra Mundial como "a grande guerra do mundo contra a germanidade". O arquiduque e seus conselheiros mais próximos jamais permitiram que

representantes da imprensa judaica entrassem no Belvedere" (o palácio do arquiduque). "Franz Ferdinand estava absolutamente convencido do que a maçonaria, o materialismo, o liberalismo, o marxismo e o capitalismo mundial judaico" eram os inimigos. Ele concluiu seu livro (*Soldat im alten Österreich*), "com uma sincera homenagem a Hitler, tirada do coração."

12. Em outro livro de autoria de Heer (*Land im Strom der Zeit*), Viena, 1958, p.266: "Adolf Hitler, altamente talentoso, com muitos dons, possuía uma habilidade notável, originária de seu meio formativo austríaco: o conhecimento da natureza humana. Mas há dois tipos desse conhecimento e o de Hitler vinha do fundo, não do alto: seu gênio residia na compreensão das fraquezas humanas.

Interessante, também, o argumento de Heer em HR: que Hitler foi influenciado tanto, se não mais, pelo prussiano Frederico, o Grande, imperador austríaco José II. E também revelador: a decisão de Hitler, no último dia de sua vida, de nomear o austríaco católico e nazista Seyss-Inquart como ministro das Relações Exteriores do seguinte, e último, governo do Reich: "Esse fato, também, foi uma — a última — volta à Áustria do filho pródigo Adolf Hitler."

13. Carta a Ernst Hepp citada em M/HB, p.100 e também reproduzida no volume de Jäckel-Kuhn: "Aqueles entre nós que forem abençoados com a boa sorte de rever nossa terra natal, uma terra natal expurgada de estrangeiros... pelos sacrifícios e sofrimentos de centenas de milhares, seu sangue vertido todos os dias contra um mundo internacional de inimigos, não apenas estrangeiros mas também internos, contra os perigos de nosso internacionalismo interno, serem destruídos. Isso seria mais valioso do que toda a conquista de novos territórios." Esses sentimentos estavam de pleno acordo com as crenças de Hitler em 1919 e mais tarde.

14. GQ, p.4 e 61: *Welthild* e *Weltanschauung*. No JHW, Jäckel declarou que essas duas palavras não são necessariamente idênticas, embora coincidam em parte. Um argumento semelhante foi apresentado no GQ. Jäckel não levou mais adiante essa distinção. Para nossos fins, ela é desnecessária.

15. F, p.292, mas também p.58. É muito duvidoso (F, p.60) que Hitler tenha conhecido em Viena o acima mencionado Lanz-Liebenfels (cf. F, p.60-61 e também a p.1051), ou que ele tenha ingressado no *Antisemitenbund*.

16. JHW, p.18, 147, 154. Na minha opinião, ele põe a data da "cristalização" em um período tardio demais.

17. KER, p.21, nota 147: Neste trecho, Kershaw citou M/A, p.194, caso em que a referência é a uma declaração feita a Maser por um camarada de Hitler durante a guerra, isso mais de cinqüenta anos após o fato.

18. GQ, p.65, 103 e, também, 174: "... sua decisão de tornar-se político... não foi tomada realmente em Pasewalk, mas apenas quando iniciou sua carreira de orador no outono de 1919". (Em minha opinião, esta constatação coloca a situação um pouco tardia demais.)

19. SP, p.134.

20. Possivelmente, o primeiro evento a ter conseqüências: Hitler, com sua arengação convincente, diz a seus camaradas d'armas no quartel que não sigam o líder vermelho Egelhofer pelas ruas. (Este fato aconteceu no dia 29 ou 30 de abril de 1919, o mesmo dia em que se suicidou, vinte e seis anos depois.)

21. Semelhança inglesa mais próxima: um banquete tumultuoso — em nosso caso, rejubilando-se ao ouvir alguma coisa brutalmente dita. A palavra *gaudy*, do inglês antigo, significava tambem rejubilar-se, mas sem o elemento de brutalidade; no máximo, uma brincadeira pesada (as *gaudies* do Oriel College, de Oxford, um jantar anual dos estudantes).

Fest mostra-se muito competente a esse respeito em F, p.212: "... o partido de Hitler podia beneficiar-se também com a peculiar rudeza bávara [*Grobianismus*], de acordo com as regras políticas do jogo. As lutas nas cervejarias, com cadeiras quebradas e canecas voando, as canções pedindo "a morte", os grandes espancamentos, tudo isso era um imenso Gaudi." Acrescenta ele que foi nessa ocasião que surgiu a palavra *nazi*: "para ouvidos bávaros, uma abreviação do nome 'Ignaz', e por isso um nome familiar, evidentemente uma ajuda na conscientização cada vez maior da existência do Partido."

22. Helene Bechstein: "Eu gostaria que ele tivesse sido meu filho." Nota de Hitler a Frau Carola Hoffman, Natal de 1925 (notem a data relativamente tardia): "A minha mãezinha muito amada [*Mütterchen*], Natal de 1925, com meus respeitos" (HD, p.112).

23. A adoração que tantas mulheres sentiam por Hitler tinha de fato algumas características sexuais. (O mesmo acontecia com a frenética adulação do prefeito, solteiro, Karl Lueger pelas vienenses, o homem que foi exemplo e inspiração para Hitler.) Que Hitler fosse solteiro era um fator a se considerar. Ainda assim, havia alguma coisa de maternal no tom de confiança das mulheres que ao ouvir falar de algum fato chocante ou desagradável diziam: "Se o Führer soubesse!"

24. "O caminho de homens que foram chamados a realizar alguma coisa grandiosa na vida foi na verdade estranho. Só no caso de Mozart uma pessoa dessas foi reconhecida como possuindo talentos especiais ainda em criança. Em algum ponto ao longo de sua trajetória na vida, o destino tocou subitamente esses homens e seus dons especiais foram revelados." ("Conversas à mesa", 10 de maio de 1942.)

25. Não está claro se a famosa foto ampliada de um homem em uma multidão, aplaudindo a declaração de guerra em uma praça de Munique em 2 de agosto de 1914, era de Adolf Hitler.

26. Peter Kleist, *Die europäische Tragödie*, Göttingen, 1951, p.199. Sobre a aparência física de Hitler, ver Günther Scholdt, *Autoren über Hitler*, Bonn, 1993 (doravante: SCHO), p.199-209.

27. SP, p.314. Uma exceção a seus hábitos ascéticos: o gosto extraordinário por bolos cremosos vienenses.

28. SCH, p.17-18. Um aspecto importante na fisionomia de Hitler e raramente notado — e obscurecido pelas marcas registradas do bigode famoso e o cabelo caído sobre a testa — era o nariz. Era um nariz muito grande, quase brutal, perfeitamente triangular, parecendo uma pirâmide, embora essa impressão de tamanho tenha sido um tanto reduzida pelo bigode. É duvidoso que o bigode tenha sido cultivado por causa da consciência que Hitler tinha do tamanho do nariz. O que não é duvidoso é a existência dessa consciência. Em Irving (I/W, p.71), foi incluído um dos esboços de Hitler sobre si mesmo, rabiscado na década de 1920. A ênfase é no grande nariz triangular, e não no queixo resoluto ("de um original de posse do autor [isto é, de Irving]").

29. SCH, p.24.

30. M/A, p.96.

31. SP, p.157.

32. SP, p.145.

33. DL, p.156.

34. M/F, p.83: o discurso de 1921 citado por F, p.221; e também GQ, p.73.

35. Um exemplo: suas declarações freqüentes, na verdade, exclamações: "Eu nunca tive um sentimento de inferioridade!" (Sobre uma dessas exclamações significativas, notada por Churchill, ver DL, p.38.) Na década de 1920, Hitler gostava de andar com um rebenque de couro de búfalo da Índia. Quando jovem, foi um turbulento líder de brincadeiras de guerra. Ainda assim, a única ocasião em que atacou fisicamente alguém (um editor do jornal do partido) ocorreu em 1927.

36. SCH, p.125. E também: "Hitler libertou-se do nível social de origem sem se acomodar em outro. Ele não pertencia a nenhuma 'classe' ou 'estado'. A história social, portanto, não pode nos fornecer o tipo de introvisão essencial que necessitamos a fim de entendê-lo." SCHRB, p.124: "Um erro ainda mais grave seria tentar derivar da Igreja católica a maneira de pensar de Hitler." Ainda assim, o católico Heer escreveu (HR, p.406): "O alijamento dos restos de seu cristianismo, em especial, mostra, de uma década a outra, as estruturas católicas específicas de sua mentalidade psíquica, da mesma maneira que seu anticlericalismo era especificamente católico em suas origens e formulações."

37. A palavra alemã *Hass*, também, é mais enfática do que a inglesa *hatred* (ódio).

38. Ao que eu gostaria de acrescentar: "dos dois processos, o primeiro foi, e tem sido, de modo geral, ignorado por Dostoievski e por numerosos intelectuais modernos." Notem, também, a surpreendente generalização de Heiden a respeito da diferença entre talento e gênio (HD, p.44): o primeiro ajusta-se bem ao mundo; o segundo transforma o mundo de acordo com suas necessidades — ou, caberia dizer, idéias.

39. Neste particular, a conclusão do historiador americano Harold C. Gordon, ao fim de seu excelente livro (ver supra, Capítulo 1), sobre o *putsch* organizado por Hitler em 1923, é digna de estudo (p.618-19): "Por pura determinação e sentido de missão, Hitler transformou-se, do revolucionário frenético despedaçado e silenciado pelo *putsch*, em um líder político pronto para aceitar anos de construção cuidadosa e luta constante como prelúdio para o poder. Rossbach, Ehrhardt e Ludendorff não conseguiram, sem exceção, virar essa esquina crucial e pereceram politicamente. Hitler não encontrou dificuldades em fazer isso e deixou-os muito para trás. O *putsch* havia transformado o velho Hitler no novo, da mesma maneira que a I Guerra Mundial e a revolução transformaram o indivíduo com pretensões a artista boêmio de Viena e Munique em líder revolucionário — e das duas transformações, esta foi talvez a maior. [Esta opinião é discutível.] A primeira crise de Hitler transformou-o em um revolucionário. A segunda, em líder indisputado de um movimento político sério. A terceira levou-o ao leme da Alemanha, enquanto a quarta o conduzia à conquista, à derrota e à morte."

40. Conhecemos numerosos detalhes importantes de sua história médica. (Ver PH, p.83; e também M/A, Capítulo 8.) "A crença em que estava doente e que lhe restava pouquíssimo tempo de vida dominou daí em diante todos os pensamentos, planos e atos de Hitler." (M/A, p.331). Talvez não "dominou" mas "influenciou". Deuerlein e Fest reconheceram esse fato ainda mais cedo; ver F, p.536, onde há uma referência a *Wesensänderung*, uma mudança de personalidade. Speer lembrou-se também da mudança em Hitler, a quem era muito chegado naquela época. Um exemplo importante: em janeiro de 1938, Hitler ordenou subitamente a Speer que construísse a Chancelaria do Novo Reich, que deveria estar pronta dentro de um ano (para a recepção anual ao corpo diplomático, marcada para 9 de janeiro de 1939 — e o prédio foi realmente completado dois dias antes do prazo). SP, p.116: "A rapidez instada por Hitler durante a construção tinha origens profundas em sua preocupação com a saúde. Ele temia realmente não viver por muito mais tempo." (Destruída em 1945, a Chancelaria do Novo Reich foi o melhor prédio de Speer — mas não raro injustamente denegrido.) Ver também Leon Krier, *Albert Speer: Architecture 1932-1942*, Bruxelas, 1985 (doravante: K).

41. Pelo menos até 1944, quando seu estado de saúde *foi* agravado pelo mal de Parkinson.

42. Em SP, p.475, ver também as observações de Speer sobre os últimos anos da vida de Hitler: "Ele se tornara novamente mais amigável e mais reservado. Em muitas coisas, ele me lembrava o Hitler com quem eu havia começado a trabalhar doze anos antes, apenas de formas mais vagas. Sua cordialidade era dirigida para as poucas mulheres que haviam circulado em volta dele durante anos."

Capítulo 3 (p.64-88)

1. Descobri que Hitler usava essa figura de retórica *depois* de ter escrito as palavras acima, em JHH, p.171, nota 8, citando uma declaração do mesmo em 1931: "Se, mais uma vez, quiser fazer girar para trás a roda da história, o judaísmo internacional será esmagado pela mesma."

2. SCHRB, p.250, 252, 253, 263: "O dilema da definição parece ser insolúvel."

3. F, p.238.

4. Houve, conforme veremos, conservadores alemães que — alguns cautelosamente, outros, não — receberam de braços abertos o movimento de Hitler como "contra-revolucionário", sobretudo antes e durante o ano de 1933. Não houve virtualmente interpretações

alemãs nesse sentido após 1945, fossem ou não cautelosamente apologéticas no tocante a Hitler (exceto, claro, por alguns marxistas na Alemanha Oriental). Uma exceção, e de maneira nenhuma apologética, foi a de Christian Graf von Krockow, no *Scheiterhaufen, Grösse und Elend des deutschen Geistes* (B, 1983), no qual o autor insiste no caráter contra-revolucionário, antiigualitário de Hitler, ou seja, os próprios opostos da Revolução Francesa.

5. Maneiras semelhantes de ver a situação (embora só em raros casos categoricamente definidas ou expressas) surgiram em uma grande variedade de estudos monográficos ou de natureza especializada, sobretudo depois de 1970. Um bom exemplo é o VFZ, de janeiro de 1983; o "Die nationalsozialistische Machtergreifung. Konterrevolution oder Revolution?", de Horst Möller, no qual o autor, tranqüila mais convincentemente, pronuncia-se em favor dessa ultima afirmação.

6. Ver SCHRB, p.250, nota 290: "um trabalho notável." E também: Zitelmann, *Soziale Zielsetzungen und revolutionäre Motive in Hitlers Weltanschauung als Forschungsdesiderat*, Darmstadt, 1983. O próprio título sugere a insistência do autor em que o tema deve ser mais pesquisado e estudado.

7. Doravante: ZIT/PR.

8. Ver, especialmente, o Capítulo 9.

9. Exceto que essa idéia de Líder, Führer, de um movimento só lhe surgiu em 1921-22.

10. Na Alemanha (e na Áustria), o sentido positivo de "contra-revolucionário" havia quase desaparecido por volta de 1933. Em outras nações européias (Hungria, Espanha, Países Bálticos) perdurou até mais ou menos 1938. Nesses países, também (como, na verdade, na Áustria após 1930), a principal luta ocorreu entre as duas "direitas" — entre uma conservadora e outra populista, entre uma direita tradicionalista e outra radical.

11. Tenho agora de chamar atenção para outra, infelizmente, confusa terminologia. Trata-se da identificação ainda encontrada (embora esteja desaparecendo, de certa maneira) de "burguesia" com "classe média". Os dois termos não são a mesma coisa. Por um lado, a inflação da expressão "classe média" tem sido tal que ela perdeu cada vez mais seu antigo sentido. Por outro, "burguesia" começou a perder ultimamente o sentido pejorativo, que lhe foi atribuído não só pelos marxistas, mas também por boêmios, artistas e aristocratas (ou por admiradores destes últimos) no século XIX. (Ver uma discussão desse ponto em meu ensaio "The Bourgeois Interior", no *The American Scholar*, setembro de 1970, e também em *The Passing of the Modern Age*, NY, 1970). A esse sentido temos de acrescentar o sentido especificamente alemão de *Bürger*, sugerindo não só "classe média" ou "burguês", mas também "cidadão", "citadino", "homem livre" — este último com uma coloração aristocrática. O ideal de Hitler era "Völkisch" — isto é, populista, uma Alemanha na maior parte (mas, talvez, não inteiramente) sem classes, tendo por base a força das convicções nacional-socialistas do povo. O fato de o *Bürgertum* alemão compartilhar de parte da ideologia do *Völkisch* não significa que ele fosse "populista", e certamente não no sentido dado por Hitler.

12. SCHO, p.734.

13. Notas de Koeppen, p.2 do manuscrito, em IFZ.

14. ZIT/A, p.146. Cf. HD, p.11, no qual Heiden, que neste caso enganou-se, escreveu: "Toda a vida de Hitler foi um estranho e infeliz amor pela boa sociedade burguesa [*guten bürgerlichen*]."

14ª ZIT/A, p.84.

15. Daí, por exemplo, o antimarxismo freqüente entre a classe operária em muitas partes do mundo, em uma refutação completa de Marx. Talvez seja também interessante notar que o anticomunismo foi com freqüencia mais popular não quando o poder da União Soviética ou quando os comunistas ou marxistas locais eram mais fortes, mas quando eram mais fracos, como em numerosos países europeus na década de 1930 e nos Estados Unidos na de 1950 — como, por exemplo, durante os anos de McCarthy.

16. Citado por Klaus Scholder, *Die Kirchen und das Dritte Reich*, B, 1985, I. p.246. Ele, claro, voltaria a esse argumento, depois de ter invadido a União Soviética em junho de 1941,

mas nessa ocasião não mais faria isso a serviço da política interna, mas como um instrumento de sua estadística, enquanto, ao mesmo tempo (mais uma vez, privadamente) manifestava muitas vezes sua admiração por Stalin, juntamente com o ódio desdenhoso que sentia pelos capitalistas reacionários Churchill e Roosevelt. Para mais detalhes sobre este assunto, ver o Capítulo 5.

17. Citado por Heiden, HD, p.228. A essas palavras, acrescente-se a notável introvisão de Heiden: "O que é certo é o seguinte: Hitler, como orador, dá a impressão de um homem honesto. Nos momentos culminantes de seus discursos, ele pode estar enganando a si mesmo, e, diga a verdade ou as mentiras mais deslavadas, ele é ainda o que diz, as palavras são as manifestações mais fiéis de seu próprio ser... A união entre o homem e suas palavras foi o [segundo] segredo de seu sucesso." (HD, p.101-2). Além disso: "Por mais desprezíveis que sejam suas idéias, suas realizações constituem prova do velho adágio: o gênio é filho da diligência [*das Genie fleiss ist*]. Graças à sua persistência, Hitler derrotou os adversários." (HD, p.103).

18. Citado por Heer, HR, p.273.

19. HR, p.235. E também p.220-221: "Relendo o *Mein Kampf* em 1938, descobri uma coisa muito interessante: Adolf Hitler demonstra aqui uma consideração extraordinária por seus partidários cristãos, católicos, clericais, bávaros. Esta é a dura verdade: grande parte do que o *Mein Kampf* contém pode ser inquestionavelmente aceito por esses fiéis cristãos, luteranos, católicos e conservadores, tais como os ataques contra os judeus, maçons, democracia, a convocação para a destruição da União Soviética, a luta 'necessária' contra a França." E mais: "No *Mein Kampf*, Adolf Hitler distancia-se expressamente das idéias... neopagãs, da 'religião germânica'. Em numerosos trechos, uma leitura atual do *Mein Kampf* dá a impressão de que ele desejava... apaziguar e acalmar seus seguidores cristãos."

20. SP, p.109. "Sem dúvida, a Igreja aprenderá a ajustar-se, no longo prazo, às finalidades políticas do nacional-socialismo — Deus sabe, sempre foi assim ao longo da história. Uma nova religião de partido significaria apenas uma regressão ao misticismo da Idade Média. Esse fato foi demonstrado no "mito SS" e no ilegível *O mito do século XX*, de Rosenberg."

21. Hitler, em uma de suas conversas à mesa, em 18 de setembro de 1941 (notas de Koeppen, p.13), declarou: "Brüning, um homem de algum talento... Meu adversário mais perigoso foi sem dúvida o Partido Centrista."

22. Citado em ZIT/PR, p.13.

23. Citado em HR, p.250, 262.

24. D, p.119. O cardeal Faulhaber, em seu sermão da véspera do ano-novo, 1938, elogiou o "exemplo de vida simples, sóbria, isenta de álcool e nicotina...", de Hitler. Citado em Lothar Gruchmann, "Korruption im Dritten Reich", VFZ, outubro de 1994, p.577.

25. FR, p.33.

26. SCHRB, p.152.

27. O dado importante nesse paticular foi a opinião de Ranke (e também de Hegel), sobre a importância suprema do *Estado* — que, para Hitler, foi superado pelo primado da *nação*. (Ver Capítulo 4.)

28. Bullock (BU, p.314) reconheceu o realismo de Hitler em 1923. A insistência em que a primeira tarefa consistia em derrubar a república, "e não desperdiçar a força alemã em uma luta com os franceses, que os alemães forçosamente perderiam" foi válida, mas Bullock enganou-se (p.93, nota 1) ao traçar um paralelo entre Hitler e Lenin ("desejando ambos realizar a revolução no país antes de expulsar o invasor estrangeiro"). Em F, p.430, Fest fez observações sobre a primazia da política interna, embora não enfatizasse o suficiente a bem-sucedida propaganda anticomunista de Hitler.

29. Notas de Koeppen, 18 de setembro de 1941, p.13.

30. Primeira citação, de autoria de Heer, HR, p.247; segunda, de Zitelmann, ZIT/A, p.118.

31. I/W, p.21.

32. Haffner, HF/NA, p.28-29: "O milagre econômico alemão da década de trinta foi realmente trabalho de Hitler? A despeito de todas as objeções concebíveis, teremos prova-

velmente de responder na afirmativa. É inteiramente verdade que... os assuntos econômicos, antes de 1933, não desempenharam virtualmente papel algum em seus planos ou pensamento político." E o milagre econômico não se deveu exclusivamente ao rearmamento. HF/NA, p.31: "Na verdade, o Terceiro Reich estava produzindo canhões *e* manteiga, e um grande número de outras coisas".

33. Citado por Simone Petrément, *Simone Weil: A Life*, NY, 1976, p.510-11. Ver também Peter Drucker, *The End of Economic Man*, L, 1939, um livro supostamente lido com interesse por Churchill.

34. "Não sou um ditador, e nunca serei... qualquer peralvilho pode governar como ditador". Citado por Fest, F, p.572.

35. ZIT/A cita numerosos exemplos de declarações de Hitler nesse sentido, como, por exemplo, à p.569, nota 189. Ver também no BU, p.191, a "carta aberta" de Hitler a Brüning, em 13 de dezembro de 1931: "O senhor se recusa, como 'estadista', a admitir que, se conquistarmos o poder legalmente, agiremos dentro da legalidade. Herr chanceler, a tese fundamental da democracia é: 'Todo o poder emana do povo.'"

36. HR, p.417. Em I/W, p.65, Irving cita Hitler em 23 de novembro de 1937: "As monarquias são, no máximo, capazes de conservar o que conquistaram. Impérios mundiais são conquistados apenas por movimentos revolucionários."

37. Herman Giesler, *Ein anderer Hitler*, Leoni am Starnberger See, 1977 (doravante: GR), p.393.

38. F, p.25.

39. Especialmente por uma geração alemã, à qual, claro, o *Hitler* de Fest foi dirigido, mas também por numerosos biógrafos que o precederam (Heiber, Deuerlein e outros), mais tarde por Haffner e, recentemente, por Zitelmann.

40. FR, p.320.

41. Fest (F, p.370): "A capacidade extraordinária de Hitler de reconhecer situações, enxergar através de interesses conflitantes, identificar fraquezas... seu senso tático, foram pelo menos tão importantes quanto sua capacidade de orador para convencer o povo..." Acho essas palavras mais convincentes sob outros aspectos, do que as do judicioso Kershaw, KER, p.37: Em 1930-33, "o papel pessoal desempenhado por Hitler foi em grande parte toldado por assuntos e fatos além de seu controle." E também KER, p.38, 45, 52: "Eventos externos — o Plano Young para ajustar os pagamentos das reparações, o estouro de Wall Street e a decisão inteiramente desnecessária de Brüning de marcar uma eleição para o verão de 1930 — colocaram os nazistas no mapa político." E mais: "... sem o início da crise econômica mundial de 1929", a extrema direita, "reduzida a um minúsculo número de eleitores... poderia ter permanecido assim". E também: "Sem a Depressão, [Hitler] teria continuado a ser uma minoria insignificante no meio de extremistas". Não acredito que tenha sido assim. Mas Kershaw tem razão em KER, p.46-47: "Hitler combinou a fixidez de pontos básicos do dogma com pragmatismo máximo em manobras políticas..." E à p.112: "... longe de revelar ingenuidade e uma incapacidade que o teriam transformado em pasta mole nas mãos dos grupos de poder tradicionais e o tornado rapidamente descartável, ele demonstrou uma rápida e aguda apreciação das realidades do poder governamental."

42. ZIT/A, p.87, 122. O que permanece discutível é o seguinte: "Infelizmente, a área da política social de Hitler, ao contrário da política externa nacional-socialista, não foi ainda pesquisada [estudada] o suficiente." Esta conclusão, não diferente de algumas observações de Zitelmann, sugere pelo menos algum interesse especial, embora menos do que em Toland. Por exemplo, TO, à p.405: "A tuberculose e outras doenças diminuíram visivelmente. As cortes criminais nunca tiveram tão pouca coisa a fazer e as prisões nunca estiveram tão vazias. É um prazer observar a aptidão física da juventude alemã. Até os mais pobres estão mais bem vestidos do que antes e seus rostos alegres são provas do melhoramento psicológico que neles ocorreu." Não inteiramente inverídico — mas notem que essas palavras são uma citação de um livro de propaganda alemão, publicado em 1938, e usado por "Sir Arnold

Wilson, M.P." Toland esqueceu de dizer que Wilson era um notório britânico admirador dos nazistas.

43. LEW, p.175, 176, 177. E também 177, nota 5: "É talvez importante que, em 1939, entre as cidades alemãs, Danzig e Gleiwitz, na fronteira polonesa, registraram taxas de natalidade fenomenalmente altas, de mais de 24 por milheiro (a média das cidades alemãs de tamanho comparável era de 17,5 por milheiro); ainda mais fenomenal foi a taxa de casamentos em Linz, esta, na ocasião, um protótipo de cidade nazista, e berço não só de Hitler mas também de Eichmann, com 25,8 casamentos por 1.000 habitantes, mais de duas vezes a média nacional.

44. Há um bom sumário geral em HB, p.96-97.

45. SCH, p.86; TO, p.405; e também as notas de Koeppen, p.41.

46. ZIT/PR, p.214 (Schäfer); p.16 (Zitelmann); p.210-11 (Schäfer). Este último citou um livro sobre publicidade (*Werbung*) publicado em Berlim em 1939: "Para que a publicidade produza efeito total... é necessário considerar *totalmente* o povo" (itálicos no texto). Viktor Klemperer, já havia, no LTI: *Notizbuch eines Philologen* (Leipzig, 1960), notado numerosos americanismos nazificados na linguagem do Terceiro Reich.

47. F, p.399, p.410.

48. Klemperer, p.126, 191.

49. Sobre Hitler e o Oeste Selvagem americano, ver Capítulo 5.

50. Citado por Scholdt, SCHO, p.660.

51. Ver também Gert Kalow, *Hitler — das deutsche Trauma*, M, 1976.

52. Esta questão é, claro, inseparável das memórias e do material existente deixado por Speer (e também por Troost), incluindo o complicado relacionamento entre o primeiro e Hitler. Sobre este assunto, ver SP e também Gitta Sereny, *Albert Speer: His Battle with Truth*, L, 1995.

53. Hildegarde Brenner, *Die Kunstpolitik des Nationalsozialismus*, Hamburgo, 1963, p.118.

54. "A construção de estradas sempre foi uma característica de governos fortes, disse ele, desde os romanos e os incas até Napoleão" (I/W, p.22-3).

55. Krier, K, p.213, citando Speer. Sobre a analogia *autobahns* (auto-estradas) — Partenon, ver F, p.527 e segs. Alem disso, Hitler, em conversa com Abel Bonnard (um intelectual francês que o admirava) em 1937, disse: "O homem deve ser julgado mais uma vez, espiritualmente, e não só profissionalmente... Não é suficiente lhe construir uma casa, mas fazer com que uma luz brilhe dentro dela" (HR, p.319).

56. K, p.226.

57. M/A, p.103.

58. Wolfgang Wippermann, "Nationalismus und Preussentum", *Das Parlament* (26 de dezembro de 1981), p.127. "Neste sentido, ele diferiu basicamente da maior parte dos conservadores prussianos e protestantes da República de Weimar."

59. Contrário à famosa idéia "Paris está queimando?" em 1944, ele não ordenou que Paris fosse destruída. À época da retirada alemã de Roma naquele ano, Hitler ordenou também que a cidade permanecesse intacta. Essa ordem, no entanto, foi tornada pública para fins de propaganda, com vistas a impressionar pessoas em todo o mundo, inclusive católicos. Por outro lado, a destruição de Londres ou Budapeste não o incomodava absolutamente. Ele, claro, não ordenou a destruição das grandes cidades da Alemanha — a guerra aérea de seus "bárbaros" inimigos anglo-americanos encarregava-se disso — mas recusava-se invariavelmente a visitar ou mesmo olhar para as fotos de cidades destruídas. Ele simpatizava com a opinião de Goebbels, de acordo com a qual esse fato poderia ter um lado positivo — isto é, a destruição dos últimos restos da velha ordem burguesa. Em uma ocasião, ele disse que, em menos de trinta anos, as cidades destruídas seriam reconstruídas.

60. Sobre este assunto, ver o Capítulo 9. (E também meu artigo "American History: The Terminological Problem", em *The American Scholar*, inverno de 1992). Pensem, também, no momento decisivo na vida de Mussolini. Ao contrário de Hitler, Mussolini, em 1929, foi

o fundador de seu movimento, o "Fascismo". Ainda assim, antes disso, em 1911-12, ele descobrira que era um socialista *nacionalista*. *Mutatis mutandis*, notem que isso se aplica também a Stalin (uma das razões porque, em 1932, ele proibiu o uso do termo "nacional-socialismo", insistindo em que os comunistas usassem, em vez disso, os termos "fascistas" e "hitleristas".

61. "*Der Arbeiter* [o operário] é também um soldado combatente [*Frontsoldat*]". "Relembrando um século de história alemã, podemos afirmar *com orgulho* que éramos *maus burgueses*..." (reproduzido em Jünger, *Essays*, II, p.17, S, 1965). Ver também o útil compêndio de Armin Mohler, *Die konservative Revolution in Deutschland 1918-1932*, S, 1950.

62. A, sob outros aspectos, judiciosa Marlis Steinert, ST, p.174: "Comparadas com a concisão de Marx, as idéias de Hitler pareciam vagas..." Nessa conclusão ela usou palavras incorretas. Ver também Klaus-Dietmar Henke, *Die amerikanische Besetzung Deutschlands*, M, 1995, p.624-5 e 819-21: "Graças à propaganda de Hitler, a oposição natural entre capital e proletariado foi dissolvida; as massas não mais reagem a ela..." Numerosos fatores levaram a "uma aceitação básica do regime de Hitler pela classe operária".

63. HF/AN, p.58. "Os únicos adversários ou rivais que Hitler teve de levar a sério e que, às vezes, se viu obrigado a combater na arena política interna entre 1930 e 1934 foram os conservadores. Os liberais, centristas e sociais-democratas nunca lhe causaram o menor problema, e nem tampouco os comunistas." (E este foi um fenômeno digno de nota. O mesmo se aplicava a Franklin Roosevelt na década de 1930, cujo rival mais perigoso foi Huey Long e, como adversário, o padre Coughlin. Ver também "The Two Rights", em LEW, p.286-96.)

64. Bullock, BU, p.123, nota 1: *Volk* é "uma palavra difícil de traduzir: ela combina a idéia de nacionalismo com as de raça e anti-semitismo" — às quais poderíamos acrescentar a idéia e o elemento popular.

65. Nas línguas latinas, o termo *folk* (povo), como tal, não existe. Considerem, também, a palavra alemã, na maior parte pejorativa, usada no século XIX, *Pöbel* (significando "turba"), derivada da francesa *peuple* e, pelo menos implicitamente, condenatória.

66. *L'Ami du Peuple* era o título do jornal radical e provocante de Marat em 1791; na década de 1930, foi também o título da revista semanal dos fascistas franceses.

67. Durante algum tempo, os comunistas conservaram sua terminologia populista: "democracias populares", por exemplo (diferentes das "democracias capitalistas"). Ainda assim, essas palavras pouco mais eram do que restos de uma terminologia política mais antiga.

68. Sobre este assunto, ver Lukacs, HC, p.69 e segs.

69. Este fato é evidente na história política dos Estados Unidos no século XX, embora, o que é de lamentar, raramente tenha sido reconhecido dessa maneira: populismo *é* nacionalismo, de mais de uma maneira, enquanto o populismo e o (verdadeiro) conservantismo são inteiramente incompatíveis (pouco importa o que digam nossos "conservadores" modernos). Um conservador e nacionalista antidemocrático como Ernst Jünger reconheceu esse fato, embora apenas após sua desilusão com o Terceiro Reich. O populismo, que começou com a propaganda democrática da Revolução Francesa — escreveu durante a guerra — produz agora "todos os tipos de novos espíritos e novas formas do mal" (*Strahlungen* — seus diários — 17 de março de 1944, citado por Scholdt, SCHO, p.542). Além disso, em seu *Auf Marmorklippen* (publicado em Berlim em 1939!): "O que acontece quando o fraco interpreta mal as leis [da história] e, meio cego, abre portões que foram fechados para sua própria proteção?"

70. Lothar Kettenacker, "Sozialpsychologische Aspekte der Führer-Herrschaft", em *Der Führerstaat: Mythos und Realität. Sudien zur Struktur und Politik des Dritten Reiches*, S, 1981, p.124, 130.

71. F, p.1035, 1037.

72. M. Rainer Lepsius, *Extremer Nationalismus. Strukturbedingungen zu der national sozialistischen Machtergreifung*, S, 1966, p.11.

73. Koeppen ms., p.23-24.

74. HR, p.343, cita FR: Hitler contou a Frank que, no hospital, depositara a sua fé na Providência. Se ficasse bom, consideraria isso como um sinal para tornar-se político. E, quando recuperou a visão: "Fiquei realmente atônito e considerei isso como uma convocação dos céus." Speer (SP, p.570, nota 19) cita um discurso de Hitler aos industriais, no dia 26 de junho de 1944: "Parece que temos de aturar todas as provações armadas pelo Demônio, Satanás, e pelo Inferno, até obtermos a vitória final. Talvez eu não seja um piedoso freqüentador de igreja. Isso não sou. Mas, bem dentro de mim, ainda sou um crente devoto [*ein frommer Mensch*], significando isso que as leis da natureza, que um Deus criou, aplicam-se a este mundo: quem quer que lute bravamente, não capitule, mas recupere-se numerosas vezes e avance de novo, não será abandonado pelo Todo-poderoso, e receberá no fim as bênçãos da Providência. E esse tem sido o destino de todas as grandes almas [*Geister*] deste mundo."

Maser (M/A, p.279, nota 401) cita sua entrevista em 1971 com a irmã de Eva Braun. Hitler e Eva Braun rezaram juntos antes do suicídio. Neste caso, o percuciente Haffner errou parcialmente, HF/AN, p.92.: "Hitler era, a despeito de seus costumeiros apelos retóricos à 'Providência' e ao 'Todo-Poderoso', não só pessoalmente descrente [verdade], mas também não entendia o que a religião poderia significar para outras pessoas" [de maneira nenhuma]. (Sobre Stalin, ver a referência que ele fez a Deus na conversa que teve com Churchill, em agosto de 1942, e também o que este último pensava da Igreja ortodoxa russa.) Hitler não era ateu. Aqui, mais uma vez, podemos talvez reencontrar o perigo das meias-verdades e, talvez, o São João do Apocalipse, que profetizou que o Anticristo não apareceria como Satanás ou como Lúcifer, não como um ateu, mas como alguém que, de muitas maneiras, agiria e se apresentaria como crente e cristão. (Para uma discussão ulterior deste assunto, ver Capítulo 9).

75. Harold J. Gordon, Jr., *Hitler and the Beer Hall Putsch*, Princeton, 1972, p.407-8, e também p.449.

76. Uma tendência geral da maioria dos historiadores — e, talvez, principalmente dos historiadores alemães — tem sido a de considerar o capítulo Hitler da história alemã como horripilante, mas indicativo de uma transição, alguma coisa entre (ou um composto de) o velho e o novo, em parte também por causa das ambigüidades evidentes do caráter e idéias de Hitler. *Há* alguma verdade nessa visão, embora, em minha opinião, ela não vá suficientemente longe.

Capítulo 4 (p.89-98)

1. Um exemplo importante do emprego desse termo é encontrado em *As origens do totalitarismo*, de Hannah Arendt, publicado em 1951, livro que produziu um forte impacto sobre os intelectuais, especialmente em Nova York, muitos dos quais, pela primeira vez, dispuseram-se a reconhecer (tardiamente) os aspectos totalitários da ditadura de Stalin. Esse livro, cheio de falhas e desonesto (ver minha resenha-ensaio na *New Oxford Review*, "Vital Works Reconsidered", abril de 1990), foi escrito em meados da década de 1940 e, originariamente, referia-se apenas às origens e práticas do nazismo. A-histórico e estridentemente verboso, o livro ilustrava suas teses com citações tiradas indiscriminadamente de uma grande variedade de fontes. Após 1948, depois de o manuscrito ter sido rejeitado por várias editoras de Nova York, Arendt julgou político acrescentar dois capítulos de extrema superficialidade, expondo os aspectos totalitários do stalinismo. E foram ilustrados por citações de não mais de dois livros (na ocasião, de lançamento recente) descrevendo os crimes de Stalin.

2. Schramm, SCH, p.95: "Seria uma simplificação excessiva caracterizar Hitler como um hipermaquiavélico, à margem da lei. O conceito de legalidade de Hitler derivava do que ele via como "as leis eternas dos eventos naturais". Kershaw, KER, p.194, diz: "Hitler não foi um tirano imposto à Alemanha. Ele foi, em muitos aspectos, até um período bem adiantado na guerra, um líder nacional altamente popular". Simultaneamente, Speer (SP, p.370),

comentando a questão do pragmatismo de Hitler, cita-o como dizendo: "Só pode haver um dogma, em suma: o que é útil é certo."

3. Ver Lukacs, LEW, p.324. Notem, também, a divergência com Spengler, no *Declínio do Ocidente*: "O Estado é a forma do povo." O "elitista" Spengler ainda considerava "o Estado" como sendo uma ordem mais alta do que "o povo"; Schmitt, algumas vezes; Hitler, nunca — exceto quando as circunstâncias forçavam-no a assim agir (a esse respeito, ver o Capítulo 5).

4. Esta é a essência do importante argumento de Edward N. Peterson, *The Limits of Hitler's Power,* Chicago, 1968.

5. BU, p.404.

6. F, p.571; e também, p.572.

7. KER, p.61.

8. Zitelmann (ZIT/B, p.85), cita Haffner: Em 1933, entre a maioria dos alemães existia um sentimento geral de liberdade, de terem sido "aliviados da democracia parlamentar". E acrescenta: "Esperanças de um renascimento da grandeza nacional juntaram-se a aspirações utópicas de uma sociedade melhor, mais socialmente orientada. Pode parecer paradoxal, mas o fim da democracia parlamentar pareceu a muitos o início de um verdadeiro governo popular."

9. O termo "Estado", inicialmente anátema não só para Marx, mas também para Lenin, havia se tornado sacrossanto na União Soviética por volta de 1939. (Pode-se mesmo argumentar que os expurgos ordenados por Stalin em 1936-1939 implicaram, em grande parte, a transformação da burocracia do partido em burocracia do Estado. De qualquer modo, Stalin (que, em contraste completo com Lenin, não era um revolucionário, mas um estadista) descobriu a importância suprema do Estado na mesma ocasião em que Hitler descobria que essa suprema importância estava ultrapassada — em outro exemplo do atraso do comunismo de Stalin em comparação com o nacional-socialismo de Hitler.

10. Jäckel (JHW, p.99), cita também MK: "A questão da estrutura externa do Estado... não é de importância fundamental, servindo apenas para certas finalidades práticas." Haffner (HF/AN, p.86), vai mais adiante — em minha opinião, corretamente —, reconhecendo a importância de que, "no sistema político de Hitler, o Estado desempenha um papel inteiramente subordinado."

11. Citado em um estudo de Horst Zimmermann, em Manfred Funke, org. *Deutschland und die Mächte. Materialien zur Aussenpolitik des III. Reiches*, D, 1977, p.817.

12. Haffner, HF/AN, p.60: "Nada induz mais ao erro do que chamar Hitler de fascista." Fest, que tinha simpatias por Nolte, usou ocasionalmente o termo "fascista" em F, mas, como Bracher escreveu em sua resenha elogiosa de F, esse fato acontecia raramente e não teve influência sobre a interpretação de Fest, segundo a qual Hitler, ao contrário de outros "fascistas", não dependia de precedentes históricos e trabalhava em prol de uma mudança revolucionária.

13. Citado por Fest, F, p.644. E acrescenta ele: "Repugnantes como tenham sido as circunstâncias do assassinato de Röhm, podemos ainda perguntar se Hitler tinha alguma outra opção..." O sucessor de Hitler, Dönitz, não compreendeu bem esse fato. Em 1945 (no cativeiro), ele disse que, em junho de 1934, Hitler teve de navegar entre dois opostos: de acordo com os nazistas radicais (Röhm), a revolução nacional-socialista não fora suficientemente longe; e, de acordo com os conservadores (Papen) fora longe demais. Mas houve mais do que esse tipo de navegação calculada na mente de Hitler. Enquanto Röhm estivesse vivo, ele não poderia contar com a obediência cega dos líderes do Exército, que era o único elemento forte na estrutura do Estado que não se encontrava ainda *inteiramente* subordinado a ele.

14. BU, p.257.

15. *Der Arbeiter*, B, 1932, p.270.

16. SP, p.581. As citações são da edição de 1935 do MK, II, p.603.

17. Dignas de menção — e inspiradoras — foram as reminiscências do alemão ocidental Heinz Krekeler, divulgadas no Colóquio do IFZ, *Deutscher Sonderweg: Mythos oder Realität?*, Munique/Viena, 1982, p.65. Krekeler foi membro do Parlamento da Alemanha Ocidental e da comissão constitucional do Estado do Norte do Reno-Westfália em 1946-50. Ele se opôs à frase básica, 'Todo poder do Estado emana do povo', na Constituição da Alemanha Ocidental... "ardorosamente... e tive sucesso. E com um argumento simples, que meus colegas julgaram muito convincente. Tornar absoluta a soberania popular — curiosamente, só a facção comunista queria isso — significava que o povo soberano poderia, mais uma vez, acabar com a democracia e reinstalar a ditadura. É preciso haver alguma coisa que limite a soberania popular, ou seja, os valores e direitos básicos assegurados em nossa Constituição". Temos aí um exemplo edificante de conservantismo autêntico, inspirado pelas recordações, na época recentes, de Hitler e do Terceiro Reich.

18. H/AN, p.80, 82. Declaração mais sólida do que a citação que Fest faz, com freqüência, do duvidoso Rauschning, em F, p.939. Supostamente, Hitler teria dito a Rauschning: "Raça é um conceito mais alto do que nação. Com a idéia de nação, os franceses levaram sua revolução além das fronteiras. Com a idéia de raça, o nacional-socialismo levará a revolução para uma nova ordem mundial.

19. SCH, p.77.

20. SP, p.108, 110.

21. HR, p.406.

22. Ver LEW, p.397.

23. Discurso de 26 de maio de 1944, publicado e anotado por Hans-Heinrich Wilhelm, em *Militärgeschichtlich Mitteilungen*, 1976 (2), p.149-50. No discurso, Hitler *não* insistiu na superioridade do "núcleo" racial nórdico: "O mais forte desses núcleos raciais, dotado de talentos comerciais mas não criativos, teria sido, no longo prazo, o dos judeus entre nós, e com a diferença de que esses judeus não teriam sido absorvidos racialmente pelo povo alemão, mas teriam destruído gradualmente, um passo após outro, o *Volk* alemão."

24. *The Testament of Adolf Hitler*, nos Documentos Hitler-Bormann, L, 1961 (doravante: AH/B.) Nesses últimos monólogos anotados, Hitler referiu-se também aos judeus como sendo uma "raça espiritual".

25. Poucos sulistas, porém racistas, negariam que os negros nascidos nos Estados Unidos são americanos; numerosos nazistas alemães negavam que judeus nascidos na Alemanha fossem alemães. (Outros exemplos. Ulster, Iugoslávia.)

26. Os subtítulos dos principais artigos (que o próprio Hitler revisou) constituem um sumário de seu discurso: "A maldição dos pequenos Estados alemães — O patriotismo dinástico — A culpa do *Bürgertum* — O cosmopolitismo internacional dos dez mil da classe alta — O Estado nacionalista."

27. Exemplo: No Sarre maciçamente católico, os nazistas, em 1932, obtiveram menos de 7 por cento dos votos, enquanto em 1935 — com apoio do clero — 91 por cento votaram pela união com o Terceiro Reich. Na Áustria, os mais cruéis e mais brutais dos líderes — Eichmann, Globocnik, Kaltenbrunner — identificaram-se com a Alemanha, enquanto o nacional-socialista *austríaco* Leopold era rejeitado por Hitler em 1938-1939. Pode ser revelador também que, em 1940, ele se referiu aos "isolacionistas" da ala direitista nos Estados Unidos como "nacionalistas radicais" — termo este muito mais exato do que "isolacionista".

28. Ver, no Capítulo 2, uma discussão do cultivo do ódio por Hitler.

29. GQ, p.126-7.

30. HD, p.88.

31. Há provas de ocasionais sentimentos de inferioridade (ou, mais exatamente, compensações por esses sentimentos) em alguns dos discursos de Hitler. (Churchill percebeu agudamente alguns deles: ver DL, p.41-2.) Ver também o discurso de Hitler em Kassel, em 4 de junho de 1939: "Nem por um momento admitirei que nossos inimigos ocidentais têm o direito de pensar que são ou de se considerar superiores... Eu não sofro de nenhum tipo de

complexo de inferioridade." (LEW, p.390.) Suas observações (9 de janeiro de 1939) aos operários e arquitetos que construíam o prédio da Nova Chancelaria, citado por Speer (SP, Capítulo 5): "Por que o maior? Faço isso para restabelecer o auto-respeito de cada alemão... Quero dizer a cada um de vocês: nós não somos inferiores, ao contrário, somos absolutamente iguais a qualquer outra nação." Krier, K, p.214: "Os gigantescos prédios de Hitler destinavam-se a impressionar o povo com o poder que ele próprio possuía."

32. Zitelmann — bem como outros autores — enfatizaram demais o darwinismo social de Hitler. Hitler freqüentemente fazia referências a Marx, mas raramente, se é que alguma vez, a Darwin.

33. Em fevereiro de 1924, diante do tribunal: "A psique do povo é tal que ele respeita, acima de tudo, a existência do poder." (ZIT/A, p.47.)

34. A dignidade da vida humana, portanto, deve ter por origem a rejeição do darwinismo e o reconhecimento de que, por mais biologicamente pequenos que sejam, há uma diferença básica entre seres humanos e todos os demais seres vivos. Tanto o cristianismo quanto a civilização ocidental são humanistas nesse sentido, no sentido da rejeição necessária da sobrevivência do mais apto como princípio governante da humanidade.

35. Ainda assim, considerem o seguinte: O ódio é uma inclinação *humana*, como é também o amor. Da mesma forma que o amor humano é algo mais e diferente das afeições instintivas do animal, o ódio em seres humanos é algo diferente da natureza da "presa e da garra". E conquanto o amor humano seja sempre um amor por outro ser humano, o ódio humano é inevitavelmente autocentrado, porque, freqüentemente, odiamos nos outros alguma coisa que odiamos em nós mesmos. (Essa conclusão é menos verdadeira no caso do racismo do que do nacionalismo.) E o que Hitler odiava em si mesmo? Este foi um segredo que ele morreu sem revelar.

Capítulo 5 (p.99-126)

1. Maser, por exemplo, dedica ao assunto apenas um capítulo curto (o de número 9, "Der Feldherr und Stratege") em M/A; Jäckel, no JHH e JH, não vai além de 1941; GQ, embora sob outros aspectos perspicaz, é fraco sobre a política externa de Hitler; Zitelmann, tanto em ZIT/A quanto em ZIT/B, mostra-se muito mais detalhado e convincente sobre a política interna de Hitler do que sobre a externa (quando descreve a decisão de Hitler de atacar a Rússia, ele se louva quase inteiramente nos Diários de Goebbels, mesmo que Goebbels *não* fosse, nessa época, muito ligado ao planejamento de Hitler). Em ZIT/A, p.103, Zitelmann nega que Hitler quisesse dominar o mundo. Verdade. Mas, em seguida, ele nada diz sobre os limites das metas geopolíticas de Hitler. Em F, p.186, Fest adverte, corretamente, contra "a até hoje predominante apresentação de Hitler como um homem de instintos... ignorando-se a racionalidade e a ousadia do planejamento, que eram fundamentais em seu comportamento e que pautaram o desenvolvimento de nada menos que todas as suas outras visíveis capacidades" — o que é absoluta verdade, mas, em seguida, não aplica o mesmo julgamento aos anos de guerra e à política externa de Hitler (sobre as quais podemos encontrar alguns erros em seu, sob outros aspectos, excelente livro). Steinert, muito competente em seus comentários sobre o povo alemão durante a guerra (em ST/HK/D), em ST é impreciso sobre a estadística e estratégia de Hitler, cometendo uma série de pequenos erros, dependendo também, injustificadamente, de Goebbels. A desproporção mais extremada entre o espaço e o tratamento dados à guerra e aos anos anteriores a ela é encontrada em Davidson. (Ver Capítulo 1, nota.)

2. Kershaw, em KER, por exemplo, à p.121: "... uma arrogância de poder cada vez mais forte, os primeiros estágios do que iria transformar-se em uma catastrófica *folie de grandeur* e afastamento da realidade". (Não inteiramente errado, mas as três últimas palavras são discutíveis.) KER tende também a exagerar a influência de Ribbentrop sobre Hitler (p.144, 146). E tampouco trata do objetivo e desejo de Hitler de dividir os inimigos após 1941. Ainda

assim, ele acerta quando declara (p.177) que "As decisões de Hitler na esfera militar não foram absolutamente tão absurdas como são às vezes retroativamente descritas."

3. Schramm, em SCH, p.31: "Hitler raramente perdia de todo o controle de si mesmo, embora, vez por outra, seus nervos fossem tão exigidos que a maioria dos homens, trabalhando sob um fardo semelhante, não teria ficado fisicamente à altura dele. Em conseqüência, é muito difícil compreender o que Hitler realmente pensava e percebia, difícil esclarecer até que ponto ele era motivado pela lógica ou impelido pelo instinto.

4. *Hitler's Secret Book*, NY, 1961 (doravante: H2B). Deuerlein foi muito perspicaz a esse respeito (D, p.76): "... o *Mein Kampf* não é... a 'Programação de um Conquistador do Mundo', mas sim um sumário do que o próprio Hitler disse, temas de artigos para o *Völkischer Beobachter*".

5. Gerald Fleming, *Hitler and the Final Solution*, Berkeley, Calif., 1981 (doravante: FL), p.8, citando palavras de Hitler dirigidas ao general Halder, quando o nomeou para chefe do Estado-Maior do Exército, em setembro de 1938: "O senhor precisa saber, antes de mais nada, que nunca será capaz de descobrir meus pensamentos e intenções, até que eu os transmita sob a forma de ordens... Na política, as coisas são inteiramente diferentes. O senhor nunca saberá o que se passa em minha cabeça..." (Halder, mais tarde, confirmou pessoalmente essas palavras para Fleming.) Ver também Schramm (SCH, p.130), Hitler conversando com o almirante Raeder, e reconhecendo suas "três maneiras de guardar segredo".

6. "Deus escreve certo por linhas tortas." Paradoxalmente, a derrota e morte de Hitler conseguiram isso (exceto nos casos da Áustria e do Tirol do Sul). No último ano da guerra, milhões de alemães abandonaram suas terras e fugiram para o oeste, para o que restava da Alemanha. Após a guerra, milhões mais foram expulsos da Polônia, Tchecoslováquia, Hungria, Romênia e Iugoslávia. Dessa maneira, pela primeira vez em oitocentos anos, eram poucos os alemães na Europa Oriental, na outra margem do rio Oder — o que foi, talvez, a mais duradoura e histórica conseqüência da guerra de Hitler.

7. Schreiber (SCHRB, p.65) diz que Hitler usou o termo *Lebensraum* apenas duas vezes no MK. (O termo foi criado pelo geógrafo alemão Razel e outros já em 1897.)

8. Há inúmeros exemplos desses casos, tanto em I/W quanto em I/H. Um exemplo revelador: uma citação *verbatim* de um discurso de Stalin em 5 de maio de 1941, incluindo um brinde: "Vamos beber à nova era de desenvolvimento e expansão territorial que já começou! Viva a política ativa de agressão da nação soviética!" (I/H, p.240). Não há absolutamente prova disso. Ou em I/W sobre o embaixador britânico em Washington, que teria dito em julho de 1940: "Ele estava reconhecendo publicamente que a Grã-Bretanha havia sido derrotada e que se deveria esperar que agüentasse as conseqüências." Trata-se de uma monumental e perversa interpretação das palavras de Lord Lothian nessa ocasião.

9. Um exemplo importante: em I/W, Irving quase nenhuma atenção dá ao momento decisivo crucial, a mudança de idéias e de hábitos pessoais de Hitler no inverno de 1937-38.

10. Podemos detectar também uma evolução nos quarenta anos de trabalho profissional de Hillgruber, de uma apreciação positiva oculta — conscientemente ou não — da estadística de Hitler (prova disso encontrada em vários trechos do HST) à sua condenação categórica de algumas das arbitrariedades do líder alemão.

11. Jäckel, no JHW, inclina-se para esse *Stufenplan* ("... a grande guerra de conquista contra a Rússia poderia ocorrer durante a terceira e final fase"), embora menos assim no JHH (escrito doze anos mais tarde).

12. Tenho de mencionar aqui outra divergência com Hillgruber, que foi um proponente da — para muitos alemães, ainda atraente — teoria das duas guerras: que a guerra no Ocidente (que era uma "guerra européia normal" [*ein europäisches Normalkrieg*]) fora lamentável, um acontecimento trágico para o qual Hitler contribuíra decisivamente, ao passo que a guerra contra a Rússia, pelo menos nos seus últimos estágios, equivalera a uma defesa heróica da terra alemã, do povo alemão, e da civilização ocidental. Compreendo os sentimentos deste prussiano oriental, mas tenho de concordar com a resposta que o

marechal-de-campo Montgomery deu em maio de 1945 à exclamação dos generais alemães, que queriam obter dele a concessão de uma rendição parcial: "Os russos são selvagens!" Ao que Montgomery respondeu: "Vocês deveriam ter pensado nisso em junho de 1941."

13. Fest, F, p.203: "Com uma mistura de sangue-frio, cálculo e determinação, bem como disposição de assumir grandes riscos no interesse de objetivos limitados — fato este que demonstrou em todos os tipos de crises — ele conseguiu obter o controle do Partido." E também, à p.206: a capacidade mais tarde demonstrada de dominar crises incluía, também, a repetida tendência "para pôr em risco seus triunfos, exagerando-os mais."

14. Alguns dos biógrafos evitam a palavra "estadista", principalmente por causa das suas conotações positivas. Heiber, por exemplo, diz em HB, p.117: "Não. Hitler era um líder muito inteligente de partido, um demagogo dedicado, um orador estimulante e até sobre Hitler, o comandante militar, se poderia dizer alguma coisa, mas *estadista* ele não foi."

15. Churchill, por exemplo. Além disso, não sendo um otimista, Hitler acostumou-se a esperar o pior dos inimigos. Essa tendência ia além de atribuir fraquezas a eles.

16. Schramm (SCH p.32, nota 2) cita o dr. V. Hasselbach ("o mais crítico e confiável dos médicos de Hitler"): "Hitler afirmava repetidamente que um de seus dons, do qual podia depender irrestritamente, era a capacidade de julgar seres humanos. Até mesmo uma curta impressão lhe era suficiente para poder dizer que tipo de pessoa era um homem e de que maneira poderia ser usado melhor."

17. Görlitz-Quint cita uma declaração de Hitler em CQ, p.482: "Estratégia não é uma ciência oculta. É a aplicação de um conhecimento sadio da natureza humana. Suas bases [*ihre Grundformen*] podem ser estudadas em uma luta de boxe. Exércitos nada mais são do que corpos gigantescos." Essas palavras correspondem à idéia de Hegel, segundo a qual o Estado é apenas um ser humano descomunal, um "macroanthropos".

18. Fest cita Hitler comentando os apaziguadores britânicos (F, p.801): "*meine Hugenberger*," "os iguais a Hugenberg" (ou "meus Hugenbergs"), tendo sido Hugenberg um conservador nacionalista alemão que apoiou Hitler, na esperança de realizar propósitos pessoais, e que foi em seguida facilmente descartado.

19. Ele foi, como a maioria dos líderes militares bem-sucedidos, um inovador, mas, fiel a si mesmo, acreditava mais na importância da moral militar do que em novas armas. Nesse particular havia, mais uma vez, uma divergência entre suas declarações públicas e crenças privadas. Aos outros, ele sugeria ocasionalmente a importância decisiva de "armas espetaculares", enquanto é pouca a prova de que compartilhasse das grandes expectativas geradas por elas. Steinert (ST, p.538) exagerou a confiança de Hitler em novas armas (suas "ilusões pueris"). Jäckel (JHW, p.149) tem provavelmente razão: chegava uma ocasião em que Hitler "não acreditava mais no que dizia", embora não aplique essa conclusão aos anos de 1943-45.

20. Alguns exemplos. Lukacs, LEW, p.371, nota 95: "Hitler, que raramente lia os despachos enviados por seus embaixadores, ainda assim interessava-se muito por informações secretas obtidas por espiões. Em princípios de julho de 1940, ele quis ler *todos* os tipos de relatórios, elaborados por agentes, e as transcrições de conversas telefônicas monitoradas em Londres. Na primavera de 1941, quis e obteve uma série de relatórios confidenciais compilados por agentes que trabalhavam dentro da embaixada soviética em Berlim. Grande parte desse material envolvia banalidades, mas Hitler sentia-se profundamente interessado." Ele leu durante a guerra numerosos artigos e relatórios sobre os adversários americanos de Roosevelt. Em 1944, comentou em detalhes um artigo publicado em um número (março de 1944) da publicação britânica *Contemporary Review*. Irving descreve os relatórios *Forschungsamt* como elementos decisivos nos sucessos políticos de Hitler, mas isso é um exagero.

21. Schramm (SCH, p.104) cita Jodl sobre o espantoso domínio que Hitler possuía de detalhes técnicos. "Foi devido a ele, pessoalmente, que o canhão antitanque de 75mm substituiu os canhões de 37mm e 50mm em tempo oportuno, e que os canhões curtos montados em tanques foram substituídos pelos longos de 75mm e 88mm. O Panther, o Tiger,

e o Königstiger... foram desenvolvidos como tanques modernos por iniciativa do próprio Hitler." Ou à p.106: "Esse grau de aptidão tecnológica era ainda mais notável considerando-se que Hitler nunca recebeu qualquer educação técnica nem teve oportunidade de adquirir experiência prática na indústria". SCH, p.70: "Sua memória notável, juntamente com uma diligência férrea e um forte poder de concentração". (Mas Hitler só começou a impor a si mesmo esse tipo de disciplina após dezembro de 1941.) Caar, C, p.78: "É muito claro que Hitler não era um ignorante vangloriando-se de assuntos militares além de sua compreensão. Ao contrário, ele tinha, na verdade, uma percepção espantosamente ampla de estratégia militar e um olho para tática operacional em guerra ofensiva, que ninguém esperaria de um leigo..." Sobre esse assunto, Kershaw, sob outros aspectos judicioso, foi menos convincente. KER, p.171: "Em muitos respeitos, sua concepção de armas tinha origem nos progressos tecnológicos da I Guerra Mundial e na década de 1920. Além do mais, ele estava dificilmente preparado para lidar com os princípios científicos e tecnológicos sofisticados dos modernos sistemas de armas." Ver também Speer, SP, *passim*, contendo numerosos exemplos, incluindo o projeto de Hitler para bunkers na costa do Atlântico, planejado nos detalhes mais minuciosos "durante a noite. Eram esboços, mas bem desenvolvidos."

22. Schramm, SCH, p.147: "Seria um erro menosprezar Hitler como estrategista ou negar que, durante a primeira metade da guerra, ele desenvolveu concepções consideradas magistrais até por numerosos especialistas cépticos." P.190: "Indubitavelmente, Hitler conseguia, usando seus métodos, tirar mais da Wehrmacht alemã do que até o otimista mais completo teria julgado possível." Bullock, também (BU, p.588): "Hitler, o estranho, que nunca freqüentou uma universidade ou uma faculdade de estado-maior, havia derrotado o Ministério do Exterior e o Estado-Maior Geral em seu próprio jogo. É costumeiro menosprezar esse sucesso... Mas, se ele deve ser (com justiça) considerado responsável pelas derrotas calamitosas posteriores do Exército alemão, ele tem direito a uma grande parcela nas vitórias... Os generais alemães não podem ser responsáveis por ambas."

23. Ainda assim, ele estudou com minúcia manuais navais. Era capaz de lembrar-se com detalhes da velocidade, blindagem, tonelagem e das peças de artilharia de vasos de guerra inimigos. Fest (F, p.306) admitiu que Hitler percebera o fim da predominância do poder naval.

24. Em certa ocasião, Goebbels criticou Neurath, ministro do Exterior de Hitler: Ele não é um nazista, "pertence a um mundo inteiramente diferente." Hitler: Não. "[Neurath] é considerado [um cavalheiro] no mundo anglo saxão" (SP, p.162). E também à p.217: "'Cavalheiro' era uma palavra muito incomum para ser usada por Hitler."

25. A palavra *Realpolitik* foi cunhada por A.L. von Rochau, escritor de Heidelberg, em 1853, em seu livro *Grundsätze der Realpolitik.*

26. Assim, por exemplo, nomearia o mesmo Papen, por cujas idéias e táticas políticas dentro da Alemanha ele tinha pouco respeito, para importantes postos no exterior (em Viena e Ancara), onde o sagaz diplomata o serviria bem (pelo menos, até 1944). Na verdade, houve ocasiões de importância decisiva (como em julho de 1940) em que Hitler o chamava, se não para pedir conselhos, pelo menos para lhe ouvir as opiniões. Em LEW, p.334, nota 15: "Em certa ocasião, em 1939, Ribbentrop proibiu que membros do ministério conversassem pessoalmente com Papen [GD, D, VIII, p.130] — mas, ainda assim, ele continuou a trabalhar, sob a proteção de Hitler."

27. Görlitz-Quint, GQ, p.513: "Ele aplicou literalmente a imagem das lutas do partido (da República de Weimar) à política externa. Jamais compreendeu que as políticas interna e externa são dois assuntos inteiramente diferentes." Mas serão mesmo? A esse respeito, a declaração sumária de Irving é excepcionalmente mais convincente (I/W, p.xxiii): "Na opinião de Hitler, os antigos estadistas da Alemanha haviam colocado a força interna baixo demais na escala de prioridades... Em primeiro lugar, ele restabeleceu a unidade psicológica da Alemanha e, sobre esse alicerce estável, reconstruiu a força econômica do país e, sobre essa base, construiu, por seu turno, o poder militar com o qual faria cumprir uma política externa ativa."

28. Fest, F, p.836: "Após 1939, Hitler abandonou a 'Politik' e a ela nunca mais voltou." Opinião muito discutível.

29. Fest não teve razão sobre Mussolini, "que, mais do que os demais, insistiu em resistir a mais avanços da Alemanha" em Stresa, no ano de 1935 (F, p.673). E exagerou também a Realpolitik de Hitler durante a Guerra Civil Espanhola. F, p.685: "... aqui, mais uma vez, ele foi um tático e demonstrou uma fria racionalidade, inteiramente [?] livre de ideologia. Durante anos, ele nada fez para ajudar a vitória de Franco, querendo, em vez disso, que a guerra civil continuasse."

30. Toland, TO, p.401, sobre o trabalho de Hitler para persuadir o Japão a assinar, em 1936, o Pacto Anticomintern: "Reconhecidamente inócuo, o acordo foi importante como estratagema propagandístico para justificar o rearmamento alemão." O pacto nada teve a ver com rearmamento, e tudo a ver com seus cálculos sobre o uso vantajoso do anticomunismo.

31. Zitelmann também (especialmente em ZIT/A) enganou-se sobre a política externa de Hitler. Deu ênfase demais à afeição de Hitler pela Inglaterra, sugerindo dessa maneira que os britânicos foram responsáveis por não corresponder a ela de forma apropriada. Outros historiadores alemães inclinaram-se também para essa conclusão, incluindo Hillgruber, que respeitava Chamberlain, mas não Churchill. Além disso, Zitelmann explicou a decisão de Hitler de entrar na Renânia em março de 1936 como uma reação à ratificação, pela Câmara dos Deputados francesa, do Pacto Franco-Soviético de 1935 "que a Alemanha considerou como um rompimento do Tratado de Locarno." Não a Alemanha, mas Hitler, que a usou como pretexto.

32. A.J.P. Taylor, *The Origins of the Second World War*, NY, 1961. Segundo ele: "A conferência foi uma manobra nos assuntos internos." (Mas apenas no sentido em que alguns dos trabalhos de Taylor foram manobras nos círculos acadêmicos britânicos.) Bullock, em edições posteriores do BU, p.367-70, modificou suas conclusões anteriores sobre a Conferência de Hossbach, levando em conta o que dissera Taylor: "A significação dessa reunião em novembro de 1937 tem sido objeto de grandes controvérsias." É verdade que os anais do que aconteceu em Hossbach (tal como o registro de outro importante discurso de Hitler para seus generais, o de 22 de agosto de 1939), não foi uma transcrição *verbatim* exata.

33. Um argumento importante *contra* Munique é a existência de um plano de alguns generais alemães, incluindo o general Beck, de organizar um golpe contra Hitler, se ele fosse à guerra por causa da Tchecoslováquia. As notícias das visitas de Chamberlain a Hitler e Munique puseram um fim aos planos. Ainda assim, é pouca a prova de que uma conspiração militar contra Hitler naquela época teria conseguido êxito. Os instrumentos do partido e da SS e, mais importante, os sentimentos do povo alemão estavam pelo menos tão decididamente ao lado de Hitler quanto em julho de 1944. Fest (F, p.777) enganou-se quando disse: "Hoje é inegável que Hitler não poderia ter resistido por mais do que alguns dias a uma confrontação militar no outono de 1938."

34. Stalin pronunciou um cauteloso discurso no dia 10 de março de 1939, sugerindo — indiretamente — uma acomodação com a Alemanha. Toland (TO, p.526), porém, enganou-se redondamente ao dizer que a imprensa alemã "explorou esse fato como mais uma abertura para o Reich e os jornais soviéticos responderam congratulando-se com ela por seu discernimento." Enganou-se também (p.522-23) sobre o curso das negociações germano-polonesas no inverno de 1938-39 e (p.512), ao dizer que, em março, o Ministério das Relações Exteriores da Grã-Bretanha foi "avisado pelo embaixador romeno que fontes secretas indicavam que Hitler invadiria e ocuparia a Romênia e a Hungria nos próximos meses." M. Tilea não era embaixador e os britânicos não lhe deram nenhum crédito.

35. O trocista inglês que supostamente disse, ao saber do pacto Hitler-Stalin, que "todos os ismos são wasmos" teve, claro, razão na maior parte, mas, embora o comunismo internacional fosse um "wasmo", o nacional-socialismo alemão não era.

36. Sua capacidade para *divide et impera* — isto é, não se comprometer com um ou outro lado — já existia em 1921-22 e 1924-25, em face do antagonismo reinante no partido (e, talvez, também em 1933-34), entre o Exército e a SA).

37. HST, p.28-29. E também F, p.801, e HF/AI, p.224.

38. O tratamento bárbaro que ele deu ao povo polonês teve muito a ver com seu ódio à Polônia por ter ousado resistir e, assim, ter provocado uma guerra mundial. Haffner (HF/AN, p.162) observa agudamente: "... tendo ganho militarmente a guerra contra a Polônia, Hitler, de maneira nenhuma, usou essa vitória para atingir seus objetivos originais, que eram os de forçar os poloneses a entrar na aliança que eles haviam antes recusado." Simultaneamente, há prova abundante do caráter, potencialmente suicida, de sua arrogância. Ou como registrou Fest, citando-lhe a declaração de 23 de novembro de 1939: "Nesta luta, vencerei ou tombarei. Não sobreviverei à derrota de meu povo. Para o mundo externo, capitulação, nunca, para o interno, revolução jamais." E assim seria.

39. Hillgruber (e outros) exploraram muito esse fato. Ainda assim, já em 5 de dezembro de 1940, Hitler recusou-se a tornar Moscou o principal objetivo das operações.

40. "A sua ideologia [*Weltanschauung*] nesse momento denominada de Realpolitik". CQ, p.240.

41. Foi — e devia ser — discutida. Hillgruber, no HST, escreveu repetidamente que, após julho de 1940, a guerra contra a Inglaterra tinha para Hitler importância secundária [*zweitrangig*]. Esse argumento não se sustenta. (Sobre este assunto, ver Lukacs e LEW, *passim.)* O historiador alemão Bernd Stegemann (1982) refutou-o convincentemente em GWU, 1982, p.206-13 (e também em 1987); o mesmo fez Hartmut Schustereit, no *Vabanque. Hitlers Angriff auf die Sowjetunion 1941 als Versuch, durch den Sieg im Osten den Westen zu bezwingen* (Herford/Bonn, 1988). Em Manfred Funke, org., *Hitlerdeutschland und die Mächte. Materialen zur Aussenpolitik des III. Reiches* (D, 1977). Hillgruber (p.100, nota 18) criticou no VFZ, 1970, o artigo de Broszat, no qual ele escreveu que a decisão de Hitler de atacar a Rússia não fora um "plano calculado para pôr em prática suas idéias [sobre o *Lebensraum*]", mas que ele se sentiu obrigado [*ein Zugzwang*] a desistir de esperar no verão de 1940 e a agir para conseguir um fim decisivo da guerra". Broszat teve razão. A resposta de Hillgruber foi fraca: "Na realidade, a decisão de Hitler de ir à guerra no Leste [não era ainda uma decisão] ocorreu em julho de 1940, em uma ocasião em que estava convencido da possibilidade de chegar a um arranjo com a Grã-Bretanha." Ele *não* estava tão convencido assim. Gisevius (GI, p.516), freqüentemente superficial, mas, neste caso, perspicaz, escreveu: "Ele fez o desvio para Moscou a fim de derrotar a Inglaterra". Bullock não é claro a esse respeito (BU, p.598). No dia 31 de julho de 1940, escreveu: "Hitler colocou a invasão da Grã Bretanha no primeiro plano de seu argumento, mas já estava pensando em um ataque à Rússia em 1941, capitulassem primeiro ou não os britânicos." Jäckel via uma dualidade, mas não chegou a uma conclusão. No JHH, p.86, disse: "Desde a década de 1920, Hitler queria conquistar *Lebensraum* na Rússia. Este já era seu principal motivo. Ainda assim, não o enfatizou quando tentou convencer seu círculo mais chegado sobre o mérito de seu plano." E ainda com maior clareza à p.86: "Tudo indica que ele sempre o manteve à vista (os planos sobre o *Lebensraum*). Se ele acreditava ou não na nova justificação estratégica, que apresentou em julho de 1940, ou se a fez para conquistar apoio a uma nova campanha de conquista é, claro, difícil de saber com certeza. Provavelmente, estiveram em ação ambos os motivos."

42. Há muitas dessas declarações de Hitler, entre as quais a que fez em 27 de dezembro de 1940 ao almirante Raeder, que insistia em concentrar os recursos alemães contra a Inglaterra. Disse Hitler: "Isso não pode ser feito até que a última esperança da Inglaterra na Europa continental seja eliminada." E a Hewel, em 19 de maio de 1941: Quando a Rússia for derrotada, "esse fato obrigará a Inglaterra a fazer a paz. Espero que ainda este ano." No diário de guerra de Halder, encontramos, com data de 14 de junho de 1941: "Após o ataque à Rússia e a evolução de seus cálculos de que o colapso da Rússia induziria a Inglaterra a desistir da luta." E no mesmo dia: "O principal inimigo ainda é a Grã-Bretanha." (Extraído de "uma fonte inédita explorada por um general da Luftwaffe" — nenhuma outra referência ou fonte, contudo — é encontrada em Irving, I/H, p.266.) No diário de Hewel, em 20 de janeiro de 1941: "Uma longa conversa com o Führer. Ele espera muita coisa da campanha

na Rússia... Pensa que a Grã-Bretanha terá de capitular." (Notem que Hewel *não* era um general.) Dirigindo-se a Keitel, no dia 18 de agosto de 1941 (ADAP/D/13/1, p.346): "O objetivo final do Reich é derrotar a Grã-Bretanha." No dia 22 de agosto de 1941, com seus exércitos às portas de Leningrado e varrendo tudo à frente a caminho de Kiev, e cada vez mais perto de Moscou, encontramos no diário de Halder: "O objetivo de Hitler é finalmente eliminar a Rússia como potência aliada da Inglaterra no continente europeu e, dessa maneira, privá-la de qualquer esperança de uma mudança em seu destino, com a ajuda da última Grande Potência existente." Hitler, dirigindo-se ao Almirante Fricke (KTB/SRL, em 18 de outubro de 1941: "A queda de Moscou poderá mesmo obrigar a Inglaterra a fazer imediatamente a paz."

43. AH/B, p.15, fevereiro de 1945.

44. Barry A. Leach, *German Strategy Against Russia 1939-1941*, Oxford, 1973, p.100: "... essa tentativa de dar às operações no Leste alguma relevância para a guerra que já estava sendo travada no Oeste foi uma racionalização para os ouvidos dos generais. A verdadeira finalidade da campanha era a concretização da *Lebensraumpolitik* de Hitler." Não mesmo. Haffner mostrou-se mais ponderado, mas chegou a uma conclusão discutível (HF/AN, p.115: "Não devemos levar a sério essas tentativas de racionalização de Hitler. O ataque à Rússia não foi feito *por causa*, mas *a despeito* da continuação da guerra contra a Grã-Bretanha." (Itálicos de Haffner.)

45. Já em 9 de janeiro de 1941, segundo o RTB/OKW: "Os russos não devem ser subestimados, nem mesmo agora." No dia 21 de junho de 1941, Himmler disse a Heydrich: "O Führer não está tão otimista quanto seus conselheiros militares." Leach, acima, à p.156. Na noite anterior a 22 de junho, alguém no círculo de Hitler referiu-se à Rússia como sendo "uma grande bolha". Os generais, sem exceção, estavam confiantes. Hitler, de repente, tornou-se pensativo. Disse que a Rússia parecia-se com o navio do enredo de *O navio fantasma*. E acrescentou: "O começo de todas as guerras é como abrir a porta de um quarto escuro. Nunca sabemos o que está escondido na escuridão." (Lukacs, LEW, p.139).

46. Historiadores, comentando a dualidade: Jäckel, em JHW, p.68; também p.56: "... nas circunstâncias predominantes, a campanha no Leste deveria servir também a um fim duplo. Destinava-se a levar à conquista de espaço vital, bem como desencorajar a Grã-Bretanha, de uma vez por todas." Haffner, HF/AN: "É sempre um erro em política visar a dois alvos simultaneamente." Talvez. Zitelmann (ZIT/A, p.147), escreveu que os objetivos de Hitler não eram claros. Ele não mencionou a dualidade, mas referiu-se ao hábito de Hitler de "reunir todos os argumentos possíveis para justificar suas decisões."

47. Observem que, conquanto Hitler não falasse muito sobre o *Lebensraum* antes do início da campanha, continuou a referir-se a este objetivo para alguns membros de seu círculo íntimo em agosto e setembro de 1941 — o que, pelo menos, sugere que o fato começara a servir para fins de justificação. Considerem também que, além das especulações de natureza geral de Hitler em suas conversas à mesa, planos detalhados para a colonização do Leste não foram preparados por ele, mas por Himmler e outros (e, em 1943, uma ordem dele determinou a suspensão desses planos). Zitelmann, em ZIT/A, p.161, diz: "A idéia por muito tempo aceita de que, com a conquista das terras na Rússia, Hitler queria iniciar a 're-agrarianização' da sociedade alemã, a fim de implantar uma utopia 'antimoderna' e 'antiindustrial' não tem fundamento."

48. Enfática — e erradamente — por A.J.P. Taylor. Bullock, em BU, p.662: "Hitler nunca supôs — não mais do que Hindenburg ou Ludendorff em 1917 — que teria de levar em conta uma grande intervenção americana na guerra européia." Em absoluto. Hitler, em conversa com Jodl (KTB/OKW, I, p.996), no dia 17 de dezembro de 1940 — isto é, na véspera de baixar a diretriz Barbarossa definitiva: "Temos de resolver todos os problemas da Europa continental em 1941, uma vez que, a partir de 1942, os Estados Unidos estarão em condições de intervir." Haffner, em HF/AI, p.129, comentando a decisão de Hitler de declarar guerra aos Estados Unidos: "Esta deve ser a mais incompreensível de todas as suas decisões na II Guerra Mundial. Eu não consigo explicá-la..." HF/AM, p.117-8: "Não há até hoje uma explicação racional compreensível para aquilo que nos sentimos tentados a descrever como um ato de

loucura... o que induziu Hitler a provocar a entrada da América na guerra alemã, uma entrada que ele até então, sensatamente, fizera tudo para evitar, não foi o ataque japonês a Pearl Harbor, mas a bem-sucedida contra-ofensiva russa em Moscou..." Uma explicação inadequada.

49. Jäckel tem razão na maior parte, em JH, p.74: Antes de Pearl Harbor, "o medo da intervenção americana e o desejo de manter a América fora da guerra eram as pedras fundamentais da política japonesa da Alemanha."

50. Não era Hitler o ignorante sobre os Estados Unidos, mas historiadores como Ernst Nolte, conforme demonstrou em sua declaração absurda no *Deutschland and der Kalte Krieg*, M, 1974, p.160: "De que modo poderia alguém duvidar seriamente que Roosevelt teria alguma simpatia por um movimento anticomunista e anti-semita nos Estados Unidos... se o Partido Comunista americano havia desempenhado, na política americana, um papel semelhante ao do Partido Comunista na Alemanha?"

51. Notas de Koeppen, IFZ, 5 de outubro de 1942, onde encontramos: "O Führer então me disse que havia adquirido a maior parte de seus conhecimentos sobre a geografia americana lendo os livros de Karl May." Andreas Dorpalen, em seu excelente artigo "Hitler, the Nazi Party, and the Wehrmacht in World War II", em Harry L. Coles, org., *Total War and Cold War*, Columbus, Ohio, 1962, p.72, diz: "Seus generais careciam de fertilidade de recursos e de imaginação", começou Hitler a queixar-se, "eles são corretos demais, o pensamento deles é convencional demais. Eles deviam ter mais histórias sobre o Oeste Selvagem." Steinert, em ST/HK/D, p.545, opina: "O falso romantismo e a filosofia anticivilizatória de Karl May, cuja leitura Hitler constantemente recomendava." Disse ele que, como chanceler, releu todos os livros de May. Em 1943, ordenou a impressão de 300.000 exemplares de um dos livros de May (*Winnetou*) para distribuição entre os soldados alemães. Klaus-Dietmar Henke, no *Die amerikanische Besetzung Deutschlands*, M, 1995, p.133, informa: Em novembro de 1944, "o chefe do estado-maior de Himmler transmitiu aos *Gauleiters* uma exortação de Guderian, para que se preparassem para astuciosas táticas de guerra e conduta 'semelhantes à dos índios'... Os livros de Karl May provaram que eram educativos nesse particular." Em Scholdt, SCHOL, cinco páginas densas (296-300) tratam desse tema. Ver também Vappu Tallgren. E também Gertrud Willenburg, *Von Deutschen-Helden. Eine Inhaltsanalyse der Karl-May-Romane* (Köln, 1967). Simultaneamente, May não era um patrocinador da brutalidade. Numerosas crianças alemãs gostavam de suas histórias, inclusive, por exemplo, o artista radical Georg Grosz.

52. Ver sua declaração em H2B, de que um conflito com a América poderia ocorrer apenas após sua morte. Em seguida, fez algumas outras declarações da mesma natureza, até que elas começaram a acumular-se, em suas conversas à mesa, no outono de 1941 — provavelmente porque ele previa que logo aconteceria a guerra com a América. Daí, por exemplo, suas conversas à mesa em 10 de setembro, suas declarações a Ciano em 25 de outubro e ao ministro do Exterior búlgaro, Popov, no dia 27 de novembro.

53. Diário de Halder, 18 de novembro de 1941. Declarações de Jodl, citadas por Schramm, SCH, p.26-7 e 204. Há alguns indícios de que Hitler começou a pensar nisso já em meados de agosto. (Diário de Goebbels, 18 de agosto de 1941: "Paz em separado com Stalin? Churchill cairá?") Hitler considerava a entrada americana na guerra como praticamente inevitável.

54. Hitler, no dia 23 de maio de 1939, dirigindo-se a seus generais: "O princípio pelo qual evitamos solucionar um problema adaptando-nos às circunstâncias é inadmissível. As circunstâncias, em vez disso, têm de ser adaptadas às necessidades [*Forderungen*]". (IMT, xxxviii, 079-L, p.549).

55. Um bom sumário dos comentários de historiadores sobre esse assunto é encontrado em SCHRB, p.133, nota 252.

56. Na noite de 12 de abril de 1945, Goebbels correu para o bunker da Chancelaria com a notícia da morte súbita de Roosevelt. E trouxe champanhe: "A imperatriz está morta!" (A morte súbita da imperatriz russa Elizabeth em 1762 levou imediatamente à dissolução da

coalizão antiprussiana e ao triunfo de Frederico.) Esse episódio é com freqüência mal interpretado pelos historiadores. (BU, p.781: "O estado de espírito de Goebbels foi plenamente compartilhado por Hitler.") Foi Geobbels, e não Hitler, quem se sentiu tomado de entusiasmo naquela noite. (Hitler também não gostava de champanhe.)

57. O historiador diplomático americano, Paul Schroeder, em seu excelente livro (*The Transformation of European Politics 1763-1848*, Oxford, 1994), diz à p. 477, comentando a grande coalizão de 1813-14 contra Napoleão: "A vitória militar nunca foi o principal objetivo da coalizão como um todo, mesmo nos estágios finais da guerra. Os aliados, embora às vezes divergissem violentamente sobre condições, sempre procuraram uma paz negociada de uma forma ou outra e concordaram em que a guerra deveria ser terminada logo que os termos certos fossem obtidos. A razão por que ela durou até uma decisão militar, embora não uma vitória total, foi a persistente recusa de Napoleão a negociar com seriedade. Logo que o governo francês concordou em barganhar, a guerra terminou, embora, na época, o Exército francês ainda fosse capaz de lutar e controlasse a maior parte da França e também áreas vitais fora do país." Esse fato não aconteceu com Hitler e com a II Guerra Mundial, certamente não após 1941.

58. Ocorreu no próprio homem uma recuperação espantosa. Em novembro de 1941, ele dava às vezes a impressão de estar deprimido. Nesse momento, mudaram seus antigos hábitos de trabalho. Neles havia um elemento boêmio, e ele se mostrava muitas vezes desorganizado em sua rotina diária. Nesse momento, porém, desapareceu a antipatia a trabalho regular e contínuo. Speer foi um dos primeiros a notar esse fato (SP, p.306): "Em vez de seu antigo hábito de resolver as coisas em explosões de atividade, entre períodos de lassidão, instalou-se nesse momento uma extensa rotina de trabalho. Antes, ele sabia muito bem como deixar que os demais trabalhassem para ele; nesse momento, com fardos cada vez mais pesados, chamou a si um numero cada vez maior de detalhes. Transformou-se em um trabalhador fortemente disciplinado, e, como isso era contrário a seu caráter [*Wesen*], nem sempre funcionou bem nas decisões que tomava." Além disso, Fest (F, p.917) comentou: "sua grande e desesperada autodisciplina". E Maser (M/A, p.253: No fundo e só para si mesmo, ele não tinha mais ilusões sobre uma vitória final em 1941-42 e esse fato "impediu-o de visitar a linha de frente. [Mas] isso não era resultado de temor por sua própria vida." Dois elementos em sua rotina, porém, não mudaram: o hábito de acordar tarde pela manhã e ir dormir muito tarde à noite, e também sua crescente dependência de uma grande variedade de medicamentos.

59. Haffner (HF/AN), sob outros aspectos perspicaz, escreveu: "Após 1941, na verdade, do outono de 1941 em diante, não houve mais sucessos." Nada disso. Kershaw (KER, p.180) declara: "A partir de fins de 1941, a derrota e a destruição eram os únicos resultados possíveis." Discutível.

60. Ele, naturalmente, reconheceria seu valor e apoiaria alguns deles em 1944, quando seus antigos seguidores ou sócios menores o abandonaram. Mas esse fato não era mais importante.

61. Em agosto de 1939, ele deu ordens a seu fotógrafo, Heinrich Hoffmann (a quem confiou também uma mensagem especial a Stalin) que retocasse a foto que mostrava Stalin com um cigarro na mão esquerda. Gisevius (GI, p.449) cita Hoffman, que se lembrou das palavras de Hitler: "A assinatura de um pacto entre duas grandes nações é um ato solene. Não fazemos isso com um cigarro entre os dedos. Essa foto não demonstra seriedade suficiente."

62. Hitler a Mussolini em janeiro de 1940: "... desde o triunfo final de Stalin, a Rússia vem passando por uma mudança, da ideologia bolchevista para um estilo de vida russo mais nacionalista." Há prova da admiração recíproca de Stalin por Hitler (em dezembro de 1944, ele, em conversa com de Gaulle, fez uma observação simpática a respeito de Hitler). Há também alguma razão para acreditar que os expurgos feitos por Stalin entre alguns de seus seguidores, começando em 1935, foram influenciados pela maneira como entendeu a liquidação de Röhm por Hitler em 1934.

63. Speer, SP, p.319: Prosseguindo a guerra, Hitler "falava sobre Stalin com pleno reconhecimento e enfatizava principalmente o paralelo com o espírito de decisão do líder russo durante o perigo para Moscou no inverno de 1941, que ele interpretava como algo semelhante à sua própria situação. (Isso, em 1945.) Em outras ocasiões anteriores, ele dizia em tom meio trocista que, na eventualidade de vitória sobre a Rússia, a melhor coisa a fazer seria confiar a Stalin a administração desse país, naturalmente sob a supremacia alemã, porque ele seria o homem mais indicado para isso. O mais importante é que ele via Stalin como um colega." Em julho de 1944 (SP, p.399), Hitler especulou que Stalin poderia ter estado certo nos expurgos. Talvez o processo de Moscou contra o general Tukhachevsky não tenha sido baseado em uma acusação forjada. Zitelmann, em ZIT/A, p.161, diz: "Na tese divulgada pela propaganda" [não só pela propaganda, mas manifestada ocasionalmente por Hitler] de que "a questão era a derrota do bolchevismo russo, ele mesmo não acreditava." Ele concluíra que Stalin seguia "uma política nacional russa, tendo se libertado da influência judaica através dos expurgos." Ainda assim, o mesmo Hitler, em 8 de novembro de 1941, em um de seus discursos *públicos* (Heer, HR, p.384), disse: Stalin "nada mais é... do que um instrumento nas mãos de um judaísmo todo-poderoso"; por trás dele, havia a figura de Kaganovich "e de todos esses judeus que estão governando esse poderoso Estado".

64. AH/B, 16 de fevereiro de 1945: "A maneira brutal como Stalin decapitou a *intelligentsia* judaica, que lhe prestara tão grandes serviços na destruição da Rússia czarista, encorajou-me..." E também: "Esse império stalinista que, em todos os seus aspectos essenciais, é apenas o sucessor espiritual do império de Pedro, o Grande". E no dia 2 de abril de 1945: "É possível que, sob a pressão dos fatos, os russos se livrem inteiramente do marxismo judaico, mas apenas para reencarnar na forma mais desapiedada e feroz de pan-eslavismo."

65. Ele ficou, claro, impressionado com o sucesso de Speer na produção de armamentos. De 1942 a 1944, a produção havia *triplicado*. Speer, SP, p.299: Esse fato parecia "confirmar a tese de Hitler de que o impossível *pode* ser tornado possível e que todos os prognósticos e ansiedades poderiam ser pessimistas demais."

66. Carr (C, p.105) e também Schramm, (SCH, p.165) citam Hitler conversando com dois de seus generais em 31 de agosto de 1944: "O tempo não está ainda maduro para uma decisão política... Eu não deixarei passar a oportunidade... mas numa época de grandes derrotas militares é inteiramente infantil e ingênuo esperar por um momento politicamente favorável para fazer uma gestão... Chegará o tempo em que as tensões entre os Aliados se tornarão tão fortes que, a despeito de tudo, a ruptura ocorrerá. A história nos ensinou que todas as coalizões se rompem, mas temos de esperar o momento, por mais difícil que a espera possa ser. Continuarei a lutar até que haja possibilidade de uma paz decente... então eu farei isso... O que quer que aconteça, continuaremos esta luta até que, como disse Frederico, o Grande, 'um de nossos amaldiçoados inimigos desista, em desespero.'"

Nessa ocasião, Hitler estava muito doente. A seu médico predileto (Morell) disse que as semanas após o dia 20 de julho foram as piores de sua vida. Ninguém poderia imaginar o que ele tivera de suportar. "A despeito de grandes queixas, tonteiras que duravam horas, um estado pavoroso sobre o qual nada disse a pessoa alguma, ele permaneceu firme e lutou até o fim com uma energia férrea." (Schenck, PH, p.131.) E mais: em setembro e outubro, houve dias em que ele precisou cancelar suas reuniões diárias de estudo da situação e ficou de cama durante quase duas semanas. Em meados de novembro (Schenck, PH, p.396, confiando em parte no diário de Goebbels, Hitler permaneceu de cama, pálido e magro, usando camisolão sob os cobertores do Exército. Foi aconselhado a convocar seus generais ao quarto e realizar ali as reuniões sobre a situação. Não. "Respirando ruidosamente, ele levantou-se, cambaleante, vestiu-se sem ajuda, foi coxeando até a mesa de mapas da sala de conferência, sentou-se, enxugou o suor dos olhos e pediu aos generais que entrassem." Ao tempo em que estava preso em Spandau no pós-guerra, Walther Funk contou a Speer que Hitler não dizia aos médicos como realmente se sentia ("ele acreditava em suas próprias mentiras"). Speer (SP, 367) é mais plausível: as pessoas que o cercavam "admiravam-lhe a compostura em situações críticas... Esse autodomínio foi até o fim uma façanha extraordinária de vontade, a despeito de seu envelhecimento, da doença, dos experimentos médicos [de Morell] e de fardos que se acumulavam incessantemente. Para mim, sua vontade parecia total e sem limites, como a de uma criança de seis anos que não se sente desencorajada ou esgotada. Isso era em parte absurdo, mas também impressionante."

67. Haffner, HF/AN, p.156: "Por que ele insistiu [na ofensiva em Ardennes]? A resposta é um enigma até hoje." Não. Henke (p.314) cita o discurso de Hitler dirigido a comandantes de divisão, em seu quartel-general em Ziegenberg, quatro dias antes da ofensiva: "Quando desferirmos alguns pesados golpes aqui, pode acontecer que, nesse momento, a aliança artificialmente mantida [deles] entre subitamente em colapso com um gigantesco estrondo." (Extraído de Helmut Heiber, org., *Hitler Lagebesprechungen. Die Protokollfragmente seiner militärischen Konferenzen 1941-1945*, s, 1952, p.713. E também: "O cálculo estratégico subjacente às suas ordens para a grande ofensiva no Oeste não foi absolutamente tão obstinado e irracional como se costuma dizer."

68. Haffner (HF/AN, p.52) não interpreta a situação dessa maneira: "Em sua luta de 1941 a 1945 contra a coalizão aliada, ele jamais demonstrou sequer o lampejo de uma idéia de explorar as tensões internas da coalizão, com o objetivo de cindi-la." Houve ocasiões em que Hitler pensou que sua principal oportunidade poderia ser um contato com Stalin (diário de Goebbels, 5 de março de 1945), mas essa não era sua principal inclinação.

69. "À sua maneira", porque algumas horas mais tarde disse-lhe que esperasse um pouco antes de assinar um armistício. Henke, p.676: Hitler soubera disso durante meses. Sancionou as negociações de Wolff com os americanos "porque via nelas um bom instrumento para causar dissensões na coalizão anti-Hitler". Sobre esse episódio, ver Allen Dulles, *The Secret Surrender* (NY, 1966); Bradley D. Smith e Elena Agarossi, *Operation Sunrise* (NY, 1979) e, especialmente, as memórias de um dos principais intermediários nas negociações, o suíço Max Waibel, *1945: Kapitulation in Norditalien* (Basiléia, 1981). As negociações começaram já em fevereiro.

70. Com alguma razão. Waibel, p.28: Parilli, o intermediário italiano, pensava que certos alemães "haviam alimentado a esperança de, no fim, lutarem juntos com os americanos contra os russos." P.31: "... o pensamento de separar os Aliados ocidentais dos russos era a última grande esperança da liderança alemã e perspassou como um fio vermelho por todas as negociações." Dois meses antes do suicídio de Hitler, portanto, generais americanos e um general da SS sentaram-se à mesma mesa na Suíça. No dia 15 de abril, Wolff escreveu uma carta a Dulles, transmitindo suas condolências pela morte do presidente Roosevelt. No dia seguinte, Himmler e Hitler, ordenaram a Wolff (repetindo três vezes a ordem) que viesse a Berlim, onde ele passou mais de dez horas com Himmler e Kaltenbrunner, antes de ser recebido por Hitler. Waibel, p.106: "... apenas dessa maneira poderia haver uma separação entre os Aliados e a Rússia." E, às p.107-8, citando palavras de Hitler a Wolff: no Leste e na Itália, os exércitos alemães poderiam lutar durante mais dois meses. "Durante esses dois meses decisivos, um rompimento... entre russos e anglo-saxões ocorrerá e, qualquer que seja o lado que o procure, ele se aliará a ele contra o outro."

Em Patricia Meehan (*The Unnecessary War: Whitehall and the German Resistance to Hitler*, L, 1995, p.327), há uma impressionante anotação de um despacho de Dulles a Washington em fins de 1944, transcrito dos Arquivos Nacionais (NA RG 226. Registro OSS 138, Gaveta 2, pasta 83): "Acho que devemos preparar, em silêncio e sem formalidade, na Suíça, França e outros países, certos alemães... Se nada fizermos dessa natureza, o comitê russo-alemão que acaba de ser formado poderá monopolizar esse campo." Tanto Allen quanto seu irmão John Foster Dulles contribuíram, pelo menos indiretamente, para a aceitação, depois da guerra, da teoria alemã de duas guerras.

71. Fest exagera essa possibilidade. F, p.948: "Em dezembro de 1942 e, mais uma vez, no verão de 1943 (na verdade, os contatos mais significativos foram sugeridos em setembro), a União Soviética, através de sua representação diplomática em Estocolmo, tornou conhecida sua disposição de negociar com Hitler uma paz separada.

72. Incluindo o frio e brutal Kaltenbrunner na SS. (Sobre esse assunto, ver também Fleming, FL, p.169-70.) Maser (M/A, p.349) dá importância excessiva às conspirações de Himmler, sugerindo a possibilidade — em minha opinião, erroneamente — de que ele tenha recomendado a Hilter o dr. Stumpfegger, com o objetivo de envenená-lo eventualmente.

73. Diários de Goebbels, citando Hitler, 22 de março de 1945: "A coalizão inimiga se romperá em qualquer circunstância. A questão é simplesmente se isto acontecerá antes de sermos derrotados, ou apenas depois." Em 28 de março de 1945: "Às vezes, tínhamos a impressão de que ele [Hitler] vivia nas nuvens. Mas, com grande freqüência, ele descia à terra como um *deus ex machina*. Ele está tão convencido quanto antes de que a crise política no campo inimigo é uma justificação para nossas maiores esperanças." Speer, SP, p.433: "Em fevereiro e março de 1945, Hitler sugeriu ocasionalmente que havia permitido, de diferentes maneiras, contatos com o inimigo, mas sem explicar nenhuma delas."

74. Revelação de Speer em SP, p.457-8. A versão de Irving (I/H, p.785) é previsivelmente condenatória de Speer. Ao contrário da opinião de Haffner, que pensa que a ordem de Terra Arrasada (destruir todas as instalações nas grandes e pequenas cidades alemãs antes e durante a retirada do Exército) foi não só categórica mas inalterável e prova clara da intenção criminosa de Hitler. Speer, SP, p.461, diz: "Acho que, nesse momento, era claro para ele que partes de suas ordens de destruição não seriam mais cumpridas." Ainda assim, o mesmo Hitler ainda queria instilar fé no povo. Irving (I/H, p.768) cita palavras de Hitler dirigidas a Kaltenbrunner, em fins de fevereiro de 1945 (depois de o arquiteto Giesler lhe ter mostrado o projeto para Linz): "Meu querido Kaltenbrunner, você imagina que eu lhe falaria sobre meus planos para o futuro, se não acreditasse profundamente que, no fim, vamos vencer a guerra?" (Como acontecia com freqüência com Irving, nenhuma fonte foi dada, mas talvez essas palavras não sejam implausíveis.) Além disso, as palavras de Hitler a Speer, uma semana depois daquele encontro de 28 de março, ao saber da notícia da morte de Roosevelt (SP, p.467): "Olhe! Leia isso! Você não vai acreditar!... A guerra não está perdida!...

75. "Schramm, SCH, p.180-1. E também a versão de Haffner sobre os últimos dias de Hitler (HF/AL, p.234): "Não temos prova de que Hitler realmente continuou a acreditar até o fim na vitória final." Uma dualidade semelhante é encontrada em Maser (M/A, p.426, 428): Ele não acreditava mais em vitória, mas "adiar seu próprio fim... era um crime pavoroso." As conclusões de Bullock foram injustificadamente simplistas (BU, p.397): "... e nos últimos anos de sua vida, ele se isolou de todo contato humano e ficou perdido em um mundo de fantasia inumana"; e também em BU, p.783, 797: "Toda a conversa grandiloqüente de morrer em Berlim não pode disfarçar o fato de que essa decisão petulante [?] foi uma negligência imperdoável em seu dever para com as tropas que ainda lutavam sob seu comando e um ato inteiramente em desacordo com a mais elementar tradição militar." E: "Sua morte foi tudo, menos a do fim de um herói. Ao cometer suicídio, ele deliberadamente abandonou suas responsabilidades e tomou uma rota de fuga que, anos antes, condenara fortemente como a de um covarde." (Não: Hitler condenou acremente o general Paulus por não ter cometido suicídio ao fim da luta, em Stalingrado.)

76. Hitler era ocupante desses dois cargos e lhes ostentava os títulos desde 1934, embora uma diretriz de 1943 ordenasse que, no costumeiro "Führer e Chanceler do Reich", esta última designação fosse omitida.

77. Notem a linguagem da última ordem-do-dia de Hitler aos soldados na Frente Leste, em 16 de abril de 1945. Começava com as seguintes palavras: "Pela última vez, as mortais massas inimigas judaico-bolchevistas iniciaram um ataque." Acreditaria ele realmente nesse caráter "judaico-bolchevista"? Não, não acreditava.

78. Essa convicção surgiu, aqui e ali, durante o *Historikerstreit* — nas sugestões das duas guerras, não só feitas por Hillgruber, mas também por Klaus Hildebrand (HS, p.90), onde esse historiador culpou os Aliados e Hitler por terem, durante a guerra, subordinado a "praticalidade" à ideologia.

79. Jäckel tem razão (JH, p.32) quando diz: "Contra a interpretação funcionalista, deve ser salientado que a oposição interna podia, às vezes, impedir Hitler de fazer certas coisas,

mas não lhe impor um curso de ação." Segundo Jäckel, o regime de Hitler foi simultaneamente "monocrático" e "policrático". Um bom sumário da literatura "policrática" antes de 1988 é encontrado em Schreiber (SCHRB, p.284-85).

80. Durante o último ano de sua vida, houve alguma prova (bem limitada, para sermos exatos) de um tipo de compreensão — embora não de apreciação — dos objetivos da "Realpolitik" de algumas das pessoas que se voltaram contra ele. Considerem, por exemplo, a moderação relativa — muito relativa — da vingança com que Hitler reagiu a alguns desses chefes de Estado estrangeiros, antigos aliados seus, que, no interesse da sobrevivência de seus países, resolveram romper a aliança com a Alemanha em 1944. Entre eles, contavam-se o marechal Mannerheim, da Finlândia, o almirante Horthy, da Hungria (cuja tentativa de armistício os esbirros de Hitler esmagaram brutalmente e que foi preso, em seguida transportado para a Alemanha com a família e encerrado em um castelo), e o general Antonescu, da Romênia, cujos contatos com os Aliados eram do conhecimento de Hitler, mas que ele não mencionou até o último encontro de ambos. Sobre os conspiradores de 20 de julho de 1944 ele também manifestou desprezo, mais pela "inépcia" deles do que pela "traição". Caso eles tivessem logrado êxito, o que esperavam fazer depois? (Heer, HR, p.452, citou Hitler dizendo ao general Bodenschatz: "Sei que Stauffenberg, Goerdeler e Witzleben pensaram em salvar o povo alemão com minha morte... mas esses indivíduos não tinham absolutamente um plano claro sobre o que fazer em seguida.") Fest (F, p.973) escreveu que Hitler quis assistir ao filme da execução, mas embora outros de seu círculo íntimo o tenham visto, não é claro se ele o viu. Contudo, não ordenou ou sugeriu coisa alguma para restringir até as medidas mais brutais tomadas por seus subalternos.

Capítulo 6 (p.127-38)

1. Ver LEW, p.436 e segs., para um estudo da "patogênese" e "etiologia" das origens e sintomas do anti-semitismo moderno.

2. Descobri o que pode ter sido o primeiro uso dessa palavra, em um artigo de Julian Franklyn, na *Contemporary Review*, março de 1944. (Uma coincidência curiosa: um excerto de um artigo no mesmo número dessa revista política inglesa conservadora, de cirulação limitada, foi levado à atenção de Hitler, mas não houve ligação entre esse fato e o artigo de Franklyn.)

3. Entre os primeiros biógrafos de Hitler, Görlitz-Quint dedicaram relativamente pouca atenção a esse assunto. Bullock (BU, p.40), diz: "O anti-semitismo de Hitler não tinha relação com os fatos, era pura fantasia..." Uma exceção significativa e valiosa: Karl A. Schleunes (*The Twisted Road to Auschwitz: Nazi Policy Toward the German Jews 1933-1939*) descreve muito bem a evolução gradual e, até certo ponto, pragmática dessa política (talvez uma das primeiras obras importantes com uma interpretação funcionalista, embora essa não fosse a tese de seu autor).

4. LEW, "Bibliographical remarks", p.531: "The Problem of the Jews", p.429-53.

5. Siedler a Irving, 7 de maio de 1974: "Em uma editora que eu dirija, nenhum livro será publicado pelo qual eu não possa assumir responsabilidade política e histórica. Se o senhor for de opinião diferente, teremos de seguir caminhos diferentes." Irving aceitou essa ressalva, embora, mais tarde, insistisse em que fora vítima de censura e que o corte e as alterações na edição Ullstein haviam sido feitos sem seu consentimento. (Uma edição "completa" do mesmo livro, com o título *Hitlers Krieg,* foi publicada em Munique, em 1983.)

6. Exemplos da argumentação de Irving: durante o julgamento em Jerusalém, em 1961, Eichmann disse que Heydrich lhe contara que o Führer ordenara a aniquilação física dos judeus. "Esse tipo de prova, claro, não seria o bastante em um tribunal inglês para condenar um vagabundo por ter roubado uma bicicleta, quanto mais para atribuir a responsabilidade pelo extermínio em massa de seis milhões de judeus, dada a grande quantidade de provas por escrito [?] de que Hitler muitas vezes [?] ordenou que o 'problema judeu' fosse posto de

lado até que a guerra fosse ganha." Em I/W, p.xi: "... e quem são esses historiadores emotivos do holocausto judaico... Hitler jamais indicou em seu livro [*Mein Kampf*] qualquer intenção de liquidar esses seus inimigos [note-se a palavra reveladora]... nem foi referido nas várias transcrições da Conferência de Wannsee... A conferência nem foi convocada nem contou com o comparecimento de Hitler e acho que ele nem conhecimento teve da mesma."

7. Mais revelador: Martin Broszat, no "Hitler und die Genesis der 'Endlösung'. Aus Anlass der Thesen von David Irving", VFZ, outubro de 1977. E tambem dois percucientes artigos de autoria de Eberhard Jäckel em FAZ, 15 de agosto de 1977 e 22 de junho de 1978, mostrando o contexto e conteúdo corretos do "documento" que Irving alegremente exibira em apoio à sua tese. Ver também Jost Dülffer em GWU, 1979 (p.686-90), e Gitta Sereny e Lewis Chester, no *Sunday Times*, de Londres, 10 de julho de 1977.

8. Na p.172, Burrin me pergunta qual é, para mim, a indagação mais importante: "Se Hitler tivesse falecido no verão de 1942 (note a data tardia), a Solução Final teria ocorrido?" Diz ele: com toda probabilidade, não. Sim, "os judeus teriam continuado a sofrer em uma Europa governada por Goering, Goebbels ou Himmler". Teria havido guetos, campos de concentração, talvez matanças. Mas a fabricação em massa de milhões de cadáveres de judeus, não. Burrin é igualmente convincente quando coloca a época da decisão de Hitler relativa à Solução Final como tendo sido, provavelmente, em setembro de 1941.

9. TO, p.820.

10. Exemplos: HS/W, p.42, 44: "Os assassinatos em massa cometidos pelos Camisas Pardas (nacional-socialistas) não poderiam ser compreendidos sem os Camisas Vermelhas... Uma conexão causal é provável." HS, p.32: "Auschwitz não foi, em primeiro lugar, um resultado de anti-semitismo tradicional e nem basicamente um 'genocídio', mas, antes de mais nada, uma reação nascida das ansiedades sobre as práticas anteriores de extermínio pela Revolução Russa." HS/W, p.16: "Visto da perspectiva histórica correta... o extermínio dos judeus na Europa... não pode ser compreendido senão como a segunda, e não a primeira, liquidação em massa" (a primeira foi a prática bolchevista). Nolte *não* defendeu Auschwitz ("irracional", "horrível"). Mas, em seu artigo "Between Myth and Revisionism: The Third Reich in the Perspective of the 1980s", em H.W. Koch, org., *Aspects of the Third Reich* (L, 1985), p.27 (e também HS, p.142), ele explorou muito uma carta de Chaim Weizmann, presidente da Organização Sionista Mundial, a Neville Chamberlain, no dia 2 de setembro de 1939: "Nesta hora de crise suprema... os judeus estão ao lado da Grã-Bretanha e lutarão ao lado das democracias." Nolte: Isto era "uma espécie de declaração de guerra... e poderia justificar a tese conseqüente de que Hitler tinha permissão de tratar os judeus alemães como prisioneiros de guerra e, nessa conformidade, interná-los." Nolte citou erradamente a data da carta de Weizmann, como sendo 2 de setembro (isto é, um dia após a declaração de guerra de Hitler e um dia antes da declaração de guerra britânica). Na realidade, a carta era datada de 29 de agosto. Pode ser significativo também que Nolte encontrou a referência a essa declaração de Weizmann em Irving (I/W), que a teria obtido de uma das conversas à mesa de Hitler (ed. Picker, 24 de junho de 1942). Além disso, Weizmann era apenas o presidente da Organização Sionista Mundial, e não o porta-voz dos judeus da Europa e do mundo. E o que Hitler poderia esperar dos judeus numa época já tão tardia assim? Cabe lembrar a irônica modinha francesa:

Cet animal est très méchant	(Vil, na verdade, é esse ser animal
Quand on l'attaque il se défend.	Quando atacado, ele se defende.)

11. Na resenha que escreveu do livro de Irving, *Führer und Reichskanzler Adolf Hitler 1939-1945*, Herbig, 1989.

12. ZIT/B, p.158-9. Não houve ordem escrita de Hitler, "e não há prova de que, por questão de sigilo, Hitler tenha dado apenas uma ordem verbal... A tese de Irving... provocou uma agitada controvérsia entre historiadores. Embora as conclusões de Irving tenham sido rejeitadas, até historiadores como Martin Broszat e Hans Mommsen sugerem... que Irving tocou um nervo."(Notem essa frase repetida.) "Nem os 'funcionalistas' nem os 'intencionalistas' são convincentes." E também ZIT/B, p.124: "O assassinato em massa dos

judeus não foi previsível." Hitler não o havia planejado desde o início. Talvez seja verdade, mas (p.126), "As Leis de Nuremberg destinavam-se a pôr um fim na agitação dos anti-semitas radicais do Partido. Hitler proibiu expressamente novas atrocidades." Esse fato é pelo menos discutível. P.20: "O anti-semitismo era mais geral em Viena do que em qualquer outra cidade européia." Não é verdade. E Bucareste? Varsóvia? Moscou? "Tal como outros contemporâneos, Hitler tornou-se anti-semita. Que seu anti-semitismo tenha adquirido uma forma especialmente extremada e radical foi resultado do tipo de sua personalidade." Essa explicação é simplista demais — tendo em vista, especialmente, as próprias palavras de Zitelmann em ZIT/B, p.8-9: "O retrato de Hitler descrito até agora é simples demais, simples demais para ser verdade."

13. Exceto que: Há uma "explicação *definitiva* das origens" de tudo na história? Digamos, das origens da Guerra Civil americana? Ou da I Guerra Mundial? Ou da ascensão de Hitler ao poder?

14. Schreiber em SCHRB, p.286-87: Obviamente, existe um grande número de excelentes estudos sobre a Solução Final... mas não há ainda um levantamento abrangente que leve em conta todas as várias perspectivas e inclua todos os estudos isolados mais recentes.

Uma boa e sucinta declaração de Jäckel (JH, p.46): "Pode-se excluir a possibilidade de que uma única ordem de matança tenha sido dada. O extermínio passou por várias fases e incluiu grande variedade de métodos e vítimas. Temos, por conseguinte, de supor uma grande variedade de ordens estendendo-se sobre um período de vários meses.

15. HF/AI, p.216.

16. Em ZIT/A, p.42-3, Zitelmann quase sugere que o anti-semitismo de Hitler servia principalmente para fins de propaganda, o que é muito discutível. Ele cita um discurso de Hitler (27 de fevereiro de 1925): É "psicologicamente errado estabelecer uma grande variedade de alvos para a luta"; é correto "selecionar apenas um inimigo, que todos possam reconhecer: ele é o único culpado." E em seguida: "E esse inimigo é o judeu."

17. Esta é a ordem contrária à de Zitelmann, que, em uma entrevista com o historiador sueco Alf W. Johansson em novembro de 1992, declarou que a criação de um novo *Lebensraum* no Leste fora o "objetivo central" de Hitler e que era pelo menos discutível se a liquidação dos judeus constituíra seu objetivo, e certamente não por muito tempo.

18. Fest, F, p.780: "A inconfundível divergência entre sua profunda obsessão com os judeus e o morno anti-semitismo alemão...", nesse momento (novembro de 1938) tornou-se mais evidente. Haffner, sob outros aspectos tão sensível, errou a respeito desse fato (HF/AN, p.9): "O anti-semitismo de Hitler é uma indústria da Europa oriental." (Não, na realidade: o austríaco mais do que o alemão por volta do início deste século.) Mas, à p.103: "Em parte alguma esse patriotismo judaico teve esses aspectos tão ardentes, profundamente emocionais, como na Alemanha." Na maior parte, verdade, o que constitui um dos elementos mais profundos da tragédia alemã.

19. Por uma horrível coincidência, o gás usado em Auschwitz e em outros campos de extermínio — o Zyklon B — havia sido usado amplamente por exterminadores de pragas e outros insetos em casas e apartamentos na Europa central.

20. Maser, M/A, p.263: "A despeito de todo o nosso conhecimento dos detalhes, a origem do anti-semitismo de Hitler não é inteiramente explicável.

21. Citado em Maser, M/A, p.247-48, e também em M/F, p.100. De acordo com Heer (HR, p.117) isso não era verdade. Hitler deixou Linz já imbuído de anti-semitismo. (Talvez, mas apenas parcialmente. Ver seu relacionamento com o dr. Bloch, p.165-6.)

22. Além da falta de prova de manifestações anti-semitas antes de 1919, há fatos como sua amizade (ou, pelo menos, um conhecimento amigável) com um judeu no albergue em Viena, que o ajudou e ocasionalmente lhe emprestou seu sobretudo (muitos detalhes desse tipo em Hamann, sumariados também acima, no Capítulo 2); o fato de que a condecoração de Hitler, a Cruz de Ferro, lhe foi concedida por recomendação de um oficial da reserva judeu, Gutmann (o qual, contudo, Hitler não respeitava); que certo número de judeus de

Viena compraram óleos e aquarelas por ele pintados no período de 1910-1913). Ele deu de presente ao dr. Bloch uma de suas primeiras aquarelas.

23. Schramm, SCH, p.51: "... no fim, todas as tentativas para explicar a intensidade sem precedentes e imensurável do anti-semitismo de Hitler afundaram no inexplicável."

24. D, p.12; ST, p.195.

25. Sobre a exaltação do poder do ódio, ver o Capítulo 2. E também Schreiber, SCHRB, citando um livro de Irene Harand, *Sein Kampf. Antwort an Hitler* (Viena, 1935): "Não há Hitler sem [seu] ódio aos judeus." E Edgar Alexander (pseud.: Alexander Emmerich, um padre alemão), *Der Mythus Hitler* (Z, 1937, repr. M, 1980): "O ódio, no nacional-socialismo, tornou-se um sistema." (SCHRB, p.124, nota 233.)

26. Cf. HC, Capítulo 4, "Motives and Purposes".

27. "Hoje, mais uma vez, serei um profeta. Se os financistas judeus internacionais *dentro e fora da Europa* conseguirem, mais uma vez, mergulhar as nações em uma guerra mundial, o resultado não será a bolchevização da terra e a vitória do judaismo, mas a *aniquilação* da raça judaica *em toda a Europa*" (itálicos meus).

28. Haffner, em HF/AN, p.84: Os judeus "tiveram de ser removidos, não como uma peça de mobília é retirada e colocada em outro lugar, mas como uma mancha que é removida acabando-se com ela." Sim, mas apenas após 1941.

29. Essa conferência foi marcada inicialmente para o dia 8 de dezembro de 1941. Seu adiamento pode ter tido alguma coisa a ver com a entrada da América na guerra. O conhecimento por Hitler do que nela foi decidido é pelo menos indicado pela conversa à mesa em 17 de janeiro de 1942, registrada por Heim (HM, p.239). "Os judeus têm de desaparecer da Europa! *Na melhor das hipóteses,* vão para a Rússia. Não tenho compaixão por judeus. Eles continuarão sempre a incitar pessoas umas contra as outras. Eles fazem isso na vida de nações, como também na vida privada. *Eles têm de ser expulsos da Suíça e da Suécia.* [Itálicos meus.] Nos casos em que são poucos, eles são os mais perigosos. Apenas cinco mil judeus em todos os tipos de cargos na Suécia. Muito mais fácil bani-los! Temos razões suficientes para isso..." Meus itálicos devem sugerir a dualidade em Hitler. Por um lado, ele se refere à deportação dos judeus para a Sibéria (assunto sobre o qual conversou também em outras ocasiões), e não sobre seu extermínio físico. Ao mesmo tempo, sua intenção de passar um pente fino na Europa para expulsar todos os judeus, de todos os lugares, está inteiramente de acordo com as intenções consignadas na ata da Conferência de Wannsee.

30. Carr, C, p.93: "Da mesma maneira que temos de dar a devida importância às políticas externas "alternativas" que, até certo ponto, modificaram os conceitos do próprio Hitler, assim, também, ao estudarmos o Holocausto, devemos admitir a possibilidade de que houvesse outras "soluções finais" antes das câmaras de gás."

31. Entre as duas eleições cruciais, de setembro de 1930 e março de 1933, ele não enfatizou o anti-semitismo em seus discursos. Em uma ocasião, disse que os "judeus bem-intencionados" poderiam ficar na Alemanha, "logo que demonstrem comportamento apropriado" [*Wohlverhalten*]." Heiden (HD, p.347) cita uma observação de Hitler sobre o ator cômico Felix Bressart: "É uma pena que Bressart seja judeu!" Görlitz-Quint (GQ, p.362-63) dizem que, em 17 de janeiro de 1933, Papen apoiou, e Hitler concordou, em dar um cargo no Gabinete ao nacionalista Theodor Düsterberg, que tinha um avô judeu. Em várias ocasiões, ele (em data tão recente quanto 1940) ordenou a reconvocação de oficiais meio-judeus nas forças armadas (exemplos desse fato são encontrados nas memórias do almirante Raeder, Erich Raeder, *My Life*, Annapolis, Md., 1960, p.263-4). Além disso, quando o assunto eram as leis de Nuremberg, ele não aprovou os planos do Partido para equiparar meio-judeus a judeus. Schleunes, em *The Twisted Road to Auschwitz*, p.131, diz: "A mão de Hitler aparecia ocasionalmente em momentos cruciais, mas era, em geral, vacilante e indecisa. Ele não delegava responsabilidade pela política judaica, nem a mantinha sob estrita fiscalização."

32. Em seu *Germany 1866-1945* (NY, 1980), Gordon A. Craig diz isso muito bem: Um dos princípios psicológicos de Hitler era "argumentos são debilitados por reservas ou concessões ao outro lado, de modo que o estilo inflexível e categórico tende a ser o mais convincente." Craig escreveu essas palavras sobre os discursos de Hitler em princípios da década de 1930, mas isso se aplica também a observações feitas ao seu círculo mais íntimo, incluindo as conversas à mesa durante a guerra.

33. Speer (SP, p.126) recorda-se de "algumas palavras de Hitler, lamentando esses extremos [*diese Übergriffe*]. Parecia contrafeito com eles." Outras fontes confirmam isso.

34. Temos de considerar que é só em retrospecto — e principalmente devido ao emprego desse termo na Conferência de Wannsee — que equiparamos "Solução Final" a extermínio. Entre os exemplos freqüentes do emprego desse termo (ver Lukacs, DL, p.131, nota), em 24 de junho de 1940 *re*, temos o plano para deportar todos os judeus da Europa para Madagascar, e o memorando de Heydrich a Ribbentrop.O problema judaico "não pode mais ser solucionado pela emigração. Uma solução final territorial [*Endlösung*] torna-se, em conseqüência, necessária." Tanto quanto sei, esta foi a primeira vez em que a sinistra expressão apareceu em documentos alemães — não em 1941, como se acredita geralmente. A esse fato, acrescente-se que Hitler falou sobre o plano de Madagascar em 20 de junho e também em 2 de fevereiro de 1941: "A questão consiste apenas na maneira de levá-los para lá. Ele tem agora outras idéias, também, com certeza não muito gentis [*Er dachte über manches jetzt anders, nicht gerade freundlicher*]." É muito grande a importância da data e da linguagem dessa declaração.

35. Jäckel, JH, p.46: "Temos de perguntar não apenas se Hitler ordenou o Holocausto, mas se o Holocausto foi improvisado ou premeditado. A solução da questão deve ser esclarecedora, mas terá de ser submetida a mais exames, uma vez que a improvisação pode ter sido premeditada."

36. De acordo com Jäckel (JH, p.52-53), esse fato foi precedido por uma ordem de matar os judeus russos, mas também é provável que conquanto "Hitler não tenha dado uma ordem formal... em maio de 1941 ele expressou o desejo de partir para a solução final no futuro previsível." Ainda assim, ele não admitia abertamente que a Solução Final significava realmente o extermínio. JH, p.53, diz: "De acordo com Frank, Hitler declarou categoricamente, em 19 de junho, três dias antes do início da campanha russa, que os judeus seriam removidos da Polônia em futuro previsível e que a Polônia deveria tornar-se apenas um campo de passagem. Essa declaração pode ser interpretada como uma metáfora cínica de passagem para a morte e, na verdade, os centros de extermínio eram chamados às vezes de campos de passagem. E pode ser entendida também literalmente. No dia 21 de julho, Hitler insinuou que os judeus poderiam ser enviados para a Sibéria..." (Ele mencionou também esse fato em várias ocasiões mais tarde.) E também em JH, p.113: Em agosto e setembro de 1941, ele ainda hesitava sobre a deportação dos judeus restantes na Alemanha. (Goebbels e Heydrich estavam tentando pressioná-lo nessa direção.) Uwe-Dietrich Adam, no *Jundenpolitik im Driten Reich* (D, 1972), declara, à p.357: "... é bem possível que o extermínio em massa não fosse um objetivo que Hitler tentasse atingir *a priori*." Ele sugere como data da decisão algum momento entre setembro e dezembro de 1941. Ver também Hans-Heinrich Wilhelm, "*Offene Fragen der Holocaust-Forschung*", em Uwe Backes, Eckhard Jesse, Rainer Zitelmann, orgs., *Die Schatten der Vergangenheit. Impulse zur Historisierung des Nationalsozialismus*, B, 1990.

37. Notas de Koppen em IFZ, 20 de setembro de 1941, p.21. Corresponde ao diário de Goebbels, anotação de 19 de agosto de 1941: "Conversamos também sobre o problema judaico. O Führer está convencido de que sua antiga profecia feita no Reichstag aconteceu, que se os judeus conseguissem novamente provocar uma guerra, ela terminaria com o seu extermínio [*Vernichtung*]... No Leste, os judeus terão de pagar a conta; na Alemanha, já a pagaram em parte e, no futuro, terão de pagar mais. O último refúgio deles é a América do Norte e lá, também, eles deverão pagar, mais cedo ou mais tarde... De qualquer maneira, no futuro, os judeus não terão motivo para rir... E não descansaremos até que tenhamos tomado

as medidas finais contra eles." Nesse dia, Hitler permitiu que Goebbels e Heydrich ordenassem que os judeus restantes na Alemanha passagem a usar a estrela amarela.

Broszat (em VFZ, outubro de 1977, p.76), acha que a relutância de Hitler em ordenar a deportação em massa dos judeus de Berlim em novembro de 1941 *pode* ter tido alguma coisa a ver com a presença de jornalistas americanos ainda na cidade. Haffner (HF/AN, p.142) dá como dezembro de 1941 a data da decisão de Hitler de passar ao extermínio, "[depois] de ter abandonado a esperança de uma paz negociada com a Grã-Bretanha (e a esperança correlata de impedir a América de entrar na guerra)" — e de ter de aceitar o fracasso da ofensiva alemã contra Moscou. Acho essa data tardia demais. (Há aqui uma coincidência simbólica: a primeira execução a gás de judeus poloneses ocorreu em Chelno, no dia 8 de dezembro de 1941.)

38. Em discurso a oficiais no dia 26 de maio de 1944: Ele teve de eliminar (*entfernen*) os judeus. "O senhores, naturalmente, me perguntariam: O senhor não poderia ter feito isso de um jeito mais simples — simples, não porque tudo mais teria sido mais complicado — ou mais humano?" Citado também por Broszat, p.759.

39. Görlitz-Quint, GQ, p.551-3: Seu plano inicial era confiná-los em guetos, mas então, deliberadamente, deu continuidade aos planos de morte por gás "sendo chefe de Estado... esse lado sombrio de sua liderança na guerra foi ainda mais rigorosamente guardado como segredo de Estado do que o programa de eutanásia." Para este, uma ordem escrita de Hitler de fato existia — se não por outro motivo, porque era necessário isentar os médicos alemães do juramento de preservar a vida.) Fleming, FL, p.20: "Já no início do programa de eutanásia", Hitler ordenou que "em nenhuma circunstância, a Chancelaria do Führer deve ser apresentada como ativa nesse assunto." FL, p.22, citando Jodl em Nuremberg: "a 'Solução Final' da questão judaica foi "uma obra-prima de ocultamento'". (FL, p.61, chama-a de "A matreirice de Hitler", talvez não o melhor termo.) Deuerlein, D, p.151: "Hitler não falava sobre tudo... incluindo a denominada Solução Final... Ele não era um assassino no sentido da justiça criminal; ele não matou ou assassinou pessoa alguma; mas foi, ainda assim, o autor e a causa de todos os assassinatos cometidos por membros do povo alemão. Finalmente, houve a instrução confidencial de Bormann, despachada da Chancelaria em 11 de julho de 1943: As palavras "Solução Final" não deveriam ser mencionadas, e nem mesmo a expressão "tratamento especial" [*Sonderbehandlung*], apenas referências a judeus enviados para trabalhar seriam permitidas.

40. Em seu discurso de 30 de janeiro de 1944: Ele tem esperança de que "outras nações, também, conheçam os elementos de um entendimento científico e solução objetiva da questão [judaica]". (E em 1944, citado por Heer, HR, p.446-7: "A Inglaterra também poderá sacudir-se e livrar-se da bactéria judaica no último minuto.")

41. Durante toda a guerra, Hitler continuou a falar em deportar judeus para trabalhar no Leste. Em 17 de julho de 1941, conversou com o croata Kvaternik: "para onde os judeus seriam enviados, para a Sibéria ou Madagascar, pouco importava para ele." Em julho de 1942, ele ainda falava sobre Madagascar em seu círculo íntimo — e sobre a Sibéria também. Quando censurou o regente Horthy, da Hungria, em abril de 1943 por não ser duro com os judeus húngaros, Horthy respondeu chorosamente que não podia simplesmente espancá-los até a morte — ao que Hitler disse alguma coisa sobre os judeus serem "bacilos", enquanto Ribbentrop dizia que eles "teriam de ser eliminados ou confinados em campos de concentração; não havia alternativas." Goebbels, em seu diário, mencionou, no dia 27 de março de 1942, "um procedimento extremamente bárbaro que não pode ser precisamente descrito: quantos judeus sobrarão. Aproximadamente cerca de 60% liquidados e 40% em turmas de trabalho forçado." Em 1944, Hitler pediu a Horthy 100.000 judeus para trabalhar nas fábricas alemãs. Speer confirmou para Fleming (em uma carta de 1981, FL, p.16, nota 12) que Hitler queria que ele reunisse judeus húngaros para a construção de grandes fábricas subterrâneas na Alemanha. Em março de 1943, o dr. Korherr, um estatístico que trabalhava para a SS, recebeu ordem de Himmler de preparar estudos estatísticos exatos sobre quantos judeus restavam no Leste. Esse material foi em seguida sumariado e datilografado em uma máquina

de escrever especial para conhecimento de Hitler. Segundo Eichmann (FL, p.138), Hitler leu o documento e, em seguida, ordenou que fosse destruído.

Ver também o artigo de Dieter Pohl ("Die Holocaust-Forschung und Goldhagens Thesen") em VFZ, janeiro de 1997, p.11: "... não está ainda inteiramente claro se motivos econômicos, significando isso a preservação dos judeus para trabalho, não tiveram uma influência considerável na seqüência de assassinatos em massa."

42. Maser (M/A, p.255) faz uma observação interessante sobre a má vontade de Hitler em pôr-se frente a frente com uma de suas últimas cozinheiras, Frau Manzialy, que era (parcialmente) de origem judaica: "... esse fato sugere também que, mesmo com relação à morte de judeus, ele era inumano 'apenas' enquanto não precisava ver as vítimas."

43. A esse fato podemos acrescentar outra possível ligação da Solução Final com o seu conhecimento secreto de que a guerra não poderia ser mais vencida: ele sabia não só que a perderia, mas também que os judeus do mundo sabiam disso. Ou, como disse o percuciente Burrin (em seu parágrafo final), p.169: "Por volta de meados de setembro de 1941, quando resolveu matar os judeus, ele certamente não pensava que a derrota fosse inevitável. Mas certamente deve ter pensado que precisaria de grande sorte no futuro para vencer. E percebia claramente o preço que teria de pagar para evitar a derrota. Exterminar os judeus, portanto, foi simultaneamente um ato propiciatório e um ato de vingança. Mandando matar aqueles que considerava como seus inimigos arquetípicos — pouco importava para sua mente obcecada que eles fossem civis impotentes e desarmados — ele demonstrava a vontade de lutar até o fim. Através da morte, de certa maneira sacrificial, dos judeus, ele estava fanaticamente se fortalecendo para conseguir a vitória, para continuar a combater até a aniquilação. Ao mesmo tempo e acima de tudo, estava expiando o sangue alemão derramado e vingando-se antecipadamente de uma possível derrota. Ele executaria seu programa de vingança, como se viu depois, com determinação crescente, à medida que a situação se agravava e enquanto avançava para o final apocalíptico."

44. Giesler, p.520. Sobre ele, ver Capítulo 7.

45. Em *Hitlers Tischgespräche im Führerhauptquartier*, org., H. Picker-A. Hillgruber (M: 1968), p.36, Dietrich Eckart, o antigo professor de Hitler, falou-lhe sobre esse *único* judeu decente. Lukacs, LEW, p.452-53: "Weininger, em 1902, escreveu um livro extraordinário, intitulado *Geschlecht und Charakter (Sexo e caráter)*, sobre homens e mulheres, judeus e cristãos, cujo relacionamento era um problema que lhe consumia a mente. Ele teve provavelmente razão ao prever o surgimento de um imenso movimento anti-semita. E enganou-se ao acreditar que esse fato seria o resultado de um novo e emergente cristianismo: 'Contra esse novo judaísmo um novo cristianismo virá à luz: a humanidade está sequiosa pelo fundador de uma nova religião e a luta encaminha-se para uma decisão, como foi no Ano Um. Entre judaísmo e cristianismo, entre comércio e cultura, entre mulher e homem, entre vida terrena e vida espiritual, entre o nada e a Divindade, a humanidade terá, mais uma vez, de escolher. Estes são os dois reinos opostos: *não há um Terceiro Reich*.' *Deveria* haver um Terceiro Reich, um Terceiro Reich que deveria ser governado não pela religião do cristianismo, mas pela religião do *folk*."

46. A essas páginas foram acrescentadas mais duas, datadas de 7 de novembro de 1938: "Recordações do Führer e de sua [falecida] mãe." Esses textos foram reproduzidos em Schenck, PH, p.520 e segs. Nessas páginas, Schenck demoliu a tese de Binion sobre os erros médicos de Bloch e sua irresponsabilidade médica — e financeira. (Ver também o artigo do dr. Bloch sobre Hitler na revista *Collier's*, 15 e 22 de março de 1941.)

Capítulo 7 (p.139-54)

1. Estas são as duas primeiras frases de JH, p.1.

2. D, p.158. E também D, p.159: "Fenômenos duradouros da história alemã concretizaram-se através de fatos ocorridos durante e após a I Guerra Mundial, criando situações de

psicologia de massa que não só tornaram possível a ascensão de Hitler, mas contribuíram para produzi-la."

3. HR, p.11.

4. F, p.516-7; F, p.1024.

5. "Hitlers Erfolge — Erklärungsversuche in der Hitler-Forschung", em *Neue Politische Literatur* (doravante: NPL), 1982, p.22.

6. Em *Merkur*, 8 de maio de 1985.

7. HF/AI, p.211.

8. Haffner cita, com algum detalhe, o poeta Stefan George que, em 1921, profetizou uma era que "Revela aquele que ajuda, o Homem/Ele rompe grilhões e recupera nos campos de cascalho/ Sua ordem; flagela os que se desencaminharam/ Trazendo-os de volta à justiça eterna, onde o grande / É novamente grande e o senhor, mais uma vez senhor/ Reina a obediência e na bandeira do povo / Prega o verdadeiro sinal e através de selvagem tempestade e terror / Do anoitecer vermelho ele lidera seu bando de fiéis / Para a façanha do dia — o plantio do Novo Reich." George foi (como alguns outros) o profeta de *um* Terceiro Reich, mas não gostava de Hitler e deixou a Alemanha em 1933, mudando-se para a Suíça, onde faleceu. Um de seus últimos e mais chegados admiradores foi o herói conde Stauffenberg, que tentou matar Hitler em 1944. "O capítulo da História intelectual da Alemanha denominado 'George-Hitler-Stauffenberg' ainda precisa ser escrito." (Citações extraídas da edição americana do *The Meaning of Hitler*.)

9. *Deutscher Sonderweg: Mythos oder Realität*, colóquio patrocinado pelo IFZ (Munique/Viena, 1982). Ver também um sumário da literatura *Sonderweg* em SCHRB, p.326-27.

10. *Bewusstsein* pode sugerir "mentalidade", "maneira de pensar", "consciência", e talvez — neste caso — até "ideologia". Sobre a diferença entre mentalidade e ideologia, ver adiante, neste capítulo.

11. Sontheimer, em *Deutscher Sonderweg*, p.32; Bracher, p.53.

12. Em VFZ, outubro de 1977, p.745. E também Gisevius, GI, p.7: "... especialmente nós alemães temos de reconhecer claramente que esse homem nunca esteve separado de nós. Nós não apenas toleramos o fenômeno de Hitler — mas contribuímos para seu aparecimento [*mitgestaltet*].

13. Em LEW, p.166.

14. Por um lado, temos Hans Frank: "*Volk* e Führer, Führer e *Volk* eram noivos. Cada um procurava e desejava o outro, confiava no outro." Pelo outro, Haffner: "Amava ele os alemães?... Apenas como instrumentos de poder é que se interessou realmente por eles. Ele tinha grandes ambições para a Alemanha e, nesse particular, foi uno com os alemães de sua geração." (HF/AN, p.264). "Nos anos finais, ele os desprezou cada vez mais." (Não.) "...Não mais procurava contacto com eles." (Sim.) (HF/AN, p.141.)

15. A prova é contraditória. Schramm (SCH, p.4), cita Hitler em uma de suas conversas à mesa, em 5 de julho de 1942: "... na luta de povos, os que têm a melhor qualidade média serão sempre os vitoriosos... A ordem natural das coisas seria subvertida se o inferior dominasse o superior." E cita também (p.176) o relatório do general Carl Hilpert, que ditou para inclusão em seus diários de guerra, no dia 18 de abril de 1945: "Hitler reclinou-se e iniciou uma longa palestra sobre a luta do povo alemão, que culminou com as seguintes palavras: 'Se o povo alemão perder a guerra, ele provará que não era digno de mim'" [*meiner nich würdig*]. Ainda assim, na mesma página: "Quanto mais o povo tiver de suportar, mais magnífico será o renascimento final da Alemanha eterna."

16. Uma observação interessante de Klaus-Dietmar Henke, *Die amerikanische Besetzung Deutschlands*, M, 1995, p.308. A propaganda aliada era dirigida contra o nazismo e o militarismo, e não contra o povo alemão. "É notável que Hitler tenha pessoalmente se preocupado com isso e que quisesse falsificar as intenções divulgadas pelos Aliados. Em fevereiro de 1945, ele leu o texto de um discurso programado de Hermann Esser, que mudou em apenas um ponto. Em todas as ocasiões em que Esser escreveu que, em Yalta, "a

destruição do nacional-socialismo havia sido decidida", Hitler mudou o fraseado para a "destruição do povo alemão".

17. Alguns exemplos. Thomas Childers, *The Nazi Voter* (Chapel Hill, NC., 1983); Jürgen W. Falter, *Hitlers Wähler* (M, 1991); o sério e metodicamente valioso Ian Kershaw, KER/HM, em seu estudo pioneiro *Popular Opinion and Political Dissent in the Third Reich, Bavaria 1933-1945* (Oxford, 1983) (doravante: KER PO/PD); o especialmente perspicaz J.P.Stern, *Hitler: Der Führer und das Volk* (B, 1975); e a importante Steinert, ST/HK/D; além de muitos outros.

18. Em acréscimo aos muitos e excelentes trabalhos ora modelos sobre o fim da República de Weimar (Bracher, por exemplo), reconstruções de opiniões e atitudes populares podem ser encontradas em *1933: Wie Die Deutschen Hitler zur Macht verhalfen*, Brodersen, Humann, v. Paczensky, orgs. (Hamburgo, 1985); e também Josef Becker, org., *1933: Fünfzig Jahre danach* (M, 1983).

19. Kershaw, PO/PD, p.9: "... uma avaliação, sumamente rica em nuances, dos padrões de opinião popular no Terceiro Reich." E, em um artigo de Bernd Stöver, "Loyalität statt Widerstand. Die sozialistische Exilberichte und ihr Bild von III. Reich", em VFZ, julho de 1995, p.470: Esses relatórios "são menos fontes [que provam] a resistência de qualquer grupo na população do que documentação da lealdade existente ao regime."

20. ST/HK/D, p.23.

21. Em Lukacs, HC, p.69-92.

22. HC, p.92-93, citando o famoso historiador holandês Pieter Geyl, em um ensaio sobre a Guerra Civil americana. "Quis a maioria do povo holandês a ruptura completa com Felipe II e com a Igreja católica?... Não. Quís a maioria do povo britânico a derrubada da monarquia e a execução de Carlos I?... Não. Quis o povo francês a república e a execução de Luís XVI?... Não. Quis a maioria do povo alemão Hitler em 1933, e quis também a guerra? Não." A própria eleição de 1860, na qual Lincoln teve menos de 40% dos votos, prova que a maioria do povo americano não quis conscientemente a Guerra Civil. Geyl, porém, pergunta: "Prova isso que a guerra, portanto, poderia ter sido evitada? Tal fato não constitui mais uma prova da verdade geral de que o curso da história não é governado pela vontade consciente da maioria?"

23. Kershaw, em PO/PD, p.vii, mostra-se muito competente a esse respeito. Seu livro "é sobre a maioria confusa, nem composta de nazistas convictos nem de adversários declarados, cujas atitudes, na mesma ocasião, deixam transparecer sinais de penetração ideológica nazista e, ainda assim, demonstra os claros limites da manipulação da propaganda. O quadro pintado não é simples, contínuo ou nítido."

24. Parte disso pode ser verificado nas memórias de generais alemães e outros altos funcionários do Terceiro Reich. Um estudo cuidadoso do ajustamento gradual (embora rápido) da imprensa alemã à era do Terceiro Reich em 1933 não foi ainda feito. No tocante a "ajustamento" — numerosos escritores, como Tocqueville e Fontane, forneceram retratos incomparáveis do que aconteceu em 1848 em Paris ou em Berlim, mas retratos desse tipo sobre 1933 praticamente não existem, em parte porque, como tentei explicar antes, "a estrutura de eventos" e os habitos mentais de grandes números de pessoas não eram o que haviam sido um século antes.

25. "Mentalidade", aqui, não é inteiramente idêntico ao uso, ora em moda, de *mentalités* entre historiadores. Observa-se um reconhecimento já muito tardio (especialmente entre acadêmicos franceses) dos defeitos fatais de uma filosofia materialista e da reconstrução da história. Reconhecidamente, é uma tarefa difícil, exigindo mentes e perspectivas sensíveis, e devendo significar mais do que referências particulares à "atmosfera mental" de um certo lugar e época.

26. Steinert, em ST/HK/D, p.36, apresenta convincente argumento contra aqueles que alegaram que o sucesso de Hitler se deveu a seus discursos no rádio e que ele teria sido muito prejudicado por sua imagem na televisão. Como provou Goebbels, materiais pictográficos eram mais facilmente manipulados, e ocasionalmente falsificados, do que a voz ou o texto.

27. Uma descrição muito eficaz de um episódio importante, em Heiden, HD, p.231-2. Em abril de 1928, Stresemann fez no Bürgerbraukeller, em Munique, um discurso muito bom. Um grupo de jovens nacionais-socialistas entrou no local aos gritos e em seguida começou a cantar "Deutschland, Deutschland über alles!". O indivíduo que presidia a reunião levantou-se e começou a cantar com eles. Stresemann ficou lívido de fúria com a covardia desse homem. Naquela noite, teve um ataque de rins e, um ano depois, morreu. "Frustrou-se a reunião — graças à covardia de seus organizadores... Quando Stresemann interpelou-os mais tarde, um deles respondeu: 'Herr ministro, tínhamos de mostrar a esses rapazes que éramos alemães tão bons quanto eles!', em vez de tê-los expulso do local. Temerosos de não se mostrarem suficientemente 'nacionalistas' para arruaceiros, abdicaram de sua dignidade. O que mais resta a ser dito? Assim, Hitler subiu ao poder."

28. HF/AI, p.169-70. Em *17 de maio de 1933* havia ainda alguns deputados social-democratas no Reichstag que aplaudiram o discurso de Hitler sobre política externa, sobre a futura grandeza da Alemanha — provavelmente, com sinceridade e não por causa de mero oportunismo.

Em um ponderado artigo, P. Stadler, em HZ, 1988, p.25, disse: A Alemanha era diferente dos outros países. Hitler subiu ao poder através de meios na maior parte democráticos. "A pesquisa histórica, em análises soberbas — como no fecundo trabalho de Bracher — estudou e reconstruiu os eventos que levaram a janeiro de 1933, lançando luz sobre a responsabilidade do povo [apoiando Hindenburg] e, dessa maneira, contribuindo fundamentalmente para [o reconhecimento histórico] de fatores importantes... Por outro lado, não enfatizou que a principal responsabilidade não deve ser procurada entre os Papens etc., mas no eleitor alemão típico.

A essas palavras, permitam-me acrescentar o seguinte: Até que ponto o povo é responsável pelo regime que tem? Na França, os jacobinos não eram maioria. Em 1917, os bolchevistas na Rússia tampouco eram. Em 1922, os fascistas na Itália também não. Hitler, porém, tinha uma maioria relativa, quase absoluta, em 1933 — na verdade, as eleições de julho de 1932 deviam ter-lhe dado o cargo de chanceler nessa ocasião, o que só não aconteceu devido à relutância temporária de Hindenburg.

Mais uma vez, Haffner, HF/AI, p.185-86: "Os alemães, na década de 1930, tornaram-se uma nação politicamente unificada. Este é um processo ainda não inteiramente compreendido, provavelmente porque o povo gosta de esquecer que, na primavera e princípios do outono de 1933, uma espécie de aproximação nacional estava realmente acontecendo, não necessariamente por trás de um Partido Nacional-Socialista, mas de Adolf Hitler, por trás do Führer, como ele começava a ser chamado." Alem disso, M. Broszat, *Nach Hitler. Der schwierige Umgang mit unserer Geschichte* (M, 1986), p.164: "A... atração populista do nacional-socialismo era mais importante do que a doutrinação ideológica das massas."

29. Ou pensem no que Ferdinand Lassale, o fundador do socialismo alemão, disse a Bismarck em 1863: "um segredo... a classe operária tem uma inclinação instintiva para aceitar a ditadura." E em Reinhold Schneider, *Der Balkon* (Frankfurt, 1959), p.120: "uma introvisão de importância imensa, a da culpa e vergonha de doze anos..." Ou em Julius Fröbel, um liberal alemão, em 1848: "A nação alemã já está farta de princípios e doutrinas, de reputações literárias e de uma vida dedicada à teoria. O que ela quer é poder, poder, poder, e quem lhe der poder será reverenciado, mais do que poderá sonhar."

30. KER, p.105. Esse fato já acontecia bem antes de 1936: Hitler rompendo com a Liga das Nações ou o plebiscito no Sarre, por exemplo.

31. HF/AN, p.34; HF/AI, p.194; Frank, FR, p.264.

32. Steinert, ST/HK/D, p.91, concorda com Helmut Krausnick, que escreveu que, em setembro de 1939, a maioria seguiu Hitler na guerra com uma "lealdade relutante [*widerwillige Loyalität*]."

33. JH, p.89-90. "E quebrado imediatamente." Esta conclusão talvez seja simplista demais.

34. Lothar Kettenacker, "Sozialpsychologische Aspekte der Führerherrschaft", em *Der Führerstaat: Mythos und Realität*, s, 1981, p.107. Henke, p.806: Em fins de 1844, 40% dos prisioneiros de guerra alemães ainda acreditavam na vitória; nos primeiros meses de 1945, 44%; mas, em princípios de março, apenas 11%. (Ainda assim, confiança na vitória alemã não era necessariamente idêntica à lealdade ao nacional-socialismo ou mesmo a Hitler.

35. Frank, p.260-61. Outro alto funcionário, Otto Dietrich, secretário de imprensa de Hitler, em *Hitler* (Chicago, 1955): "A maioria do povo alemão havia posto sua confiança em um único homem, reverenciado sua pessoa, como se ele fosse um santo e o amado como um pai. Esse homem, em seguida, levou-o à maior catástrofe de sua história."

36. Em *Der Führferstaat: Mythos und Realität*, s, 1981, p.75. (Foi neste volume que o historiador inglês Tim Mason usou pela primeira vez o adjetivo "funcionalista".

37. Em SCHRB, prefácio à edição de 1988.

38. HS, p.323. Christian Meier citando um líder do Partido democrata-cristão em 1983: os alemães deviam finalmente "sair da sombra de Hitler" (HS, p.51).

39. O parágrafo de Bullock em BU, p.254-55, é um bom e irrepreensível sumário: "... a mais pesada de todas as responsabilidades cabe à direita alemã, que não apenas deixou de aliar-se com os outros partidos em defesa da República, mas chamou Hitler para formar um governo de coalizão. A velha classe dominante da Alemanha imperial nunca se conformou com a perda da guerra ou com a derrubada da monarquia em 1918. Ela foi notavelmente cortejada pelo regime republicano que se seguiu. Muitos de seus membros foram deixados em posições de poder e influência... Tudo isso lhes conquistou a gratidão, não a lealdade. O que quer que possa ser dito de indivíduos, como classe eles permaneceram irreconciliáveis, desdenhosos e hostis ao regime que continuavam a explorar. A palavra 'nacionalista', que era o orgulho do maior partido da direita, tornou-se sinônimo de deslealdade à República." Em BU, p.120, Bullock faz tambem uma observação perspicaz sobre o tratamento respeitoso que Hitler recebeu no julgamento em 1924: "Tais eram as penalidades da alta traição em um Estado onde a deslealdade ao regime era a mais segura recomendação para clemência."

40. A isso, contudo, temos de acrescentar a prova chocante, encontrada nos diários de Goebbels, da convicção absoluta de Hitler — a partir de 1930 e, de certa maneira, mesmo antes — de que, mais cedo ou mais tarde, assumiria o poder.

41. HS, p.357. Fest notou que, já no verão de 1932, "conservadores" como Papen, von Braun e Schwerin von Krosigk duvidavam se um governo sem Hitler poderia existir por muito tempo.

42. Um exemplo: o velho monarquista marechal-de-campo Mackensen ficou muito impressionado com Hitler em Potsdam, em março de 1933. Embora fizesse algumas críticas ao bigode e cabelo de Hitler, disse que "ele conquistou meu coração como estadista, soldado e homem". Ainda que homens como Mackensen não tivessem influência política ou seguidores, Hitler compreendia-os bem. Doou uma grande propriedade rural a Mackensen. Em dezembro de 1939, visitou o velho soldado por ocasião de seu nonagésimo aniversário. Em 1941, permitiu que ele viajasse no trem especial que levaria convidados ao funeral do Kaiser.

43. HR, p.471.

44. Alguns exemplos ao acaso: o cardeal Faulhaber, arcebispo de Munique, dirigindo-se a Hitler por motivo da assinatura da Concordata de 1933: "O que os velhos parlamentos e partidos não conseguiram em sessenta anos, sua estadística de alto descortino realizou em seis meses, em um nível mundialmente histórico... um grande ato de bênção imensurável." Em 1936, Faulhaber visitou Hitler no Berghof. Ficou muito impressionado e concordou inteiramente com ele sobre a necessária luta mundial contra o bolchevismo. "O Führer demonstrou também condutas sociais e diplomáticas dignas de um soberano nato..." HR, p.182, 316: "Evidentemente, o charme austríaco de Hitler impressionou o cardeal." A vigorosa carta-pastoral de Faulhaber contra o comunismo (no dia 17 de dezembro de 1936), foi escrita a pedido de Hitler. Em 1936, o moralmente inatacável e antinazista cardeal Preysing, de Berlim, observou: "Em Berlim, o nacional-socialismo indubitavelmente elimi-

nou as agitações muito perigosas do socialismo e do comunismo, bem como numerosos fenômenos de obscenidade e licensiosidade [*Schmutz und Schund*], tão perigosos para a religião e a moralidade." Em Joachim Kuropka, org., *Clemens August Graf von Galen. Neue Forschungen zum Leben und Wirken des Bischofs von Münster* (Münster, 1992), p.211. O fraco cardeal Bertram, de Breslau, na ocasião presidente da Conferência dos Bispos Católicos, enviava calorosos telegramas de congratulações a Hitler por ocasião de seus aniversários. (Em 1939, disse ele: "Eu disse às crianças: Heil Hitler — estas palavras são válidas para este mundo, louvado seja Jesus Cristo —, este é o laço entre terra e céu." Nenhuma fórmula mais bem feita pode ser imaginada. Lukacs, LEW, p.465.)

Para muito hierarcas alemães, a respeitabilidade pública era inseparável de manifestações de nacionalismo. O bispo Berning, em uma carta a Göring em março de 1942, declarou: "Toda nação tem de estar unida para obter a vitória final [!] sobre nossos inimigos." Kuropka, p.357. E sobre o elogio do bispo, mais tarde cardeal Galen, da invasão da Rússia pelos alemães em 1941, no mesmo sermão em que atacava as políticas de eutanásia dos nacional-socialistas (ao qual Hitler reagiu ordenando a suspensão dos programas de eutanásia em grande escala). Mas notem também o primeiro sermão de Galen, em abril de 1945, depois de Münster ter sido libertada de Hitler pelo exército britânico: "Meu coração sangra ao ver tropas de nossos inimigos [!] passando pelas ruas." E um episódio especialmente repugnante — embora atípico: na conferência anual dos bispos em 1942, alguns deles manifestaram preocupação porque alguns padres haviam comunicado que certas pessoas em suas igrejas recusavam-se a receber a comunhão juntamente com judeus católicos, que traziam suas estrelas amarelas pregadas na roupa. Alguns padres, por isso, relutavam em dar a eucaristia a católicos de origem judaica, enquanto outros sugeriam missas especiais para eles. Isso não aconteceu, exceto por alguns casos isolados, mas também porque, em 1942, só restava um punhado de católicos de origem judaica.

45. Mas também o bravo Georg Elser, que tentara assassinar Hitler em novembro de 1939, era um operário.

46. JHH, p.49-50.

47. Não só nos diários de Goebbels, onde algumas entradas importantes registram reações de apoio dos operários a Hitler, mesmo perto do fim da guerra. E também em um relatório do Ministério da Propaganda do Reich, em dezembro de 1944, citado por Henke, p.572: "O operário é o seguidor mais confiável do Führer e está disposto a carregar qualquer tipo de fardo. (Steinert, em ST/HK/D, p.526, dá numerosos exemplos de "compromisso radical com a guerra" entre os operários das fábricas de armamento na primavera de 1945. Esse fato impressionou muito Speer, detendo-o quando ele começou a pensar na necessidade de eliminar Hitler. Kershaw tem razão em KER, p.181: "A popularidade de Hitler entre o povo alemão, muito reduzida embora desde seu auge em 1940, era, dadas as condições dos últimos anos da guerra, notável."

48. De acordo com Haffner (HF/A, p.208-09): "... O anti-semitismo de Hitler era a linha que separava os seguidores leais do Führer — a maioria do povo — da minoria, não insignificante, dos "antis", indivíduos que na privacidade de seus lares deblateravam contra Hitler e seu partido, e que estavam convencidos de que essa conduta provava sua fidelidade aos valores tradicionais, mesmo que não ousassem mais proclamá-los em voz alta, quanto mais agir dessa maneira. Sempre houve um número substancial de antis que, após a queda de Hitler, procuraram descrever-se como membros da "emigração interna" ou mesmo da "resistência". Acredito que ambos os rótulos devem ser usados com grande cautela." (Eu diria: com uma mistura de respeito e cautela.)

49. Doenitz, em Nurenberg, IMT, XIII, p.33, citado por Maser: Hitler possuía "uma personalidade imponente... uma inteligência e força de vontade extraordinárias, uma cultura [*Bildung*] realmente universal, um caráter absolutamente impressionante e um enorme poder de sugestão."

50. Este é o único caso em que tenho que manifestar minha divergência com o, sob outros aspectos, irrepreensível Schramm, SCH, p.180: "O fato de que o almirante Doenitz, que

inesperadamente foi guindado ao poder, tenha iniciado imediatamente o processo de rendição, continua a ser um serviço pelo qual ele merece não menos reconhecimento do que o general Weygand na França, cinco anos antes." Essa estimativa de Weygand é discutível.

51. HS, p.211.

Capítulo 8 (p.155-65)

1. A religião tampouco é pura, devido à inevitável liga humana. Mas sem a liga, a fé, como o ouro, não pode ser usada.

2. Em M/A, p.283. *Wer war Hitler?*, de Ziegler (Tübingen, 1970), apologista e admirador extremado.

3. Essa tendência aparece até em obras sérias. Dois exemplos: o *England und das Dritte Reich. Eine dokumentierte Geschichte der englisch-deutschen Beziehungen von 1933 to 1939 auf Grund unveröffenlichen Akten aus dem britischen Staatsarchiv*, *I-II*, de Oswald Hauser (Göttingen e Z, 1982). Vejam o longo comentário em SCHRB, p.56. Schreiber: ...a tendência de Hauser é "desculpar Hitler e, em parte, até de lhe proclamar a inocência [*teilweise sogar zu verharmlosen*], enquanto acusa os britânicos." Em extensão muito menor, o mesmo se aplica a Dietrich Aigner, *Das Ringen um England* (M. 1969).

4. Ver, por exemplo, Günter Gillessen na respeitável FAZ, 2 de agosto de 1995. Em outros artigos, esse autor acusou principalmente os britânicos pelos horrores da guerra aérea.

5. Exemplo: o historiador militar Karl Klee, na introdução de seu estudo sobre os planos de Hitler para invadir a Inglaterra, *Dokumente zum Unternehmen 'Seelöwe'*, *I-II* (Göttingen, 1959), I, p.25: "A tragédia do que se avizinhava foi que os britânicos, concentrados apenas na luta contra o inimigo imediato, estavam dispostos a aceitar, nessa guerra, qualquer parceiro — ou seja, a União Soviética também. Os britânicos não previram que sua política resultaria apenas na substituição de uma forte Alemanha pelo poder esmagador da Rússia." Lukacs, DL, p.214-5: "Esse argumento — equivalendo, em essência, a um tipo de indignação seletiva — agrada, mesmo agora, a certas pessoas, e não apenas na Alemanha. Sou obrigado a refutá-lo aqui. Não que sem esse "parceiro" os britânicos não pudessem vencer a guerra. O "parceiro" foi forçado a aliar-se à Grã-Bretanha pelos próprios alemães. É verdade também que Churchill percebeu claramente a opção: ou toda a Europa dominada pela Alemanha ou — na pior das hipóteses — a metade oriental da Europa dominada pela Rússia durante algum tempo, e metade da Europa era melhor do que nada." Houve jornais espanhóis que, em data tão recente quanto a década de 1960, escreveram, no aniversário da morte de Hitler, que "ele tombou à frente de seu exército na luta contra o bolchevismo."

6. Exemplos: seu piloto, Hans Bauer, seu motorista, Erich Kempka, sua secretária, Christa Schroeder.

7. Exemplos: Friedrich Grimm, Lothar Rendulic, Hans Rudel, Annelise Ribbentrop, Otto Skorzeny, W. von Asenbach, Erich Kern.

Estou excluindo as memórias e reminiscências, freqüentemente valiosas, do pessoal burocrático ou militar auxiliar de Hitler, cujos objetivos *não* incluíam, nem mesmo implicitamente, a reabilitação de seu retrato histórico (exemplos: Hanfstaengl, Engel, von Below, Puttkamer, Wiedemann e outros). Permitam-me enfatizar, mais uma vez, que este livro não é uma biografia de Hitler.

8. *Er war mein Chef*, M, 1987.

9. Não estou incluindo o antes mencionado — e ocasionalmente citado — Hans Frank, cujo trabalho, antes de seu enforcamento, se destinava menos a reabilitar do que a combater interpretações equivocadas da pessoa de Hitler.

10. Leoni am Starnberger See, 1978. Subtítulo: *Erlebnisse — Gespräche — Reflexionen*. Tenho, contudo, de ressalvar a observação acima sobre o pequeno círculo de leitores. O livro de Giesler teve cinco ou seis reedições. (Ele, antes disso, não conseguira obter um contrato com uma editora alemã mais reputada.)

11. GR, p.437: "Agora, fale-me sobre Linz." Essa "relaxação" [*Entspannung*] ocorreu na noite que se seguiu à pavorosa destruição de Dresden.

12. Não obstante, sinais da admiração de Breker por Hitler podem ser encontrados em seu livro. Veja-se, por exemplo, a p.180: "Se não tivesse provocado a guerra, Hitler teria entrado na história como um dos maiores construtores do país: a vastidão das obras que projetou para Berlim, Munique etc., é suficiente para provar esse fato." Interessante, também, é a insistência de Breker (p.129) em que Bormann conhecia mais Hitler do que qualquer outra pessoa e que, por isso, foi lamentável que seus documentos tivessem sido "destruídos" — porquanto eles, e só eles, teriam fornecido uma documentação completa [?] do fenômeno Adolf Hitler.

13. Alguns trechos da carta (GR, p.523): "Seu livro trouxe à luz para mim muitas coisas que eu desconhecia, acima de tudo, a extensão em que Hitler foi traído. Até agora, não se sabia o que existia por trás daquilo... Retroagindo longamente na história, não encontraremos ninguém que se compare a ele... uma personalidade solitária e grandiosa, influenciando decisivamente os destinos de sua época. Estou convencido de que a imprensa ficou muda [*ratlos*] diante desse fenômeno. Graças à sua documentação abrangente, a historiografia se vê agora diante de uma nova tarefa... Os inimigos primitivos e cegos de Hitler não sabiam que ele era um homem que queria criar uma nova — e também arquitetônica — era... O mundo continua cego... Seu livro provocará uma avalanche de comentários ou será mortalmente silenciado."

14. Exemplos: Nolte, Zitelmann e o inglês Charmley. As referências elogiosas deste último a Irving estão sepultadas em algumas de suas pesadas notas de rodapé. Ver também John Keegan, p.27*n*.

15. Exemplos em I/H, p.6. A invasão da Polônia: "... eram campos há longo tempo embebidos em sangue alemão, terra alemã antiga que estava voltando ao domínio alemão." "Aparentemente convencida de que os tanques alemães eram apenas simulacros de folhas-de-flandres, a cavalaria polonesa atacou-os com lanças." (Uma lenda, há muito tempo desmentida por historiadores militares.) P.18, Varsóvia, outubro de 1939: "... quando Hitler viu o banquete que o Exército havia preparado no campo de aviação, ou seu estômago se revoltou ou seu instinto de que aquilo seria má publicidade advertiu-o a não tomar lugar na mesa em forma de ferradura, coberta de impecável linho branco e de comidas refinadas, numa ocasião em que centenas de milhares de moradores de Varsóvia morriam de fome." (Nenhuma fonte é citada.) "Havia prova clara de concentração de forças russas, que poderiam ser lançadas contra os alemães." (Em outubro de 1939! Não há sombra de prova disso.) P.156: Em princípios de agosto de 1940, no Berghof, entre amigos íntimos, Hitler "freqüentemente pensava em voz alta... Construiria grandes *autobahns* pelo leste a dentro, ergueria novas cidades; no Dia da Vitória, o povo de Berlim dançaria na Wilhelmsplatz e, em seguida, começaria a reconstrução da cidade. Seria generoso e magnânimo com os chefes de Estado derrotados — até mesmo com Churchill, ao qual daria 'permissão para pintar e escrever suas memórias.'" (Nenhuma fonte citada sobre isso.) P.348: "Como Hitler deve ter amaldiçoado o Estado-Maior, por lhe ter atribuído a campanha que ele mesmo planejou contra Moscou." P.391: "Não parecia coincidência que os judeus estivessem por trás dos movimentos sectários que se espalhavam por toda parte." Sobre o discurso de Hitler no dia 30 de setembro de 1943, p.428-9: Ele "falou ao povo alemão pela primeira vez em muitos meses, pediu desculpas, porque tinha menos tempo para discursos do que um primeiro-ministro que podia fazer cruzeiros marítimos em volta do mundo durante semanas, usando camisa branca de seda e chapelão de abas caídas, ou algum outro trajo ridículo". (Hitler não disse isso.) Sobre o fim em Stalingrado, p.453: "A culpa pelo desastre foi desviada para Hitler. Anos depois, memórias foram inventadas por marechais-de-campo, diários falsos foram escritos, frases incriminadoras foram omitidas do diário de guerra do OKW, e em seu lugar encaixou-se julgamentos "da época" sobre a liderança de Hitler." Sobre os conspiradores de julho de 1944, p.704-5: "Uma orgia de champanhe que durou até altas horas da noite foi a reação deles à notícia da 'morte' de Hitler." São muitas as frases louvando Hitler e lhe denegrindo

os generais. (Um exemplo estranho: um atencioso Hitler prefere almoçar com seus estenógrafos, deixando à espera os generais famintos.) Outros: em 1941 e 1942, a rigidez de alguns dos generais contrariou os planos racionais de Hitler para uma vitória na Rússia; Hitler previu onde os russos atacariam em Stalingrado e Voronezh, onde seus generais fracassaram; ocasionalmente, Hitler não se sentia inclinado a ser enérgico com seus generais, especialmente com os que eram de origem aristocrática. Outro exemplo: Irving comentando o encontro do líder da Cruz de Flechas húngaro, Szálasi, com Hitler em dezembro de 1944. De acordo com Irving, era esperado que o primeiro concordasse com a resoluta defesa (e destruição potencial) de Budapeste, desde que Hitler não tentasse negociar com Stalin — quando, na verdade, aconteceu o contrário. Szálasi alimentou a esperança de um acordo de última hora entre Hitler e Stalin. I/H faz numerosas referências a "arquivos húngaros em Budapeste", sem citar datas, locais, pastas ou números de páginas.

E esta é uma amostra bem aleatória dos "métodos" de Irving.

16. Até mesmo a antiga secretária de Hitler, Christa Schroeder, que ele cita freqüentemente e que lhe forneceu informações e documentos, escreveu, p.16 e segs.: "... até mesmo o 'sério', e 'supostamente honesto' David Irving não é imune... a inexatidões... de modo que tenho de dizer que ele também desapontou-me."

17. Ver Capítulo 1. Exemplos em TO, p.26: Em 1932, "em meio à confusão da nação, parecia que [Hitler] resistia como uma rocha, insistindo apenas no que era melhor para a Alemanha." P.226: "Muitos beija-mãos garantiram-lhe uma devoção vitalícia das mulheres; os homens tinham a confiança renovada por seu firme aperto de mão e por suas maneiras simples, de homem para homem." Sobre 1938, citando Schwerin-Krosigk, p.470: "... só podemos vencer esperando. E é por esse motivo que os comunistas, judeus e tchecos estão fazendo esforços tão frenéticos para nos empurrar agora para a guerra." Isto em sua carta a Toland, p.973. Sobre a conferência de Hitler em 23 de maio de 1939: "Este não era o delírio irracional de um homem possuído pela vontade de conquistar, mas o reonhecimento de que a Alemanha não poderia continuar a ser, sem guerra, uma grande nação." Sobre agosto de 1939, p.568: "Os poloneses nem por um momento pensaram em aceitar as propostas alemãs." P.524: "A acusação de Hitler de que as possibilidades de uma solução pacífica com a Polônia haviam sido esgotadas, não deixou de ter fundamento." P.619: "No verão de 1940, Hitler foi 'magnânimo' com a França." P.611: O discurso de Hitler em 19 de julho "começou com um decisivo ataque a Churchill" e, em seguida, passou a um oferecimento de paz à Grã-Bretanha. A seqüência desse discurso foi exatamente a oposta. São muitos os erros desse tipo, incluindo uma citação do papa Pio XII, nas p.674-75: Ele deixou claro que apoiava a luta nazista contra o bolchevismo, descrevendo-a como "bravura esclarecida em defesa dos fundamentos da cultura cristã". O Papa não fez essa declaração.

18. "The New Nationalism and the Old History — Perspectives on the West German Historikerstreit", JMH, dezembro de 1987, p.785.

19. Uma estranha nota de rodapé. Evans, no mesmo artigo (dezembro de 1987): "A reunificação alemã simplesmente não é uma possibilidade realista, e falar sobre isso ou propor argumentos históricos em seu favor é brincar com fantasias políticas." Esse fato ocorreria menos de dois anos depois, e, em 1987, tampouco era inteiramente imprevisível.

20. Ele desenvolveu e repetiu essa tese em vários outros livros: *Der europäische Bürgerkrieg* (1987), *Geschichtsdenken im 20. Jahrhundert* (1991), *Streitpunkte. Heutig und künftige Kontroversen um den Nationalsozialismus* (1994), nos quais "a grandeza e a tragédia do nacional-socialismo... foi uma reação extraordinária... temos de lhe reconhecer a grandeza." Antes, Nolte julgou apropriado fazer referências elogiosas a David Irving e David Hoggan (um precursor de Irving), cujas contribuições teriam sido "úteis" (HS, p.19, 25), e, mais tarde, até ao engenheiro americano Fred Leuchter, que "provou" que não poderia ter havido qualquer execução com gás em Auschwitz.

21. O Piemonte foi o Estado no qual começou a unificação da Itália — tendo sido o seu papel comparável ao das treze colônias nos Estados Unidos. Vimos também (ver Capítulo 6, nota 10) que Nolte datou e interpretou erradamente uma carta de Chaim Weizmann a

Neville Chamberlain em 1939. (Ele encontrou esse dado em Irving, que, por sua vez, o obtivera de uma das conversas à mesa de Hitler.) Outro exemplo: as suas repetidas referências à Gaiola do Rato (*Rattenkäfig*), o costume bolchevista de enfiar a cabeça da vítima em uma gaiola cheia de ratos furiosos. Supunha-se que Hitler tenha se referido a esse fato em uma de suas conversas à mesa. Ela, porém, fora mencionada antes por um excelente historiador antibolchevista da Revolução Russa (Melgunov) e, em seguida, descrita por George Orwell no *1984* — isto Nolte parecia ignorar. "O horror de Hitler à gaiola dos ratos foi apenas um exemplo notável de uma experiência geral e autêntica da primeira parte do período do pós-guerra. Acho que podemos encontrar aqui as raizes mais profundas dos impulsos para a ação mais extremos de Hitler." Nolte em HS, p.226. A raiz do rato?

22. HS, p.292.

23. HS, p.341. HS/W, p.48. Hillgruber acusou os inimigos da Alemanha de terem provocado não só a catástrofe alemã mas "a destruição do centro da Europa".

24. Hillgruber, no *Rheinischer Merkur*, em 31 de outubro de 1986: O assassinato em massa dos judeus "não pode, qualitativamente, ser julgado diferente" das deportações e assassinatos em massa de camponeses ucranianos por Stalin. Na FAZ, em 18 de junho de 1979, ele publicou uma resenha crítica e bem ponderada de um dos livros de Irving. Ainda assim, a coleta de documentos por Irving "implica um mérito indubitável e não pequeno do mesmo". Pode ser significativo que nenhuma ressalva semelhante pode ser encontrada nos violentos ataques que ele desfechou contra Habermas, Wehler, Jäckel e outros durante o *Historikerstreit*.

25. Zitelmann havia terminado o manuscrito em princípios de 1985. O *Historikerstreit* ocorreu em 1986. A primeira edição do ZIT/A foi publicada em abril de 1987. Esse prefácio foi escrito para a segunda edição, em outubro de 1988.

26. Exemplos, em ZIT/B, p.108: em março de 1939, "tornaram-se mais fortes na Inglaterra as forças que defendiam uma política mais dura contra a Alemanha." P.109: as propostas de Hitler à Polônia em agosto de 1939 foram "mais generosas e moderadas do que toda a política polonesa da diplomacia de Weimar." P.113: Hitler não queria a guerra, foi forçado [?] a fazer uma aliança com a União Soviética." No verão de 1940, "em vista da psicose bélica reinante na Alemanha, não foi absolutamente fácil para Hitler fazer essa proposta de paz à Inglaterra." P.146: "A Inglaterra demonstrou sua má vontade em negociar uma aliança" com a Alemanha. P.141: "A tese de Hitler, de que a Inglaterra estava seguindo uma política de venda de seu império, permitindo que fosse herdado pelos Estados Unidos, caiu em ouvidos interessados em círculos conservadores [ingleses]." Nada disso.

27. Observem só a linguagem. Exemplos: Hillgruber: "Um escândalo científico." (HS, p.233) "Assassinatos de caráter" (*Rufmordkampagne*). Stürmer: "Uma proscrição", "Um julgamento-espetáculo" (HS, p.92 e segs.) Fest: "Conformidade ritual contra 'a liberdade de fazer perguntas'". (HS/W, p.127.) A veemência do outro lado não foi menor. Temos um exemplo extremo disso no suspeito publicista Elie Wiesel, que rotulou Nolte, Hillgruber, Hildebrand e Stürmer de "os quatro bandidos" (*Viererbände*).

28. "Um monopólio da opinião pública [*Meinungsmonopol*] existe na Alemanha." Zitelmann, citado no *Die Woche*, 15 de junho de 1995.

29. Reproduzido na FAZ, 7 de outubro de 1995. (Ver também o Prefácio do presente livro). A palavra "tabus" foi usada por Zitelmann no *Die Welt*, em 18 de dezembro de 1993.

Capítulo 9 (p.166-82)

1. Todas as citações seguintes de palavras de Geyl foram extraídas do prefácio ao seu *Napoleon: For and Against*, New Haven e Londres, p.7-11.

2. O ensaio original sobre Napoleão deveria ser publicado em um periódico mensal holandês em junho de 1940. "Após a capitulação, em maio, o manuscrito me foi devolvido sem nenhuma explicação, ainda trazendo uma instrução à gráfica para correr com o serviço.

Mas eu não precisava de explicação nenhuma para compreender o que havia acontecido. Embora eu não tivesse escrito uma única palavra sobre Hitler e o nacional-socialismo, o paralelo com nossa época parecera ao editor um pouco intencional demais nas novas circunstâncias." Durante as palestras acima mencionadas em Rotterdam, "explosões ocasionais de riso mostravam que a platéia notava também o paralelo."

3. Mas não apenas os alemães. "Podiamos ver" — e o espetáculo não era bonito — franceses "lambendo a mão que os castigava": uma mão que não apenas os subjugava mas às vezes os torturava, uma mão não só de um dos seus compatriotas mas também do inimigo da nação, que por eles sentia pouco mais que desprezo. Um de seus brilhantes intelectuais, Robert Brasillach, ousou pôr isso em uma frase durante seu julgamento em 1945: "Dormimos com os alemães e até que gostamos disso." (Teria sido por causa dessa frase que o general de Gaulle, a despeito dos apelos de numerosos intelectuais, recusou-se a comutar a pena de morte de Brasillach? Talvez.) Uma conseqüência positiva da II Guerra Mundial foi o desaparecimento da inimizade franco-alemã e, na verdade, a subseqüente reconciliação e aliança entre as duas nações e Estados. Mas houve uma conseqüência menos edificante: um senso de inferioridade francês — não apenas político, mas também cultural — em relação a coisas alemãs. Esse fato inclui a às vezes franca admiração pelo Terceiro Reich e por alguns de seus representantes. O fenômeno de Le Pen e de seus milhões de correligionários é algo que foi previsto pelos "colaboracionistas" franceses, como Brasillach e outros, que colaboraram não só com a Alemanha mas também com o hitlerismo. A isso podemos acrescentar o culto a Ernst Jünger, Carl Schmitt, Martin Heidegger e outros — não nazistas, mas crentes na superioridade alemã. Em nenhum outro país eles se tornaram tão respeitados e admirados pelos intelectuais como agora na França.

4. Lembremos, por exemplo, que Napoleão entrou em Moscou, mas não Hitler, e que o primeiro lá chegou apenas dez semanas depois de ter cruzado a fronteira russa. Para chegar aos arrabaldes de Moscou, os exércitos mecanizados de Hitler precisaram de cinco meses. Porém Hitler sobreviveu a seu primeiro inverno na Rússia, depois do que seus exércitos continuaram a avançar para o interior do país, ao passo que Napoleão sofreu uma derrota catastrófica e retirou-se da Rússia em menos de três meses.

5. Uma estranha coincidência, não notada por outros historiadores: foi na cidade natal de Hitler, Braunau, que em 1810 a nova noiva de Napoleão, a arquiduquesa Marie Louise, foi festivamente transferida da comitiva austríaca para a francesa. Durante a campanha contra a Áutria em 1805 e, novamente, em 1809, Napoleão passou a noite nessa cidade fronteiriça — na mesma Haus Schüdl (e, presumivelmente, nos mesmos quartos no segundo andar) onde setenta anos depois veio morar o pai de Hitler. (É um prédio bem proporcionado no lado sul da grande praça do mercado.)

6. É preciso escrever um livro sobre as opiniões manifestadas por Hitler sobre nações e nacionalidades, que, em muitos casos, foram variadas ou mutáveis, em vez de constantes e uniformes. Há, por exemplo, razão para um estudo sério de sua atitude em relação à Grã-Bretanha e ao povo britânico, que foi mais complicada do que o clichê, ocasionalmente usado em excesso, de uma relação amor-ódio. Não obstante, é notável a prova do ódio de Hitler por quem ousava opor-se-lhe ou desafiá-lo. Suas ocasionais manifestações de respeito ou mesmo admiração por alguns povos desapareciam e eram substituídas por demonstrações de ódio desdenhoso à medida que a guerra prosseguia e se aproximava do fim. Não foi diferente o tratamento que deu à Polônia e aos poloneses, sobre os quais pronunciou algumas observações depreciativas em 1939, mas cujo desafio — que culminou na deflagração da guerra neste ano — levou-o a impor-lhes crueldades sem paralelo, com exceção do tratamento que deu aos judeus. Nada encontramos de semelhante nas reações de Napoleão ou mesmo de Stalin, que ocasionalmente manifestaram algum respeito pela bravura de seus inimigos.

7. Fest em F, p.309, soa convincente quando diz que "todo sistema intelectual e emocional" de Hitler pareceu ter sido dominado por um aspecto fundamental de *Angst*

[*Angsterlebnis*]. Este, entre outros assuntos, diferenciava-o do jovem Mussolini, que se parecia mais com o jovem Bonaparte do que com Hitler.

8. Em uma ocasião em 1940, Hitler teria dito que imporia seu vitorioso tratado de paz em Münster, na Westphalia, pondo, dessa maneira, fim ao sistema de Estados europeus que fora criado nessa cidade em 1648.

9. Citado por Mathieu Molé em 1842, ao receber Tocqueville na Académie Française, e também por François Furet, *Revolutionary France 1770-1880*, Oxford, 1988, p.260-70.

10. Stendhal, *Vie de Napoléon*, p.1837: "O maior homem que o mundo jamais conheceu desde César." E: "Quanto mais é conhecida a verdade, maior se torna Napoleão" (crença freqüentemente repetida pelos admiradores de Hitler.)

11. Uma tendência que têm em comum com os defensores mais circunspectos — ou parciais — de Napoleão é atribuir aos britânicos intenções cruéis contra seu país. (Jacques Bainville, por exemplo, no caso do primeiro; Andreas Hillgruber, no caso do segundo.)

12. Chateaubriand, no *Memoirs d'outre-tombe*, citado por Geyl: "Não adianta minimizar o fato de que esse subjugador tornou-se popular em uma nação que outrora considerava uma questão de honra erguer altares à independência e à igualdade... Os milagres realizados por suas armas enfeitiçaram nossa juventude e lhe ensinaram a adorar a força bruta..." A isso, acrescentemos o reconhecimento de Aulard acerca da lealdade da classe operária parisiense a Napoleão — não diferente da lealdade da maioria dos operários industriais a Hitler.

13. Vejamos uma comparação entre as maneiras como Napoleão e Hitler trataram respectivamente o papa. O último foi mais circunspecto do que o primeiro. (Mas isso teve muito a ver com o fato de que os papas tinham maior prestígio — e influência — em meados do século XX do que no início do século XIX.) Napoleão aprendeu tarde demais que *Qui mange du Pape en meurt*: Hitler sabia disso bem demais. Um detalhe interessante, no caso de Napoleão: quando seu enviado a Roma lhe perguntou como tratar o papa, o imperador respondeu: "Trate-o como se ele tivesse duzentos mil soldados." (Albert Vandal, citado por Geyl, p.230). Essa é a origem do dito de espírito erroneamente atribuído a Stalin em 1935: "Quantas divisões tem o papa?" (Um falso boato.)

14. E também Lefebvre, citado por Geyl, p.424: "Permaneceu em Napoleão algo da pessoa desenraizada. E também do homem arrancado de sua classe: ele não era inteiramente nobre nem inteiramente plebeu." A primeira frase aplica-se a Hitler, mesmo que tenhamos notado suas diferentes características e temperamento.

15. Lanfrey — crítico, não apologista de Napoleão, classificado entre os "contras" por Geyl, p.104, "notou que as ordens de Napoleão, a despeito de sua severidade, permaneciam gerais e deixavam alguma coisa à iniciativa dos subordinados. Ele não tem dúvida de que isso era intencional e, na verdade, o imperador não lavou depois as mãos de todo esse caso?" Isso Hitler não fez. Napoleão, pelo menos, achou melhor disfarçar por escrito. Em uma carta a Cambacères, citada por Lanfrey, ele vai ainda mais longe: "O papa foi removido de Roma sem minhas ordens e contra meus desejos. É surpreendente, se isso de fato aconteceu, que ele tenha aceito o fato consumado. Mas, na verdade, foi uma deslavada mentira. Tudo fazia parte do sistema. No caso Enghien, ele se protegeu por trás da pressa de Savary. No caso da Espanha, a culpa foi de Murat. E, nesse momento, foi Miollis, o governador de Roma, que teve de agüentar a desmoralização pelo que Napoleão, indubitavelmente, quisera que fosse feito." A esses fatos, Geyl acrescentou uma vigorosa nota de rodapé: "Poderíamos fazer aqui uma comparação com a rainha Elizabeth, que estava também sempre pronta a culpar seus servidores por situações difíceis. A mais conhecida, mas certamente não a única, foi a de sua fúria contra Davison, sob o pretexto de que fora ele quem dera a ordem de execução de Mary, rainha dos escoceses, sem sua autorização."

16. Lembrem-se também das reflexões registradas de Napoleão — suas "pièces justificatives" — em Santa Helena, onde, entre outras coisas, previu a ascensão dos Estados Unidos e da Rússia e a necessidade de a França estabelecer amizade com a Inglaterra. Nada parecido com isso houve no caso de Hitler. *Avec et après moi le déluge:* frase incorretamente atribuída a um monarca francês, mas, em espírito, apropriada a Hitler.

17. Contudo, temos de manter em mente que as palavras alemãs "ciência" e "científico" — *Wissenschaft* e *wissenschaftlich* — têm significado mais amplo do que o uso contemporâneo inglês das mesmas. Elas incluem tanto "ciência" quanto "conhecimento".

18. O *bom mot* de Veronica Wedgwood: "A História é uma arte — tal como todas as outras ciências."

19. Teria sido Napoleão a figura mais importante do século XIX? Não — ele foi a culminação inesperada do século XVIII.

20. "De pessoas", apenas. "o Grande", seguindo-se ao nome próprio apenas como epíteto respeitoso, apensado como título aos nomes de certas personagens históricas, principalmente monarcas, implicando... que a pessoa assim designada... inclui-se entre os grandes homens da história."

21. Um exemplo foi a maquete monumental de Speer, representando uma futura Berlim central (1940), na qual ele incluiu o arco do triunfo projetado em 1925 por Hitler. O arco foi encaixado nas proporções desta maquete, porém à parte isso, seu estilo não era apropriado, mas, na verdade, muito diferente do neoclassicismo moderno de Speer e inteiramente inferior ao Arc de Triomphe e ao Arc du Carrousel.

Haffner, HF/AN, p.45: Ao contrário de Napoleão, "Hitler não criou nenhum prédio estatal e suas realizações, que durante dez anos pasmou os alemães e fizeram o mundo prender a respiração, foram efêmeras e não deixaram vestígios, não só porque terminaram em desastre, mas porque nunca foram projetadas para durar." (Não inteiramente: Hitler insistia freqüentemente com Speer em que seus prédios fossem construídos em granito, "para durar quatrocentos anos.") "Como astro de primeira grandeza, Hitler provavelmente subiu ainda mais alto do que Napoleão. Mas uma coisa ele nunca foi — um estadista. (Discutível.)

22. Vappu Tallgren, *Hitler und die Helden, Heroismus und Weltanschauung*, Helsinque, 1981, p.258 (livro muito elogiado por Zitelmann). Tallgreen — em minha opinião, convincentemente — enfatizou a influência dos *westerns* de Karl May sobre Hitler (ver Capítulo 5, nota 51).

23. Schramm, SCH, p.183: "O problema é que a língua não tem um equivalente negativo para 'herói' ou 'gênio'. Quem quer que pense que poderemos estar possivelmente dando a Hitler mais do que ele merece, procurando palavras adequadas para ele, não entendeu o que estamos dizendo."

24. Não se trata apenas de *O grande ditador* ser um dos piores filmes de Chaplin. (Bullock, BU, p.805: "A brilhante [?] caricatura de Chaplin em *O grande ditador*.") Ver também Chaplin, *My Autobiography* (L: 1964), p.316: Hitler: "um cômico de calças frouxas... O rosto era obscenamente cômico — uma má imitação de mim mesmo [!], com seu ridículo bigode... e a boquinha pequena, repugnante. Eu não podia levar Hitler a sério... suas mãos, como se fossem garras, arengando para a multidão... uma para cima, a outra para baixo, como um jogador de críquete prestes a lançar a bola... [ou] mãos crispadas à frente do corpo, como se levantando um haltere imaginário. A saudação com a mão jogada para trás por cima do ombro, a palma para cima, dando-me vontade de colocar nela uma bandeja de pratos sujos. 'Esse tipo é louco', pensei..." (Einstein foi outro famoso personagem que subestimou e ignorou Hitler.)

25. Exemplos do livro de Lewis (reeditado em Nova York, 1972, e dificilmente encontrado na maioria das bibliotecas): "os comunistas ajudaram a polícia a espancar e atirar nos nazistas" (p.16). Os nazistas eram "decentes e cumpridores da lei" (p.19). "Enquanto os comunistas andavam invariavelmente armados, os nazistas tinham apenas os punhos e porretes para se defenderem, devido à discriminação das autoridades da polícia da República" (p.28). Hitler: "Um ascetismo sem nobreza" (p.32). "Passando a expor a doutrina do hitlerismo, logo se torna claro que estamos lidando mais com uma *pessoa* do que com uma *doutrina*." A Inglaterra "está casada com os judeus", mas (p.24) "ainda permite que um pequeno *Blutgefühl* faça o que deseja (uma sensação de parentesco com essa mente e corpo parecidos com os seus) — em favor desse bravo, infeliz e empobrecido parente." "Não acredito que Hitler, se pudesse fazer o que quisesse, cruzaria a ferro e fogo fronteiras, sob

outros aspectos pacíficas." (p.49). Em 1939, Lewis escreveu *The Hitler Cult* — onde não o critica muito e que contém algumas intuições: "Ele despreza a democracia e todas as suas obras. Ainda assim, como um demagogo, dependendo da aprovação emocional das massas, é um estadista democrático típico — e isso a despeito de que o agradável *laissez-faire* da democracia ocidental transformou-se, com ele, em despotismo demagógico."

26. Embora o título do livro de Lothar Burchardt, *Hitler und die Historische Grösse* (Konstanz, 1979), seja promissor, não trata realmente da idéia ou das qualificações de "grandeza".

27. Irving, claro, não tem essas hesitações. No prefácio ao I/H, sugere os epítetos "Hitler, o Grande", citando Jodl em Nuremberg: "Culpo suas origens humildes, mas, em seguida, me lembro de quantos filhos de camponeses foram abençoados pela história com o nome 'Grande'". Jodl, também, IMT XV, p.602, citado por M/A, p.195: Hitler não "era um charlatão, mas uma personalidade gigantesca, adquirindo, no fim, uma espécie de grandeza infernal, e grandeza, sem a menor dúvida, ele possuía..." Doenitz, também em Nuremberg: "Hitler foi um grande líder militar: a despeito da derrota em Cartago, o povo admirava Aníbal... E a despeito de nossa derrota, o povo admirará Hitler..."

28. HF/AN, p.40. Ver também outro irrepreensível anti-hitlerista, Golo Mann, citado em Scholdt, SCHO, p.18: Hitler "mudou tudo... Só ele poderia realizar o que planejara: construir um movimento popular e mantê-lo sob controle. Ele provou que era superior [*turmhoch*] a todos os seus rivais, a adversários dentro do Partido em certas ocasiões, e também aos conservadores que lhe seguravam os estribos [*Steigbügelhalter*]. O ódio aos judeus era *sua* paixão, a guerra era sua *empresa* desde o início, de 1933 a 1945. A vontade de provar que a Alemanha poderia ter ganho a guerra de 1914, se ele estivesse no comando na ocasião, se tivesse travado a guerra com os meios certos para atingir os objetivos certos, tudo isso permanece como origem de toda a sua inacreditável, desastrosa aventura. "Nessa ocasião, era o Kaiser; agora, sou eu." Na moderna história da Europa, não conheço ninguém que tenha influenciado os fatos de forma tão decisiva e tão destrutivamente, nem mesmo Napoleão.

29. F, p.17, 189. Karl-Dietrich Erdmann "soluciona" o problema (ou, melhor, agrava-o), ao usar dois adjetivos: "o negror impenetrável de sua pessoa... sua grandeza diabólica mundialmente histórica" (em Gebhardt, org., *Handbuch der Geschichte. Die Zeit der Weltkriege*, vol.2, s, 1976). A conclusão de Bullock é um pouco melhor (BU, p.806): "O fato de que sua carreira tenha terminado em tragédia, e que sua derrota tenha sido devida principalmente a seus próprios erros, não diminuem em si mesmos a reivindicação de Hitler à grandeza. A falha era mais profunda. Isso porque esses talentos notáveis se combinavam com um feio e estridente egotismo, um cretinismo moral e intelectual. [*Não* um *mot juste*.] As paixões que governavam a mente de Hitler eram ignóbeis: ódio, ressentimento, o desejo ardente de dominar e, nos casos em que não podia dominar, destruir.

30. SCH, p.12. "Em comparação, a autocracia dos déspotas anteriores parece quase tímida e hesitante." Görlitz-Quint em GQ, p.234: "De qualquer modo, não há figura importante na história alemã que se compare a ele." E também, p.628: "Deliberadamente, evitamos a palavra 'grande' porque 'grande' sugere uma conexão com valor ético."

31. SCH, p.123. Neste particular, a opinião de Schramm concorda com a do, sob outros aspectos diferente, Heer, SCH, p.182-3: "Quem quer que se refira a ele como satânico ou infernal está, na verdade, fazendo um julgamento teológico. Quem quer que o chame de "demônio" está, em última análise, prejulgando a natureza de seus atos."

32. No dia 6 de abril de 1938, em Salzburgo, ele disse: "Penso que estes tempos em que governo a Alemanha são os tempos históricos da grandeza alemã... Acredito que o futuro e a história alemã confirmarão que, nos tempos de minha liderança, eu trouxe os mais altos benefícios para o povo alemão." (Deuerlein, D, p.133.)

33. Essa frase salvou Churchill de um problema difícil e talvez embaraçoso. "Em qualquer ocasião nos últimos meses da guerra, ele poderia ter voado para a Inglaterra e se rendido, dizendo: 'Façam o que quiserem comigo, mas poupem meu mal-orientado povo.'"

(Churchill, *The Second World War*, vol.6, *Triumph and Tragedy*, p.673). Teria esse embaraço sido devido à "grandeza" de Hitler? Não: teria sido meramente político? (Churchill respeitava Napoleão, mas não Hitler.) Esse embaraço — juntamente com a imprevidência — entre os Aliados marcou também o destino de Mussolini em 1943, quando eles (ou o governo real italiano) nenhum esforço fizeram para entregá-lo aos Aliados ou mesmo levá-lo para o sul com o governo real. Ele permaneceu no Gran Sasso durante nove dias após a assinatura da rendição italiana, quatro dias depois do anúncio público e da fuga do rei e do governo, de Roma para o sul. Nenhuma providência foi tomada, no instrumento de armistício, sobre a rendição de Mussolini.

34. Samuel Johnson, falando sobre Carlos XII da Suécia, no *The Vanity of Human Wishes*. Fest, em sua conclusão, p.1029: "Em uma variação de uma frase de Schopenhauer, que [Hitler] à sua maneira respeitava, pode-se dizer que ele ensinou ao mundo alguma coisa que o mundo jamais esquecerá."

35. Lukacs, HC, p.93: "Sua sobrevivência depende do consenso coagulante da tradição civilizada e das respostas autênticas à qualidade. Mas isso é um consenso a longo prazo, formado pelo pensamento histórico de várias gerações e confirmado pela experiência existencial. Porque é no longo prazo que, de alguma maneira, a verdade pode sobreviver — através da decadência da mentira."

36. Haffner faz um vigoroso sumário desse ponto (HF/AN, p.100-1): "O mundo de hoje, gostemos ou não, é obra de Hitler. Sem Hitler não teria havido divisão da Alemanha e da Europa; sem Hitler não haveria alemães e russos em Berlim; sem Hitler não haveria Israel; sem Hitler não teria havido descolonização, pelo menos não tão rápida, não haveria emancipação asiática, árabe ou dos negros africanos, e nenhuma diminuição da preeminência européia. Ou, para sermos mais exato, não haveria nada disso sem os erros de Hitler. Ele certamente não queria nada disso."

"Teriamos de retroagir muito na história — talvez até Alexandre, o Grande — para encontrar um homem que, em um período de vida abaixo da média, transformou o mundo de maneira tão completa e duradoura. Mas o que não encontraríamos em toda a história do mundo é um homem que, com um esforço gigantesco e sem paralelo, realizasse, como Hitler, exatamente o oposto do que tivera esperança de realizar."

37. Esta é apenas uma curta descrição do que é sumariado, com um pouco mais de extensão, em Lukacs, p.6-7 e p.519-27.

38. Dois exemplos ao acaso da infelizmente, crença sincera nesse idealismo determinista por dois de seus generais. Jodl, em 7 de novembro de 1943: "Venceremos porque temos de vencer, porque, de outra maneira, a história terá perdido seu sentido." Marechal-de-campo Model, *em 29 de março de 1945*: "Em nossa luta pelos ideais [*Ideenwelt*] do nacional-socialismo... é uma certeza matemática [!] que venceremos, enquanto nossa confiança e vontade permanecerem firmes." Citado por Manfred Messerschmitt, "Die Wehrmacht in der Endphase. Realität und Perzeption", *Aus Politik und Zeitgeschichte*, 4 de agosto de 1989, p.37-8.

39. Owen Chadwick, *The Secularization of the European Mind in the Nineteenth Century*. Cambridge, 1991, p.73.

40. Pela última vez (ver acima, Capítulo 4), ele foi um nacionalista populista, não um patriota tradicional. Ele sabia mais do que a maioria das pessoas que o verdadeiro oposto do nacionalismo, com seu culto da personalidade, é menos o internacionalismo moderno do que o patriotismo tradicional, com seu amor pela terra e por sua história.

41. SCH, p.107. Lembrem-se, também, da tomada do poder por Perón (um protótipo nacional-socialista) na Argentina em outubro de 1945, alguns meses após a morte de Hitler. À parte de sua significação, a importância desse fato não deve ser superestimada, tendo em vista a tendência latino-americana de imitar outras revoluções, após um período de muitos anos: Bolívar e San Martín, vinte ou trinta anos depois de Washington, Fidel quinze anos após 1945, e assim por diante.

42. HS, p.149. Pensem também na tendência da imprensa e de comentadores em todo o mundo ocidental: sua sensibilidade extrema a todas as manifestações que sugerem o aparecimento, em qualquer lugar, do denominado fenômeno político direitista. Essa sensibilidade não se compara à ansiedade sobre o ressurgimento da extrema esquerda. Não se pode atribuir esse fato simplesmente ao "politicamente correto" (uma expressão estúpida), pois ele na verdade reflete preocupação com a atração em massa do nacionalismo extremado na era da democracia de massa. Mas, aqui, uma comparação histórica, ou melhor, política, pode ser apropriada. Aceita-se de modo geral que a grande oportunidade de Hitler tenha começado em setembro de 1930, com os inesperados 18% dos votos que os nacional-socialistas ganharam nas eleições daquele ano na Alemanha. Em nossos dias, descobrimos que, em muitos países do mundo ocidental, os chamados movimentos da direita (Le Pen, na França, os neofascistas na Itália, Haider na Áustria, talvez até Buchanan, nos Estados Unidos) podem contar com 12 a 20 por cento de apoio entre o eleitorado... mas não na Alemanha. Nesse país, em 1930, os nacional-socialistas adquiriram respeitabilidade por causa de seu nacionalismo, que foi o elemento decisivo na subida de Hitler ao poder. Ainda assim, não devemos rejeitar a possibilidade de que, no futuro, minorias "coesas" possam fazer progressos importantes nos arraiais das "minorias frouxas".

43. Símbolos têm importância, ou pelo menos dizem alguma coisa. A bandeira do partido e, em seguida, do Terceiro Reich, a suástica em campo vermelho, foi um desenho brilhante do próprio Hitler. Ainda assim, ele teria feito melhor — provavelmente, tanto no curto quanto no longo prazo — se tivesse conservado a bandeira preta-branca-vermelha do Reich Imperial. (Junto da suástica, a bandeira imperial sobreviveu na Alemanha até 1935, e o dia 18 de janeiro, o aniversário do Segundo Reich, continuou a ser feriado durante o Terceiro.) Agora, porém, a bandeira da suástica, tal como o Terceiro Reich, é apenas um episódio e a bandeira preta-vermelha-dourada da República já dura mais do que os quarenta e sete anos da preta-branca-vermelha.

44. Reciprocamente, a fase crucial do século XIX (1815 a 1914) não foi seu primeiro terço (1815 a 1848), que não passou (como Napoleão havia previsto) de uma continuação da atração da Revolução Francesa e de outras revoluções na Europa. Após 1849, o período de revoluções repetidas cedeu lugar a um período de guerras (que Bismarck havia corretamente previsto), e que foi muito mais decisivo. A despeito do que disse Marx, a luta de nações sucedeu a luta de classes. *Esse* período terminou em 1945.

45. Deuerlein em D, p.143, colocou bem esse ponto: "Entrementes, ele se tornara um fenômeno político global — um objeto não só de ódio, mas também de esperança (para muitos)." Fest, F, p.148: "A superioridade de Hitler sobre muitos de seus adversários e rivais teve muito a ver com sua compreensão da essência da crise mundial, da qual ele mesmo era um sintoma." Em F, p.569, Fest cita o escritor austríaco Robert Musil que, em 1933, reconhecia também que sua resistência era destituída de alternativas: ele não podia pensar que a velha ordem, ou mesmo uma mais antiga, poderia voltar e substituir esse novo tipo de ordem revolucionária. "O que explica esse sentimento é que o nacional-socialismo teve seu destino e sua hora: não foi um redemoinho [*Wirbel*], mas uma fase da história." Ou uma observação abrangente de Jäckel em JH, p.43: "Hitler sem dúvida elaborou um programa próprio, individualmente e sem ajuda, mas esse programa forçosamente coincidiu com as tendências e ambições mais profundas de seu país e época. Talvez não possamos explicar esse fato, mas temos de reconhecê-lo. Teria sido ele um autor ou um executor, um produtor ou um produto? Foi ele tão bem-sucedido durante longo tempo como autor porque estava transformando em realidades tendências mais profundas? Ou ele simplesmente possuía melhor conhecimento do que a maioria de seus contemporâneos das necessidades e possibilidades da época? Essas perguntas são fundamentais não só sobre o papel do indivíduo na história, mas tambem sobre a compreensão histórica em geral." (Essas generalizações de Jäckel são categóricas demais e um tanto vulgares em suas manifestações. Além disso, não são aplicáveis apenas a Hitler.)

46. Mais uma vez Deuerlein, na vigorosa conclusão de seu pequeno livro (D, p.170): Há prova abundante de que "o aparecimento de Hitler na história não foi só um problema de sua pessoa, mas, em um sentido muito mais amplo, de seu ambiente, do mundo alemão e também fora dele — fato que explica por que a preocupação com Hitler não chegou ao fim após sua morte e, ao mesmo tempo, dirige nossa atenção para seus obstáculos e dificuldades." Bullock, BU, p.808: "Hitler, na verdade, foi um fenômeno não menos europeu do que alemão. As condições e o estado de espírito que ele explorou... não se limitavam a seu próprio país, embora nele fossem mais fortemente marcados do que em outros lugares. O idioma de Hitler era o alemão, mas os pensamentos e emoções a que deu expressão têm uma circulação mais universal."

47. SCHRB, p.332. Uma tentativa longa, mas basicamente trivial (na realidade, não muito mais do que um estudo bibliográfico) foi feita por Klaus Hildebrand em HZ, p.583-632, "Hitlers Ort in der Geschichte des preussisch-deutschen Nationalstaates". Em 1988, o neoconservador Michel Stürmer escreveu que a Alemanha "é hoje uma terra sem história". Em alguns aspectos, o oposto é a verdade. Maser, em sua conclusão no M/A, foi desmentido (p.439): "Só quando as Alemanhas Ocidental e Oriental forem reunificadas, Adolf Hitler, o trauma de todos os alemães, será finalmente eliminado." A coisa não aconteceu assim.

48. HR, p.535-36.

49. Essas palavras são muito mais profundas do que as de Graham Greene: "Os maiores santos foram homens com mais do que a capacidade normal para o mal e os homens mais cruéis, algumas vezes, evitaram por pouco a santidade." (Citado no prefácio do livro de Toland, TO, p.xiii, onde ele discorre tortuosamente sobre a questão da "grandeza" de Hitler.)

50. A este respeito, devemos, por razão moral, rejeitar, mais uma vez, a "denominação" de Hitler, ou a tentação de atribuir-lhe características "diabólicas" ou "satânicas". Ao contrário, podemos ver em sua carreira elementos que contêm um lembrete sobrenatural daquilo que São João do Apocalipse previu sobre o Anticristo. O Anticristo não será horrendo e demoníaco, encarnando algum tipo de monstro pavoroso — e sendo por isso imediatamente reconhecível. Ele não será visto como um anticristão. Será sorridente, generoso, popular, um ídolo, adorado pelas massas por causa da grande prosperidade que parece ter trazido, um falso pai (ou marido) de seu povo. Exceto por uma pequena minoria, cristãos acreditarão nele e o seguirão. Tal como os judeus ao tempo do Primeiro Advento, os cristãos se dividirão na época do Anticristo — isto é, antes do Segundo Advento. Antes do fim do mundo, os cristãos superficiais seguirão o Anticristo e apenas uma pequena minoria reconhecerá a natureza de seus terríveis portentos. Bem, Hitler não trouxe o fim do mundo, mas houve um tempo — não ainda o tempo dos assassinatos em massa, mas o tempo do Terceiro Reich na década de 1930 — em que algumas das profecias de São João sobre o Anticristo concordavam com a aparência e a atração que ele despertava. E talvez não seja irrazoável imaginar que, ao atingirem as massas a maioridade, ele foi apenas a primeira das figuras populares semelhantes ao Anticristo.

Em 1933, Joseph Roth escreveu; "O Terceiro Reich é agora um país do Inferno." Não, mas ostentava de fato algumas características de uma nação liderada por um Anticristo. (Já em 1923, alguns seguidores de Hitler compararam sua vida à de Cristo: trinta anos de obscuridade e, de repente, três anos de resplandecente revelação.) Disse Carl Jung: "O poder de Hitler não é político, é mágico." Além disso, Lukacs (LEW, p.524, nota 194, e HC, p.298). Em 1951, escreveu Klaus Mehnert: "A jornada do povo alemão, de Liebkenecht a Hitler, e a jornada do povo russo, de Lenin a Stalin... Em ambos os casos... a jornada foi da dialética para a magia." Uma generalização exagerada, mas não sem alguma substância.

51. Durante a I Guerra Mundial, numerosos alemães acreditavam que a "Kultur" alemã era infinitamente superior à "Zivilisation" inglesa. Claro, neste particular há problemas nacionais e lingüísticos. Lembremos de "Sebastian", no *The Edwardians,* em suas elegantes festas em casa em 1906: "... às vezes, ele os reprovava com grande veemência, em outras ocasiões pensava que eles haviam resolvido melhor o problema da civilização do que os

gregos ou os romanos." Estas palavras seriam ininteligíveis para muitos alemães, ao passo que a substituição de "civilização" por "cultura" nessa frase não faria sentido em inglês.

52. Citado em Peter Adam, *Art of the Third Reich*, NY, 1992, p.129.

53. Speer na prisão em 1947: a guerra de Hitler demonstrara a "vulnerabilidade da civilização moderna, construída durante séculos. Sabemos agora que vivemos em um edifício que não é à prova de terremotos... se o automatismo do progresso levar a mais desumanização [*Entpersönlichung*] do homem, privando-o ainda mais de responsabilidade. Nos anos decisivos de minha vida, eu servi a tecnologia, cego para suas possibilidades. No fim, sinto-me cético sobre ela." Isso é o oposto do spenglerianismo.

54. Idade Média é um nome mal escolhido, porque o termo sugere uma posição "mediana" entre o antigo e o moderno. Mas há uma diferença, devida à nossa consciência histórica. O povo, durante e ao fim da Idade Média, não sabia que vivia na Idade Média, ao passo que sabemos que estamos vivendo na Era Moderna e perto de seu fim.

55. Temos de reconhecer, também, que, de uma maneira fundamental, ele foi um homem de sua era, porque, à sua maneira, ele acreditava no progresso — incapaz e relutante em reconhecer que a grande tarefa ante a civilização é agora repensar obrigatoriamente todo o significado de progresso (termo este que Tocqueville abominava, mas não Hitler).

Nota Bibliográfica e Abreviações

É impossível uma bibliografia completa de Hitler. Os melhores guias são SCHRB e as bibliografias *seriatim* da VFZ. O que se segue é uma lista de obras citadas no texto deste livro, mostrando, à esquerda, as abreviações pelas quais são identificadas após a primeira menção, em cada caso. Os locais mais freqüentes de publicação são abreviados nas notas de rodapé da seguinte maneira: B — Berlim, D — Dusseldorf, M — Munique, L — Londres, NY — Nova York, O — Oxford, P — Paris, S — Stuttgart, Z — Zurique.

ADAP	Akten zur deutschen auswärtigen Politik.
AH/B	*The Testament of Adolf Hitler*. Os documentos Hitler-Bormann. L, 1961.
BU	Alan Bullock, *Hitler: A Study in Tyranny*. L, 1952; ed. rev., 1962.
C	William Carr, *Hitler: A Study of Personality and Politics*, L, 1978
D	Ernst Deuerlein, *Hitler: Eine politische Biographie*. M, 1969.
DL	John Lukacs, *The Duel, 10 May — 31 July 1940: The Eighty-Day Struggle Between Churchill and Hitler*. NY, 1991.
F	Joachim Fest, *Adolf Hitler: Eine Biographie*. B, 1973; reedição com nova introdução, 1995.
FAZ	*Frankfurter Allgemeine Zeitung*.
FL	Gerhard Fleming, *Hitler and the Final Solution*, Berkeley, Calif., 1982.
FR	Hans Frank, *Im Angesicht des Galgens*. M, 1953.
GD	Documentos Alemães de Política Externa.
GI	Hans Bernd Gisevius, *Adolf Hitler: Versuch einer Deutung*. M, 1963.
GQ	Walter Görlitz e Herbert A. Quint (ambos pseudônimos), *Adolf Hitler: Eine Biographie*. S, 1952.
GR	Hermann Giesler, *Ein anderer Hitler*. Leoni am Starnberger See, 1977.
GWU	*Geschichte in Wissenschaft und Unterricht*.
HB	Helmut Heiber, *Adolf Hitler*. Eine Biographie. B, 1960.
HC	John Lukacs, *Historical Consciousness*. NY, 1968, edição ampliada, 1994.
HD	Konrad Heiden, *Adolf Hitler*. Z, 1935.
HF/AI	Sebastian Haffner, *The Ailing Empire: Germany from Bismarck to Hitler*. NY, 1991.
HF/AN	Sebastian Haffner, *The Meaning of Hitler*. NY, 1979.

HM	Heinrich Heim (Werner Jochmann, org.), *Hitler: Monologue im Führerhauptquartier*. Hamburgo, 1980.
HR	Friedrich Heer, *Der Glaube des Adolf Hitler: Anatomie einer politischen Religiosität*. M, 1968.
HS	*Historikerstreit* (Piper, org.). M, 1987.
HST	Andreas Hillgruber, *Hitler's Strategie: Politik und Kriegsführung 1940-1941*. Frankfurt, 1965.
HS/W	Hans-Ulrich Wehler, *Entsorgung der deutschen Vergangenheit? Ein polemischer Essay zum "Historikerstreit"*. M, 1988.
H2B	*Hitler's Secret Book*. NY, 1961.
HZ	*Historische Zeitschrift*.
IFZ	Institut für Zeitgeschichte.
I/H	David Irving, *Hitler's War*. NY, 1977.
IMT	International Military Tribunal (documentos).
I/W	David Irving, *The War Path: Hitler's Germany 1933-1939*. L, 1978.
JH	Eberhard Jäckel, *Hitler in History*. Hanover, New Hampshire, 1984.
JHH	Eberhard Jäckel, *Hitlers Herrschaft*. S, 1988.
JHW	Eberhard Jäckel, *Hitler's Weltanschauung: Entwurf einer Herrschaft*. Tübingen, 1969, edição nova e ampliada. S, 1981.
JMH	*Journal of Modern History*.
JQ	A. Joachimsthaler, *Adolf Hitler 1908-1920. Korrektur einer Biographie*. M, 1989.
K	Leon Krier, *Albert Speer: Architecture 1933-1942*. Bruxelas, 1985.
KER	Ian Kershaw, *Hitler: Profile in Power*. NY, 1991.
KER/HM	Ian Kershaw, *The Hitler Myth: Image and Reality in the Third Reich*. O, 1987.
KER/PO/PD	Iam Kershaw, *Popular Opinion and Political Dissent in the Third Reich, Bavaria 1933-1945*. O, 1983.
KTB/OKW	Kriegstagebuch, Oberkommando der Wehrmacht.
KTP/SKL	Kriegstagebuch, Seekriegsleitung.
LEW	John Lukacs, *The Last European War, 1939-1941*. NY, 1976.
M/A	Werner Maser, *Adolf Hitler: Legende, Mythos, Wirklichkeit*. M, 1971.
M/F	Werner Maser, *Die Frühgeschichte der NSDAP: Hitlers Weg bis 1924*. Frankfurt, 1965.
M/HB	Werner Maser, org., *Hitler: Briefe und Notizen*. D, 1973.
MK	*Mein Kampf*.
NPL	*Neue Politische Literatur*.
OED	*Oxford English Dictionary*.
PH	Ernst Günter Schenck, *Patient Hitler: Eine medizinische Biographie*. D, 1989.
SCH	Percy Ernst Schramm, *Hitler: The Man and the Military Leader* (Donald Detwiler, org.). Chicago, 1971.
SCHO	Günther Scholdt, *Autoren über Hitler*, Bonn, 1993.
SCHRB	Gerhard Schreiber, *Hitler: Interpretationen 1923-1983* (2ª ed. ampliada, Darmstadt, 1988).
SP	Albert Speer, *Erinnerungen*. B, 1969.
ST	Marlis Steinert, *Hitler*. P, 1991.
ST/HK/D	Marlis Steinert, *Hitlers Krieg und die Deutschen: Stimmung und Haltung der deutschen Bevölkerung im II. Weltkrieg*. D, 1970.
TO	John Toland, *Adolf Hitler*. NY, 1977.
VFZ	*Vierteljahrshefte für Zeitgeschichte*.
ZIT/A	Rainer Zitelmann, *Adolf Hitler. Selbstverständnis eines Revolutionärs*. S, 1987, 1991.
ZIT/B	Rainer Zitelmann, *Adolf Hitler: Eine politische Biographie*. Göttingen, 1989.
ZIT/PR	Michael Prinz e Rainer Zitelmann, orgs., *Nationalsozialismus und Modernisierung* (ed. ampliada). Darmstadt, 1994.

Índice Remissivo

Este livro foi composto pela
Textos & Formas, em Times
New Roman, e impresso pela
Cromosete Gráfica e Editora.